绿原译文集

第五卷

V

永恒的交流

〔德〕歌德 等/著 绿原/译

LÜ YUAN
SAMMLUNG
VON
ÜBERSETZUNGEN

人民文学出版社

目　次

歌　德

向青年诗人进一言 ······ 3
自然 ······ 5
生活智慧(散文体格言) ······ 9
　　关于个人 ······ 9
　　关于艺术 ······ 13
　　关于自然与科学 ······ 20
　　关于伦理 ······ 25

里尔克

论风景 ······ 33
论艺术 ······ 37
《流浪人》：歌德诗作的思路与意义 ······ 43
马尔特·劳里茨·布里格手记(选译) ······ 46
　　脸 ······ 46
　　为了一首诗 ······ 47
　　在国立图书馆里 ······ 51
　　恐惧 ······ 54
　　饲鸟人 ······ 55

易卜生 ································· 56
　　圣者的诱惑 ····························· 59
　　浪子 ································· 60
骑兵旗手克里斯多夫·里尔克的爱与死之歌 ············· 66

茨威格

论歌德的诗 ································· 79
乔伊斯的《尤利西斯》批注 ······················· 88
告别里尔克 ································· 92

纪伯伦

主之音 ··································· 109
　主和门徒 ······························· 110
　　主的威尼斯之行 ························· 110
　　主之死 ······························· 118
　主的话语 ······························· 127
　　谈人生 ······························· 127
　　谈人之法则的殉道者们 ····················· 128
　　沉思与冥想 ··························· 129
　　谈初瞥 ······························· 131
　　谈初吻 ······························· 131
　　谈婚姻 ······························· 132
　　谈人的神性 ··························· 132
　　谈理性与知识 ··························· 134
　　谈音乐 ······························· 136
　　谈智慧 ······························· 138
　　谈爱与平等 ··························· 140
　　主的另一些名言 ························· 141

倾听者	143
爱情与青春	145
智慧与我	147
两个城市	148
自然与人	149
女巫	150
青春与希望	152
复活	154

疯人——他的寓言和歌诗 …… 158

上帝	158
我的朋友	159
稻草人	160
梦游者	161
聪明的狗	161
两个隐士	161
有予有取论	162
七个自身	162
战术	164
狐狸	164
明智的国王	164
宏愿	165
新的乐趣	166
另一种语言	166
石榴	167
两个牢笼	168
三只蚂蚁	168
掘墓人	169
在圣殿的台阶上	169

神圣的城	169
善神和恶神	170
失败	171
夜与疯人	172
面孔	173
更大的海	173
被钉在十字架上	175
天文学家	176
莫大的渴望	176
一根草叶说	177
眼睛	177
两个鸿儒	178
当我的忧伤降生时	178
当我的欢乐降生时	179
"完美的世间"	179

沙与沫 181

米沃什

存在	201
一个装镜子的画廊	202
（第十二页）	202
（第十四页）	203
（第十七页）	204
茵陈星	206
（第三十九页）	206
（第四十三页）	206
（第四十六页）	207
（第四十九页）	208

青年人和神秘事物	210
野兽的肖像	225
什么东西是我的？	229
卡梅尔	232
论检查制度	239
作家的自白	247
附录　授奖词	256
受奖演说	260

基　希

报告文学：一个危险的文学体裁	273
生理学家巴甫洛夫的狗	277
纱厂童工	282
南京和红军	290

克里斯托弗·莫利

小品二则	303
说门	303
人靠什么为生	305

黑格尔传

引言	311
行动在先	314
科学之科学	334
精神的漫游	349
办报苦差	364
大逻辑	373
从崇高到可笑	387

密涅瓦的猫头鹰 …………………………………… 403
理性与历史 ……………………………………… 419
在美的领域 ……………………………………… 430
上帝死了 ………………………………………… 441
通向真理的道路 ………………………………… 450
布鲁塞尔、维也纳、巴黎 ……………………… 466
……没有完 ……………………………………… 479

歌　德

向青年诗人进一言*

　　我们的大师是这样一种人：我们在他的引导下持续地练习一门艺术，他待我们逐渐达到娴熟之后，便按部就班地给我们传授一些原则，我们照着这些原则做去，就可以最稳妥地实现朝思暮想的目标。

　　在这个意义上，我不是任何人的大师。但是，如果我应当说说，对于德国人，特别是对于青年诗人，我是一个什么样的人，那么，我敢于把自己称作他们的**解放者**；因为，他们是从我身上才明了，正如人是由内向外地生活一样，艺术家也必须由内向外地产生作用，因为不论他的举止谈吐如何，他始终不过是在显示他的个人而已。

　　这时，如果他活泼而愉快地从事工作，他一定会显示出他的生命的价值，显示出他由自然所赋予的宏伟或妩媚，也许还是带有妩媚的宏伟。

　　另外，我还可以谈一下，我曾经按照这个方式影响过什么人；未尝不可说，由此产生了一种天然的诗，而且只有按照这个方式[①]，独创才是可能的。

　　幸而我国的诗在技巧方面是如此高超，高尚内容的功绩显示得如此鲜明，以致我们惊奇地看到可喜的现象层出不穷。这个情况还会越来越好，没有人知道会发展到什么地步；不过，理所当然，每人必须熟识自己，懂得评判自己，因为这里不可能求助于任何异己的外在的

---

　　* 中译原刊《外国诗1》（外国文学出版社1983年9月）。
　　① 指"由内而外地产生作用"。

尺度。

一切究竟取决于什么呢,不妨一言以蔽之。青年诗人只应当表现活着的继续产生作用的东西,不管它可能以什么形态出之;他应当屏弃一切歪才、妄念、浮辞①以及任何只具消极性质的东西,因为从那里什么也产生不出来。

我将不惜余力地敦劝我的青年朋友们,他们必须观测自己,俾便在对韵律、词藻得心应手之余,还能在内容方面日益有所成就。

但是,诗的内容就是自己生活的内容;这是我们不能从任何人假借的,它也许有些朦胧,但却不会枯萎。所有一切虚荣,即毫无根基的自满自负,将比任何时候更为严重地对待才是。

随心所欲地表白自己,这是一桩极大的僭越;因为这同时表白了,想随心所欲地主宰自己,试问谁又有这份能耐呢?对我的朋友们、青年诗人们,我应当谈谈这个问题,如下:你们现在原本没有任何规范,你们必须给自己提供这种规范;每写一首诗的时候,要问问自己,它是不是包含一段曾经身历过的事件,这段身历又是不是曾经促进过你们自己。

假如你们频频不休地悼念一个由于距离、不贞、死亡而丧失的被爱者,那么你们就没有被促进。那是一文不值的,即便你们为之贡献出如许的技艺与才能。应当执着于不断前进的生活,应当随时检验自己,因为眼前就能证实,我们是不是有才气,而且日后沉思一下,还能证实,我们是不是曾经有过生气。

---

① Widergeist, misswollen, missreden。

自　然[*]

〔前记〕　德国的歌德是一位大文豪，很多人是知道的。但他在从事文学创作的同时，还对自然科学有过广泛而深入的研究，甚至有个时期，一心想同在科学上与他在文学上齐名的牛顿试比高低，这却未必有很多人知道。歌德在自然科学上当然不及他在文学上的贡献大；他为了在颜色理论上驳倒牛顿，写过几千页稿纸，当然也只是他的传记里并不重要的一笔。但是，他对自然科学的兴趣之广，却不能不令人惊羡。他研究过物理学，特别是光学、颜色学；研究过地质学，特别是矿物学、古生物学、地震学、冰川学以及气象学；研究过动物学，特别是昆虫学、比较解剖学、骨骼学；研究过植物性，特别是植物生理学和植物形态学。他在这些方面究竟取得多大的成就，这个问题并不重要；重要的是，他从一个方面转向另一个方面，由此可见他把自然看作一个相互联系的辩证统一的整体。这个可贵的自然观集中地反映在他一七八二年写的一篇短文《自然》中。歌德写这篇文章，是在魏玛时期，几年后他就逃到意大利去了。那时，他的一些巨著（如《浮士德》第一部）虽然尚未完成，他对于自然的看法却已摆脱了《少年维特的烦恼》中的那种模糊的感性认识；例如，在《人性的界限》《水上精灵之歌》《哈尔茨山冬游记》《埃尔梅瑙》等诗篇中，他已不再把自己看作人的主观情绪的反映，而认识到它是一种自在之物，是一种使人感到冷淡以至敌对的力量。在《自然》这篇短文中，自然就更以诗与哲学难辨

---

[*]　载《艺丛》1982年第1期。

的语言体现为一种崭新的客观性——这种客观性虽然还不能等同于辩证唯物主义的自然观，还没有充分概括人改造自然的主观能动性，但显然总结了上述歌德那些深广的科学研究的心得。因此，这篇短文不仅是探索歌德本人创作思想变化的一个引线，而且更对十九世纪许多科学家起过重大的影响，并在这种影响下促进了一些新的科学部门的开展，弗洛伊德就曾以自己的学说为例这样说过。想必我国读者也会从歌德的这篇名文受到启发，至少会认识到一个文学工作者如要有所成就，他所需要学习的远不只是文学常识之类。

自然！我们被她包围着和环绕着——不能从她中间走出来，也不能更深地进入她里面去。她不予邀请，也不予警告，就把我们卷进了她的旋舞，拖着我们一道前进，直到我们精疲力尽，滑脱她的手臂为止。

她永远创造着新的形象；现有的东西，过去从来没有过；过去的东西，今后也不会再回来——一切都是新的，又不断变成旧的。

我们生活在她里面，却对她感到陌生。她向我们喋喋不休，却从不向我们泄露她的秘密。我们坚持对她施加影响，却又把她无可奈何。

她似乎赋予一切以个性，却对这些个体又漠不关心。她不断地建造着，又不断地摧毁着，她的工场是不可接近的。

她生活在纯真的儿童身上；但母亲，又在哪里呢？——她是无与伦比的艺术家，能使最简单的质料具有最鲜明的差别；她似乎无意致力于最伟大的成就——最精确的规定性，永远被覆盖着某种柔软的东西。她的每件作品都有独特的本质，她的每个现象都有最孤立的概念，而一切复归于一，并无轩轾可言。

她在表演一出戏剧；她自己看不看，我们不知道；她是为我们表演的，我们站在角落里看。

她里面是一种永恒的生活、生成和运动，她却并不向前推移。她永远变化着，她里面没有片刻的静止。她不知停滞为何物，她对静止施加诅咒。她是坚定的。她的步伐是稳重的，她的例外是稀罕的，她的规律是不可改变的。

她永远沉思默想着；但不是作为一个人，而是作为自然。她为自己保留一种特有的、无所不包的鉴赏力，那是任何人也从她学不到的。

一切人在她里面，她在一切人之中。她跟一切人进行一场友好的赌赛，人们从她赢得愈多她愈高兴。她隐秘地耍弄很多人，以致她耍弄完了，他们还不觉得。

连最不自然的东西，也是自然。谁不能在一切地方看到她，谁就在任何地方也看不到她。她钟爱自身，永远让无数的眼睛和心灵专注她。她把自身分解开来，让人享受她。她不断地使新的享受成长起来，毫不厌倦地向他们披沥衷曲。

她以幻想为乐。谁要是破坏了自己或别人身上的幻想，她将像最严厉的暴君那样惩罚谁。谁忠实地追随她，她将把谁像儿童似的搂在怀里。

她的孩子是无数的。她在任何地方对谁都不吝啬，但她却有她为之作出浪费和牺牲的宠儿。伟大的人物才能得到她的庇护。

她从空无中喷洒出她的造物，也不告诉他们，他们从什么地方来，到什么地方去。他们只应当奔跑。道路只有她才知道。

她有一些小小的发条，从没有用坏过，永远起着作用，永远有多种多样的用途。

她的戏剧永远是新的，因为她永远创造出新的观众。生是她的最美的发明，死则是她为了有更多的生而采用的窍门。

她把人裹于幽暗之中，刺激他永远追求光明。她使他依存于土地，迟钝而昏沉，又不断地重新把他摇醒。

她提出需要，因为她喜好运动。奇怪的是，她利用那么少的人就达成这种运动。每一样需要都是幸福。满足得快，重新生长得也快。如果他再提出一种需要，它就是一个新的欲望的源泉；但是，她随即又会达到平衡。

她使一切瞬间具有最长的过程，她在每一瞬间都达到了目的。

她就是空虚本身；但并非对我们而言；她对我们显得十分重要。

她让每个儿童对她苦心琢磨，让每个傻子对她评头论脚，让千万人麻木不仁地从她身旁走过而一无所见，她取悦于一切，她获利于一切。

即使要反抗她，也得服从她的规律；即使要进攻她，也得和她协作。

她使她给予的一切成为福利；因为，她首先使它成为不可缺少的。她总是姗姗来迟，使人一心向往她，她总是匆匆而去，使人不致厌倦她。

她没有语言，也没有言语；但她创造了舌头和心，借以感觉和诉说。

她的冠冕是爱。只有通过爱，才能接近她。她在一切生物之间制造深渊，而一切都愿被吞噬。她把一切孤立开来，为了把一切聚集起来。她让一个生命从爱之杯里啜饮两口，就补偿了它的一切艰辛。

她就是一切。她酬报自己又责罚自己，愉悦自己又虐待自己。她粗暴而又温柔，可爱而又可怕，无力而又全能。一切永远都在她里面。她不知道过去和未来。眼前就是她的永恒。她是普遍有效的。

我以她的一切作品来颂扬她。她明智而宁静。从她夺不到爱的表白，挣不到她所不愿给予的赠品。她是狡猾的，但却为了好的目的；最好是不去注意她的狡猾。

她是完整的，但又始终没有完成。她怎样操作，就永远这样操作下去。

她对每个人显现出一个独特的形象。她隐藏在千万个名字和名称中间，又始终是同一物。

她已经把我放进来，她将把我再引出去。我信赖她。她可以支配我。她不会憎恶她的作品。我过去没有谈过她。是没有谈过。因为一切真东西，一切假东西，一切她都谈过了。一切都是她的过错，一切都是她的劳绩。

(1782)

生活智慧（散文体格言）*

关于个人

我们必须理解不偏不移的、日新月异的、完全真诚的努力，尽可能直接地使这个词和被感觉到、被观照到、被思考到、被经验到、被想象到的合乎理性的东西联系在一起。

我意识到高尚的、伟大的目的，但总不能把握住我得以发挥作用的条件；我觉察到自身的缺乏，也觉察到自身的多余；所以，我没有忽视教育自己，从内而外地。但是，结果依旧。我真诚地、坚决地、忠实地追求每一个目的；在过程中，我常常能够完全克服横逆，但也常常遭受失败，因为我未能学到让步和迂回。于是，我的生活便陷入行动与享受、烦恼与反抗之中，陷入爱情、满足、对别人的憎恨与厌恶之中了。具有同样命运的人可以引为殷鉴。

冷静观察的朋友们一般惯于不时粗暴地用一些话唤醒最有才华的梦游者，正是那些话终止了和毁坏了那个被宠爱的，或者如果愿意说，是被欺蒙的赤子最内心的神秘生活。在我最好的时光中，当然一定是熟识我的朋友们常常对我说：我所呈现的比我所说的要好；我所

---

* 《生活智慧（散文体格言）》选自译者二十世纪七十年代后期（或八十年代初期）手稿，其中《关于艺术》的部分中译曾刊《外国诗 1》（外国文学出版社 1983 年 9 月）。

说的比我所写的要好；而写出来的又比印出来的要好。

然而，他们通过这些好意的甚至有点谄媚的话，并未在我身上招致任何好的效果：因为，它们反倒增强了本来就在我身上占着优势的对于眼前一刹那的重视，而且还让我养成一个不易克服的习惯，就是疏忽已经说过和写过的东西，让许多本来值得保存的东西漫无所谓地消逝了。

朋友们跟我们一起从事和为我们所做的一切，也是一种亲身经历；它增强和促进了我们的人格。敌人为了反对我们所从事的一切，我们却不曾经历，我们只是听说它，回避它，预防它，像预防霜、雨和风雹或者另一些预期要来的外在灾祸一样。

善交游是我的天性；所以，我在许多事业中赢得了合作者，并使我成为他们的合作者，于是有幸看到，我在他们身上，他们也在我身上继续生活着。

只有在向别人表示好意而感到快乐时，我们才是真正有生气的。

如果我应当听取别人的意见，那么那个意见必须肯定地表达出来；成问题的东西在我身上已经够多了。

我曾经长久地努力探求普遍，直到我懂得，优秀人物在特殊中表达了怎样的成就。

正直些，我能答应做到，但不能答应做到不偏不倚。

不能为每个人生活，特别不能为那些你不想跟他一起生活的人生活。

我怜悯那些人,他们对事物的倏忽无常大惊小怪,耽于思考尘世的空虚。我们所以活着,正是为了把无常的东西变为不朽;而只有懂得尊重这两者,才能做到这一点。

在我必须停止讲道德的地方,我什么控制力也没有了。

深刻而诚恳地思考的人们,对于公众有一个忿怒的立场。

麻雀难道懂得鹳鸟的心情吗?

应当带着善意容忍青年艺术爱好者们的咄咄逼人;他们到老年会成为艺术和大师们的崇拜者的。

人人都懂得尊重经历过的事情,善于沉思的人到了老年更懂得;他信心十足而且心情愉快地感觉到,那是任何人也无法从他夺去的。

我们的所作所为,都是一种磨难;不感到磨难的人则是有福了。

老人丧失了一个最伟大的人权:他将不再由他的同辈来评判了。

磨练随年龄以俱增。

有人猜疑一个老年人,他还在追求一个少女。他回答道,这是使自己变得年轻的唯一方法;而且人人都想这样做。

为了宽大为怀,人只有变老;我发现,没有什么错误,我不曾犯过。

我随时会遇见一个青年,我不希望改变或改善他身上的任何什么；我只是害怕，我看见许多人完全适应于在时间长河中随波逐流，正是在这一点上，我想不断地提醒人们注意：易碎小船上的人之所以手里掌住舵，就是为了不致受制于波浪的专横，而能听从自己判断力的意志。

让后一个顷刻吞噬前一个顷刻，一天天虚掷光阴，永远由手到口地生活，终于一事无成：我必须认为，这是我们时代最大的灾害，它使任何东西都不能发展成熟。我们的全部白昼时间还有多少空页啊！一个优秀的头脑大概还能插入一两张空页。因此，每个人的所作、所为、所撰写的一切，亦即他所从事的一切，都拖拖沓沓地摆到公众面前来。任何人都不该仿佛为了使别人消遣似的欢乐或受苦，从而由一家跳到另一家，由一个城市跳到另一个城市，由一国跳到另一国，由一个大洲跳到另一个大洲。

蒸汽机很少会被制动，在德行方面也很少这样；商业的活跃，纸币的流通，为了还债而使债台高筑，所有这一切就是今天一个青年得以立足的可怕的因素。如果他天生有一种节制的宁静的气质，既不向世界提出不相宜的要求，也不让自己为它所决定，那他就算有福了。

真理是朴素的，这使人们很苦恼；他们原应考虑到，他们实际上还可以辛苦一番，来为自己谋利的。

当今的世界不值得我们为它做点什么；因为现存的东西顷刻就会消亡。为了过去和未来，我们倒必须工作：为过去工作，我们可以赏识它底功勋；为未来工作，我们可以设法提高它的价值。

能够把自己一生的结局和开端连接起来的人，是最幸福的。

关于艺术

美：凡无须深思熟虑、直接引人愉快的一切事物之适宜的高度的和谐。

素材摆在人人面前，内容只有多少与之相关的人才能发现，而形式对于大多数人则是个秘密。

未开化的人在自然的艺术品中感到惊异的，恰恰不是（由外表现的）自然，而是人（由内表现的自然）。

艺术本身是高贵的；所以艺术家毫不畏惧庸俗。是的，当他从事艺术时，艺术就变得高贵起来。所以我们看到，最伟大的艺术家都大无畏地行使他们的特权。

每个伟大的艺术家都拆捏我们，钉牢我们，我们身上这方面的一点才智于是活跃起来；因为对于伟大及其若干气质有了一个印象，于是我们很容易妄想，自己身上也潜伏着伟大的萌芽。

艺术品的**什么**比**怎样**更使人感兴趣；他们对前者还略知一二，对后者则一窍不通。所以，他们常常强调一些细部，其实在那些地方，如果认真观察一下，整体并非不起作用，只是不为人人所知而已。

"作者从何处拈来？"这个问题只关系到**什么**；至于**怎样**，没有人知道多少。

除了与人相关的世界，我们不知道任何世界；除了复现这种关系的艺术,我们不需要任何艺术。

在每个艺术家身上都有一种胆大妄为的胚芽,没有它任何才能都是不可想象的,而当人们想限制才智之士,并为片面的目的加以收买和利用时,这种胚芽就特别茁壮起来。

为了吹捧艺术家,人们常说:他一切取之于自身。唯愿我不再听到这句话!仔细推敲一下,这类独创性天才的作品大都是些回忆录;谁有经历,谁就能把它们一桩桩写出来。

每当出现一个新的重大现象时,众人就会发问:这有什么用处呢?而他们也未尝没有道理;因为他们只能通过用处来认识一件事物的价值。

在所有艺术家身上,有着某种似乎单凭天赋方能到达的等级。同时,如果不靠艺术来帮忙,要超越这个等级也是不可能的。

谁要责备一个作者写得晦涩,他应当先检查一下自己的内心,看它那里是不是很明朗。在朦胧的暮光中,一篇写得再清楚的文章也是不堪卒读的。

有人说:自吹自擂散发着臭气,大概是吧。但是,外行的不公正的责难又是什么气味呢,公众对此并没有嗅觉。

对于庸才最大的安慰,莫过于天才并非不朽。

谁也不要认为,人们在把他当救世主期待。

一个作者对于他的读者所能有的最大的尊重,就是他从不拿出他们所指望的东西,而只拿出在自己的和别人的教养的各个阶段上他本人认为正确而又有益的东西。

人人都相信,因为他会说话,所以也能够谈谈语言。

人们所表扬的人,就是和自己平起平坐的人。

起影响的作家必然是民族及其时代的代表。他们必然卓越而有力地把民族所要求、所希望、所能够的一切表达出来。

没有什么爱国主义的艺术,也没有什么爱国主义的科学。艺术与科学像一切至善物一样属于全世界,只有通过所有同时代人普遍而自由的相互作用,并经常回顾过去遗留给我们而又为我们所知的一切,才能有所进步。

艺术基于一种宗教气质,基于一种深刻的不易动摇的诚挚;为此,她甚至乐于与宗教合而为一。宗教却不需要任何艺术气质,它基于它特有的诚挚,但它也并不赋予任何艺术气质,它如此索然寡味。

首先和最后要求于天才的,乃是对真实的爱。

除了亲身经历了历史的人,谁也不能评断历史。就整个民族而言,情况亦然。德国人有了一种文学之后,他们才能判断文学。

让我们多样化一些吧!勃兰登堡的小萝卜味道好,但最好是和栗子拌在一起吃。而这两种名贵的果品,生长相隔很远呢。

谁不懂得外国语,谁对本国语言就一无所知。

传说第一位雕塑家提达鲁斯嫉妒过陶工旋盘的发明。诚然,什么也不会从嫉妒中产生出来;但是,这位伟人或许已经预感到,工艺终将一定危及艺术。

古代的庙宇把神集中在人身上;中世纪的教堂在高空寻求上帝。

在我身上发生过而且还会发生这样的情况:对一件造型艺术品,我第一眼总是不欢喜的,因为我配不上它;但是,我预感到它上面的某个优点,于是试图接近它,果然不无可喜的发现:原来我在事物身上觉察到新的品质,在自己身上觉察到新的才能。

造型艺术本来只是在其最高阶段才产生作用;一切平庸作品也许由于不止一种理由而能令人感动;但是,这门艺术的一切平庸作品,与其说使人愉快,不如说使人糊涂。所以,雕刻艺术还必须为自己寻求一种题材性的兴味,而它在名人肖像上找到了它。但是,它在这里也必须达到一个高的水平,如果它想要既真实又有价值的话。

我们始终从他学习的人,我们有理由称之为大师。但并非每一个我们从他学习的人,都配有这个称呼。

在真正的艺术中,没有什么先修班,却有一个预习阶段;但最好是让小小的学徒参加大师的业务。从研磨颜料的学徒中间能够产生出卓越的画家来。

一个高尚的哲学家称建筑艺术为凝固的音乐,而且必然遇到许多摇头派不以为然。我们相信,这个美丽的思想不会比我们称建筑为哑默的音乐更为人所嘉纳。

艺术的尊严也许在音乐上表现得最明显，因为它没有任何必须打折扣的质料。它全然是形式与内容，并把它所表现的一切提高了，精炼了。

写剧本，是天才的事情。最后占优势的应当是感觉，中间是理性，开头则是悟性，而一切还应当通过一种活泼、明朗的想象力，匀称地表现出来。

全部戏剧艺术如同其他任何一门艺术一样，其基础是事实，是符合自然。这一点愈显著，诗人和演员懂得把握这一点的程度愈高，那么舞台借以自傲的等级也就愈高。这就使德国人占了一个大便宜，因为优秀剧作的演奏已经变得很普遍，而且是在剧院之外传布的。

演员们赢得了心，而没有奉献自己的心；他们真是优雅地欺骗了人。

谁不倾听诗人的声音，谁就只是野蛮人，不管他是个什么人。

谁想理解诗，必须到诗的国土去；谁想理解诗人，必须到诗人的国土去。

诗必须是绝妙的，否则最好根本不写它。

诗是涂过颜料的窗玻璃。

翻译家使人想起媒婆，她称赞覆盖着面纱的美女的美质，从而引起想结识原作的不可遏止的欲望。

涉猎者之于艺术，犹如粗制滥造者之于手艺。

鉴赏力不是在平凡的材料上，而是在最精美的材料上发展起来的。

艺术终归是艺术！不能深刻地感受它的人，无权自称艺术家。

表现的独创性：任何艺术的阿尔法和奥米加。

任何姿态都是美的，只要它是自然而又合理的。

伟人住过的地方是神圣的！几百年之后，这里还对后人活跃着他的言行。

荒谬事物被巧妙地描绘出来，会引起嫌恶和困惑。

灵感不是可以腌上许多年的青鱼。

没有诱惑力的东西，是僵死的。

编织花冠比找到一个配戴花冠的头颅要容易得多。

文字伤人速于治人。

假如你问到，这里的人怎么样，我一定回答："跟任何地方一样。"

人们决不会满意于一个熟人的画像。

建筑师的命运是最奇怪的。他耗尽他的整个灵魂,整个心和激情,来建筑他自己永远不会住进去的房屋。

一位老师如能使我们对一个好行为、一篇好诗产生感情,那么他比另一位用一系列分门别类的自然实物充塞我们的记忆的老师要更有成就。

在一个和旷野毫无共同点的花园里,谁也不会感到舒服。

我们把许多信札抛到一边再也不去读它们,最后还出于谨慎,把它们都销毁掉,于是生命中最美丽的、最直接的呼吸,对于我们和别人,便不可挽回地消失了。

艺术是长久的,生命是短暂的;判断是困难的,时机是倏忽的。

最有独创性的现代作家之所以成功,并非因为他提出了什么新东西,仅仅因为他们知道怎样表现他所要说的东西,仿佛它过去从没有被人说过一样。

写散文,总得要说点什么;但是,押韵作诗的人可以什么也不要说,因为一个词产生另一个词,终归会出现某种空洞无物而又像煞有介事的东西。

诗人枉自谨小慎微,诗作本身泄露了一切。

性格之于美,犹如骨骼之于活人。

吹并非在奏笛;你必须动手指。

每天至少应当听一首小歌,读一篇好诗,看一幅好画,如果可能的话,还应当说几句有道理的话。

关于自然与科学

一切聪明的事物都已被思考过了;我们只须设法把它们再想一遍。

自然以其无限的生产力充塞着整个空间。只要看看我们的地球:我们称之为祸害、不幸的一切之所以产生,就是因为它不能给予一切生发的东西以空间,更不给予时间。

我们把我们的处境时而诿责于上帝,时而诿责于魔鬼,而且是一再地错误;谜就在我们自己身上,我们原是两个世界的坏胚。

自然对于她偶然造成并使之显现的东西,无不具有合法的资格。

在人的作品中,正如在自然的作品中,本来只有意图才值得优先注意。

自然不关心任何一种错误;她自身只是永远正确地行动着,对由此而产生的一切漫不经心。

自然为自己保留着很大的自由,我们还不能凭借知识和科学彻底地发现她,或者把她逼上窄路。

并不永远需要把真理具体化；如果它在精神上四处翱翔，并促致和谐，如果它像钟声一样诚挚而友好地在空中轰鸣，就足够了。

的确，只有在知道很少时，才能知道一点什么；随着知识增长了怀疑。

许多人用榔头在墙上四处敲击，以为每次他都击中了要害。

思想会回来，信念会蔓延开去，情势则不可挽回地消逝了。

智慧只在于真理。

不能占有所不懂的东西。

对手重复他们自己的意见，而不注意我们的意见时，相信可以驳倒我们。

一切活物都在自己周围造成一种气氛。

石头是沉默的老师；它们使观察者沉默，能从他们学到的最好的东西是不可言传的。

人有时变得麻木，而又不入睡，这是自然的要求；所以，才吸烟，喝酒，抽鸦片。

为了理解真理，需要一个比为了辩护错误高级得多的器官。

一个新真理决不比一个老错误更有害。

最大的困难就在我们不去找它的那个地方。

有些人如果觉得没有义务复述虚妄,是因为他们曾经把它说过一遍,那么他们就会变成完全不同的人了。

怎样想就怎样说,不要多事论证,这总是好的;因为我们所陈述的一切论证,都不过是我们意见的变体,而敌对思想者是既不听信这个,也不听信那个的。

合理性和非合理性的东西,都必须承受同样的辩驳。

错误有这样的优点,它永远可以充作谈助;真理却必须立即利用,否则它就不存在了。

那些喜欢驳难、争辩的人们,有时应当想一想:并非每一种语言对于每一个人都是可以理解的。

谁如果在别人面前独自讲话,而又不谄媚听众,就会引起厌烦。

我犯错误的时候,人人看得见;我撒谎的时候,却不然。

不学无术的人常常提出一些几千年前就由智者答复过的问题。

认识错误比发现真理要容易得多;前者留在表面:所以容易对付;后者藏在深处:对它进行探索,则非每人之所能。

每个人只倾听他所理解的东西。

首先自己教育自己,然后从别人接受教育。

傻子和聪明人都不危险。只有半傻半聪明的人才是最危险的。

善于思考者最美好的幸福,就是已经探究了必须探究的,安详地崇敬着难以探究的。

科学首先是这样帮助我们:稍微减轻我们由自然引起的惊异,然后给不断扩张的生命提示防避危害性和导入有益性的新诀窍。

学者在进行辩驳时,大多数是令人厌恶的;他们把一个犯错误的人,简直就当作他们的死敌。

对于批评家,是既不能防御也不能抵抗的;必须蔑视他们而行动,这才会使他们久而久之容忍你。

没有什么比一种积极活动的无知更可怕的了。

科学所以受到很大的抑制,乃是因为人们往往致力于不值得知道的东西,及其不可知的东西。

科学的历史是一阙雄壮的赋格曲,各民族的声音逐一地从中出现。

我们从历史所能获得的最好的东西,乃是它所激起的热情。

历史家的职责:把真的和假的、可靠的和不可靠的、可疑的和可抛弃的区别开来。

假如我们回到历史中去,我们会到处发现一些可以和睦相处的人,发现另一些一定会与之争论不休的人。

并非所有值得希望的东西都能达到,并非所有值得认识的东西都可以认识。

人们相信还能做到他们曾经能做到的事情,自然就够了;相信能够做到他们不曾能够做到的事情,就不免有些奇怪,虽然也并不少见。

只应当在口头上讨论有关感情与理智、经验与沉思的最重要的问题。讲出来的话马上就死了,如果不由下一句和听者相适应的话把它活着保存下来。人们只注意一种社交性的谈话!如果话传达到听者还没有死,那么他马上就会用辩驳、规定、制约、回避、打岔,以及可以称之为谈话恶习千百种,来杀死它。至于写出来。情况就更其糟糕了。除了稍微习惯了的东西,人们什么也不读;他在已经变化了的形式下,期求已经知道、已经习惯的东西。不过,写出来的东西还有这样的便宜,它能持久,静待容许它发生作用的时刻。

你能阅读,你就应当理解;你能写作,你就一定知道一点什么;你能相信,你就应当通达;当你热望时,你将有可能;当你强求时,你将得不到;而当你已经熟悉时,你就应当运用。

人们终究不会跟真正志同道合的人失和,二者永远会一再相遇;人们徒劳地争取跟本来志趣不投的人保持统一,二者永远会一再分裂。

明智的人永远是最好的百科全书。

关于伦理

怎样才能认识自己呢？决不能通过观察，只能通过行动。努力履行你的职责吧，你马上就会知道你身上有些什么。

但是，什么是你的职责呢？当天的挑战。

众人不会感到欠缺聪明人，聪明人任何时候对于他们都是累赘。

最伟大的人物总是通过一个弱点而和他们的世纪联系在一起。

没有人比那个不自由而自以为自由的人更是奴才了。

谁想为错误辩护，就有一切理由，慎重行事，并委之于自己的生活方式之一。谁感觉道理在自己这方面，就一定不讲客气；一种彬彬有礼的道理，毫无意义可言。

谦逊应归于优秀的小范围的团体。在较大的社会里，骄矜便居于优势；而粗暴以至放肆则应归于一个国民大会，小民如果想在那里发言，一定有人叫喊起来压倒他，或者甚至不让他讲话，并把他赶回家去。

真正的德意志人以多种多样的教养和性格的单一性为特征。

德国人根本不欢喜聚集在一起，却只愿清净独处。每个人，不论他想干什么，各自都有一个与世无涉，那是他不肯让人从他夺走的。

德国人在三十年之内不应讲"情操"这个词,然后情操才会自己慢慢生长起来;现在只应说:宽容弱点,自己的和别人的。

跟某人一起生活,与在某人心中生活,有一个很大的反差。有些人,可以在他们心中生活,而不能跟他们一起生活;反之亦然。把两者结合起来,只有最纯洁的爱情和友谊才办得到。

人不会跟每个人一起生活,因此也不能为每个人生活;谁如恰当地理解这一点,他就会懂得十分尊重他的朋友,既不会仇恨也不会迫害他的敌人;反之,如果他能觉察到他的对手的长处,他是不愿轻易地争取一桩较大的利益的:这才使他对他们占有决定性的优势。

莱辛愤慨地感觉到各种各样的限制,让他的一个人物这样说:"不要让任何人感到不得不。"一个富于机智、心情愉快的人说:"谁愿意,谁就不得不。"第三个人,当然是受过教育的,补充说:"谁领会到,谁也就愿意了。"于是,人们相信,已经完成了认识、意愿和必然的循环。但是,就平均数而言,人的认识,不论这是什么样的认识,决定着他的为与不为;所以,没有什么比看见无知在行动更为可怕了。

容忍本来只是一种暂时的情绪,它必定导向承认。忍耐就是侮辱。

急躁以急躁十倍地惩罚自己;想把目标拉近一点,只会使它更远了。

扣错了第一个扣眼,就会扣不到边。

播种不像收获那样累人。

磨工希望,除了他所磨的,不再生长什么小麦。

真正的先修班只是在学校本身。

暴风到来之前,尘土最后一次猛烈地飞扬起来,随即便长久地被清除了。

谁真实地对待自己和别人,而且一贯如此,他就具备了最伟大的才能之最美品格。

告诉我,你跟谁往来,我就可以告诉你,你是谁;如果我知道,你忙碌于什么,我就会知道,你能成为什么人。

有三种人,不到一定的时候,是识别不出来的:
战争中的英雄,
愤怒中的智者,
患难中的朋友。

谁不自负过甚,就大大超过他的自信。

那些在孩子们的父亲不在时能够替代他的妇女,应当被看作最优秀的妇女。

一个大错误:自负超过自己的实际,而自估却低于自己的所值。

人不仅有天赋的东西,还有后天所获。

真正属于一个人的,即使被抛掉,也是丧失不了的。

那些有识见地承认自己偏狭的人,仅次于完美。

有两种和平的力量:道理和礼貌。

忘恩负义是一种软弱的表现。我从未见过,一个聪明能干人是忘恩的。

实践了的义务总被感觉还是债务,因为人是永远不会完全满意的。

如果向人们要求义务,而又不愿承认他们有任何权利,那么必得好好报偿他们。

对于活跃的人,重要的是他在做正确的事情;这正确的事情会不会实现,他并不关心。

最美好的轮回就是,我们看见自己在别人身上再现出来。

最高的幸福就是改正我们的缺点、补偿我们的错误那一种。

尊卑贵贱,无所轩轾:总得为人性而受罪。

什么政府最好呢?就是教导我们自己管理自己的政府。

据说,仆从眼里无英雄。这仅仅因为,英雄只有由英雄来赏识。

进取者难以解决的任务是,承认较年长的同代人的功绩,而又不让自己为他们的缺点所阻碍。

一切解放了我们的心灵,而未能使我们主宰自己的东西,都是危险的。

每人在其天性中,都有一点公开讲出来、一定引起厌恶的东西。

满足于自己的浅薄,是一种可悲的状况;当着优秀人物的面,感觉自己浅薄,当然使人不舒服,但是这种不舒服能够提高人。

真理表现在,任何地方都能发现善,并且知道尊重它。

决不要斥责庸俗;因为它永远就是那个样。

遇见某个应当感激我们的人,我们马上意识到这一点。但是,我们常常遇见某个我们应当感激的人,却没有想到这一点。

只有两个真正的宗教:一种是,神圣事物存于吾人心中与周围,它完全没有形式;另一种是,它在最美的形式中赞美和礼拜神圣事物。二者之间的一切,都是偶像崇拜。

虔敬不是目的,而是手段,为了通过最纯洁的宁静心境达到最高级的修养。

克人勒说过:"我最高的愿望是,我在外部世界到处发现的神,我同样也能在我的内心诚挚地感觉到。"这个高尚的人却不知,正是在眼前一刹那,他身上的神性和宇宙中的神性最紧密地结合在一起。

在你们自身寻求,你们就会发现一切,并为此感到欣慰吧,如果外面像你们愿意称呼的那样,存在着一个自然,它对你们在自身所发现的一切无不认可的话。

"我信仰一个神!"这是一句美丽的可称赞的话。但是,承认一个神,不论他在哪里和怎样显现,这才真正是人间的极乐。

里尔克

论风景[*]

人们很少了解古代的绘画；但是，要说古人看人就像后来的画家看风景一样，那也不为过分。在瓶画这种出自一门伟大绘画艺术的难忘的纪念品中，环境（房屋或街道）只是提到一下，仿佛缩写似的，只是标出开头字母而已，赤裸的人则是一切，如同挂着果实和果环的树，还有开花的灌木，群鸟啼啭的春景。那时对待人体像对待一片土地，关心它像关心庄稼一样，占有它像占有一块优良的地产，人体就是可供观赏的美，就是按照和谐系列贯串一切意义（神和兽以及人生全部意蕴）的图像。人虽然存在几千年，对于自己还是太新，还是太陶醉于自己，以致未能超越或忽略自身。他所走的路，他沿着奔跑的跑道，过希腊节日的一切游戏场和跳舞场；军队集结的山谷，出发进行冒险、到老满载闻所未闻的记忆而归的港口；各种节日及相继而来的张灯结彩、叮叮当当的银夜，朝拜神祇的行进和环绕祭坛的巡游——这一切就是人们生活于其中的风景。但是，人形神祇所不住的山脉是陌生的，连一尊从很远看得见的立像都没有的丘陵，找不到牧人的山坡——就更不值一提了。处处都不过是空荡荡的舞台，只要人没有出场，以他的身体的欢乐或悲惨的行动充满场景。一切都在等待他，如果他来了，一切又都会后退，给他让路。

基督教艺术丧失了与人体的这种关联，因此实际上没有接近风景；人与物在其中如同字母，以开头字母为序构成长长的画出来的句

---

[*] 本卷里尔克名下的译文均来自《里尔克散文选》（百花文艺出版社2002年版）。

子。人是服装，肉体不过是在地狱中；风景很少可能是人间。如果风景明媚，它几乎永远意味着天堂，如果引起恐怖，显得荒芜而贫瘠，那么便可看作是被放逐者和永远堕落者的流放地。大家都见过的；因为人都变得细长而透明，但他们却惯于把风景同样感觉为一段小小的瞬息，一片长满青草的墓茔，其下悬着地狱，其上则是伟大的天堂，显现为真正的、深刻的、为芸芸众生所希求的现实。于是一下子有了三个去处，三个众说纷纭的住所：天上，人间和地狱——地点的确定便变得十分必要了，必须把它细看，把它描绘一番；在早期意大利大师那里，这种描绘超出了其原来的目的，发展到伟大的完美境界，只须记住比萨的坎波·桑托①里的绘画，便可感觉到那时的风景观已经变得相当独立自主了。不过是想勾画一个地点，没有别的什么，但却是以如此的热情和投入来勾画的，以如此迷人的口才来诉说的，并且是如此专注地作为事物的钟爱者，那些悬在人间，悬在为人们所否认、所怀疑的人间的事物——以致至今看来，好像是一首为圣者们所赞同的对于那些事物的颂歌。而且，人们看见的所有事物都是新的，因此与观看相连的是一阵持续的惊愕，是一种对于无数发掘物的喜悦。因此，自然而然，当人们渴望认清天堂，便以人间来赞美它，一并也了解了人间。因为深沉的虔敬像雨一样：它一再落回到所从出发的土地上，是对于田亩的祝福。

　　虽然并非有意，人们却这样感觉到温暖、幸福以及可能从一片草地、一泓溪流、一道花坡，从并排竖立的果实累累的树木焕发出来的壮丽景色，以至如果要画圣母像，就以这种财富一件大氅似的包围她们，以此一顶花冠似的为她们加冠，把风景像旗帜一样舒展开来表扬她们；因为人们懂得不能为她们筹办什么盛大的庆典，人们知道什么虔敬精神都不如：把所有刚发掘出来的美呈献给她们，并和她们融合在一起。不再以风景指任何地方，甚至也不指天堂，人们开始歌唱风景，

---

① Campo santo zu Pisa，意大利比萨的圣贤祠，即名人墓地。

像唱一首从明亮色彩开始的圣母颂一样。但是,就此出现一个伟大的发展:画风景并非以此指风景,而是意味着自身;它变成了表现人的某种感情的借口,人的某种喜悦、纯朴和虔诚的比喻。它变成了艺术。莱昂纳多①就是这样运用风景的。风景在他的画中是他最深刻的经历和知识的表现,是秘密规律沉思地照看的蓝色镜子,是像未来一样伟大、一样不易识破的远方。莱奥纳多首先画人就画经历,就画他孤单承受的命运,他意识到风景还可作为表现几乎不可言说的体验、深沉和悲伤的工具。许多未来者的这位超越者善于非常了不起地运用一切艺术;正如用许多语言一样,他用这些艺术谈论他的生活和他的生活的进展与辽阔。

还没有人画过一幅风景,那么完整的是风景,然而又那么强烈的是表白和自己的声音,如同丽莎圣母②身后的那一片深沉。仿佛所有人性都包含在她的十分宁静的肖像中,而其余的一切,摆在人面前并超越他的一切,则存在于山、树、桥、天和水这些神秘的关系中。这片风景不是一个印象的图画,不是一个人对于静物的看法;它是发生的自然,生成的世界,对于人是如此陌生,宛若一个未被发现的岛屿的人迹罕至的树林。如果风景历来应当是一门独立艺术的手段和诱因,那么就必须这样来看待它,把它看作一种遥远与陌生,看作一种偏僻与冷漠,完全是从自身内部发生的;因为它必须是遥远的,非常不同于我们,才能成为我们命运的一个解救性的比喻。它必须是几乎带有敌意,抱着一种高高在上的漠不关心的态度,才能以它的景物赋予我们的生存一种新的意义。

莱昂纳多·达·芬奇凭预感掌握到的那门风景艺术,其造型过程就是在这个意义上进行的。几百年来,它在寂寞者的手中慢慢发展起来。必须走过的道路是非常遥远的,因为很难对世界断念到不再以本地人的先入为主的眼光来看它,这种眼光看一切,都使之适用于自己,

---

① 即意大利画家达·芬奇(1452—1519)。
② 即达·芬奇的名画《蒙娜丽莎》。

适用于自己的需要。大家知道,生活周围的事物是很不容易看清楚的,往往需要有人从远方来,告诉我们周围是些什么。因此,还必须把这些事物从自身推开,以便后来能够以更公正、更宁静的方式,少一些亲密程度,在肃然起敬的距离中去接近它们。因为人们是在不再理解自然的时候,才开始理解它;直到觉得它是异物,是根本无意接纳我们的无动于衷者,人们才从它走出来,孤零零的,从一个孤零零的世界走出来。为了成为以自然为对象的艺术家,必须要这样;再不可按照它为我们所具有的意义,把它作为素材来感觉,而应把它对象化,作为一个伟大的既存现实来感觉。

把人画得大大的之时,就感觉到了人;但是人已变得动摇不定、影影绰绰了,他的图像日益变化,几乎再也无从把握。自然却更其持久,更其宏伟,其中一切运动更其广阔,一切静止则更其简朴而寂寞。人有这样一种渴望,就是以其崇高的工具来叙说自己,恰如叙说某种同样真实的事物,个中什么也没有发生的风景画就是这样产生的。人们画过空荡荡的大海,雨天的白屋子,没人走的路,和说不出怎么寂寞的水。激情消失得越多,对这种语言理解得越透,就越会以朴素的方法运用它。人们专注于景物的伟大的静止,感觉到它们的存在转化为规律,没有期待也没有急躁。动物在它们中间悄悄游逛着,像它们一样忍受着白昼和黑夜,浑身充满着规律。后来人跨入这个环境,作为牧人,作为农夫,或者简直作为自图画深处出现的一个形象;这时所有自负心理从他消失殆尽,瞧他的样子,他想成为物。

风景艺术慢慢转为世界风景化,在这个成长过程中有着人类一段广阔的发展。这些图画的内容,如此无意地从观看和劳动中产生,对我们这样说道,一个未来已经在我们的时代中间开始了:人不再是在同类中间平起平坐的合群者,为此不论早晚远近,甚至不再是那个人了。他作为一个物被安放在众物中间,非常之孤单;物与人的所有共同性已经退缩为所有成长者的根部从中吸收水分的公共深泉。

论艺术*

一

列夫·托尔斯泰伯爵在他最后旁征博引的《何谓艺术》一书中，在提出他自己的答案之前，先摆出了一系列各个时代的定义。从鲍姆加滕到赫尔姆霍尔茨，沙夫茨伯里到奈特，库赞到扎尔·帕拉丹[①]，容纳了种种极端和矛盾。

托尔斯泰所罗列的这一切艺术见解，只有一点是共同的，即都不看重艺术的本质，因此不如说是从其作用来阐释它的。

这就无异于说，太阳是使果实成熟，使草地发热，使洗了的衣物变干的那个东西。人们忘记了，最后这一种作用，每座火炉都做得到。

尽管我们现代人远远不可能拿这些定义来帮助别人或者不过帮助自己，我们却比学者们也许更无成见，更真诚，更有一点点创作时刻的记忆，它能以热情弥补我们的语言在历史尊严和责任心方面的不足。艺术可以显示为一种人生见解，大概宗教、科学和社会主义也是这样。前者区别于其他见解之处在于它不是由时间引起的，似乎显得是到达终点的世界观。按照一种图解法来描述，试把象征个别人生见

---

* 译文来自《里尔克散文选》(百花文艺出版社 2002 年版)。
① 鲍姆加滕(Baumgarten, 1714—1762)，德国哲学家，美学奠基人；赫尔姆霍尔茨(Helmholtz, 1821—1894)，德国物理学家；沙夫茨伯里(1671—1713)，英国哲学家；奈特(Knight, 1791—1873)，英国出版家；库赞 Cousin, 1792—1867)，法国哲学家；扎尔·帕拉丹(Sar Peladan, 1859—1918)，法国作家，神秘主义者。

解的线条向平坦的未来伸延开去，那么它便是最长的一根线，也许是一根圆周线的一节，这节线所以显得是直线，只因半径是无限的。

即便世界一旦在脚下瓦解，艺术仍会作为创造物而独立存在，并为新世界和新时代可能做出筹谋。所以，把艺术构成其人生观的人，即艺术家，也就是年轻地活过一百年，身后没有任何过去，到达终点的那个人。别人来来去去，而他持续着。别人把神作为记忆放在身后。对于创造者，神是最后的、最深刻的实现。如果虔诚者说"他在"，悲伤者说"他曾在"，艺术家便微笑着说"他将在"。而且他的信仰不止是信仰；因为他亲自建造了这个神。他以每种观察，每种认识，每种细微的喜悦，给神增添一些威力和一个名称，以便神终于在后来一个曾孙身上完成自己，以一切威力和一切名称装饰自己。

这就是艺术家的职责。

但是，因为他是作为孤独者在今天创作艺术，他的双手有时便在某些地方同时代相碰撞。倒不是时代怀有敌意。但它却是犹豫的，怀疑的，不信任的。它是阻力。正是从当前潮流和艺术家不合时宜的人生观之间的这种矛盾中产生了一系列小小的解放，艺术家看得见的事实就是艺术品。不是从他的天真的爱好产生的。它永远是对于今天的一个回答。

艺术品可以这样来解释：是一种内心深处的表白，却以一件回忆、一次经验或者一个事故为借口，并能脱离它的创作者而独自存在。

艺术品的这种独立自主性就是美。随着每件艺术品的诞生，又有一件新的东西来到世界上。

人们会发现，按照这个定义，一切都有表现的余地：从博斯地区①的哥特式大教堂直到年轻的范·德·费尔德的一件家具②——

---

① 博斯地区，在巴黎和奥尔良森林之间，教堂尖顶、谷仓、水塔竟相耸立。
② 范·德·费尔德(1863—1957)，比利时建筑师。新艺术风格创始人。一八九六年曾为巴黎美术馆设计家具和室内装潢。因与十七世纪两位荷兰画家同名，故称"年轻的"。

以**效果**为基础的艺术阐释包含更多的内容。其结论甚至必然是不谈美而谈趣味，也就是不谈神而谈祈祷。于是它们变得毫无信仰，以致糟得不知伊于胡底。

我们必须宣称，美的本质不在于生效，而在于存在。否则，花卉展览和绿化设施必定比一座在任何地方独自开放着而不为任何人所知的荒芜园圃要更美丽。

二

我把艺术称作一种人生观，就是认为它决非虚构。人生观在这里是这个意思：要成为艺术。那么，决不可为某种目的而约束自己和限制自己，而应当信任一个确切的目标，无忧无虑地放松自己。无须谨慎从事，而应有一种明智的盲目性，无所畏惧地跟随一位钟爱的导游者。不是要获得一笔可靠的缓慢增长的财产，而是要持续挥霍一切可变价值。人们认识到，成为这种艺术，带有几分天真幼稚和不由自主，近乎那个无意识的时刻，其最佳标志乃是一种可喜的信任：童年。童年是伟大正义和深沉爱情的王国。没有什么东西比儿童手中的另一件东西更重要。他在玩一根金胸针或者一朵白色的野花。他玩腻了，便漫不经心地扔掉并忘掉这二者，正如二者在他喜悦的眼光中显得灿烂辉煌一样。他没有失落的顾虑。世界对他就是一个美丽的外壳，什么东西在里面都不会失落。而且，他一度见过、感觉过或者听过的一切，他一度遇见过的一切，他都觉得是他的财产。他不强迫事物定居。一群黝黑的游牧者穿过他神圣的双手，仿佛穿过一道凯旋门。它们在他的爱中亮了一会儿，随后又黯淡下来；但它们一定都通过了这种爱情。而一度在爱情中亮过了的一切，便留存在图像之中，再也不会消失了。图像便是财产。所以，儿童们是如此富有。

可是，它们的财富是粗糙的黄金，不是流行的货币。而且，教育越是获得势力，这种财富似乎越是贬值，因为教育拿流传下来的，在历史中形成的概念取代了最初的、不由自主的、完全个别的印象，并按照传统把事物打上印记，分为有价值的和无所谓的，值得争取的和一文不值的。这是决定的时刻。或者那些丰满的图像原封不动地留在闯进来的新知识后面，或者古老的爱情像一座垂死的城市沉没在这个未曾料及的火山灰雨中。新事物或者变成维护一片童心的堤坝，或者变成将它无情冲毁的洪水。这就是说，儿童或者按照小市民的想法变得老成懂事，成为一个合法公民的萌芽，进入**他的**时代的教团，并接受他们的圣职，他或者干脆安安静静地继续从内心深处，从他所特有的童心成熟起来，也就是说，成为一个具有**一切**时代的精神的人：艺术家。

正是在这个深处，而不是在日常教育经验中，才扩张开艺术家气质的根。它们活在这片更温暖的土壤里，活在对时代尺度一无所知的、秘密发育不受任何干扰的寂静里。也可能另有一些树干，从教育，从更冷漠的为外表变化所影响的土地汲取力量，在天空中生长得比这样一株深入土壤的艺术家之树更高些。艺术家之树并不将它短暂的只活春秋两季的枝丫伸向神，那永恒的陌生者；它安静地扩展它的根，那些根环绕着事物后面的神，那里十分温暖而又昏暗。

正因为艺术家不断向下，伸进了一切生成物的热能，他们身上**另一种**体液便涌现出来而成为水果。他们是沿着轨道不断增添新生命的进一步的循环。他们是在别人有问题却掩盖起来的地方，能够进行坦白的唯一者。没有人能认识他们生存的边界。

可以把他们比作不可测量的水井。各个时代站在它们的边沿，把它们的判断和知识扔石头一样扔进未经探测的深处，然后倾听。几千年来，石头不断掉下去。还没有一个时代听见了到底的声音。

三

历史是来得太早者的花名册。人群中一再会有某个人苏醒过来，他在这群人中没有任何起因可言，他的出现以更广阔的准则为基础。

他带来一些异样的习惯,并为放肆的举止要求空间。于是从他身上生长出一种暴力和一种跨过恐惧与敬畏如同跨过砖石的意志。未来肆无忌惮地通过他来说话;他的时代不知道该怎样来评价他,并在这种迟疑不决中错过了他。他也就毁于它的优柔寡断。他死得像一个被离弃的统帅,或者像来去匆匆的春日,懒散的大地并不理解它的紧迫。又几百年过去,人们便不再给他的立像献花环,他的坟墓也被忘却了,不知在哪儿长满绿草——然后他又一次醒来,走近他的子孙后代,并在精神上成为他们的同代人。

　　我们感到许多人就这样复活了;王侯和哲学家,首相和国君,母亲和烈士,他们的时代对于他们曾经是空想和阻力,现在他们温柔地生活在我们身边,微笑着把他们古老的思想递给我们,再没有人觉得它们是嘈杂的和亵渎的。他们在我们身边走到尽头,疲倦地结束他们的不朽生涯,把我们列入他们永恒的继承人中间,并接受日常的死亡。然后,他们的纪念像再没有灵魂,他们的历史变成多余,因为我们占有了他们的本质如同一件自己的经历。于是,过去便像在既成建筑物面前倒塌的脚手架;但我们知道,每件成就又会变成脚手架,而为上百次倒塌所掩盖,最后的建筑物便建立起来,它将成为钟楼和庙宇,还有房屋和家园。

　　如果这座纪念碑上要盖一个穹顶,就该轮到艺术家——来当那位完成者的同代人了。因为他们作为最未来者已经经历许多时日,而我们还没有把他们中间最少几位当兄弟来认识过。他们也许以他们的思想来亲近我们,他们以任何一件作品来感动我们,他们倾向我们,我们于是刹那间记住了他们的形象——只是我们不能设想他们今天还活着,也不能设想他们死了。我们宁愿双手有力地拔山举树,也不肯关闭这些死者之一的观察万物的眼睛。

　　连我们时代的创作者们也不能邀请那些将成为他们的家园的伟人们来作客;因为他们自己并不在家,是等待者和寂寞的未来者和性急的寂寞者。他们长翅的心到处撞在时代的墙壁上。如果他们像智者那样，爱上他们的小室和用窗格有如用网一样捕获的一小片天空，和一只充分信任地把小窠悬在不幸之上的燕子——那么他也会是不愿老守着折起的布料和堆起的衣箱等待的渴望者。他们经常急于把织品摊开，好让那些由织工虚构而被中断的图形和色彩在被人瞧见和加以联系之前获得意义，他们想从黑暗的财产中搬出容器和黄金，充斥他们的店铺，拿到明处加以使用。

但是，他们都是来得太早者。他们在生活中摆脱不了的，将成为他们的作品。亲如兄弟般的，他们把它放在永久事物中间，未被体验者的悲伤就是它之上的神秘的美。这种美使他们即子孙和继承人们得以净化。于是，沿着创作过程，保持住尚未出生的一代，去等待他们的时代。

因此，艺术家永远是这种人：一个舞蹈者，他的动作破灭于他的小室的逼仄。他的步伐和他的手臂被限制的挥舞无从表现的一切，使得他的嘴唇疲惫不堪，或者他还得用受伤的手指在墙壁上刻画出他的身体未曾体验过的线条。

《流浪人》：歌德诗作的思路与意义[*]

  把所讲的事情如此生动地摆在读者面前，使他似乎脱离现在及其整个环境而不仅仅在感受一件艺术品，并且由于其逼真性而忘却艺术，共同经历了这件事情，这就是诗人真正的崇高的艺术。读者势必像那样一个人，在一个西洋镜里看见一幅出色的风景画，对它沉迷到如此程度，以至以为闻到了花香，听到了树叶沙沙作响。他一定感到羞愧的是，那个人竟然看见——**一幅画**，尽管另外千百个人不过往里瞅瞅而已。每件艺术品一定会出现在适当的观赏者面前——它还一定会遇上适当的准则。这就是说，这个准则会自动合拍。有些人走近一件作品，总想对它形成一个判断。这是一件愚蠢的冒险行为，正因为他力图把他所感受到的一切**马上**作出解释，他便往往摆脱了即将包围他的艺术魅力——他的判断便是冷淡的。——不过，只有两种作品：一种令人兴奋，使人着迷，另一种虽然美丽，好评却在心中引不起反响。前一种值得真正称得上是艺术品，后一种用这个名称不过是装门面。
  第一类作品正是我们想浏览一下的，例如歌德的《流浪人》。我逃不脱这首诗的魅力——几乎没有一个地方像诗中的那个地方，让我那么热切地用精神的眼睛凝望过。我看见那个斜坡，它长满禾物的田野上倾泻着西方夕阳的红光——这时，母亲，她怀里的孩子，和陌生人，正攀登着茂密灌木林之间狭窄的石阶。我看见意大利农妇，微微飘动的衣服，晒黑的脖子顶着匀称的脑袋，挂着红色的珊瑚。狭长的、弯得

---

[*] 译文来自《里尔克散文选》(百花文艺出版社2002年版)。

相当严峻的鼻子赋予脸庞几分意大利人特有的英气,黑色眼睛的温暖光泽在减弱了的暑热中闪烁着。微微张开的暗红色嘴唇露出了发亮的牙齿,深黑的头发用一块红布紧扎着。孩子安睡在她的怀里——她爬高了几步台阶,微喘着低头望了他一眼,接着她的面容焕发出一个喜悦的微笑,宁静的满足感在她的丰满胸脯的适度起伏中表现出来。陌生人慢慢走着。时而这里,时而那里,他的目光亲切地注视着朽坏的石碑,上面留着碑文——还有人像,古代的见证;但是,他的眼睛又一再转向他的魁梧的女向导,她开始并没注意到他心不在焉——喋喋不休地在他前面走着。——终于她觉察到了,"啊哈,你那么欢喜瞧石头——上面我小屋旁边,石头可多着呢。"当真,整个小屋就是用这样的石头建成的。神庙的废墟!不再适于作神庙了——但也不能被亵渎。不,通过神的平和气息,反而比任何时候更其受到尊崇。——流浪人这样想着。在供奉过古代神祇的地方,在他们的伟大存在的废墟上——萌发出——一朵小小的纯洁的花儿似的——人的幸福。流浪人这样想着。于是一个愿望在他的明亮欣悦的心灵中破晓了——一个虔诚的、祝福的愿望:唯愿这点人的幸福不像神的伟大存在那样,为无情的命运所摧毁才好。"请您留下来,跟我们一起吃晚餐吧!"他听见农妇的声音。"目前我从小屋里至少可以给您拿面包——"她喊道,把熟睡的孩子小心地放在他的手臂上。这时小家伙睁开眼睛,向陌生人友好地微笑着。陌生人心中怦怦跳着——他跟亲切友好的人们在一起感到惬意。——但他不能留下来——也许是因为他的内心同他周围的和平气氛太不相协调了……他带着祝福的愿望离去。太阳已经落山了。暗蓝的散发着淡淡芳香的天幕向无限远方扩张开去。微雾从山谷里升起——一阵冷空气从沼泽似的草地飘过来。陌生人更紧地裹在他的披风里……

还得走三哩,他才能到库迈①。歌德曾经那么出色地描写过那个

---

① 库迈(Cumae),意大利古城,在那不勒斯以西十九公里处。约公元前七百五十年由哈尔基斯的希腊人创建;公元前三百三十八年被古罗马征服;一二〇五年被毁。

地方,以致菲利克斯·门德尔松①后来竟相信找到了它。——把世界创造得像另一个人看见它一样,这正是真正的诗人的才智所在。如果把一个诗人禁闭起来——不让他看见田野和山坡、树木和花卉,那么他的想象力便会孜孜不倦地从自身创造出这一切——而且说不定比它的原貌还要美。对于诗人,可以说万物皆备于我——所以诗人永远富有——即使他可能死于饥饿。

　　这首诗流露了歌德对于古代的眷恋,这种眷恋他在意大利之行以前就在他的许多作品中表现过。但是,我觉得仍不得不赋予这首诗另一种象征的意义。这里我们清清楚楚面临两个不可忽视的对立面:满足的、幸福的妇人,和努力追求的青年。他并非白白被称作"流浪人"。这个称号无疑还标志着他的内心的不安,它不断地催促他前进,并使他谢绝了留下来的建议——是那一种不安,它通过对知识的追求而植根于灵魂中,而灵魂通常一辈子也不会抛弃它。——唯有永远不会被持续不断的求知欲之闪烁的磷火——引诱到软弱泥沼里的人,才会像库迈附近那个幸福母亲那样,获得那种从自身感到幸福的和平心境。

　　幸福的妇人!——保持天赐的和平,你的小屋才永远是幸福的神庙!如果我来到库迈,我要亲吻那幸福的门槛——然后继续前行——一个可怜的——不知疲倦的流浪人——

---

① 菲利克斯·门德尔松(1809—1847),德国作曲家。德国犹太哲学家摩西·门德尔松的孙子。一八二一年与歌德过从甚密。

马尔特·劳里茨·布里格手记＊（选译）

脸

我可曾说过？我在学习观看。是的，我刚开始。进行得还不顺利。但我要充分利用我的时间。

举例来说，我还从没意识到，天下有多少张脸。有许许多多人，可有更多更多的脸，因为每个人有好几张。有些人，成年挂着一张脸，当然它会用旧，会变脏，会起皱，像旅途中戴过的手套一样会撑大。这是些节省、俭朴的人；他们从不换脸，他们一次也没让它洗过。他们认为，

＊ 《马尔特·劳里茨·布里格手记》(*Die Aufzeichnunger des Malte Laurids Brigge*)，是奥地利诗人赖纳·马利亚·里尔克(Rainer Maria Rilke, 1875 - 1926)的一部著名小说，写于一九〇四年和一九〇八到一九〇九年，出版于一九一〇年。主人公马·劳·布里格是一个二十八岁的丹麦诗人，出身高贵，却贫居巴黎。作品以一系列不相连贯的插曲叙述了他从小到大的生活经历。作者有意摆脱传统小说的形式，而以无形式为形式，借主人公的第一人称口吻，来开展全书的内容。所谓"第一人称"，表面上是指布里格，实际上演示了作者里尔克对于挪威象征主义诗人西格伯恩·奥布斯特费尔德(1866—1900)和丹麦小说家延斯·彼得·雅科布森(1847—1885)的认识和景慕。全书以诗意的风格，通过巴黎生活场景的瞬息多变，如盲人、孕妇、弃儿、阴暗的医院走廊、破屋的断瓦残垣等印象，渲染了疾病、贫困、丑陋、嫌恶、恐怖等后期印象派笔墨。当然，也可以说这是作者本人当年困居巴黎时一段内心危机，在克尔恺郭尔的存在哲学指导下的化解过程。译者选译其中反映作者艺术特色而又独立成篇的七则以飨读者，最后一则《浪子》也是全书的最后一篇，以《新约·路加福音》第十五章浪子回家的故事为蓝本，真切而精微地表达了这样一个奇特的观点：爱并不促使人们相聚，反而助长他们的分离倾向。中译及注初刊《世界文学》1997年第6期。

这张脸就够好了,谁能使他们相信和它相反的脸呢?他们要是有几张脸,他们用另外几张干什么呢?当然就成问题了。他们把它们保存起来。他们的孩子们会用上它们。可也会发生这样的事,他们的狗会戴着它们走出去。为什么不呢?脸总是脸。

另一些人换他们的脸,快得令人毛骨悚然,一张接一张,把它们换破了。首先,他们觉得,他们有换不完的脸;可他们刚刚四十岁,就已换到最后一张了。它当然难免要倒霉。他们不习惯爱护脸,他们最后一张戴了七八天,就有窟窿,许多地方薄得像纸,渐渐露出衬底来,算不得脸了,他们还戴着它到处跑。

可是那个女人,女人:她倾身向前,用双手蒙住脸,完全在沉思。这是在田野圣母街①的拐角。我一看见她,就开始轻轻地走着。穷人在思考,是不应该打扰的。也许他们会想起什么主意来。

这条街太空了,它的空虚使人闷得慌,便把我的步子从脚底拖了出来,用它呱嗒呱嗒到处走,走来走去,好像穿着木屐。那女人吓了一跳,忙抽身坐了起来,抽得太快,太猛,以致脸还留在双手中。我能看见它还搁在那儿,它的空洞的形式。我使了说不出的劲儿,才能同这双手待在一起,不去瞧从它们中撕出来的那一切。我心惊胆战地从里面看见一张脸,可我更加害怕那个没有脸的受伤的光头。

为了一首诗……

我认为。我既然学会了察看,就得开始做点儿什么。

我二十八岁了,简直好像什么也没发生。让我重说一遍:我写过一篇关于卡尔帕乔②的论文,写得很糟,还有一个剧本,题名《婚姻》,想以暧昧的手法揭示一点儿虚伪,还写过诗。唉,诗写早了,成不了气候。应当推迟提笔,应当一辈子,尽可能长的一辈子,搜集感觉和甜美

---

① 原文为法文。
② 卡尔帕乔(1460—1526),威尼斯画派的画家。

音调，也许最后可以写出十行来。诗并非如人们所想，是什么感情（感情早就够了）——它是经验。为了一首诗，必须参观许多城市，看许多人和许多东西，必须认识动物，必须感觉鸟是怎样飞，知道小花早上开放的姿态。必须想得起不熟悉地区的道路，想得起意外的邂逅和早就眼见要来的别离——想得起还没弄明白的童年，想得起如果你的父母为你安排一件乐事，而你并不领会（虽然别的孩子可能高兴地接受），那一定会伤他们的心的，想得起如此离奇地招致这许多深重变化的儿科疾病，想得起寂静的、闭塞的房间里的日子，想得起海上的早晨，想得起一般的大海和海洋，想得起高高呼啸而过并携带群星飞翔的旅途的夜——即使想得起这一切，也还不够。还必须记住许多每次无与伦比的做爱的夜，记住分娩者的尖叫，记住轻松的、穿白衣的、熟睡的、正在愈合的产妇。但是，还必须曾经跟垂死者一起待过，必须曾经在开窗的、噪音断续可闻的小室里坐在死人的旁边。而且有记忆也还不够。如果它们多了，就得把它们忘掉，还得有很大的耐性，等待它们再来。因为，要紧的并不是记忆本身。只有当它们在我们身上变成血液，变成目光和手势，无可名状，又不再同我们自身有所区别，只有这时才会发生这样的事，即在一个非常稀罕的时刻，一首诗的第一个词儿出现在它们中间，并从它们中间走出来。

可是我所有的诗却不是这样写成的，所以它们根本不是诗。——我写剧本，就更是瞎闹。我需要一个第三者来叙说两个怨偶的命运，我是不是一个模仿者和傻瓜呢？我是多容易掉进这个陷阱。我原本应当知道，出现在一切生活和文学中的这个第三者，一个从来不存在的第三者的这个幽灵，是没有任何意义的，人们一定会否定他。他正是自然的一个借口，自然一直努力把人们的注意力从它最深的秘密引开。他还是一道屏风，一场戏剧得以在它后面演出。他是通向一场真实冲突之寂静无声的进口处的喧闹。人们可以设想，谈论本剧所写的两个人，迄今为止对一切人来说都是太难了；而第三者，正因为他是不真实的，才是他们都知道的那个任务的车襻儿。他们的戏剧一开始，人们就注意到,他们简直急不可待地碰见那个第三者。他一出场,就万事大吉。如果他迟到了,没有他就几乎什么也发生不了,一切停顿着,呆滞着,等待着,是多么无聊啊。如果老是这样停滞下去,又将如何呢?如果他失踪了,这个可爱的花花公子,或者这个狂妄的青年,他在一切婚姻中像一把开锁的万能钥匙,试问剧作家先生,还有你,深谙世故的观众,又该怎么样?举例说,如果魔鬼把他抓走了,又该怎么样呢?我们不妨设想一下。马上会注意到舞台人为的真空,它像危险的窟窿一样被墙堵住,只有从包厢边缘而来的飞蛾从动摇的空穴中翩翩飞过。剧作家们不再欣赏他们的别墅了。所有公共侦探行业在遥远的天涯海角为他们寻访那个无可代替者,即情节本身。

于是他们生活在人间,不是这些"第三者",而是两个人,关于他们本来有多得难以置信的事情可说,可一直从没说过什么,虽然他们在受苦,在行动,也不知道怎么自救。这是可笑的。我坐在我的这个小室里,我,布里格,二十八岁了,什么人也不认识我。我坐在这里,微不足道。但是,这个微不足道者开始思考着,思考着,在巴黎一个灰色的下午,六层楼上,思考这些念头:

他这样想道,什么真实的、重要的事物都还没见过,辨认过和说过,是可能的吗?本来有一千年可以看,可以思考,可以记录,却把这一千年用来吃奶油面包和苹果,让它像一次课间休息似的过去了,是可能的吗?

是的,这是可能的。

虽然有发明和进步,虽然有文化、宗教和哲学,人们仍然停留在生活的表面,是可能的吗?连这每每还算点儿什么的表面也套上无聊得难以置信的布罩,以至看起来就像暑假期间的沙龙家具,是可能的吗?

是的,这是可能的。

整个世界史被误解了,是可能的吗?过去是错误的,因为历史总是谈过去的群众,正像是谈那些围拢来凑热闹的许多人,而不谈被群众围在当中的那一个人,因为他是陌生的,而且死了,这是可能的吗?

是的,这是可能的。

人们认为不得不补做他们出生以前就发生了的事情,是可能的吗?必须提醒每一个人,只有从过去一切中经历过来的人,才知道过去的事,而不应当听信那些有不同的经历的其他人,是可能的吗?

是的,这是可能的。

所有这些人完全确认一个决未存在过的过去,是可能的吗?一切现实对他们都毫无意义,他们虚度一生,一无所获,就像空房里的一座钟,是可能的吗?

是的,这是可能的。

人们对活着的少女什么也不知道,是可能的吗?人们说"妇女们""孩子们""儿童们",却没预想到(受再多教育也没预想到)这些词儿早已不再有多数,只有无数的单数,是可能的吗?

是的,这是可能的。

有这么一些人,他们说"上帝",认为它是个共同的东西,是可能的吗?——且看两个学生:一个买了一把小刀,他的同学当天也买了一把完全一样的小刀。一个星期以后,他们拿出这两把刀来比,结果它们显得完全是两个模样——它们在不同的手里变得那样的不同。(是呀,一个人的母亲还说:什么东西都会用坏的嘛——)啊哈,相信人们有个上帝而不去利用,是可能的吗?

是的,这是可能的。

但是,如果这一切都是可能的,即使只有一种可能性的假象——那么,为了世上的一切,也一定会发生点儿什么。随便什么人,有了这些令人不安的念头,一定会开始做点儿被疏忽了的事情;即使是任何一个人,完全不合适也罢:实在再没有别人了。这个年轻的、无关紧要的外国人,布里格,将不得不跑到六层楼上来,日夜写作:的确,他将不得不写作,这就是结局。

在国立图书馆里

我坐着,读一位诗人。大厅里有许多人,但感觉不到他们。他们在书本里。有时他们在书页之间动一动,仿佛睡着的人在两场梦之间翻翻身。啊,到读书人中间来,多好啊。为什么他们不老是这样呢?你可以走近他们中间的一个,轻轻挨他一下:他什么也觉不出。如果你起身碰了一下邻人,道了一声歉,他会向听得见你的声音的一边点点头,把脸向你转过来,却没看见你,他的头发就像一个熟睡者的头发。多么令人开心啊。于是我坐下来,得到一位诗人。怎样的一种命运啊。大厅里现在也许有三百个读书的人;但不可能他们每个人都得到一位诗人(天晓得,他们得到了什么。)没有三百位诗人。但是,看哪,这是怎样的一种命运,我,也许是这些读书人中间最穷的一个,一个外国人:我却得到一位诗人。虽然我穷。虽然我的服装,我每天穿的,开始有某些地方,虽然这一处和另一处同我的鞋子不相配。诚然,我的领子是干净的,我的内衣也干净,我可以像我现在这样走进任何一家糕点铺去,如果可能,走在大路上,还可以无拘无束地向点心碟子里伸手取点心吃。人们不会在这里发现什么碍眼的事,不会斥责我,赶我走,因为这里至少有一只上流社会的手,每天洗过四五次的手。是指甲后面什么也没有,写字的手指没有墨水,特别是关节无可挑剔。穷人一般是不会洗到那儿去的,这是众所周知的。这样,就可以从它们的干净得出某些结论了。人们也果真得出了结论。是在交易中得出的。但是,还有几个人,举例说,在圣米歇尔大街上,在拉辛街上,他们可不懵懂,他们在用关节吹口哨。他们盯着我,知道这么回事。他们知道,我是他们一伙的,我不过在耍点儿小花招。今天正是狂欢节。他们不愿毁掉我的这场乐趣;他们又是冷笑了几声,使了一下眼色。谁也没有瞅见。此外,他们把我当作一位绅士看待。附近一定还有人,他们才装得甚至很恭顺。装得仿佛我穿了一件皮衣,我身后跟着我的车子。有时我给他们两个苏,身子不禁发起抖来,他们本可以拒不接受;但他们还是收下了。这一切本可以显得很正常,如果他们当初不冷笑和使眼色的话。这些人到底是谁?他们想从我这里得到什么?他们在等待我吗?他们从哪一点看透了我?诚然,我的胡子显得有点儿疏忽,稍微,完全是稍微令人想起它们。有病的,衰老的,苍白的大胡子,曾经给我很深的印象。但我难道没有权利疏忽一下我的胡子吗?许多忙人都这样疏忽过,还没人想到因此把他们算作光棍。可我很明白,他们是光棍,不仅仅是乞丐;不,他们根本不是乞丐,必须区别开来。他们是由命运吐出来的人类的残渣、皮壳。他们被命运的唾液湿漉漉地粘在墙上,灯笼上,广告柱上,或者他们沿着小胡同慢慢流淌下来,身后留下一道又暗又脏的痕迹。不知从一个什么窟窿里爬出来这个老太婆,带着一个床头柜抽屉,有几枚钮扣和别针在里面滚来滚去,她到底想从我这里得到什么呢?她为什么老是跟在我身边,望着我?仿佛她试图用她的烂眼睛认出我来,那些眼睛血污的眼睑里似乎给一个病人吐进过绿痰。此外,当时还不知怎么走来那个灰色的小妇人,在我这边的橱窗前面站了一刻钟之久,这时她拿出一支又旧又长的铅笔给我看,那支铅笔是无限缓慢地从她污秽的捏紧的手里伸出来的。我装作在看陈列品,什么也没注意到。但她知道我看见了她,她知道我站着在想,她原来是干什么的。然后,我明白了,事情跟铅笔没有关系;我觉得,这是一个信号,一个给知情人的信号,一个认识光棍的信号;我预感到,她在向我暗示,我必须到什么地方去,或者做点儿什么。最古怪的是,我一直摆脱不了这个感觉;事实上是在坚持某种约定,这个信号就是属于它的,而这个场面归根到底正是我求之不得的东西。

这是两星期以前的事。而今几乎没有一天不发生这样一场遭遇。不仅是在黄昏,就是在下午最拥挤的街道上,也会发生这样的事,突然出现一个小男人或者一个老妇人,向我点点头,拿出一点儿什么给我瞧,然后又消失了,仿佛做完了一切必要的事情。很可能有一天他们会想到,笔直地走进我的小屋里来,他们肯定知道我住在哪儿,他们会安排得门房不致阻拦他们。但是,亲爱的朋友们,我现在在这里,不会受你们的干扰了。要进得这个大厅来,必须有一张特别的卡片。我有这张卡片,可比你们要优越。可以想象,我有点儿胆怯地走过了街道,最后站在一道玻璃门前,仿佛是在家里一样推开了它,在下一道门前出示了我的卡片(十分准确,就像你们给我们看你们的东西一样,只有一点儿区别,人们理解我,懂得我想要什么——),然后我沉入书本中,总算摆脱了你们,仿佛我已死去,坐着读一位诗人。

你们不知道诗人是什么吗?——魏尔伦①……微不足道?记不得了?记不得。你们没有从你们认识的人们中间认出他来?我知道,你们认不出的。但是,我读的是另一位诗人②,一个不住在巴黎的诗人,完全另一个。一个在丛山中有一座安静房屋的诗人。他像一口钟在纯净的空气中叮当作响。一个幸福的诗人,谈着他的窗子,谈着他的书橱的玻璃门,那些门沉思地反映着一种可爱的寂寞的宽敞。我曾经想成为的正是这样的诗人;因为对少女懂得那么多,我也希望对她们懂得那么多。他懂得活在一百年以前的少女;她们死了,一点儿没关系,因为他知道一切。这是主要的一点。他道出她们的名字,用古式的、长字母的圈形花体签那纤细的名字,还有她们的年长女友的成人名字,其中同时透出一个小小的命运,一个小小的失望和死亡。也许在他的红木写字台的抽屉里,藏有她们褪色的书信和她们的日记散页,其中记有夏日郊游、生日聚会等。或者,还可能在他的卧室后部,在那座大肚子五斗柜里,有一个抽屉保存着她们的春装;复活节第一次穿过的白衣服,用斑点薄纱做的衣服,本来要到夏天才可以穿,当时等不及就先穿了。在一座继承下来的房屋的安静小室里,坐在真正恬

---

① 魏尔伦(1844—1896),法国象征主义诗人。
② 指弗朗西斯·亚默(1868—1938),法国后期象征主义诗人。他住在下比利牛斯省的奥尔特斯。他的诗好像从比利牛斯山的丛林之间吹来的一股清新空气,震动了巴黎文学界,给法国诗歌开辟了新的道路。

谧的、固定的器物中间，外面是柔和的淡绿的花园，听得见乳香的山雀，远处山村钟声缭绕，是怎样一种幸福的命运啊。坐着，凝视下午一抹暖洋洋的日光，知道逝去少女的许多事情，并且成为一名诗人。并且想到，我也曾经说不定是这样一位诗人，如果我曾经住在什么地方，世界上任何一个地方，许多谁也不关心的、与世隔绝的郊外别墅中的一栋里面。唯愿我曾经使用过仅仅一间房（靠山墙的明亮的一间）。我曾经和我的旧家什、家人肖像、书籍一起在里面住过。我还有一张靠背椅和花和狗和一根走石头路的粗手杖。此外什么也没有。只有一本书，用淡黄的象牙色皮革装订的，用旧式带花图案做衬页：我曾经在上面写过字。我写了很多，因为我有很多思想，关于很多人的记忆。

但是，天知道为什么，变成了另外一个样子。我的旧家具霉烂在一个我曾经可以安置它们的谷仓里，而我自己，唉，天啊，头顶上都没有屋顶，雨水滴进了我的眼睛。

恐　惧

我躺在六层楼的床上，从没给什么打断的日子，像没有指针的钟面。仿佛一件失去很久的东西，一天早上搁在它的旧位置上，完好无损，简直比它消失那会儿还要新，就像在某人手里照管过一样：从童年就失去了的东西，就这样崭新地摆在我的床单上。所有失去了的恐惧又回来了。

恐惧一根小棉线从床单缝里伸出来，会变硬，又硬又尖像钢针；恐惧我的睡衣的一枚小钮扣会变大，比我的脑袋还大，又大又重；恐惧这点儿面包屑，会从我的床上掉下去，会变成玻璃，一落地就给打碎，而且越来越担心，一切东西会跟着粉碎，永远粉碎；恐惧一封拆开的信的信口会是谁都不敢瞧的什么禁物，某种贵得不得了的东西，房间里没有一块地方对它是安全的；恐惧我睡着了，会吞下一块摆在炉前的煤炭;恐惧我脑子里任何一个数字开始长大,直到我体内再也容纳不下它;恐惧我躺在上面的是花岗石,灰色的花岗石;恐惧我会大叫起来,人们会一齐跑到我的门口,最后把门砸开。恐惧我会暴露自己,说出我所害怕的一切,恐惧我什么也说不出来,因为一切是不可言说的——还有别的一些恐惧……恐惧。

我曾经祈祷恢复我的童年,它回来了。我觉得它总像当初一样艰难,觉得上了岁数也无济于事。

饲鸟人

我并不低估它。我知道,这需要勇气。我们且设想一下,某人有了它,这份高级勇气[①],去跟踪他们,好一劳永逸地(因为谁还会再忘记或者混淆这件事?)知道,他们后来爬到哪儿去,漫长一天的别的时间都干些什么,或者晚上睡不睡。特别要搞清楚:他们到底睡不睡。但是,单靠勇气还不行。因为他们并不像别人那样走来走去,跟着走无所谓。他们待在那儿又走开去,就像锡兵[②]一样给放下又拿起。人们发现他们,往往是在相当偏僻的地方,但决不是隐蔽的地方。灌木林往后退去,道路有点儿围着草地打转:他们站在那儿,周围是大片透明空间、仿佛站在一座玻璃罩子下面。你会把他们当作沉思的散步者,这些身材矮小,各方面都显得朴素的,不起眼的人。但是,你错了。你可瞧见那只左手,瞧见它怎样从那件旧外套的斜口袋里掏东西,瞧见它怎样找到它,掏了出来,并把那个小东西笨拙而又招眼地举到空中去?一分钟不到,就飞来了两三只鸟,是麻雀,好奇地跳了过来:如果麻雀看准了他站在那儿一动不动,那么它们就没有理由不走得更近些。于是,终于飞起了第一只,在那只手的高处扑棱了一会儿,那只手正用谦逊的,有意装着无所谓的手指(天知道怎样),递出了一小片用

---

① 原文为法文。
② 儿童玩具。

过多少次的甜面包。聚在他周围的人越多,当然保持适当的距离,他便越是显得与众不同。他站在那儿,就像一根蜡烛烧完了,用剩下的烛心亮着,全靠它暖和起来,自己却一动也不动。那许多小笨鸟根本看不出,他这是在引诱,在布下圈套。如果没有旁观者,让他在那儿要站多久就站多久,我敢肯定,突然间会有一位天使降临,忍住恶心,把那块有点儿甜味的陈面包片从那只枯手上吃掉。现在,像一向那样,有了人,就不会有天使降临。他们只关心鸟会来;他们认为这样就够了,还声称他并不指望别的什么。它还指望什么呢,这个风吹雨淋的老玩偶,有点儿倾斜地插在地上,就像家里小花园的破浪神雕像①;它之所以有这个姿态,是不是因为它曾经站在人生旅途的什么地方,那摇晃得最厉害的船头上?是不是它曾经色彩斑斓,而今给冲洗得褪色了?你想问问它吗?

　　只是别向女士们问什么,当你看见她们中的一位也在喂。甚至可以跟着她们走;她们是边走边喂;那样喂轻而易举。可别打扰她们。她们不知道,这是怎么搞的。她们突然有了一满口袋面包,她们从薄披肩里掏出一大片一大片来,给啃过一口的,还有点儿潮的大片。她们的唾液多少流出一点儿到世上,鸟儿带着它的余味到处飞,一想到这一点,她们就很惬意,即使它们马上又会自然而然把它忘记。

易卜生

　　我就坐在你的书前,倔强的人,试图像别人一样说说我对它们的看法,那些人不让你保持完整,却心满意足地从你各取所需。因为我还不懂得荣誉,不懂得这是对于一个成长者的公开的摧毁,也就是一群人冲进了他的建筑工地,把他的基石给挪开了。

　　任何地方的年轻人,身上升起了一点儿使他战栗的东西,都会由

---

① 破浪神雕像系置于船头的彩漆雕像,丹麦水手们有时也把它立在自己的花园里。本书的主人公是一位丹麦作家,故云"家里小花园"。

于没人认识你而受用。如果那些认为你一文不值的人反对你,如果那些你相处过的人完全抛弃了你,如果他们为了你的美妙的思想而要扑灭你,那么把你封闭在你自己身上的这种明显的危险,同后来为你到处扬名,使你变得无害的那种荣誉的狡猾敌意相比,可算不了什么。

别求任何人来谈论你,即使采用轻蔑的口吻也罢。如果随着时光的流逝,你注意到你的名字在人们中间流传,可别比在他们嘴里听见别的什么更当真。想想看:它变质了。扔掉它吧。再起一个,随便一个都可以,好让神在夜间呼唤你。可别让任何人知道。

你,最孤独的人,怪僻的人,他们是怎样靠你的荣誉一下子赶上了你。不久以前他们还在从根本上反对你,而今他们和你并肩走在一起,把你当作像他们一样的人。他们还把你的话放在狂妄自大的囚笼里,带在自己身边,还在广场上展览它们,从一个安全地带逗弄一下它们。你所有的这些可怕的猛兽啊。

我最初读你的时候,那些话语突然迸发开来,扑向了我,使我感到荒凉,那些绝望的话语。像你自己终于变得绝望一样,你,你的路线在每张地图上都画错了。像一道裂缝,它划过了天空,你的道路的那条无望的双曲线,它一度弯向了我们,又惊慌失措地离去了。你哪里会介意一个女人留下来还是走开了,一个是不是头晕,一个是不是疯狂,死人是不是活着,活人是不是像死了一样:你哪里会介意这些事?这一切你会觉得理所当然;你从那儿走过去,像走过门厅,停也不停一下。但是,在我们的往事沸腾、凝结、变色的地方,你却逗留不去,还向里面弯下了腰。比在曾经有过人的任何地方瞧得更深些;一扇门为你打开了,于是你跟火光中的蒸馏器在一起。① 那儿是你从没带人去过的地方,多疑的人,你就坐在那儿,分辨着变化。而在那儿,因为你的天性要求你揭发,而不是塑造或叙说,你便在那儿做出巨大的决定,要把你自己,完全一个人,最初只有用放大镜才能发现的这件琐事放得

---

① "那儿发生着人生最神秘的化学,及其变化与沉淀。"(引自作者 1925 年 11 月 10 日致维托尔德·许尔维茨的信。)

这样大,把它给千百万人瞧,在一切人面前变得无比巨大。你的戏剧问世了。你不能等到①,这个几乎茫茫无垠的,为几世纪压缩成几滴的人生会为其他艺术所发现,会逐渐变得让个别人看见,他们一点一滴获得见识,最后要求眼见那些显赫的谣言,在他们面前展开的场景的比喻中,一同得到证实。你不能等到那一天,你就在那儿,你必须确认并记载那深不可测的一切:一种上升半度的感情,一种几乎什么也加重不了的意志之很近才读得出来的振幅分度器,一滴眷恋中轻微的混浊,以及一点点信任中根本看不出的色度变化:你必须确认并记载这一切;因为在这样一些历程中,正存在着现有的生活,我们的生活,它已滑进了我们体内,已经向内部退缩得那么深,以至对它再也无从推测了。

由于你有意于揭露,是一位超时间的悲剧诗人,你必须把这根毛细管一下子变成最有说服力的手势,变成最顺手的什物。于是你着手在你的作品中描写那种史无前例的暴行,你的作品越来越急躁,越来越绝望地在可见事物中间为内心所见一切寻找等价物。于是有了一只家兔,一个阁楼,一个让人走上走下的厅堂:在那儿隔壁房间有玻璃叮当声,窗外有火灾,还有太阳。有一座教堂和一个状如教堂的山谷。但这些还不够;最后还得有钟楼伸进来,还得有整个山脉;而埋葬风景的雪崩则填没了为着不可捉摸事物而装满可触知事物的舞台。然后,你再也无所作为了。你曾经把它们弯到一起的两端,马上又弹开了;你疯狂的力量从弹性权杖中逸出,你的作品仿佛不存在。

否则谁会懂得,你为什么最终不肯从窗口走开②,像你一贯那样固

---

① "生活,我们的生活,颇不易呈现于舞台,因为它已全然收缩成不可见的内在,只借助'显赫的谣言'才与我们相通。可是,戏剧家不能等到它可以显示;他必须对它施暴,这个尚不可上演的生活;为了这个缘故,他的作品也像一根狠狠向后弯去的权杖,竟从他的手中迸开了,仿佛从来不曾写过。"(引自作者 1925 年 11 月 10 日致维托尔德·许尔维茨的信。)

② "易卜生在他的窗边度过最后几天,好奇地观察过往行人,有几分将这些真人同他可能创造出来的人物相混淆。"(引自作者 1925 年 11 月 10 日致维托尔德·许尔维茨的信。)

执呢。你想瞧瞧过路人;因为你有了这样一个念头,是不是有朝一日可以从他们中间写出一点儿什么来,如果决心写的话。

圣者的诱惑

我现在多么理解这些奇异的图画①,里面一些用途有限而常见的物件伸一伸腰,猥亵而好奇地彼此引诱,在近似淫乱的消遣里抽搐不止。这些沸腾着,到处走动的铫子,这些转念头的烧瓶,以及这些为了好玩挤出一个洞来的懒散的漏斗。而且它们中间还有,为嫉妒的空虚抛了上来的四肢,热乎乎吐了它们一身的面孔和向它们讨好的放屁的臀部。

而圣者佝偻着腰,缩成一团;但是他眼里还有一道目光,认为这样是可行的:他曾经瞧了一眼。他的情欲已从他的灵魂的明亮的溶液里析出。他的祈祷像一株落叶枯萎的灌木,从他的口中伸出来。他的心栽倒了,甩了出来,流入浊水中。他的鞭子疲软地拍打着他,像一根赶苍蝇的尾巴。他的性感又一次聚在一个地方,当一位女士袒露着胸膛,乳房高耸,笔挺地从凡俗中间走来,它便像一根手指似的指着她。

有时我认为这些图画很陈旧了,倒不是我怀疑它们的真实性。我能想象,这类事情从前在圣者身上发生过,那些狂热的冒进分子,他们不惜任何代价,想马上开始与上帝交往。我们不再对我们自己指望这一点。我们担心,他对我们来说,是太难了,我们必须把上帝推开,好从容不迫地做一做使我们和他分离的长期工作。但是,现在我知道了,这项工作恰像当圣者一样会受到怀疑;每个为着这项工作而孤独的人,都会遇上这样的窘境,正如很久以前形成在上帝的孤独者们周

---

① 指荷兰宗教画家希罗尼穆斯·博施(1450—1516)的作品,如《七大罪》《圣安东的诱惑》《戴荆冠的耶稣》《背上十字架》等;或者尼德兰画家老彼得·勃吕盖尔(1530—1569)的作品,多取材于《圣经》故事,风格怪异,近乎博施。

围,在他们的洞穴和空洞的窝棚里。

浪　子

很难说服我相信,浪子的故事①不是一个不愿被人爱的人的传说。他还是个孩子的时候,家里人个个都爱他。他长大了,一点儿也不知道,可能会有人不爱他。他从小就习惯了人们的慈爱。

但他长成小伙子,便想抛弃他的那些习惯。他从没能够这样说过,但他成天在外面四下游荡,甚至不再要狗跟着他,这是因为连它们也在爱他;因为它们眼里流露着顺从和同情,期待和关心;因为即使在它们面前,他不论做什么事情,也没有一件不是令人高兴或者令人伤心的。而他那时所需要的,却是他的心灵的深沉的淡漠,这种淡漠有时使他一大早在田野里,充满这样一种纯净感,以致他开始奔跑起来,跑得上气不接下气,简直没有时间,甚至没有片刻意识到,这是早晨。

他的尚未形成的人生之秘密展现在他面前。他不由自主地离开了步行小径,奔向了田野,双臂扬起来,仿佛在这宽阔地带一下子能掌握好几个方向。然后,他在一个灌木丛后面躺了下去,没有人把他当回事。他给自己削了一根柳枝做长笛,他朝一头小野兽扔石头,他弯下身来迫使一只甲虫掉头:这一切都无关乎命运,天空从他头上像从自然头上滑过一样。然后,下午连同纯粹的胡思乱想来了;你可以是托尔图加岛上的一名海盗,当海盗没有什么义务要尽时;你可以围困坎佩切,可以袭击韦腊克鲁斯;②可以是一整支军队,或者一名马上将领,或者海上的一艘船:全看你自我感觉如何。但是,如果有人想跪下

---

① 浪子的故事见《新约·路加福音》第十五章第 11—32 节。
② 托尔图加是海地西北部以外一个岛屿,十七世纪为英法海盗劫掠加勒比海的一个据点;坎佩切是墨西哥东南部一个港口,十七世纪经常为海盗所袭击;韦腊克鲁斯是墨西哥主要进口港,一六五三年和一七一二年曾为海盗所洗劫。

去,他很快就会变成德阿达特·封·戈聪①,曾经屠杀过龙,并且十分激动地听说,这种英雄本色盛气凌人,从不低声下气。因为凡属题中应有之义,人们一般都不会省略掉。但是,不管出现多少幻象,总会有足够的时间,可以去做一只鸟,不知是一种什么鸟。只是接着,不得不回家了。

我的天,这一切都得抛掉,都得忘掉;因为适当地忘却,是必要的;否则它们坚持下去,你就会泄露自己。不管怎样踌躇,怎样环顾,山墙终于在望。上面第一面窗子就盯住了你,可能还有个人站在那儿。成天望眼欲穿的狗群穿过丛林跑来,把你当作它们认识的人来欢迎。别的事情便由屋子来做了。只要一踏进它所充满的气息,事情就决定了一大半。可能有些细节已经改变了;总的说来,你就是他们在这儿把你看作的那个人;就是他们从你自小就按照他们自己的意愿为你构造了一生的那个人;就是日夜处于他们的爱心的影响之下,在他们的希望和猜疑之间,面对他们的责难或赞许的那个公有的小人儿。

对他来说,再怎样小心翼翼地登上台阶,也没有什么用。大家都会在客厅里,门一打开,他们都会望过来。他待在暗处,他等候他们发问。但是,接着发生了最不愉快的事情。他们握着他的手,把他引到了桌旁,他们大伙儿不管有多少,一齐好奇地拥到了灯前。他们倒好,他们站到了暗处,却让他一个人留在灯光下面,承受着有一张脸的全部羞耻。

他会待下去,跟着糊弄他们分配给他的那种差不离的生活,变得鼻子眼睛都跟他们一模一样么?他会在他的意志的纤细真实性和眼见将它加以腐败的粗俗欺骗之间,把自己分裂开来么?他会不再成为可能伤害那些只有一副软心肠的家人的那个人么?

---

① 德阿达特·封·戈聪,相传为十四世纪耶路撒冷圣约翰骑士团(马耳他骑士)成员。由于许多团员试图屠杀罗得岛上著名的龙而牺牲,骑士团团长甚至禁止团员接近龙穴。德阿达特带头屠龙成功.但因违命而被剥夺骑士资格。后被赦免,并于一三四六年被选为骑士团团长。

不，他将走开。举例来说，当他们大家忙于在庆祝生日的桌上为他陈列出再一次用以补偿一切的难猜的礼品时，永远走开去。他很晚才明白，他那时是多么坚决地打算永远不爱什么人，免得使他处于被爱的狼狈境地。几年以后，他记起这件事，原来它也像其他意图一样，已经证明是做不到的了。因为他曾经在孤独中一而再地爱过；每次都浪费了他的全部精力，而且为别人的自由怀着说不出来的忧虑。慢慢他才学会，用他的感情作光线来照亮被爱的对象，而不在她身上把自己的感情耗尽。于是，他纵情陶醉于通过被爱者日渐透明的形体，认识她为他的无限占有欲所开拓的广阔地带。

由于渴望自己也能这样被照亮，他经常整夜整夜地痛哭。但是，一个半推半就的被爱者，还远不是一个会爱的女人。哦，多少凄凉的夜晚，那时他一点一滴地收回了他的滔滔不绝的赠品，不禁充满人生无常之感。那时一再想起行吟诗人们，他们什么也不怕，就怕自己的祈求得到回应。他把所有赚得的和积攒的金钱都拿出来，也好不去经验这一点。他大手大脚地开销一切费用，来伤她们的心，越来越担心她们会试图回报他的爱。因为他不再抱希望，会遇到一个使他刻骨铭心的情人。

甚至当贫穷每天以新的艰困恐吓他的时候，当他的头颅成为苦难手中的宠物，给摩挲得稀烂的时候，当他浑身长满了脓疮，有如预防黑色灾祸的应急眼的时候，当他害怕人们因为他跟垃圾一样脏便把他扔进垃圾堆的时候；甚至当他一想起来，他最恐惧有人会回应他的时候。同那些让一切丧失在里面的拥抱之深厚忧伤相比，此后的一切阴暗又算得了什么。他可不是一醒来，就感觉自己没有前途？可不是没有办法对付一切危险，便失魂落魄地到处游荡？可不是非得千番百次答应不死不可？或许正是这种恶劣记忆顽固不化，要在他身上保留一个好一再回来的位置，才让他在废物堆中继续生存下去。最后，总算重新找到了他的自由。只有到这时，只有在当牧人的岁月里，他的许多往事才会平息下来。

谁描绘得出他那时所遭遇的一切？哪位诗人有口才将他那段时日的漫长同生命的短暂协调起来？什么艺术宽广到足以同时生动表现他那瘦削的、披斗篷的身影和他的巨大黑夜的整个浩瀚？

这就是他开始觉得自己既普通而又无名，有如一个时好时坏的康复期病人的时刻。他什么也不爱，除非说他只爱生存。羊群对他的卑微的爱在他算不了什么；就像从云层落下来、散布在他周围、悄悄闪烁在草地上的光。按照它们的饥饿所指引的无害的线索，他沉默地走在世界各地的牧场上。陌生人在卫城见过他，也许他多年来就是勒·波的牧人之一，眼见石化时代比华胄贵族更为持久，后者虽然凭借七和三这两个神奇数字获得一切，却不能征服它的星形勋章上的十六道致命的光辉。[①] 或者我应当想象他在奥朗日[②]，倚靠在田园风味的凯旋门上？我还应当看见他在阿利斯坎普斯[③]的幽灵栖息的阴影里，他的目光正在像复活者的坟墓一样张开的坟墓中间追逐一只蜻蜓？

---

① "普罗旺斯的壮丽风景，牧人来往地带，甚至今天仍刻有勒·波王公们所建城堡的遗迹；勒·波是一个英勇绝伦的高贵家族，十四五世纪以其男人的显赫与实力和女人的美貌而著称。谈到勒·波王公，人们很可以说，石化时代比这个家族更为持久。它的实体仿佛已经石化成粗糙的银灰色的景致，其中倾覆了闻所未闻的城堡。这片风景在阿尔勒附近，是一出令人难以忘怀的自然戏剧：一座山，废墟，和被遗弃的村庄，又完全变成了石头，连同它所有房屋及其残片。更远处，是草原：因此招来了牧人。在这里，在奥朗日的剧场，在卫城，跟着他的羊群一起移动，温和而恒久，像一片云，飘过一些不胜颓败而仍然激奋的地方。像大多数普罗旺斯家族一样，勒·波的王公们是些迷信的绅士。他们的发迹超凡出众，他们的幸运不可估量，他们的财富无与伦比。这个家族的女儿们漫步有如女神和宁芙，男人则是兴风作浪的半神。他们征战得胜归来，不仅带回了财宝和奴隶，还有最难以置信的王冠；顺便说一下，他们自称为'耶路撒冷的皇帝'。但是，他们的盾形纹章上却栖息着相抵触的蠕虫：对于那些相信数字七的人们，'十六'似乎是最危险的反数，而勒·波的领主们却在他们的纹章上戴有十六道光的星（就是引领三个从东方来的王和牧人们到伯利恒的马厩去的那颗星：因为他们相信这个家族起源于神圣的伯沙撒王）。这个家族的'幸运'乃是圣数七（他们拥有的城市、村庄和女修道院均以七计）对于他们纹章上的十六道光的一场斗争。而七被打败了。"（引自作者1925年11月10日致维托尔德·许尔维茨的信。）

② 奥朗日，法国南部阿维尼翁以北一市镇，其罗马遗迹包括圆形剧场、凯旋门和渡槽等。与上述勒·波和建有巴特农神殿的雅典卫城同为欧洲著名古迹。

③ 阿利斯坎普斯，法国阿尔勒附近的古墓，有未开的石椁。

都无所谓。我看见的不止是他，我还看见他的一生，它那时刚开始对于神的长久的爱，那桩沉静的、无目的的工作。因为尽管他想永远克制自己，他的心灵日益觉得非如此不可的迫切感又一次落到他身上。这一次他却希望有所回应。他的整个身心在长期孤独之中变得有先见之明，不致犹豫不决了，它便向他保证，他现在的意中人将懂得以刻骨铭心的容光焕发的爱来爱他。但是，当他渴望自己终于如此出色地被人爱时，他那习惯于遥远的感情才领悟到神的极其遥远的距离。有好些夜晚，他打算把自己扔进天空去接近神；有好些小时，充满这样的发现，他觉得自己强大到足以潜向地球，好把它沿着他的心的风暴潮拽上去。他像一个听见一种华美语言，决心用来写诗的人。可他很快就惊愕地发现，这门语言是多么难学；开头他还不愿相信，一个人会花一辈子的光阴，来练习那些初级的、短小得没有什么意义的假句子。他投身于学习，像一个奔跑者投身于竞赛；但是，必须加以克服的难度如此之大，使他不得不延宕下来。想不出任何事情会比这次入门更令人沮丧。他已经找到了点金石，现在他不得不把他迅速制造出来的幸运之金不断变成小块小块忍耐之铅。他已经使自己适应太空，现在却像一条虫爬过弯曲的没有出口和方向的过道了。而今他既然学着爱，学得那么费劲而又苦恼，他就会明白，他迄今误认为已经完成的全部爱都是多么粗枝大叶而又藐不足道。又是何等一事无成，因为他并没有为它工作并使之实现。

  这些年来，他身上起了很大的变化。在他试图接近神的艰难工作中，他几乎忘记了神，而他希望也许在他身上及时得以实现的一切，就是"他支持一个心灵的耐性"①。人们所重视的命运之偶然，早已从他身上脱落掉；但是现在，甚至必不可少的欢乐与痛苦都失去可口的余味，对他变得纯粹而又富于营养了。从他的生存之根生长出一种喜悦的壮实的常绿植物。他全神贯注于掌握构成其内在生命的一切，他不

---

① 原文为法文。据作者上引信称，这句话可能出自西班牙修女阿比拉的圣拉撒（1515—1582）的一部宗教经典。

愿忽略任何什么,因为他不怀疑他的爱就在这一切里面并且增长着。是的,他泰然自若到如此程度,他竟决心弥补他从前未能完成的,也就是那些耽误了的最重要的事情。首先他想起了童年,他越是平静地回忆,便越觉得它摆在那儿没有完成;所有关于它的记忆本身有着一种模糊的预感性,它们被看作往事这件事实使得它们几乎变成了未来。把这一切又一次并且实实在在地承担起来,这就是为什么离家出走者又回来了的缘故。我们不知道,他会不会留下来;我们只知道,他回来了。

讲故事的人们讲到这个地方,试图提醒我们记住这座房屋的当年面貌;因为那儿只过去了很短的时间,一段屈指可数的时间,屋子里每个人都说得出,过了好久。狗变老了,但它们还活着。据说有一只嗥叫起来。整个日常工作中断了,窗口露出了许多面孔,衰老的和成熟的面孔,彼此相似得令人感动。一张老脸突然苍白起来,原来终于认识了。认识?真的只是认识?——是宽恕。宽恕什么呢?——是爱。我的天:是爱啊。

他,被认出来的他,像过去一样心思重重,再也想不到还会有爱。不难理解,在已经发生的一切当中,只有这个还会流传下来:他的姿势,从前没有见过,也没听说过的姿势;他借以投身在她们脚下,央告她们别爱的祈求姿势。她们吓得发晕,忙把他扶起来。她们按照她们的方式解释他的轻举妄动,同时宽恕了他。尽管他的态度具有一不做二不休的明确性,大家却都误解了他,这一点对他必定是一种难以形容的慰藉。说不定会留下来。因为他一天天越来越认识到,她们为之沾沾自喜、相互鼓舞的爱,根本同他不相干。她们使劲张罗,几乎使他不得不发笑,显而易见,她们心里的那个人不可能是他。

她们怎么会知道他是谁呢?现在要爱他是极其困难的,他觉得只有**一个人**能够爱他。可那一位还不愿意。

骑兵旗手克里斯多夫·里尔克的爱与死之歌

骑呀,骑呀,骑呀,骑过白昼,骑过黑夜,骑过白昼。

骑呀,骑呀,骑呀。

于是心情变得那么疲惫,眷恋又变得那么深沉。再也没有山了,简直没有一棵树。没有什么敢站起来。异国的茅舍干渴地蹲在低湿的喷泉旁。哪儿也望不见一座塔楼。永远是同一幅景象。人长两只眼睛都嫌太多了。往往只是在夜晚才相信认出路来。也许每晚我们都回到了在异国的阳光下艰苦跋涉过的那段路?可能是这样。太阳很猛烈,就像我们在故乡过炎夏那样。但我们是在夏天告别的。妇女们的衣服闪现在碧绿丛中很久了。而今我们骑行也很久了。看来一定交了秋。至少是在伤心的妇女们记得我们的地方。

那个朗根劳人坐在马鞍上,说道:"侯爵先生……"

他的邻人,那个小小的漂亮的法国人,头三天还有说有笑。现在他什么也不知道。他像一个打磕睡的孩子。尘土留在他漂亮的白色花边的领子上;可他没注意到。他在他的天鹅绒马鞍上慢慢变得萎靡不振。

但是,朗根劳人微笑着说:"您有一双不寻常的眼睛,侯爵先生。您一定很像您的母亲——"

小伙子又一次活跃起来,掸了掸他的领子,仿佛新的一样。

有人在讲他的母亲。显然是个德国人。他大声而缓慢地字斟句酌。像一个插花的少女,煞费苦心地检查每一朵花,却不知道整束花是个什么样子——:他就这样安排他的字句。为了逗乐?为了添悲?大家倾听着。连吐痰都停止了。因为这都是些真正的绅士,知道怎样才算举止得体。而且,众人中间凡是不懂德语的,也马上懂得了,感觉到个别字句:"晚上"……"小时候"……

这时他们彼此都很亲近,这些绅士们,有法国人和勃艮第人,有荷兰人,有克恩滕山谷的人,有的来自波希米城堡,有的是利奥波德皇帝①的臣民。因为一个人所讲的,也就是大家所体验到的,而且恰巧一个样。仿佛天下只有**一个**母亲……

就这样一直骑到夜晚,骑到任何一个夜晚。大家又沉默下来,但还忘不了那些明亮的话语。这时候爵揭下了头盔。他的黑发是柔软的,一低头就像女性似的披散在脖颈上。现在连朗根劳人也清楚看到:遥远的光辉里耸进了一个什么东西,一个又细又暗的东西。一根孤零零的圆柱,已经半坍塌了。而且他们过去了好久,后来才想起,那是个圣母像。

营火。人们围坐着等待。等待有人唱歌。但是人人都很疲乏。红光熊熊。它落在沾满灰尘的鞋子上。它爬到了膝盖上,它照进了合拢的双手。它没有翅膀。脸都是暗的。可小法国人的眼睛还是以特有的光彩亮了一下。他吻了吻一朵小玫瑰,现在就让它在他胸前枯萎下去吧。朗根劳人看见了,因为他睡不着。他在想:我没有玫瑰,一朵也没有。

然后他唱起来。这是一支古老的悲伤的歌曲,是家乡少女们秋收完了在田野上唱的。

---

① 即利奥波德一世,奥地利君主、神圣罗马帝国皇帝(1658—1705)。由于对匈牙利进行残酷压迫,曾激起匈牙利人的多次反抗和起义。一六八三年至一六九九年和土耳其长期战争,击败土耳其,取得匈牙利大部领土。

小侯爵说:"您很年轻吧,先生?"

朗根劳人半悲伤、半不情愿地回答:"十八了。"然后他们不再讲话。

后来法国人问:"您在家乡有个未婚妻吧,少爷?"

"您呢?"朗根劳人反问道。

"她跟您一样是金发。"

他们又沉默了,直到德国人叫喊起来:

"真见鬼,您们为什么老坐在马鞍上,在这片瘴疠的国土上到处追赶土耳其狗?"

侯爵微笑了:"为了回去呀。"

朗根劳人于是悲伤起来。他想起一个和他一起玩过的金发女郎。放荡的玩耍。于是他想回家去,哪怕只一霎时,哪怕短暂得只够说一句话:"玛格黛莲娜,——原谅我总是**那个样**!"

哪个样啊?年轻的绅士在想。——于是他们走远了。

有一回,早上,到了一个骑兵,接着第二个,四个,十个。全副铁甲,威风凛凛。后面又是一千名:一支大军。

必须分手了。

"平安回家吧,侯爵先生——"

"玛利亚保佑您,少爷。"

他们难舍难分。他们一下子成为朋友,兄弟。有更多知心话要说一说;因为他们互相了解很深了。他们迟疑着。周围是匆促的马蹄声。这时侯爵脱掉右手的大手套。他拿出了小玫瑰,摘下一瓣。仿佛在掰圣饼。

"它会保佑您。一路顺风。"

朗根劳人惊讶起来。他久久凝望着法国人。然后他把异国的花瓣塞在军服下面。于是它便浮在他的心潮上下漂动。号角长鸣。他向大军骑去,这位少爷。他悲伤地微笑:一位异国夫人在守护他。

一整天都是大队人马。咒骂,色彩,欢笑——大地为之眼花缭乱。五颜六色的小伙子跑来了。扭打和叫喊。披头散发戴着紫色女帽的村姑也来了。挤眉弄眼。像流动黑夜般黢黑的马弁也来了。狂热地抓住姑娘们,把她们的衣服都撕破了。把她们挤到了大鼓旁边。由于焦急的双手在做疯狂的抵抗,大鼓惊醒了,仿佛在梦中一样咚咚咚响了起来——晚上他们给它提来了灯笼,奇怪的灯笼:闪耀在铁盔里的酒。是酒?还是血?——谁又分辨得出?

终于到了施波克①面前。伯爵耸立在他的白马旁。他的长发闪着铁一样的光。

朗根劳人没有发问。他认识将军,便翻身下马,在一股尘雾里鞠躬。他拿出一封给伯爵的介绍信。但是,伯爵却命令:"给我念念那张纸片。"可他的嘴唇动也不动。他不需要它们来念;它们刚好是用来骂人的。此外的一切,由右手来说了。就这样。人们从那只右手看清楚是怎么回事。年轻的绅士早念完了。他不再知道置身何处。施波克在众人在。连天空都消失了。于是大将军施波克说道:

"旗手。"

这句话已经很多了。

连队在腊伯河那边。朗根劳人单骑独往。平原。夜晚。马鞍前面的金属饰片在灰尘中闪着光。接着升起了月亮。他看见它在手上。

他做着梦。

但这时有什么在向他呼喊。

呼喊着,呼喊着撕碎了他的梦。

---

① 约翰·施波克(1601—1679),一六六四年八月在匈牙利跟土耳其人交战时任全骑兵军团的指挥官。由此被封为帝国伯爵。

不是猫头鹰。天可怜见:
是一棵树
在向他呼喊:
来人哪!
于是他望过去:什么东西挣扎着。一个躯体靠着树干在挣扎,是一个少妇,
血淋淋,赤裸裸,
向他大叫:快解救我!

于是他跳下马来,走向深绿色树丛
砍断了发烫的绳索;
他看见她的目光发红,
牙齿紧咬着。

她在笑?

他感到恐怖。
他跨上了马,
奔向黑夜。拳头紧攥着血绳。

朗根劳人聚精会神地写一封信。他用粗拙的、郑重的、端正的字母慢慢描画着:

"我的好妈妈,
"自豪吧:我掌着旗呢,
"放心吧:我掌着旗呢,
"爱我吧:我掌着旗呢——"

然后他把信藏在自己的军服里,在最隐蔽的地方,在玫瑰花瓣旁边。于是想道:它不久就会发出香气了。又想道:总有一天会有人找到这封信……又想道:……因为敌人临近了。

他们跨过了一个被杀的农民。他两眼张开,里面反映出一点什么;不是天空。后来有狗叫。终于来到一个村庄。茅屋顶冷漠地升起了一座城堡。宽大的桥梁向他们伸过来。城堡的门很大。号角高亢地欢迎客人。听:轰隆声,叮当声和犬吠声!院子里有马嘶声、马蹄声和呼叫。

稍息!且做一次客吧。总不能老用粗茶淡饭来款待他的欲望。总不能老是闹翻脸去抓抢一切;任凭一切发生在自己身上,并且知道发生了什么,总是好的。连情绪也得舒展一下,在丝绸被套的边缘翻翻筋斗才好。总不能老是个兵。且把卷发松开,还有宽大敞开的领子,坐在丝绸沙发椅上,浴后尤其要这样。再还要懂得女人是什么。以及白衣女人如何,蓝衣女人又怎样;她们有怎样一双手,她们怎样把笑当歌唱,当金发少年端来盛满浆果的漂亮果盘时。

开始用餐了。不知怎么搞的,变成了一次宴会。烈焰闪烁着,声音嗡响着,混乱的歌曲从杯盏和光泽之中叮当作响,最后从变成熟了的节拍中:产生了舞蹈。它使所有人为之销魂。这是舞厅里一次波浪的冲击,一次邂逅和一次选择,一次告别和一次重逢,一次对辉煌的享受和一次因目眩的失明,和一次在热情妇人的衣裾所扇起的夏风中的摇摆。

时光从深色酒浆和千百朵玫瑰中沙沙作响地流进了黑夜的梦。

有个人站着,对这番豪华目瞪口呆。他的样子就像在等待弄清楚,他是不是醒着。因为只有在睡梦中才看得见这样的妇人的这种气派和这种盛宴:她最细微的姿势就是落在锦缎上的一道皱褶。她能几小时不断进行银铃般的谈话,有时她这样抬起了她的双手,你一定会认为,她在你够不着的什么地方,摘下了你看不见的温柔的玫瑰。于是你做起梦来:用那些玫瑰打扮自己,用别的方式祝福自己,你应当给你空着的额头戴上一顶花冠。

一个穿白绸衣的人知道,他不可能醒来;因为他要是醒着,就会对现实不知所措。于是他仓惶逃进梦中,站在庭园里,独自站在黑暗的庭园里。宴会已远。灯光在说谎。黑夜挨近他,凉飕飕的。他问一个向他俯就的女人:

"你可是黑夜?"

她微笑着。

于是他为自己的白衣感到羞愧。

他希望在远方,独自一人,武装起来。全副武装起来。

"你难道忘记,你今天是我的侍童?你想离开我?你要到哪儿去?你的白衣把你的权利给我了——"

…………

"你还想念你的粗制服么?"

…………

"你觉得冷么?——你想家么?"

伯爵夫人微笑着。

不。这是因为他的童贞从肩头落下来了,这件柔软的深色的衣服。

是谁拿走了它?"是你?"他以一种从未听见过的声音问道。"是你!"

现在他身上一丝不挂。他赤裸裸像一位圣者。明亮而颀长。

城堡的灯火慢慢熄灭了。人人都很呆笨:困倦了,或者钟情了,或者酒醉了。在那么多空虚的、漫长的战地夜晚之后:床榻。宽大的栎木床榻。这里祷告起来,也不像半路上在破烂的壕沟里,那里要想睡着,就会变成一座坟墓。

"主啊,随你高兴吧!"

床上的祷告是简短的。

但是更恳切。

塔楼小室是阴暗的。

但是,他们容光焕发,满脸微笑。

他们像瞎子一样摸索而来,把另一个当门摸着了。像害怕黑夜的孩子,他们相互偎依着。可他们并不害怕。他们面前什么也没有:没有昨天,没有明天;因为时间已经崩溃了。他们从它的废墟里开了花。

他不问:"你的丈夫呢?"

她不问:"你的名字呢?"

他们相逢,正是为了共同成为一个新人种。

他们会给自己起一百个新名字,又悄悄相互摘下来,像摘掉一只耳环。

在客厅里一张沙发椅上面,挂着朗根劳人的军服、肩带和披风。他的手套放在地板上。他的旗帜垂直立着,靠在十字窗架上。它又黑又长。外面一阵狂风在天空疾驰而去,把黑夜撕成碎片,白的和黑的。月光一晃而过,有如一道长闪电,不动的旗帜投下不安的影子。它在做梦。

窗开着么?狂风进了屋?是谁砰的关上了大门?谁在各个房间走动?——别吭声。不管是谁。他找不着,进不了这间塔楼小室。这场伟大的睡眠仿佛在一百道大门后面,两人共有的这场睡眠;仿佛共

73

有着**一个**母亲或者**一场**死亡。

是早晨么？升起了怎样一个太阳？太阳多么伟大。是鸟群么？到处听得见它们的声音。

一切都是明亮的,但不是白昼。

一切都在喧闹着,但不是鸟声。

是发光的梁木。是叫喊的窗户。它们红通通,向站在外面闪烁的大地上的敌军喊去,喊着:起火了。

大家脸上带着被撕碎的睡意拥挤着,有的拿着武器,有的赤裸着,从一间挤到另一间,从一个地段挤到另一个地段,寻找楼梯。

号角在院子里以温吞吞的呼吸结结巴巴地吹着。

集合,集合!

还有颤抖的鼓声。

但是,旗帜不在了。

喊声:旗手!

烈马,祈祷,呼叫,

咒骂:旗手!

铁与铁相撞,命令与信号;

寂静:旗手!

又一次:旗手!

是随着呼啸的驰骋发出的。

…………

但是旗帜不在了。

他以燃烧的步态赛跑,跑过灼热地围挤着他的大门,跑过把他烧焦的楼梯,从狂乱的建筑物里冲了出来。他把旗帜搂在手臂上,仿佛搂着一个白衣的昏迷的妇人。他找到了一匹马,它像一声呼喊:从一切上面冲过,从一切旁边冲过,甚至冲过了他的呼喊。于是,旗帜重新精神抖擞,从来没有这样威风过;现在他们都看见他和它远远奔在前面,认清了那个明亮的没戴头盔的人,认清了旗帜……

它开始闪耀从内部膨胀起来,把自己抛掷出去,变得伟大而鲜红……

…………

于是他们的旗帜在敌军中间燃烧起来,他们追逐着敌人。

朗根劳人深入敌军了,孤身一人。

恐怖在他四周形成一个包围圈,他在它中间,在他的缓缓燃烧的旗帜下面坚持着。

他慢慢地、几乎是沉思地环顾一番。他面前是许多五颜六色的异样事物。是花园吧——他想着,微笑了。但他又觉得,许多眼睛盯着他,认得是人,知道是些异教狗——:于是策马冲了进去。

但是,这一切现在在他身后混成一片,又出现了花园,还有十六柄向他砍过来的圆形马刀,一道光又一道光,是一场庆典。

一座大笑的喷泉。

那套军服在城堡给烧掉了,还有家信和一位异国夫人的玫瑰花瓣。

第二年春天(来得忧伤而寒冷),匹洛伐诺男爵的一名信使缓缓骑往朗根劳。他在那儿看见一位老妇在哭泣。

茨威格

论歌德的诗[*]

歌德以八岁稚拙的童手在生日贺帖上为外祖父母写出了第一首诗。八十高龄的歌德又在故世前几百小时以苍老的手写下了最后一首诗。在如此德高望重的一生,诗歌创作的光芒始终不渝地飘荡在这个不知疲倦的头颅上。没有哪一年,在许多年份没有哪一月,在许多月份没有哪一天,这个奇才没有用格律的语言诠释并确证他的本性的奇迹。

就歌德而言,抒情创作是从最初发笔开始,直到最后一口气才结束:写诗之于他,犹如放射之于光,生长之于树,为了不断阐述他的生命,是同样不可缺少而又不言自明的。这完全是个有机的过程,是歌德的基本成分的一种功能,一种没有便不可想象的功能,人们几乎不敢称之为行动,因为行动表示多少囿于意志,而一旦心潮澎湃,诗兴大发,就其必然的创造性质而论,便恰如化学反应或者像血流一般完成。从散文语言到押韵的诗意文字,完全自由自在地发生在他笔下:在书简中,在戏剧中,在中篇小说中,散文沙沙作响,突然长出了翅膀,一变

---

[*] 斯特凡·茨威格(1881—1942),奥地利作家。出生于维也纳,曾先后在维也纳大学和柏林大学攻读哲学。一九四二年与妻子一道在流亡地巴西自杀,以表达他对那个疯狂的时代的绝望和对纳粹倒行逆施的抗议。主要作品有长篇小说《富贵梦》(1931—1935)、《焦躁的心》(1938),短篇小说集《初次的经历》(1911)、《热带癫狂症患者》(1922)、《感情的混乱》(1927)等,以及剧本《叶莱米亚斯》(1917)、《海滨住宅》(1912)、《一个生者的传奇》(1919)等。原文为作者选编的歌德诗选序(小菲力浦·雷克拉姆出版社出版),中译来自《茨威格散文选》(百花文艺出版社 2002 年版)。

而成这种较高级局限之无局限的形式。每种激情高昂地飘荡在这种形式里,每种情绪溶解在它的各个区域里。因此,在他整个广阔的一生,几乎遇不见任何一种重大的人事,没有写进他的诗里去。因为,正如歌德很少写没有阅历的诗,他的阅历也很少有一件没有投上诗的金色的影子。

有时这种抒情川流也会有堵塞和阻碍,恰如肉体会有疲倦的时候。但是,抒情成分在歌德身上决不会完全熄灭。人们常常相信,到他晚年那个从内心喷发的泉源,已被断绝在沉闷的生活之下,为习惯的垃圾所淤塞。但是,一段经验,一次情感的爆发突然间又会喷出新的泉源来——诗句开始从另一个深处,仿佛从另一些变年轻了的血管重新涌流出来,抒情文字不但回来了,而且——真叫不可思议!——还带有另一种、尚未被认识的旋律。因为他的每件新作,他的每次变化也变换着他的内心音乐,歌德的诗便随着血液每次发酵而冷却,并被压榨成新的香精——永远是另一种,又永远是同一种,用他自己的说法:"于是我分裂着自己,爱人啊,我又永远是一个。"

抒情才智在强度和弹性的最高级别上的这种坚韧不拔,在这位诗人身上是无与伦比的:世界文学还拿不出什么能在持续性上同这种富裕的强度相提并论。只有他自己身上另一种冲动才是同样耐久的,并且控制着每个清醒的时刻,即用思想约束才智(正如在诗中用形式约束亲身经历一样)的激情。两者都是把被规定生活变成形象和思想、用创造性规则把生活全部加以提高的同一种意志的结果,正如天国的河流从存在的同一根源一直流到世界的尽头,这两条河流也是从他的内心深处潺潺流经他的整个一生:它们的汇合和始终不渝的同时性构成他所以出类拔萃的奥秘。

所以,每当他的生活的这两种主要表现,每当诗人歌德和思想家歌德互相渗透时,每当才智和情感水乳交融时,都是非常出色的。如果这些世界高高在上地相遇于它们的顶峰,那么便会产生那些具有俄耳甫斯式色调的厚重的诗篇,它们既属于人类最高的思想作品,也是抒情的财富；但是，如果它们在其起源的根部深深地相遇了，那么便会形成语言和才智最完美的结合，如《浮士德》和《潘多拉》，万诗之上的诗：世界性的诗。

抒情领域这一种多方面的分布，必然还要求表现力有一种真正海阔天空的丰富度。歌德已经为他自己并为我们在德语范围内把这种丰满度创造出来了——几乎可以说，是从无到有地创造出来了。他从前人所接收的抒情诗资源已经耗损，布满灰尘，失去光泽，只能狭隘地按照诗艺的一定服装与身段予以裁剪。诗歌风格按照动机与来历划分得富于学究气——德语从罗马语系借来了十四行体，从古代借来了六音步诗体和颂诗体，从英国人借来了谣曲，此外还自发地添加一些并不比民歌的松软音节更多的东西。歌德是个浩荡的流体，对他来说质料和形式，内容和容器，"核与壳"意味着活的统一体，他一动手就掌握了所有这些形式填充它们，但却未能把他过度迸发的情感全部填进它们里面去。因为所有被限制物对于他的创造性的千变万化是太狭隘了，所有被包围物对于他的语言威力的冲动是太像囚笼了。所以，他忍不住从被束缚的形式逃进了一种更高的自由：

> 规定的格律诚然诱人，
> 才子或有自得其乐处，
> 但它们很快令人厌恶，变成
> 无血无肉的空洞面具。
> 连才智都显得不令人高兴，
> 如果它考虑到新形式，而不
> 把那死形式告个结束。

但是，歌德的诗的这种"新形式"却也不是一次性的，决不是僵化到可以限定的。他的冲动的语言渴求把一切时代的一切形式好奇地抓到手上，逐一加以尝试，却没有对任何一种感到满足——从六音步长句到头韵体的短促又几乎近乎跳蹦的形式,从汉斯·萨克斯诗中疙疙瘩瘩的硬韵到品达行云流水般的颂歌诗,从波斯的押韵散文到中国的格言诗,他以其包罗万象的潘神式的语言威力一而再地运用所有现行格律。而且,意犹未尽,他还在德语诗中间创造了几百种新形式,没有名称也无从命名,合乎规律而又不可重复,只能出自他的笔下,其独立自主的勇气连我们最年轻一代也难以望其项背。有时人们几乎担心,他的七十年创造生涯已将德语的抒情造型能力和变化能量耗损了大部分,因为他既从前辈继承得很少,后人在抒情表现力方面也很少从本质上有所增添。他的无止境的功业举世无匹,真可谓前不见古人,后不见来者。

但是,形式的多样性,单是这一点还不足以成为抒情优势的保证:只有诗人无所不在地同时出现在每部作品中,才能使他具有世界意义,这才是真正的奇迹,即在他的多样性范围内,每个个别形式和每种表现都带有统一与新颖记在上面却又看不见的标志,也就是说,同样的血液以神秘的引导与遗传方式一直注入他的诗句的最后的血管。这种表示高贵渊源的标志,这种精神上和语言上当家做主的标志,如此清晰地刻印在歌德的每首诗中,我们通过一切形式变化在每首个别诗篇中无可否认地认出他就是唯一可能的作者;还不止此——真正的识者还会从他的抒情收获的每颗谷粒像检验员似的区别出年度和时刻;人们从任何一个音调,从一种语言态度,从任何一种无可比拟性,几乎永远可以确定,这首诗属于哪一个年轮,是他的青年时期的,是古典主义年代的还是晚年的。正如他的手稿的笔迹,尽管有着从十岁到八十岁的千差万别,始终不会由于这些差别而被认错,人们可以从一个字的无数笔致中认出执笔者就是歌德一样,我们也能够从每个散文特点,从每首四行诗,准确无误地认出作者就是歌德。大宇宙、大世界歌德即使在小宇宙中,在最短的诗中也看得见。

然而,虽然在歌德的抒情诗中认识歌德的典型特征,人们觉得容易,要把他的风采的全部个性中肯地固定下来,从概念上一成不变地加以限制,却又是很难的(就是一本大部头书也做不到)。在荷尔德林、诺瓦利斯身上,在席勒的抒情诗中,要描绘语言风格的特殊面貌,甚至用诗韵学和美学的套语来说明,都是并不费力的,因为在这些作品中存在着一种明显特殊的语言色彩,观念世界划出了界限分明的范围,韵律似乎同一种特殊形式的气质持久地连在一起。但是,对于歌德的抒情诗,任何一次加以阐释的尝试会无可否认地导致饶舌或假借。因为他的语言色彩是光谱的色彩,是始终洋溢汹涌的、变成永久千姿百态的光,如果可以打个比方,是一个语言太阳,不仅仅是一个分开来的光荣。另方面,他的格律并不属于扬抑格音步和扬抑抑格音步,也就是一种孤僻的态度,而是在与人肝胆相照的生活中按照自己迅猛的或宁静的呼吸为每一次搏动打拍子。所以,他的抒情风格显得如此自然,只有他的天性本身,那种无所不包的天性,而不是文学,才能说明它。对于歌德在诗中的特征,每次研究起来,往往超越语言本质而归结到他的天性的基本因素,归结到他的世界经验的感官性。他的统一性的最后说明始终不是艺术品,它;始终只是创造者,变化中的持续者,不可分割者:他。

  对于歌德本质的这种"明显得深奥莫测"的统一性,说来令人难以置信,没有什么比他自己的丰满性更有妨碍的了。要划分无限,要包括茫无涯际,是很难的;如果说还有那么多德国人对歌德的世界不得其门而入,更说不上亲近,这就只怪视野的丰满了,因为确实,要鸟瞰一下他的一切,几乎需要整个一生;为了理解这一切,则需要整个一门学问。单是他论自然科学的文稿就构成一个宇宙,他的六十卷书简就是一部百科全书。甚至他的一千多首抒情诗,由于其繁富多样,使任何没有受过专门训练的目光都无法把它们作为整体来认识。因此,用一个选集把这些浩繁的卷帙压缩到一目了然,这个愿望实在是太容易理解了。

  当然,从歌德抒情世界挑选最重要的诗篇,这样一个企图对落选的个别诗篇提出了多么高的要求!只有如下一个谦虚的认识才能为这个企图减轻责任,即在这样一次选编中,不是编者个人的价值观在傲慢地拿主意,而是他的整个一代的理解力不自觉地参与了这个任务。因为歌德的肖像和成就——我们否认不了这个事实——是以始终不同的形象和变化对每一个世代,并在这个世代内又对每种年龄的人产生不同的意义。看来到一八三二年三月二十二日,那个精神上的变形链似乎结束了:事实上,他的肖像和他的作用仍在各个时代不断地变化着。歌德永远不会变成僵化的概念,不会成为文学史上木乃伊式的形象:他向每个世代显出新的意义,为每部新选集带来新的形式。只为了作为抒情作品来考虑,仅仅他的《西东诗集》就经历了怎样的价值变化,老人的这种不可思议的自我揭露给我们的感情带来了多大的冲击力啊,而同样一部作品,他的同代人还有十九世纪却把它简直歪曲成怪诞的打情骂俏式的假面游戏!另一方面,席勒时代的歌德谣曲和一些通俗诗歌也许由于翻来覆去地被朗诵,又是怎样不为我们所赏识啊!人人都能理解的、威仪堂堂的歌德诗派,一个自荷尔德林和尼采以来不再为我们所知的古代文艺的典范艺术家,这个太具体的形象,同他的玄奥诗歌、他的真正宇宙性的世界胸襟之卓越的、令人神往的创作者相比,越来越退居次要地位了。这就是说,二十世纪的一本选集且不计个别篇目的评价,必须编得与十九世纪的选集和选材完全不同。

不过,原始的尺度似乎还是一样的,而且在一定程度上还会自动地成为选编者的工具:今天正如当年一样,必须首先试图把绝对具有抒情效果的、完全耐久的同丰富中带有偶然性的和略有欠缺的区别开来。乍看之下倒也是轻而易举的工作,当时会认为,把那些为宫廷需要或者礼貌上的即兴动机而写的篇什删汰出去就足够了,此外还有一切纯粹游戏之作和漫笔之作,其中诗句和韵脚的材料恰如师傅不在时的魔术学徒,在没有创作元素的时候会自动地把自己编写出来。但是,选编者马上就会碰上意料不到的困难,新的问题,新的抉择,甚至还须调整最初的原则。因为在这种划分、清除过程中,选编者常常遇

永恒的交流

见某些个别篇章，由于本身所包含的出自另一种原因的力量，令人注目地抗拒从纯审美原因而来的压制，并出于另一种权利，而不是它的纯艺术分量的权利，坚持要求自身的存在和入选资格。于是不久我发觉，正如在生活本身中一样，在艺术中也可能由于生存的持续性和直觉作用存在着某种合法性：有些诗并非为了它们贵重而对我们具有存在价值，而是作为民族的一种 Pretium affectionis① 变得宝贵起来，也就是那种感情上难以割舍的爱慕价值，像难以割舍一个多年亲密的、虽不贵重却由于虔敬而受到尊崇的对象一样。例如，对一首《野玫瑰》这样的诗该怎么办呢？从它本身来看，充其量只能看作一首久已熟知的民歌的改写。照说，严格运用的尺度在这里要求不予收录——但是，一首诗通过教科书第一次把我们和歌德的名字连在一起，它的旋律飘荡在我们童年的嘴唇上，几乎用不着呼唤，就可以一个字一个字地在我们心中苏醒过来，试问又怎么能把它剔出去呢？或者再举一个例子，机智多于抒情的四行诗"我从父亲有身材"（人人都会不自觉地把它念下去，因为谁还不知道它呢？）肯定没有多少深远意义，纯审美裁判员一定会把它从一个精选本里抽掉。但是，"伟大的自白"又怎么能不要这一页呢？这样他的肉体——精神结构的本质和根源就会鲜明而又令人难忘地留下一道裂痕来？另方面，还有一些诗，本身并不怎样色彩绚丽，只因为反映了一些人物和情境而有特殊的光度，又如许多致夏洛特·封·施泰因、莉莉和弗里德莉克的诗，与其称作诗还不如说是信笺，更是叹息和寒暄而不是什么艺术作品，但就传记全貌而论，却又是必不可少的。不久我还发觉，最严格的审美判断将会为一个惊心动魄的奇迹所撕毁，一部呆板而苛刻地讲艺术价值的选集一定恰巧会把那个人的抒情诗和生活、动机和见解、艺术品和传记加以拆散，而他的奇妙的高品位而又有机的人的统一性，我们觉得既是艺术品又是艺术本身。因此，在胸襟宽宏的选编工作中，对于风格的级次

---

① 拉丁文，即德文 Affektionswert（爱慕价值，爱好价值），或 Liebhaberswert（收藏价值，纪念价值）。

经常是以那个标准作为更高的尺度,即我们始终认为是历代世人所具最高级次的那个标准:歌德的生活就是创造的秘密。

但是,不但选稿本身,连诗篇的编排也取决于这个确切不移的信念,即作品和生活在歌德身上乃是一个不可分割的整体;这是一个编年的整体,把诗篇(借用汉斯·格哈德·格雷夫的出色论文)按其问世的时间顺序,亦即自然的顺序来排列。这样一种划分似乎具有最高的权威,但却与作者本人的那种分法相反,他在"最后审订版本"中按照格律类型排列了全部抒情资料,每次还以精辟的警句来衬托"自然""艺术""十四行""尝试的古体""神与世界"等标题。该版中的诗篇像花束一样,按其精神色彩,按其格律的分类,按其所属品种,精细地给扎在一起,庞大的抒情疆土被分成灵与肉的个别区域。反之,在我们的划分中,却试图把这些精巧的花束重新拆散,再把每首诗插到它最初写作的位置上去,以便与歌德对爱克曼所说的话相一致:"我所有的诗都是即兴诗,它们由事实引起,其中是有土壤的。"每首诗都由这种编年规定重新找回到这片土壤中去,"土壤"一词意味着动机和土壤般的时间限制。不是按照它们的生存与存在,而是按照它们的写作顺序,先是青年时期的诗作,接着是成年时期的诗作,再就是老年时期辉煌的抽象讽喻。我相信,这样的编法会对这些强有力的抒情川流提供一个独一无二的全貌,从源头最初的喷发直到平稳的浩荡的汇合口而涌入无限,每个动机、图像和年月,人和事件,都逼真地反映在这股滚滚向前的浪涛中而显示出来。本选集从那些奔腾澎湃的青春诗节开始不是偶然的,这里心灵的榔头首次击碎了德语抒情诗的呆板形式;它以"神秘的合唱"的那种奥妙的袅袅余音告结束也不是偶然的,老人正是以这段合唱让《浮士德》、"他毕生的本职"连同他的生命一起化为烟雾,飘进了无限。其中展开了尘世漫游、血液的汹涌与冷却、诗歌因和谐而生动又像大理石般凝固成透明的形式,急如星火的热情逐渐飘散成观照的沉思等整个变化过程——一个人这里正可拿那整个高尚的变化作为典范,体验各个时代的全部人性。那么,歌德的抒情诗出现在这个命运般的形式中,便不再只是作为他的一生的伴奏音乐,而且是作为整个生存的交响乐式的总括,曾经在一个非凡的凡人胸怀中轰鸣过,而今由于艺术的永久魅力仍使我们觉得常青不衰。

(1927年)

乔伊斯的《尤利西斯》批注[*]

〔**用法说明**〕 首先要寻找一个支点,才不致读时非把这部巨型小说拿在手里不可,因为这本书几乎有一千五百页,像一块铅似的搁在读者的关节上。事先还须用食指和中指小心翼翼地拈住插进来的关于"本世纪最大的散文作品"和"我们时代的荷马"之类的宣传品,把这些大吹大擂、夸大其词的广告传单从头撕到底,把它们扔进废纸篓里去,免得读还没有读就被引发出千奇百怪的期待或抗议。然后,坐在一张靠背椅上(因为这样才会持久),拿出自己全部的耐性和公道(因为人也会生气),再开始读下去:

〔**体裁**〕 一部小说?不是,完全不是:是一次精神的女巫盛会,一首庞大的狂想曲,一次罕见的大脑的瓦尔普吉斯之夜[①],是一部心理场面紧张的影片,以极快的速度呼啸着闪动着,同时将充满绝妙的超凡脱俗的细节的巨大心灵风光令人晕眩地拖拽而过,一种双重思维,一种三重思维,一种所有感觉的相互超越、相互穿透和相互横贯,一种心理学的狂欢,具有一种技术新奇的时间放大镜,能把所有动作和冲动化为原子。是一种潜意识的塔兰台拉舞[②],怒号的咆哮的观念流逝,把它们途中遇见的一切搅拌着毫无选择地裹挟而去,如最精巧和最平庸的,异想天开的和欢欣鼓舞的,神学和色情文学,抒情风格和马车夫式

---

[*] 中译来自《茨威格散文选》(百花文艺出版社2002年版)。
[①] 据传女妖们在五月一日前夜在德国布罗肯山上跳舞,参阅《浮士德》下卷。
[②] 意大利南部一种轻快热烈的民间舞蹈。

的粗笨劲儿等等——因此是一种混沌,但不是由一种醉醺醺的兰波式头脑昏昏沉沉所梦见的、蒸发着酒精味道的、浑浊得可怕的混沌,而是由一种精神敏锐的善于讽刺挖苦的知识分子存心大胆配制而成的混沌。人因陶醉而呼喊,因怨恨而喧闹,疲惫不堪又觉得重新醒来被鞭打,最后变得晕头转向,仿佛坐了十小时的旋转木马,或者不停地听音乐,听那种令人眼花缭乱的、笛声尖叫的、然后鼓声狂摇而又如爵士乐般放肆的,但一直是自觉现代派的詹姆斯·乔伊斯的文字音乐,这种音乐在这里专心致志于所有语言所仅见的一种最精致的语言狂欢。本书有某种英雄气质的东西,同时还有艺术以抒情方式加以戏拟的某种东西,从而真正是一次女巫盛会,一次黑色的弥撒,魔鬼在这里以最放肆最煽动的方式模仿和扮演神圣的精灵:但却是一次性的,不可重复的,崭新的一次。

〔缘起〕 某种邪恶就是根源。在詹姆斯·乔伊斯身上什么地方,从青年时代起就潜伏着一种憎恨,一种心灵创伤的初期浸润。他一定是在都柏林,他的故里,就从他所憎恨的市民,从他所憎恨的牧师,从他所憎恨的教师,从任何人身上受到过这种浸润,因为这个伟大天才人物所写的一切都是对都柏林的报复,例如他的早期著作,那本简直毫无顾忌的斯特凡·德达鲁斯自传[①],还有这本分析得近乎残忍的心灵上的《奥瑞斯蒂》[②]。在这一千五百页中间,找不到十页欢快、奉献、善良、友好,全都是讽刺挖苦,而且具有一股飓风似的反抗力量,全都是爆发性的,以一种飞快的速度从燃烧的神经弹跳出来,那种速度使人陶醉同时使人麻痹。一个人在这里不仅发泄于呼喊,不仅发泄于冷嘲热讽和怪模怪样,而且从他的五脏六腑排空了他的忌恨,他猛然呕出了他的真正使人毛骨悚然的感情沉淀。装腔作势到再巧妙也不能逐一掩饰这个人把他的书砸进世界时的这种颤抖的、这种振动的、这种唾沫四溅的几乎像羊癫风似的气质之巨大的感情冲动。

---

① 即作者的另一部小说《一个青年艺术家的画像》。其主人公即斯特凡·德达鲁斯。
② 《奥瑞斯蒂》即古希腊埃斯库罗斯的最后一部悲剧,此处指《尤利西斯》。

〔容貌〕 我间或记起了詹姆斯·乔伊斯的面容:它很适合他的作品。一副偏执狂的脸孔,苍白,衰弱,一种细微而不柔和的声音,一双悲哀的眼睛,嘲弄地躲在磨得光光的镜片后面。一个被折磨垮了的人,但又坚如钢铁,僵硬而顽强,一个颠倒的清教徒,以教友派为祖先①,一个为了信仰而甘被焚烧的人,把他的憎恨、他的咒天骂地正经八百地视为神圣的人,一如远祖之于他们的宗教信仰一样。一个长久生活在黑暗中、永远我行我素、沉默寡言、被人误解、仿佛一直被埋在时间和双重火焰下面的人。十一年柏利茨式的教学生涯②,这种最可怕的踏磨式的精神劳作,二十五年的流放和贫困已使这门艺术变得如此尖锐而锋利。他的脸上有许多伟大之处,他的作品里有许多伟大之处,一种献身于精神、献身于文字的了不起的无与伦比的英雄气概:但是乔伊斯的真正天才却在于憎恨,唯有释放在讽嘲中,在一种闪烁的、伤人的、折磨人的精神脚尖舞中,在伤痛、剥露和损害所产生的一种肉欲快感的猛烈程度中,一种精神拷问之托尔克马达③式的乐趣中。拿荷马来作比喻,比比萨斜塔还要偏斜;但是,在这个狂热的爱尔兰人身上,却有点什么是靠但丁的堆积石方的憎恨过活的。

〔艺术〕 它并非按照建筑术和雕塑术表现出来,仅仅见诸文字。詹姆斯·乔伊斯乃是纯粹的魔术师,一个语言上的梅佐芳蒂④——我相信,他说十句或十二句外国话,却从自己的母语中取来一种崭新的句法和一种夸张的词汇。他控制着从最精致的超感觉的表达方式直到一个醉妇躺在阴沟里的胡说八道的整个键盘。他把整个辞书的页子哗哗直响地抖落下来,并且给每个概念的场地布满定语的机关枪火,他以惊人的技巧在所有造句艺术的吊架上作腾跃表演,并得以在最后一章只写出一个我相信占六十多页的句子(正如整整一千五百页

---

① 清教徒,教友派,系十七世纪英国基督教的两个派别。
② 柏利茨教学法专门用外语授课。
③ 托尔克马达(1420—1498),西班牙第一任宗教总裁判官,在任期间曾判两千余异教徒受火刑。
④ 梅佐芳蒂(1774—1849),意大利的语言学者,通晓五十七种语言。

的大厚书只讲了一天,接着一本书想必是要描写这一天的夜晚了)。在他的交响乐队里,掺杂着一切语言的元音的辅音乐器,一切学术的一切术语,一切行话和方言,英语在这里变成了泛欧罗巴的世界语。这位天才的杂技家飞快地从尖端跳到宽度,他在叮当作响的剑戟中间舞蹈,跃过一切奇形怪状的深渊。只有语言上的成就证明了这个人的天才:在近代英语散文史中,随着詹姆斯·乔伊斯揭开了特殊的一章,这一章由他开始也由他结束了。

〔总结〕 是头朝下栽进我们文学中来的一块陨石,是一种富丽堂皇、一种了不起的、只允许这一次的无与伦比,是一个大个人主义者、一个怪僻天才的英勇实验。与荷马无关,完全无关,他的艺术在于线条的纯净,而精神地狱的这块银幕正以其呼啸与追逐迷惑了心灵。也决不是陀思妥耶夫斯基,虽然由于奇幻的想象与越轨的洋溢有点接近他。事实上,对于这种独一无二的实验,任何比喻都只从旁一滑而过——詹姆斯·乔伊斯的内心孤立不能容忍与既成物的任何联系,它无可交配因此也不能产生任何后裔。一个充满黑暗原始力量的流星似的人,一部伞状流星似的作品,就像那中世纪巫师的符箓以较现代的方式将诗意因素同超感觉的胡诌连在一起,将心灵神秘主义同故弄玄虚连在一起,将最惊人的科学同辛辣的诙谐连在一起。一部与其说创造世界,不如说创造语言的作品。但是,毕竟无妨于这样一个不可动摇的事实:这部书,一件绝妙的珍品,将仍像一块漂石,同肥沃的环境毫不相干。如果时代曾经适当地笼罩过它,它或许会像所有西比拉①占语一样使人类感到敬畏。无论如何在今天:要向这件激烈到近乎固执的而又带诱惑性的成果致敬,向詹姆斯·乔伊斯致敬,致敬!

(1929年)

---

① 西比拉,古代希腊、罗马的女占卜者。

告别里尔克[*]

　　音乐铿然引来了这个时刻,它将在音乐中流逝。话语低着恭顺的额头,畏缩地走到了音乐鼓得瑟瑟作响的羽翼中间。

　　我的话语恭顺地走到了这个时刻,它恭顺地倾身于这座可敬的尚未撒花的坟头。因为唯独音乐才可能完美地表达对于我们今天共同哀悼的那个人、赖纳·马利亚·里尔克的离情别绪,而且唯独在他的身上,我们大家的话语才完全是音乐。只有在他的嘴唇上,话语才摆脱了那种习惯的烟雾——比喻在那里像长翅膀似的把话语的僵躯轻巧地抬到那个更高的现象世界,其中每件秘密都变得可以感觉,我们的日常谈话变成一种简直不可思议的魔术。他的别出心裁的话语,善于丰富多彩地造型,各种形式的生活在他的诗行叮当作响的反映中寻找它们的雕像,即使死亡——即使它也能作为最纯洁、最必然的现实从他的诗中宏伟而具体地走出来。

　　但是,我们停留在尘寰中的人,只有闷声悲叹的份儿,为诗人、为他而悲叹,他永远像神一样,难得出现在尘世之间,我们却有一次能以粗俗的感官和强烈震撼的炙热心灵凝望他:我们从他的外表亲眼见到了这位稀世之才。

　　因为诗人这个名词,这个古老而神圣的、像金属一样厚实而又讲

---

[*] 该文译自《人物、书籍、城市印象记》,海尔德特·雷西纳出版社,维也纳-莱比锡-苏黎世,一九三七年版。中译初载《世界文学》2000年第6期,后收入《里尔克散文选》(百花文艺出版社2002年版)。

究的名词，我们这个可疑的时代过于随便地把它同作家、笔者之类的含糊概念混为一谈的这个名词，完全有效地适用于他，他，赖纳·马利亚·里尔克，一而再地在纯粹而彻底的意义上称得起诗人；正如荷尔德林所说，诗人就是"受过神授教育，本身无所作为而又无忧无虑，但为上苍所凝视而又虔诚"的人，其为诗人不仅由于圣灵的恩宠，同样还凭借高贵生命内部保持的纯洁。他是诗人，而且在他过早结束的一生所写的每个字和所有每个行动上，他都始终不渝又不可辩驳地是一位诗人。不像其他许多其气派同样配享如此自豪的名称的人，他之为诗人，仅仅是在意气风发的瞬间，在那些丰满得不可琢磨的间隙里，那时世界从外向内地投入到了一个人身上，再一次发展着出现在他惊愕的心灵中；不，他时刻显示自己是个纯粹的孜孜不倦的艺术家，我们不知道什么时候他不曾是诗人；他所说的每句话，他所写的每封信，从他温柔和谐的躯体产生的每个姿势，他的嘴唇的微笑和他的书法的圆满，所有这种一致性和一次性都遵循着使他的诗行达到尽善尽美的同一创造性规律。就这样，从他的举止作风向我们发出了纯洁而协调的光辉，仿佛被水晶包围着，清澈透明如他的诗——还有对于他的使命的这种始终不渝的确信，它使我们从青年时代起就对他、对这个人、对这位艺术家五体投地，满怀敬畏。因为由于美在作风和作品中的这种普遍存在，我们曾经在他身上，在赖纳·马利亚·里尔克身上，看见了今天几乎难以想象的一切，我们曾经在面貌和气息中一见难忘地看见了纯粹的诗人。

他，赖纳·马利亚·里尔克永远是诗人，他历来就是诗人。他一生并没有他不曾拥有这显赫称号、世界不曾把他作为诗人来接待的发蒙期。学生时期的童手还不很懂书法，就已经写出了诗。嘴唇还没有寒毛的影子，就已经说出音乐了。他抛开许多童年的游戏，不知不觉找到了另一种游戏，即开始倒还容易、就特有的丰富性而言却越来越难的语言游戏，语言乐于献身于儿童，那永远的决胜者。到十六七岁，寻找者和尝试者就找到了最纯粹的旋律，这种旋律甚至无愧于日后高超的技艺。远在躯体的自身形式得以完成之前,形式的圆熟手段就已为精神造型者所有了。

这种诗才是如何在如此早熟的少年身上开始的,谁又说得清楚?以其根须伸向祖先和土地的黑暗中的这个秘密,又有谁谈到过呢?难道这是业已衰微好几代的古老贵族的血液最后的余响么,那血液到最后一代又一次铺展开来,但已无力英勇地冲向生气勃勃的境地,只好和谐地减弱下去,像有节奏的呼吸一样缓缓消失了?惊醒般感动过他那永远惊讶不已的童心的,可是古老布拉格胡同的阴影,可是他黄昏在田野上听到过的或者一个使女每个星期独自在孤零零小屋里低唱过的斯拉夫歌曲?这些印象都不过是想象的偶然,因为谁能解释一个诗人、这个不可理解的人中异人的起源,在他身上千年古老的语言又一次有如第一次似的重新诞生,仿佛从没有被千百万嘴唇说滥过,从没有被磨碎成千百万字母,直到他,这个唯一者来了,以其令人惊愕的、有声有色地笼罩一切的、朝霞般的目光凝视着一切已有和将有的事物?不,这是决不可用人间的因果关系来解释的,例如在千百个麻木的人们中间怎么总有一个人成为诗人,即使不说为什么正是这一个在我们大家中间,而且正是在这一段时期,才成为诗人。够奇妙的是,设想一下这件永远难以想象的事情,即诗人的经历一而再、再而三地发生在人类身上,设想我们这些同代兄弟之一竟然出身于如此高贵的家族,设想在这个瘦弱而腼腆的、紧裹着蓝色军服的少年身上,在那个醒觉感官下面,在他的血液中间,开始了随便一道血流,它后来奇怪地冲进了我们的感觉,在我们的感觉中潺潺流着,如此出色地历历在目,以致我们每一个、每个人,会不知不觉地记住赖纳·马利亚·里尔克的任何一句诗或者一句话——他的一次呼吸所造成的音乐,而他已不再呼吸了,也不再讲话了,却比我们大家的微不足道的生存和继续生存活得更为久远。

远在关于"认真负责"这个呼吁性字眼的最初预感在他身上投下阴影之前,赖纳·马利亚·里尔克就这样证明自己是诗人了。他童年的这些初作都写得谐谑而轻松,他以一笔不苟的圆熟书法把它们抄写出来,作为游戏中的游戏。他把它们抄在练习本上,几乎还是个半大少年,就把它们印成薄薄的小册子。不可思议的是,这第一次呼唤就已经在我们同龄人中间,在一个急切得相似而又近乎渴慕的青年身上得到了回响,正是这时,对于他的使命的意识使他睁开了眼睛,这种意识看来是严肃而又带有挑战性的。到二十岁,他已经有了荣誉,但他从这危险的突飞猛进中并没有尝到甜蜜和开心,从中只尝到责任的苦味和义务的沉重。这个妙人儿老早就意识到旁人后来常常永远不知道的事情,即真正诗人的天赋必然是通过难以估量的辛劳又一次重新挣得。即男子汉有责任把天赋开头仅仅作为儿戏送给他并仿佛是借给他的一切,持续地变成坚忍不拔以至令人难受的严肃事业。而且从这个早年的认识起,在赖纳·马利亚·里尔克身上,就开始了那个向尽善尽美进发的艰苦过程,在这个过程中他从没有疲倦过,从没有退却过一步——这可是他为人纯正之最高的荣誉! 正是他,这个谨慎的人,这个温和的人,这个古怪的人,竟被那些葬送一切价值的蠢材们以轻浮的拒绝手势称之为颓废派。他,外表显得温柔、伤感而软弱,却像他的少数同代人一样,认识到并运用过创造者所承担的巨大的劳动,他愿意让他的作品这样问世。他,赖纳·马利亚·里尔克,早就认识到,一个心灵必须不断充满自身,才能从自身流出丰满来,他早就知道,诗人而且正是他必须采集,让他的感官像蜜蜂一样如醉如痴,以便诗歌的金色蜜汁浓烈、透明而流畅地形成。当代所有抒情诗人也许没有一个、没有一个为了达到完美境界而比他更高地为自己预计过并更充足有效地付出过等价劳动,非凡的劳动,他在他的《马尔泰·劳里兹·布里格》中为诗歌制定出最讲究的公式。其中写道(令人永远难忘的话啊!):"诗并非如人们所想,是什么感情(感情早就够了)——它是经验。为了一首诗,必须参观许多城市,看许多人和许多东西,必须认识动物,必须感觉鸟是怎样飞,知道小花早上开放的姿态。必须想得起不熟悉地区的道路,想得起意外的邂逅和早就眼见要来的别离——想得起还没弄明白的童年,想得起如果你的父母为你安排一件乐事,而你并不领会(虽然别的孩子可能高兴地接受),那一定会伤他们的心的,想得起如此离奇地招致这许多深重变化的儿科疾病,想得起寂静的、闭塞的房间里的日子,想得起海上的早晨,想得起一般的大海和海洋,想得起高高呼啸而过并携带群星飞翔的旅途的夜——即使想得起这一切,也还不够。还必须记住许多每次无与伦比的做爱的夜,记住分娩者的尖叫,记住轻松的、穿白衣的、熟睡的、正在愈合的产妇。但是,还必须曾经跟垂死者一起待过,必须曾经在开窗的,噪音断续可闻的小室里坐在死人的旁边。而且有记忆也还不够。如果它们多了,就得把它们忘掉,还得有很大的耐性,等待它们再来。因为,要紧的并不是记忆本身。只有当它们在我们身上变成血液,变成目光和手势,无可名状,又不再同我们自身有所区别,只有这时才会发生这样的事,即在一个非常稀罕的时刻,一首诗的第一个词儿出现在它们中间,并从它们中间走出来。"

年轻的里尔克是在采集和倾听这个意义上,为了从事高级创作的缘故,才来到世上,作为永恒的无家可归者,一切街道的巡礼者,走遍了一切国土。他到过俄罗斯,因而在他的诗中响起了克里姆林宫的钟声;他正视过托尔斯泰的眼睛,为了从这片察看万物的天蓝色中知道,有千百万幅人与命运的图画由此经过。他见过西班牙、意大利、埃及和非洲,为了以创造性的神经和感官得知,太阳在无叶国土怎样画出不同于我们多林世界的光线;他到过斯堪的纳维亚,为了体验白色的午夜,然后能够内行地解说南方山谷的蓝天鹅绒般的暮色。他到过一切地方,几乎永远是一个人,很少讲话,永远倾听,以便所有这些被热情观察到的事物,这些被沉默纳入自身的事物,有朝一日在诗中变成话语和音乐,并在譬喻的创造性反衬下相互发明。没有人知道,在那些巡礼的岁月里,他这个自愿的无家可归者到过些什么地方,但是这本从内部成长出来的图像作品却向每个人表明,这位观察者那时是如何深刻地探究了现实事物和可变事物,因为他的诗一年比一年充满日益浓郁的色彩,然后从《图像集》意想不到地开发了他的抒情语言的那笔永不知足而又永不枯竭的财富,相互溢流的譬喻的那种伟大光辉,此后没有一个当代抒情诗人能对此加以刷新了。从前青年诗人只以一丝铿锵的情绪模糊地理解为一个偶然的世界,而今有声有色、多姿多彩地挤近过来,日益丰满地为视觉、听觉、触觉的感官所掌握,也许他当时就是从自身写出这样的诗句:

  事物对我变得日益亲近,
   一切形式日益稔熟。

  但把它们个别地更替地来看,不久对他便不怎么费力了,因为一个譬喻能用发出银铃声的韵脚链条把每个现象的姊妹譬喻连续不断地拉到自己身边来,一种连续不断的从一个到另一个的回忆将空间生存之松弛的分散状态圆满成一种不停的流,宛如一道从思想最黑暗深处涌起、同时为永远在流中不断更新的语言之最高的灯光所普照的喷泉。但是,这个沉静的塑造者越是有力地抓住事物,越是深刻地从根部突出它们,他便越是强烈地产生这种要求,不但要像歌曲般给它们引人注目的形式归还这种可观看而又可捉摸的内容,还要像交响乐似的解说它们身后的内在力量,把一切团结起来的创造性力量:神。在以紧张飞翔的心灵围绕他、有如"云彩围绕塔楼"的无数譬喻中,在日益迫切的呼唤中,在一种崇高的连祷中,他的神秘的忘我境界日益热情地迫向了这个无限,并且由于这种塑像般的围绕,从《图像集》的仍然零星而破碎的形式中,终于产生出那座敬神的大教堂,即《定时祈祷文》,一个当代诗人所尝试的也许最纯洁的宗教修行。大海,深不见底的、感觉能够不停歇地流入其不可测量之中的大海,被发现了,从温和的谦恭变成了虔敬,那"从神的深处对心灵发生作用的稳定而沉静的重力"从温柔的感动变成了一种战栗的狂喜的沉醉,从个别的仿佛为风吹成音乐的诗节变成了伟大诗篇的铜钟轰鸣。对于安吉鲁斯·西利修斯和诺瓦利斯①这两位神秘的神眷而言,在一个被锻炼得务实而又明确的德意志世界,居然产生了一个温存的却不稍逊的兄弟。

短短几年,从如此腼腆的起步进而成为一种传遍寰球的渴慕——这个雄伟的成长过程,这种自我扩张和这种崇高的变形,我们、我们一代正是带着敬畏的惊讶共同经历过的。我们觉得不可思议的是体验到这一点,体验到一个诗人这样与时俱进,年复一年,令人感到日新月异,使我们永远着迷地感觉到,这一艺术是如何被充满和被实现的,他书中最初的薄薄的小画是如何燃烧成熊熊图像的,语言是如何渗透了色彩,譬喻是如何日益准确地抓住每个现象的核心,整个尘世是如何感性而有效地从诗句的脆弱元素中升起,千锤百炼的诗节连同日见稀罕的初创韵脚又是如何那么热情地将似乎极其遥远的事物同眼前的事物联系起来,以致我们整个心灵存在果真似乎为这片柔软的织物所包围。我们还感觉到,在这种语言创造的圆满境界之外,只可能出现一种自我重复,而不再是进步了,因为这些诗篇,它们已经被丛生的韵脚压弯了腰,正如树木俯身于果实的重量,诗句由于其过量的音乐几乎嗡嗡作响了。

但是,在我们敢于清楚地觉察到,这里已经到达一个抒情限度,一种无与伦比的诗歌定局,再也不曾容忍超越,在自我重复中只有降低自己之前,他本人,伟大的艺术家,已经认识到他自己的危险。而且在半途中,或者毋宁说在他的初次达到圆满的高处,赖纳·马利亚·里尔克又一次停顿下来,又一次开始了一个全新的抒情方式,因为即使"安于重压"(按照他的豪言壮语),这种卓越的不知足心态也靠不住了。那种被称之为偶然的命运那时把他驱向了巴黎,他在那里当了罗丹的秘书,住在远在默东的那间宽大的发出回响的展厅,那儿立着一件件白净的作品,一座石林,而且由于空间的空阔及其轮廓的内在定

---

① 安吉鲁斯·西利修斯,即"西里西亚的使者",原名约翰内斯·谢夫勒(1624—1677),德国神秘主义诗人,天主教神父,宗教改革的激烈反对者。诺瓦利斯(1772—1801),德国诗人,早期浪漫派领袖,名著为《夜颂》(1800)。

型，它们一个和另一个隔离开来。他在那儿见到了大师，虽已年老，仍具有可以划分的精力，他强烈地希望像他一样生活，像那一位用雕塑材料，从他这方面来说，用抒情材料同样严格而又确定地塑造出人间群像，像那一位以沾着泥土的石头之光滑而沉重的材料，他则以诗句之纤细而无重量的元素迫使轮廓表现出同样的硬度。人们应理解这种转移方向的勇气，因为这位再次开始者正试着表现他的以往所作一切的反面：不再像迄今为止所做的那样去表现尘世空间事物的形而上学的联系与隐喻性的近似，无所不包的感觉中一切现象之神秘的兄弟姊妹关系，反之，里尔克现在试图——可怕的冒险！——极其真实地实现命运般的孤独，每个个别物在生活空间与另一物的悲惨的隔绝。所以，他在作品中将自己已经掌握的语言弃如敝屣，以便为自己创造另一种新的语言；他从已被征服的音乐元素勇敢地跨进大理石雕刻的尚未被踩过的元素，他身上的旋律学者把自己严格地教育到坚硬起来，首先他力求从诗中排除他自己，他的在场和共感，在一定程度上为了不以自己倾听时的呼吸打扰世上每个生物独自进行的神圣的独白。因为，他现在按照这种新的更知情的相位感觉到，诗人在这种新的石头似的诗歌中不可同刚被强行获得的被观察事物成为共语者，不可对它们饶舌而增加自己的陈述，他必须学习沉默，在作品中守口如瓶，以便让每件事物最独特最可爱的本性完美地表现出来。他亲自向自己和一切多么优美地提出这种严格的要求：

　　……啊诗人们古老的困厄
　　他们抱怨，在他们应当说话的地方
　　他们永远只判断他们的感觉，
　　而不是塑造它们；他们一直猜想，
　　他们所知道并在诗中所应
　　惋惜或赞美的，在他们身上
　　究竟是悲还是喜。像病人一样

>他们伤感满怀地使用语言
>以便描写他们哪儿感到痛苦,
>而不是坚定地把它们变成文字,
>如同一座大教堂的石匠
>坚韧地转化为石头的镇定。

这就是后期里尔克重新英勇地被要求承担的新任务:把自己变成、完全彻底溶解成陌生的形象,不再感应性地同它联系在一起,而这仅仅作为形象的形象在两卷《新诗集》中已变成为作品和奇迹。在这部书的光滑地面上,音乐熄灭了,像一朵多余的火焰被踩熄了;一道实事求是的光线现在透明地给每个现象划清了界线,达到一种几乎严峻的清晰度。这些新诗每一首都是作为一座大理石像,作为纯粹轮廓而独自存在着,同各方面划清了界线,被封锁在它的不容更改的草图中,有如一个灵魂在其尘世的躯体中。这些诗篇——我且提《豹》《旋转木马》——是从笨拙的冷石切出来的,其明亮如白昼宛如浮雕宝石,只有精神的目光看来才是透明的——是德语抒情诗迄今为止从未以同等尖锐的硬度拥有过的产物,是一种知情的客观性对于单纯预感的胜利,是一种完全变成雕塑的语言之决定性的凯旋。每件个别物在那里以其坚定不移的重量严实无缝地封闭在它的自我之中。它不再像早期的音乐那样呼吸,每一个都以其不可比拟的明晰性,简直像几何形式一样,只表现出它天赋的形状和它的灵魂的意义。我再重复说一遍,令人意想不到地摆在我们面前的是这样一种诗歌,以如此稀罕而又怪僻的可臻完善性,以如此有把握的对于姊妹艺术的模拟而论,在德语抒情诗中实在得未曾有。

这个孜孜不倦的寻求者就这样终于再次将模棱两可的世界整顿出新的未曾设想到的秩序来,像这几百座抒情立像,诗人曾经能够按照这个有幸找到的公式铸造出成千上万个,把每个动物,每个人,每个生存现象铸造成它们最独特的形象。一个顶峰,一个高得令人眩晕而又孤独的圆满境界的顶峰,在短短几年内就完全到达了,就此还获得一个铸模,里尔克一生曾经能够不倦地一模一样地塑造整个世界:但是这个首创者再一次不愿仅以他自己的重复者的身份继续起作用,而是渴望——用他的豪言壮语来说——"从日益伟大者成为深深被征服者"。这个沉默的搏斗者一而再、再而三地企图英勇地摒弃被创造出来从而变得无关紧要的一切,从自身获得一个再次显得新颖的抒情形式,并把它迎着高不可攀的无限境界向上推进。

十年以前,他的最后的诗篇《致俄耳甫斯十四行》和《杜伊诺哀歌》就是从这种高峻地步开始的,那是向一种自己选择的孤独的高攀。因为大多数人的惯于较温和形式的感觉几乎再也跟不上语言气流的这种最遥远区域,超光和最后昏暗的这种宏大而陌生的对立。德国人把他撇在这儿,只有少数人在场,对他的创造精神在他晚年这些最玄妙的诗篇中所从事的多么大胆的尝试表示同情。因为在这里,在他的最后成熟期这个神圣的秋季,里尔克向语言发出了最大限度的挑战,要求试图表现几乎不再可表现的事物:不再是从事物回荡出来的音响,不再是它们可凭感官觉察的特征,而是像灵魂一样看不见地浮荡在它们之间的最玄妙的联系,有如嘴唇上的呼吸。这种无字状态,至此不容文字表达的状态,正是这种状态想在这里表明他的永不知足的创造意志,仅可意会的画像,不再可觉察物的一种隐喻技巧。为了达到这一点,语言必须无限地跨越自己的边缘,它必须向下探入最低的深不可测处,它必须超越可理解事物迎着不可思议以至不再可言说的境界探索。在这些《杜伊诺哀歌》中,里尔克这位一度是抒情诗人、后来成为弗朗西斯教派[①]诗人、最后是俄耳甫斯式的神秘诗人的作者,充满着那种神圣的幽暗,它如此壮丽地胜过另一些德国早期被劫持者[②]

[①] 弗朗西斯教派,又称方济各教派,其创始人为意大利天主教修士阿西西的圣·方济各(1182—1226)。里尔克在《定时祈祷文》第三部《关于贫穷与死亡》中有几首诗写过他。

[②] "被劫持者"一词似指命运对诺瓦利斯和荷尔德林不公平:前者早逝,只活二十九岁,后者精神错乱达四十年。

的诗,诺瓦利斯和荷尔德林的诗。我们那时不胜惊讶,几乎不能领会那些最后诗篇的意义,而今它才令人悲痛地向我们的认识敞开了自己:这不再是生者在这儿所尝试的发言,而是同别人,同事物和感觉的彼岸的对话。这已经是从此地开始的无限的对白,是同死亡,同他自己的久已准备好而今变得成熟的死亡的兄弟般的对答,死亡从黑暗中向寻求者挑战性地抬起了眼睛。

这是他的最后的攀登,我们几乎不能测量他独自在这最后的道路上所抵达的冰川。这一次的圆满有如一次结束,连他自己也感到有休息一下的必要。语言已经给予他一切,他在他的抒情话语中舀干了它最深的魔泉,专横地迫使它讲出几乎讲不出来的话;于是发生了这种情况:他为了考验永远消耗不完的精力,摒住了呼吸,从如此险峻的攀登中选择一种尚未制服的、一种陌生的语言;他当时试图在新的元素中,在法语诗节中找到一种韵律,一种新的、更其棘手的可能性。直到棘手事物、几乎不可实现事物的爱好者的最后一瞬,他为自己选择了极端的劳顿作为休息,这场劳顿也许仍然只是向无限进发的新的攀登的间隙。

但是,这场最剧烈的、二十年内英勇实现的为抒情词藻的耗神费力,一个诗人为了永远结束不了的形式而做的这项持久不懈的工作,在赖纳·马利亚·里尔克的情况下,不过是在他的作品中看得见的:创作本身则如同命运一样仍然被掩盖着。没有人完全认识他的内心生活,谁也没有见过他最后的工作室。他的作品悄悄地成长起来,如伟大业绩常有的那样沉默着,孤寂地形成着,如一切尽善尽美事物一样形成着。这位奇人以胜任者的预感才智得知,决定性事物永远只能通过一次同时伟大的舍弃而被完成;艺术家始终、他就这样开始纯粹地完成一件经得起考验的作品,首先必须对吵嚷的日子和每种与邻近世界的混淆实行坚决的拒绝,因为——他的话不可或忘:

因为任何地方都有一种古老的仇恨

在生活和伟大工作之间……

生活粗鲁地呼唤人，它更其粗鲁地呼唤艺术家，要求后者在它身上实际地起作用，在可见物身上一同发展：始终在眼前被料理的生活要求眼前性，它要求诗人为了它的现实性而搀和并参与进来。但是，诗人同时却被他的尚未形成的、唯有转向未来的作品从内部专横而忌妒地督促着，他得同生活隔开，得拒绝它的要求，只为心灵，从事雕塑的心灵服务。每个人需要作出这样一个决断，他必须下决心采取独一无二的立场，无论是完全为了持久的作品，还是为了毕生朝气蓬勃。赖纳·马利亚·里尔克，他只献身于艺术，献身于作品的神圣的孤僻和寂静的苦行。演说家的讲坛并不认识他，他对舞台和一切日常工作一直很陌生，他的肖像不在市场上，在任何事件和世俗的斗争中听不见他的话语，他的对答；因此，很少有人真正认识他的面貌，了解他的生活。他经常在一些城市里，而且就在这个城市里，但总有一层看不见的帷幕把他掩蔽着，没有一个在场者感觉他在场，他是如此羞怯，如此充满倾听者的孤僻感。他悄悄走进任何房间，是怕打搅人还是怕被人打搅，谁也不知道，甚至他在交谈中都更是亲切地倾听，而不是讲个滔滔不绝。他的嘴唇常常留着一丝善良的微笑，但其中防御和隐蔽不少于动人的爱意。人们害怕走近他，他周围是那么多深沉的寂静，但当他的话语清新、纯净而又友好地从这种寂静中向我们传来，我们又确实感到很幸福。但他自己从不往前站，他在艺术中一味苛求，在生活中却如此谦让，他永远只是吟唱自编歌曲的腼腆的儿童："我那么害怕人们讲话。"他始终惶恐不安，担心粗暴的现实过于猛烈地逼近了他，把他兢兢业业捧在手上的叮咚作响的水晶杯盏砸得粉碎。于是他屈身走向内心，羞怯地穿过当代喧嚣的文学，宛如被裹在一层云雾里。而且就像一朵云，悄然无声而又从容不迫，为无限的返照所映红，他飘然而去了。

就像他走进任何房间一样悄然，像他走过我们渴望轰动的时代一样隐蔽,他那么静悄悄地离我们而去了。他生着病,却没有人知道。他死去,也没有人预料到:连他的痛苦、他的疾患、他的死亡这个秘密,他都全部纳入自身,以便把它富于诗意而又优美地塑造出来,以便把这件最后的久已准备的作品——他的独特的死——纯净地加以完成。他早就开始了,他的瘦弱而缄默的、一辈子安详缓慢的躯体内的他的死亡,他从一开始就创造性地进入了他这个最后的衰微的家族,他不停地、不被觉察地同它的成长一起成长。有时这种彼岸的声音在他的最神秘的诗句中一齐说话,然后在诗篇中听得见那种令人震撼的振幅,恰如在济慈和诺瓦利斯这些绝非来自尘世的早逝者的作品中一样。一个幽灵般的音响,既甜蜜又阴沉,有时胜过他的话语和诗章,是另一领域的黑色的弓法,一种仿佛来自游移开去的灵魂的阴影的交谈,因为:

> 只有那和死者一起
> 吃过他们的罂粟的人,
> 才不会重新丧失
> 最细微的声音。

马尔特·劳里茨·布里格的那些对于异域死亡的散文哀歌,《安魂曲》的熟练的近乎阴森的诗节,如果不是对于自己的死亡预感到的葬歌和呼唤,它们又会是什么呢?多年以来,他已经从内部感觉到它,但是把它像所有被感觉到的事物一样,大大加以颂扬并转化为诗,直到它的悲剧性不如说是发声的哀悼,而劝告则变成了刹那以至永恒。然而我们,我们这些深情的倾听者,为这种音乐所迷惑,便毫无猜疑地连同他的生一起爱上他身上成长起来的死,并把这稀罕的甜蜜,这极乐的自化,作为一种赠品来享受。一旦这死亡汹汹然闯进世上来,有如一扇突然关闭的门,那时我们便吓了一跳,惊惶失措地看见破门而入的虚无和我们这些未死者的贫困。

但是,同死亡算账,称之为残忍的夭折,不,这可不是它的意思。我们必须对于这死亡肃然起敬,为了对他的敬畏的缘故。尽管这死亡从我们取走了那许多未曾言说的事物和不可言说的可能性,我们仍然不得不感谢它:它为我们毫无矫饰地保持一个高大的雕像直到最后的时刻,对赖纳·马利亚·里尔克的忆念由于我们的爱而成为一种完美的忆念,成为对于每次精神劳动的一种崇高的担保,成为对于每个青年的一种尊贵的保证;感谢它:通过心灵的专注与生存的纯洁,诗人即使在今天也还可能留在我们这个已经疏远诗意的世界上。他就是这个诗人,他直到嘴唇呼出最后一口气时也仍然是诗人,我们可以说,我们亲眼见到过他,这就是对于我们的悲伤的唯一的安慰。

如此崇高,如此稀罕的事变,连悲伤都变成谦恭与哀叹,它被淹没在谢意中。于是我们不愿哀叹,而愿从我们的悲伤中来颂扬他,正如人们向敞开的坟墓扔三次土块告别一样,但愿语言的土块也三次跟着他沉下去。我们愿意以我们的过去的名义,以我们的眼前和尚在等待来临的时间的名义感谢他。我们愿意感谢他:

荣耀与崇敬归于你,赖纳·马利亚·里尔克,为了过去的缘故,它看见你通过谦恭与忍耐从狭隘的开端成长为伟大的完美——你是每个青年的一个楷模和每个未来艺术家的一个榜样!

荣耀与崇敬归于你,赖纳·马利亚·里尔克,为了我们的眼前的缘故,你向它展示了最稀罕、最必然的东西,你向它又一次把诗人的画像展示为一种真正的单一与纯洁!

荣耀与崇敬归于你,赖纳·马利亚·里尔克,你这为永远完成不了的语言大教堂劳动的虔诚的石匠,为了你对于不可到达境界之爱的缘故——荣耀与崇敬归于你,为了你的诗与作品存于这个德语所持续的整个时期!

纪伯伦

主之音[*]

我恰好要说一句话，我现在就要说它了。但是倘若死亡拦住了我，那么它将在明天被道出，因为明天决不会在永恒的书册里留下一桩秘密。

我恰好住在爱的荣耀和美的光辉之中，它们都是上帝的映象。我在这里生活着，我不可能从生命的领地被放逐，因为我愿通过我的活的话语，生活在死亡之中。

我恰好是**为了**万物，并**和**万物**一起**来到这里，我今天在孤独中所做的一切，明天将为万众所响应。

我现在以一颗心所说的一切，明天将为千万颗心所称道。

哈利勒·纪伯伦

---

[*] 纪伯伦是黎巴嫩的著名诗人兼画家，一八八三年生于黎巴嫩北部的卜舍里；十二岁随母亲去美国，不久回国习阿拉伯文和绘画，后创办激进刊物《真理》；二十五岁（1908）为当局放逐，去法国进修绘画和雕塑，曾受教于大师罗丹；二十八岁（1911）重返美国从事文艺创作，直至一九三一年逝世。纪伯伦的全部作品用阿拉伯文和英文两种语言写成。阿拉伯文作品有《音乐短章》(1905)、《草原新娘》(1905)、《折翅》(1911)、《泪与笑》(1913)、《暴风雨》〔1920〕、《行列圣歌》(1918)等；英文作品有《疯人》(1918)、《先驱》(1920)、《先知》(1923)、《沙与沫》(1926)、《人之子耶稣》(1928)、《先知园》(1931)等。

《主之音》中译来自《主之音 附疯人》(人民文学出版社1989年版)。

主和门徒

主的威尼斯之行

有一天，**门徒**看见**主**在花园中默默地踱来踱去，深切的悲伤流露在他苍白的脸上。**门徒**迎上前去，用**安拉**的名义向主请安，询问他究竟为何这样悲伤。**主**用手杖示意，吩咐**门徒**坐在鱼塘边的大石上。**门徒**遵命，洗耳恭听。

主开口道：

"**回忆**日日夜夜在我内心的舞台上重演着悲剧，你想要我把这个悲剧讲给你听。我的长久的沉默和守口如瓶，使你倦烦，我的悲哀的叹息使你愁虑。你对自己说：'如果**主**不容许我登上他悲愁的神殿，那么我又将怎样步入他慈爱的屋舍呢？'

"倾听我的故事吧……听着就是了，不要怜悯我；怜悯是为弱者表示的——而我虽备受折磨，仍然是坚强的。

"从我年轻时候起，无论我醒来或是睡去，我都被一个陌生女子的幻影所萦绕。我晚间独自一人，便看见她坐在我的身旁。夜深人静，我便听见她绝妙的声音。我闭上双眼，常常感到她柔和的手指在抚摸我的嘴唇；我张开双眼，却骇不自胜，突然开始全神贯注地倾听**空无**的窃窃私语……

"我常常感到惊奇，自语道：'眼前这使我迷离恍惚，犹如坠入五里雾中的一切，难道是我的幻觉吗？难道我把梦的筋肉制成了声音悦耳和扪触温存的新的神性吗?难道我丧失了知觉,在疯狂中创造了这个极其钟情的伴侣吗?难道我退出了人类社会,避开了城市的喧嚣,可以独自与我崇拜的偶像相处吗?难道我已经对生活的形式和腔调闭目不视、塞耳不闻,可以更好地看到她,听到她那神妙的声音吗?'

"我常常感到惊奇:'难道我是一个满足于孤独的疯子,用孤寂的幻影为自己的灵魂虚构出一个伴侣和配偶的疯子吗?'

"我讲到**配偶**,你对这个用词感到诧异。然而我们不是经常会被某些奇异的经验所困惑吗?那些经验我们总认为不可能而加以摒弃,然而它们的真实性却无法从我们的脑海里抹去,尽管我们想这样做。

"这个虚幻的女人确是我的配偶,与我分享着生活的全部喜悦和忧愁。我清晨醒来,看见她俯在我的枕头上,用充满仁慈和母爱的目光注视着我。当我筹划某项事业时,她同我在一起,帮助我将它付诸实现。我坐下就餐,她伴我就座,我们交心畅谈。傍晚她又同我在一起,说道:'我们在这个地方逗留得太久了,让我们到田野和草地上去散散步吧。'于是我丢下我的工作,跟她走进了田野,我们坐在高大的石头上,凝望着遥远的地平线。她指着金色的云霞,示意我倾听鸟儿们夜间就寝前的歌唱,感谢上帝赐予的自由与和平。

"我心绪烦乱、忧悒不安的时候,她多次来到我的房间。然而,我一觉察到她,我全部的忧思和烦恼就变成了喜悦与平静。当我的灵魂抗击着人对人的不平时,我从我极欲避开的那些面孔中看到了她的容颜,我心中的暴风雨平息下来,由绝妙的和平之音所替代。当我孤身自处,生活的残酷的标枪刺中我的心房,我为人生的镣铐束缚在大地上的时候,我便看见我的伴侣用她温情脉脉的目光凝视着我,悲伤便变成了快乐,生活显得好像是一个乐园。

"你也许要问,我怎样能够满足于这样奇怪的生活呢?像我这样一个人,恰值青春年少,风华正茂,怎么可能从幽灵和梦幻中寻求喜悦呢?然而,我对你说,我在这种状态下度过的许多年月,却正是我逐渐懂得**生命**、**美**、**幸福**与**和平**的一切的基础。

"我和我想象中的伴侣曾经像思想一样在太阳面前自由地翱翔，或者在水面漂浮，在月光下唱一首歌曲——一首抚慰心灵并将它引向不可言喻之美的歌曲。

"**生命**就是我们通过心灵所看见所体验的一切；但是，我们周围的世界，我们是通过悟性和理性才得以认识的。而这种认识给我们带来巨大的快乐或悲伤。我命中注定在三十岁以前所要经历的正是悲愁。我情愿在到达耗竭心血和生命之液的岁月之前死去，只给我留下一株枯树，嬉戏的微风不再拂动它的树枝，鸟儿也不再在它上面筑巢。"

主停顿下来，然后，坐在**门徒**身旁，接着说下去：

"二十年以前，**黎巴嫩山**的**总督**派我到威尼斯去执行一次讲学的使命，并给这座城市的**市长**带去一封介绍信，他曾在君士坦丁堡见过他。在**尼萨之月**①，我乘一艘意大利船离开了黎巴嫩。春天的空气是芳香的，白色的云朵飘浮在天际，像许多美丽的绘画。我将怎样向你讲述我旅途中的欢欣呢？言语太贫乏了，太不够用了，不足以表达人心最深处的情感。

"和我的天人般的伴侣度过的许多岁月，充满着惬意、喜悦和安宁。我从没想到过**痛苦**在等待着我，或者**辛酸**潜伏在我的**欢乐**之杯的底层。

"马车载着我远离故乡的丘陵山谷，向着海岸奔去，我的伴侣就坐在我的身旁。我在贝鲁特度过的欢快的三天，她就伴随着我，同我一起漫游这座城市，我在哪里停下来，她便在哪里停下来，一个朋友向我打招呼，她便微笑。

"我坐在小旅店的阳台上，俯视这座城市，她便同我一起沉思默想。

"但是，当我即将上船时，一个巨大的变化向我袭来。我觉得有一只奇怪的手抓住了我，把我拉着向后转；我听见在我内心有一个耳语

---

① 尼萨之月，犹太寺历之第一月，犹太民历之第七月。

声：'转去吧！别走了！趁船还没有启航,回到岸上去吧！'

"我没有理睬那个声音。但是,当船只扯起风帆时,我觉得自己好像一只小鸟,突然被一只鹰的利爪抓住,高高地给带入了天空。

"傍晚,黎巴嫩的高山丘陵在地平线上向后退去,我发觉自己孤零零站在船首。我四下寻找我梦中的女子,我所心爱的女子,我终生的配偶,然而她已不再在我身旁了。这美丽的少女,我一凝视天空就看到她的面庞,我在夜静更深就听到她的声音,我一步行在贝鲁特的市街上就握住她的手——而今她已不再同我在一起了。

"有生以来,我第一次发现自己完全孤独地乘船航行在汪洋大海之上。我在甲板上踱来踱去,在心里呼唤着她,凝视着波浪,希望见到她的面庞。但是,一切都是徒劳。半夜,别的旅客都已就寝,我仍然逗留在甲板上,孤独、苦恼而渴望。

"突然,我抬头望去,看见了她,我终生的伴侣,在我的上空,在一片云彩之中,距船首不远。我喜出望外,一跃而起,张开我的双臂,哭喊道：'为什么你抛弃了我,我心爱的人！你到哪里去了？你一向在哪里？靠近我吧,再不要留下我一个人！'

"她动也不动。在她的脸上,我看出了悲伤和痛苦的痕迹,是我以前从没见过的。她用悲伤的语调轻柔地说：'我从大海的深处来,想再一次看看你。现在,下到你的船舱去吧,躺下来安睡,进入梦乡。'

"说完这些话,她便和云朵合一,逐渐消失了。我像个饥饿的孩子,狂乱地呼唤着她。我向四面八方张开我的双臂,但拥抱的却是满载露水的夜晚的空气。

"我走到我的床位,感觉心中有猛烈的风雨在涨落翻腾。我仿佛完全置身于另一条船,颠簸在**困惑**与**绝望**的狂暴的海洋之上。

"说也奇怪,我刚碰着枕头,立刻就睡着了。

"我做着梦,梦见一棵苹果树,形状像个十字架,从上面悬挂着的,好像被钉在十字架上,竟是我终生的伴侣。血滴从她的双手和双脚滴落下来,落在苹果树凋谢的花朵上。

"船昼夜航行着，而我仿佛沉入一阵恍惚之中，说不清我究竟是一个航向遥远国土的人，还是一个飘越多云天空的幽灵。我祈求上苍，让我听见她的声音，或者瞥见她的身影，或者让她的纤指轻触一下我的嘴唇，然而一切都是徒劳。

"十四天过去了，我仍然是孤零零的。到第十五天，中午，我们远远望见意大利的海岸，薄暮时分，我们进入了海港。一群人乘着装饰鲜艳的名叫'弓多拉'的平底船，来欢迎大船的到来，并将乘客载往城市。

"**威尼斯城**坐落在许多相距很近的小岛上。它的街道是运河，许多宫殿和官邸都修建在水面上。弓多拉是唯一的交通运输工具。

"我的弓多拉船主问我要去哪里，我告诉他到**威尼斯市长**那儿去，他敬畏地望着我。我们穿过渠道向前划行，夜给这座城市铺展开她黑色的斗篷。灯光从宫殿和教堂敞开着的窗户闪耀出来，它们水中的倒影使这座城市显得像在诗人的梦境中一样，既迷人而又令人陶醉。

"当弓多拉抵达两条运河的交叉处时，我突然听到教堂的大钟响起悲哀的钟声。虽然我精神恍惚，已经远离整个现实，这钟声还是刺穿了我的心，使我的情绪抑郁不堪。

"弓多拉靠拢了码头，停泊在通向一条铺石街道的大理石台阶的最下面。船主指着位于一座花园中心的富丽堂皇的宫殿，说道：'您的目的地到了。'我缓慢地登上通向这座宫殿的台阶，船主拿着我的行囊跟在后面。到了大门口，我付款道谢，打发他走了。

"我按了按铃，门打开了。我走了进去，迎面传来一片哀哭声。我惊愕不已。一位年长的仆人来到我面前，用悲伤的声音问我有何贵干。'这是**市长**的官邸吗？'我问道。他鞠躬点头，我把**黎巴嫩总督**交给我的那份公函递给了他。他看了看，表情严肃地朝着通向接待室的房门走去。

"我转过身来，向一位年轻的仆人打听满室弥漫着悲哀气氛的原因。他说**市长**的女儿那一天去世了，说着掩面痛哭。

"请想一想,一个人横渡大洋,一直在希望和绝望之间傍徨,到头来却站在一座为悲伤和哀恸的残酷阴影所占据的宫殿的大门口,他的心情会是怎样呢?请想一想,一个异乡人到一座宫殿里来寻求殷勤和款待,却发现自己为白翼死神所迎候,他的心情又会是怎样呢?

"那位老仆人不久返回来,鞠躬说道:'**市长**等候您。'

"他把我引到走廊尽头的一扇门口,示意让我进去。在接待室里,我发现一群神父和其他权贵,全都陷入深深的沉默。在房间的正中,一位白须长者迎接了我,握着我的手说:'从遥远国土来的客人啊,在我们失去最心爱的女儿的日子来欢迎你,这是我们不幸的命运。但我仍然希望,我们的亲人丧亡将不妨碍你的使命,请放心,我将尽一切力量加以促成。'

"我感谢他的好意,并表达了我深切的哀悼。于是,他引我入座,和其余沉默的人群在一起。

"当我注视吊丧者一张张悲伤的脸,倾听他们一声声痛苦的叹息,我觉得我的心由于忧伤与痛苦而紧缩着。

"不久,吊丧者们一个个告辞,只剩下悲痛欲绝的父亲和我。这时,我也起身想离去,他却挽留我说:'我的朋友,我恳求您,不要走。就做我们的客人吧,如果你能和我们一起分担悲痛。'

"他的话语深深触动了我,我默许地鞠了一躬。他接着说:'你们黎巴嫩人对待你们国土上的陌生人是最慷慨的。如果我们对待我们的黎巴嫩客人不那么亲切礼貌,那么应该说是我们严重的失职。'他按了一下铃,一位管家应召而至,身穿华丽的制服。

"'请把我们的客人领到东厢房,'他说,'他和我们在一起的期间,要好好照料他。'

"这位管家把我带到一间慷慨指定的宽敞房间。他一走,我就躺倒在卧榻上,开始思考我在这个异国土地上的处境。我回顾了我远离出生地,在这里度过的头几个小时。

"几分钟以后,管家回来了,用银质托盘带来我的晚餐。我吃过了,开始在屋子里踱来踱去,不时站在窗口向外眺望威尼斯的天空,倾听弓多拉船主们的呼喊声和船桨有节奏的击水声。不久,我感到昏昏欲睡,让困倦的身子躺倒在床上,完全忘却了自己,处在半睡半醒的陶醉境界中。

"我不知道我在这种状态中度过多少小时,因为人生有广阔的空间为心灵所横贯,是不能用人类发明的时间来测量的。我当时所感到的、而且此刻仍然感到的一切,正是我发觉自己所处的悲惨境地。

"突然,我意识到一个幻影在我的上方徘徊,意识到一个太虚幻境的精灵在呼唤我,但又没有任何可感知的迹象。我站起身来,走向大厅,仿佛为某种神力所驱使,所曳引。我不由自主地走动着,仿佛做梦一样,觉得自己好像在一个超越时间与空间的世界里长途跋涉。

"我走到大厅的末端,打开一扇房门,发觉自己到了一个巨大的寝室,中央立着一具棺柩,周围是些闪烁不定的蜡烛和白色的花圈。我在棺架旁边跪了下来,凝望着死者。那里,在我的面前,被死亡蒙着面纱的竟是我心爱的终生伴侣的脸庞。这就是我所崇敬的那个女人,此刻在死亡中变得冰冷,裹着白色尸衣,被白色的鲜花所环绕,被世代的沉寂所守卫。

"主管**爱**、**生命**和**死亡**的上帝啊!您是我们灵魂的创造者。您将我们的心灵领向光明与黑暗。您使我们的心平静安宁,并使它们因希望与痛苦而活跃。现在您却让我看到我的青春伴侣变得这样冰冷而无生气。

"**上帝**啊,您把我从我的国土拔出来,放在另一块国土上,向我显示了**死亡**对于**生命**、**悲哀**对于**喜悦**的威力。您在我破碎心灵的荒地上栽了一朵白色的百合,又把我迁移到遥远的山谷来,让我看一朵凋谢了的百合。

"我在孤独和放逐之中的朋友们啊,**上帝**一定要我饮下这杯人生的苦酒。他的意志必将实现。我们不过是无限辽阔天空中脆弱的微粒;我们不得不屈从于**上帝**的意志。

"如果我们爱,我们的爱既不是出自我们,也不是为了我们。如果我们欢喜,我们的喜悦不在于我们,而是在于**生命**本身。如果我们遭受痛苦,我们的痛苦不在我们的伤口上,而是在**自然**的心中。

"我讲这个故事,我并不是抱怨;因为抱怨者怀疑**生命**,而我是一个坚定的信奉者。我信奉我从**生命**之杯所饮下的每一口所混合的苦味的价值。我信奉穿透我心的**悲伤**的美。我信奉压碎我的灵魂的这些无情手指的最终的**慈悲**。

"这就是我的故事。它诚然没有什么结尾,又教我怎么来结束它呢?

"我仍然跪在那副棺柩前面,陷入沉默,我凝视着那张天使般的面庞,直到黎明来临。然后,我站起身来,回到我的房间,被**永恒**的重量压弯了腰,却为苦难众生的**痛苦**支撑着。

"三个星期以后,我离开威尼斯,回到黎巴嫩。仿佛我在往昔的广阔而寂寥的最深处度过了无穷岁月。

"但是,幻象仍然存在。虽然我发现她已经死了,她仍然活在我身上。我在她的影子里劳动和学习。那些劳动是什么,你,我的门徒,知道得很清楚。

"我所求得的知识和智慧,我将努力带给我的人民和他们的统治者们。我给**黎巴嫩的总督阿尔哈利斯**带来了被压迫者的哭诉,他们正在他的国家与教会官员们的不义和邪恶之下受着压榨。

"我劝告他走他的祖先所走过的路,用宽厚、慈悲和同情心来对待他的臣民。我对他说:'人民是我们王国的光荣,是它的财富的源泉。'我还说:'一个统治者应该从他的领地消除四件东西:**愤怒**、**贪婪**、**谎言**和**暴虐**。'

"由于这个和其他的教诲,我受到严惩,遭到流放,并被**教会**革除了教籍。

"有一天晚上,**阿尔哈利斯**心中不安,不能入睡。他站在窗前,注视着苍穹。真是不可思议!那么多天体迷失在无限之中!是谁创造了这个神秘而奇妙的世界？是谁指挥这些星星在它们的轨道上运行？这些遥远的行星和我们的星球有什么关系？我又是谁,为什么会有这个我？**阿尔哈利斯**自言自语地说着这些话。

"于是,他回忆起我的流放,后悔他对我的苛待。他立刻派人去找我,恳求我的原谅。他恩赐我一件长袍官服,向全体人民宣布我是他的顾问,并把一枚金钥匙放在我的手上。

"对于我的流放岁月,我没有什么遗憾。寻求**真理**并对人类宣布**真理**的人,是一定要受苦的。我的悲哀教育我懂得我的同胞的悲哀;迫害和放逐都没有使我心中的幻象模糊起来。

"现在我疲倦了……"

主讲完了他的故事,便遣开他的**门徒**(他的名字叫**阿尔穆塔德**,意为"**皈依者**"),回到他的修行处,去休息因久远回忆而疲劳的身体和灵魂。

主之死

两星期以后,**主**病了,一大群崇拜者来到隐居处问候他的健康。他们走近花园门前,看见一位神父、一位修女、一位医生和**阿尔穆塔德**从主的住处出来。这位受宠爱的**门徒**宣布了**主**的噩耗。人们开始失声恸哭,然而**阿尔穆塔德**既不哭泣,也不说一句话。

门徒沉思一会儿,然后站在鱼塘旁的石头上,说道:

"兄弟们和同胞们:你们刚才听到了**主**辞世的讯息。这不朽的**黎巴嫩先知**长眠了,他的升天的灵魂正盘旋在精神的天空,高高超越一切忧愁和悲痛。他的灵魂摆脱了肉体的奴役和这个尘世生活的狂热和负荷。

"**主**离开了这个物质的世界,穿着荣誉的袍服,去到另一个没有艰辛和折磨的世界。他现在就在我们眼睛看不见他、耳朵也听不见他的地方。他居住在精神的世界里,那个世界的居民非常需要他。他现在正在一个新的宇宙里积累学识,这个新宇宙的历史和美一直强烈地吸引着他,它的语言他一直在努力学习。

"他在这个人世间的一生,是一长串的丰功伟绩。它是不断思索的一生,因为**主**除了在工作中,从不知道休息。他热爱工作,他说这是**看得见的爱**。

"他有一个焦渴的灵魂,除了在不眠之中,从不能够休息。他有一颗充满仁慈和热忱的博爱的心。

"这就是他在这个人世间所过的生活……

"他是从**永恒**的胸怀流出的学识之源,是浇灌和更新**人**的心田的纯净的智慧之流。

"现在那道河流到达了**永生**之岸。不允许打扰者哀悼他或为他的辞世而落泪!

"记住,只有那些在**人生殿堂**前面站立过,却从不曾用他们额头上的一滴汗水使地球结过果实的人们,才值得你为他们的辞世而流泪和悲叹。

"然而,至于**主**——难道他没有为了**人类**的利益辛苦劳动一生吗?你们中间难道没有人喝过他的智慧的清泉吗?那么,如果你们希望尊崇他,就给他的升天的灵魂献上一首赞美和感恩的颂诗吧,可不要悲哀的挽歌和悼词。如果你们希望给他应得的崇敬,就维护你们在他作为遗产留给世人的智慧典籍中所应得的一份知识吧。

"不要向天才**给予**,而应从他**接受**!只有这样,你们才是在对他表示敬意。不要为他悲痛,应当高兴,应当痛饮他的智慧。只有这样,你们才是把他理所应得的称颂献给了他。"

听了**门徒**的这番话,众人回到他们的家,嘴角浮着微笑,心中唱起感恩的歌曲。

阿尔穆塔德孤独地留在这个世界上;然而孤独从未占据他的心,因为**主**的声音经常在他的耳边回响,催促他继续工作,在所有自愿倾听的人们的头脑和心中播种**先知**的话语。他独自在花园里度过许多时光,面对**主**所遗赠给他的书卷沉思,**主**在里面写下了他智慧的话语。

沉思了四十天之后,**阿尔穆塔德**离开了他的主子的修行处,开始在古腓尼基①的村庄、山谷和城市中漫游。

一天,他正穿过贝鲁特城的集市,一群人跟随着他。他在人行道上停了下来,人群聚集在他的周围,他用**主**的声音对他们讲道:

"我心中的树木果实累累;来吧,你们饥饿的人们,来采集吧。吃吧,吃饱吧……来接受我心中的施舍,减轻我的负担吧。我的灵魂在黄金和白银的重压下感到疲劳。来吧,你们这些寻求宝藏的人们,来塞满你们的钱袋,卸掉我的负担吧……

"我的心充溢着陈年美酒。来吧,你们这些焦渴的人们,都来喝吧,来解除你们的干渴。

"前几天,我看见一个富人站在神庙的门前,向所有过路人伸出他的戴满贵重宝石的双手,向他们喊道:'可怜可怜我吧。从我这儿取走这些珠宝吧。因为它们使我的灵魂生病,使我的心肠变硬。可怜可怜我,把它们拿走吧,让我康复起来吧。'

"但是没有一个过路人理睬他的恳求。

"我望着这个人,自语道:'作为一个穷人,漫游在贝鲁特市街上,伸出颤抖的手寻求施舍,到黄昏空着手回家,这样对他来说,肯定会更好些。'

"我见过大马士革一个富有而慷慨的酋长,在阿拉伯沙漠的荒野里,在高山旁边扎下帐篷。晚上,他打发奴隶们出门拦截过往旅客,把他们带到他的帐篷里来过夜并加以款待。但是,崎岖的旅途冷落无人,仆人们没有给他带来一位客人。

"我沉思这寂寞的酋长的困境,我的心对我这样说:'作为一个迷路者,手上携着杖,臂上挎一个空桶,正午时分在城市边沿的垃圾堆

---

① 腓尼基,叙利亚西部濒地中海之一古国。

旁,和他的同伴们分享友谊的面包,这样对他来说,肯定会更好些.'

"在黎巴嫩我看见过**总督**的女儿身穿贵重的长袍,从睡梦中起身。她的头发喷洒过麝香,她的身体涂抹过香水。她走进她父亲的宫殿的花园,寻找一个情人。地毯般的草地上的露珠沾湿了她的衣边。可是,唉! 她父亲所有的臣民们中却没有一个爱她的人。

"我想到**总督**女儿的悲惨情境,我的灵魂便告诫我说:'作为一个贫贱农夫的女儿,白天引着她父亲的羊群到草场上去牧放,晚上把它们赶回羊圈来,粗糙的牧羊服带着大地和葡萄园的芳香,对她来说,这样难道不是更好些吗? 至少,她能够从她父亲的茅舍溜出来,趁夜深人静,向正在潺潺小溪旁等待着她的心爱的人儿走去!'"

"我心中的树木果实累累。来吧,你们饥饿的灵魂们,来采集吧。吃吧,吃饱吧。我的灵魂充溢着陈年美酒。来吧,噢,你们干渴的心,来喝吧,来解除你们的干渴吧。

"我愿是一棵既不开花又不结果的树;因为多结果实的痛苦比不结果实的痛苦更酷烈;慷慨富人的痛苦比不幸穷人的痛苦更可怕……

"我愿是一口枯井,人们可以往我的最深处投掷石头。因为作一口枯井比作一眼干渴嘴唇没有挨过的清泉要更好一些。

"我愿是一根被人踩坏的破芦笛,因为那样比作某人家里的竖琴,而他的手指生了疮,全家人听不到琴声要更好些。

"听我说,我祖国的儿女们啊;沉思这些通过**先知**的声音传给你们的话吧。在你们心的境域为它们让路吧,让智慧的种子在你们灵魂的花园里开花吧。因为那是**上帝**的宝贵赠品。"

阿尔穆塔德的声望传遍了全国,许多人从其他国家赶来向他致敬,来倾听**主**的这位代言人。

医生们,律师们,诗人们,哲人们不论什么时候,不论是在街上,在基督教堂,在清真寺,或是在犹太教堂,或其他任何集会场所见到他,他们都拿许多问题来向他请教。他们的心为他那美好的众口相传的话语所丰富。

他向他们谈论**人生**和**人生**的真实,说道:

"人像浮在水面的大海的泡沫。风一吹,它就消失了,仿佛从来不存在。我们的生命就这样被**死亡**吹走……

"**人生**的**真实**是**生命**本身,它的起点不是在子宫里,它的结束不是在坟墓中。因为那流逝的岁月不过是永恒生命的片刻;而物质的世界及其中的一切不过是对照觉醒而言的一场梦,而这觉醒我们称之为**死亡**的恐怖。

"太空传送着每一个笑声,每一个来自我们内心的叹息,保存着它们与每一个源于欢乐的亲吻相应和的回声。

"天使们一一计数着**悲伤**所流的每一滴泪;她们给飞翔在无垠天空中的精灵们的耳朵带来了因我们的爱慕而产生的每一支**欢乐**的歌。

"在未来的世界里,我们将看见并感觉到我们情感的震颤和我们心灵的变动。我们将理解我们内心的神性的意义,我们现在为绝望所怂恿,才藐视这种神性。

"我们今天内疚地称之为**软弱**的那个行为,明天将作为**人**的完整链条中不可缺少的一个链环而出现。

"我们没有得到任何回报的酷役,将与我们一起留存,放射光辉,宣告我们的光荣;我们承受的艰难困苦,必将像一顶桂冠戴在我们尊荣的头上……"

门徒讲了这番话,刚要从人群中退出,休息一下他疲劳了一天的身躯,这时他察见到一位青年正以困惑的目光凝视着一位可爱的姑娘。

于是**门徒**对他说:

"你被**人类**宣布的许多信仰所烦恼吗?你迷失在这些互相冲突的信仰的山谷之中吗?你认为信奉异端的自由比屈从的桎梏更轻松吗,唱异议的自由比默许的要塞更安全吗?

"如果情况是这样,那么就使**美**成为你的宗教,把她作为你的天神来敬慕吧,因为她是由**上帝**亲手制作的、显而易见而又完美无瑕的工艺品。抛弃那些把**虔诚**当作与**贪婪**和**傲慢**连在一起的赝品加以玩弄的人们;反之要信赖**美**的神性,它既是你对于**生命**的敬慕之初,同时又是你对于幸福的渴望之源。

"在**美**的面前苦修吧;赎偿你的罪孽吧,因为美使你的心更接近女性的王位,她是你的爱情的镜子,是教导你的心学习**自然**的老师,而自然正是你的生命的家。"

在遣散聚集起来的人群之前,他补充道:

"世上有两种人:昨天的人和明天的人。你们属于其中哪一种呢,我的兄弟? 来吧,让我熟视一下,看你们是那些进入光明世界的人,还是那些进入黑暗国土的人。来吧,告诉我你是谁,你是什么人。

"你可是一个政客,对自己说:'我要为了自己的利益而运用我的国家'? 如果是这样,那么,你不过是靠别人的肉体生存的寄生虫。或者你是一个献身的爱国者,向自己的内心耳语道:'我愿意像一个忠实的仆人那样为我的国家服务。'如果是这样,那么,你就是沙漠里准备解除旅行者的干渴的绿洲。

"或者你是一个商人,从人民的需要中牟利,垄断商品,打算以高价重新出售它们? 如果是这样,那么,你就是一个堕落的人;至于你的家是宫殿还是监狱,那都无关紧要。

"或者你是一个老实人,使农夫和织工能够交换他们的产品,在买者和卖者之间斡旋,通过你的公平交易使你自己和别人都得到好处?

"如果是这样,那么,你就是一个正直的人;至于你是被称赞还是被指责,那都无关紧要。

"你可是一位宗教领袖,用教徒的单纯为你自己的身体织出一件猩红的长袍;用他们的好意为你自己的头颅编出一顶金色的冠冕;虽然靠**撒旦**的丰裕为生,却不断吐出你对**撒旦**的憎恶? 如果是这样,那么,你就是一个异端;至于你是否整日斋戒和整夜祈祷,那都无关紧要。

"或者你是一个虔信者,在人民的善行中找到改善全民族的根据;

在你的灵魂里有着通向**圣灵**的**圆满境界**的阶梯？如果你是这样一个人，那么，你就像**真理**之园中的一朵百合；至于你的芬芳对人们起不起作用，或者是否消散到空中，被永久地保存起来，那都是无关紧要的。

"或者你是一位报界人士，在奴隶市场出卖原则，靠流言、不幸和罪行养肥了自己？如果是这样，那么，你就像一个攫食腐肉的贪婪的兀鹰。

"或者你是一位教师，站在历史的高台上，为过去的荣华所鼓舞，向人类进行宣传，一面宣传一面扮演？如果是这样，那么，你就是患病人类的营养剂，是受伤心灵的止痛膏。

"你可是一个统治者，蔑视你所统治的人们，除了洗劫他们的钱袋，或者为你自己的利益而盘剥他们，从来不出门一步？如果是这样，那么，你就像这个民族的打谷场上的稗子。

"你可是一个忠实的公仆，热爱人民，永远守卫着他们的幸福，永远热心于他们的成功？如果是这样，那么，你就像这片国土的谷仓中的天赐。

"或者你是这样一个丈夫，把你所犯的过失看作合法，却把你妻子的过失看作非法？如果是这样，你就像那些住在洞穴中、用兽皮遮裸的绝种野蛮人。

"或者你是一位忠实的伴侣，妻子总在你身旁，分享你的每一个思想、狂喜和胜利？如果是这样，那么，你就是在黎明时分率领全民族走向公正、理性和智慧的正午的人。

"你可是一位作家，高踞于群众之上，而脑子却沉陷在塞满积年破烂与无用废物的往昔的深渊之中？如果是这样，那么你就像一潭死水。

"或者你是一位敏锐的思想家，善于自我反省，抛弃无用、陈旧而有害的东西，保存有用而又有益的东西？如果是这样，那么，你就像吗哪①之于饥者，就像凉爽的净水之于渴者。

---

① 吗哪，《圣经·旧约》中以色列人漂泊荒野四十年间所获得的神赐食物。

"你可是一个诗人,充满噪音和空音?如果是这样,那么,你就像那些江湖骗子,他们流泪时使我们发笑,他们笑起来却使我们流泪。

"或者你是那些天资颖慧的英才之一,上帝给了他们一把六弦琴,让他们弹着绝妙的乐曲去安抚精神,去使他的同胞接近**生命**和**生命**之美?如果是这样,那么你就是照亮我们道路的一支火炬,是我们心中甜美的热望,而且是我们梦中神圣事物的一次显灵。

"人类就这样被分成长长两支纵队,一支由弯腰老者所组成,他们扶着扭曲的木杖,步行在**人生**之路上,气喘得好似正在爬向山巅,实则正在下到深渊。

"第二纵队是由年轻人组成,他们好像在用飞毛腿奔跑,他们的嗓子装着银弦似的歌唱着,仿佛被某种不可抗拒的魔力拉着爬向山巅。

"你们属于这两行队伍的哪一行呢,我的兄弟?你们午夜扪心,问问自己这个问题吧。

"你们自己判断一下,是和**昨天**的**奴隶**在一起好,还是和**明天**的**自由人**在一起好。"

于是**阿尔穆塔德**回到他的修行处,隐居数月,阅读和思索了**主**写在书卷中遗留给他的智慧之音。他学到了很多;但他发现还有许多东西没有学到,也从没有从**主**的口中听到过。他发誓不离开隐居地,直到彻底研究并精通了**主**留下来的一切,以便将它传递给他的同胞。就这样,**阿尔穆塔德**埋头精读**主**的话语,忘却自己和周围的一切,忘却那些曾经在贝鲁特的市场上和街道上倾听过他的人们。

他的崇拜者非常关心他,想去看他却总看不到。甚至**黎巴嫩山**的**总督**召见他,请求他给政府官员们讲讲话,他也谢绝了,说:"不久我将回到你们这儿来,为全体人民作一次特殊的讲道。"

总督发布命令,在**阿尔穆塔德**到来的一天,全体市民应该在他们家里,在基督教堂、清真寺、犹太教堂里和教学场所隆重地接待和欢迎他,他们应该敬畏地倾听他的话语,因为他的声音是**先知**的声音。

阿尔穆塔德终于从修行处出来并开始讲道的这一天，成为全体人民欢欣喜庆的节日。**阿尔穆塔德**自由自在地、毫无拘束地讲着；他宣讲爱与兄弟情谊的福音。没有人敢用放逐出境和革出教门来威胁他。这多么不同于**主**的命运啊，他曾经被驱逐出境，被开除教籍，最终才得到赦免和召回！

　　全黎巴嫩都听得见**阿尔穆塔德**的话。后来这些话在一本书中以使徒书的形式出版了，散布在**古腓尼基**和其他阿拉伯国土上。一些使徒书是**主**自己的话；其他一些是**主**和**门徒**从有关智慧与学问的古籍中采集而成的。

主的话语

谈人生

人生是荒凉的海洋中的一个岛,它的磐石是希望,它的树木是梦想,它的花朵是孤独,它的溪流是渴求。

我的伙伴,你的人生是与所有其他岛屿和地带相隔离的岛。不管有多少船只离开你的岸滨驶向异乡,不管有多少船队靠拢你的海岸,你仍然是个孤岛,忍受着寂寞的痛苦,思慕着欢乐幸福。你不为你的同胞所知,远远得不到他们的同情和谅解。

我的兄弟,我看见你坐在你那金子的山丘上,为你的财富而欣喜——为你的宝藏感到骄傲,坚定地相信你积聚起来的每一把金子是将别人的愿望和思想与你的连接起来的一个看不见的链环。

我用内心的眼睛看见你像一个伟大的征服者,率领你的部队,专心于攻克敌人的座座堡垒。但是,我再一看,却只看见一颗孤寂的心憔悴在你的金箱后面,一只关在金色笼子里的干渴的鸟,它的水盂是空的。

我看见你,我的兄弟,坐在荣华的宝座上,你的臣民环立着,向你山呼万岁,歌颂你的丰功伟绩,赞扬你的智慧,注视着你宛如面对先知,他们的心灵狂喜到甚至直达苍穹。

当你注视你的臣民时,我在你的脸上看见快乐、力量和胜利的痕迹,好像你是他们肉体的灵魂。

但是，我再一看，却发现你孤零零独自一人，站在你的宝座旁，像一个被放逐者向四面八方伸出手来，仿佛在向看不见的鬼魂祈求怜悯和仁慈——乞求避难所，哪怕里面仅仅只有温暖和友谊。

我的兄弟，我看见你醉心于一个美丽的女人，把你的心放在她的优美的祭坛前。我见到她用温柔与母爱的目光注视你，这时我对自己说："祛除这个人的孤独并把他的心同另一颗心联结起来的爱万岁！"

但是，当我再看时，我在你爱慕着的心里，还看到了另一颗孤独的心，徒劳地哭喊着，向一位女子透露它的秘密；在你充满爱慕的灵魂后面，另一个寂寞的灵魂像一朵飘荡的云，枉然希望它能够变成你恋人眼里的泪珠……

我的兄弟，你的人生是与其他人的寓所相隔绝的孤宅。它是一幢任何邻人都不能透视其堂奥的房屋。如果它陷入黑暗，你的邻人的灯火不能照亮它。如果它断粮绝草，你的邻人的储备不能装满它。如果它位于一片不毛之地，你不能把它移到别人的花园里，那是由别人的手耕耘过、栽植过的。如果它位于高山之巅，你不能把它降到别人的脚踩踏过的山谷里。

我的兄弟，你的灵魂的一生为孤独和寂寞所包围，假如没有那种孤独和寂寞，你将不是**你**，我将也不是**我**。假如没有那种孤独和寂寞，我一听到你的声音就会相信，这是我的声音在讲话；或者我一见到你的面孔就会相信，这是我自己在照镜子。

谈人之法则的殉道者们

你可是一个诞生在悲伤的摇篮里，被抚养在不幸的襁褓和压抑的房屋中的人？你可在吃用泪水濡湿的干饼皮？你可在喝混有血和泪的浊水？

你可是一个士兵，被人的严酷法则逼得抛妻弃儿，为了**贪婪**（你的首领们却误称之为**义务**）的缘故，奔赴战场？

你可是一个诗人,满足于你人生的面包屑,为占有羊皮纸和墨水而沾沾自喜,像一个不为你的同胞所知的陌生人旅居在你的国土上?

你可是一个囚徒,为了某些细小过失而身陷囹圄,被企图通过腐化人去改造人的人们所判罪?

你可是一个年轻的女子,**上帝**赐给你美貌,却成为富人的卑鄙欲望的牺牲品,他们欺骗了你,买你的身而不买你的心,把你抛给了不幸与痛苦?

如果你是这些人之一,你就是一位人之法则的殉道者。你是不幸的,你的不幸就是强者的不义、暴君的不公、富人的残忍、淫猥者和贪婪者的自私所造成的。

宽慰一下自己吧,我所钟爱的孱弱者们,因为在这个**物质**世界的后面与外面,有一个伟大的**强国**,一个全部是**正义**、**慈悲**、**怜悯**和**爱**的**强国**。

你像是生长在阴暗处的一朵花;柔和的轻风吹来,把你的种子吹到阳光下面,你将在那儿重新优美地生长。

你像是一棵为冬雪压弯的秃树;**春天**定会到来,把她绿色的外衣覆盖在你身上;**真理**定会揭开掩蔽你的笑容的泪水的面纱。我亲近你们,我受苦受难的兄弟们,我爱你们,我蔑视你们的压迫者。

沉思与冥想

人生载荷着我们,把我们从一个地方带到另一个地方;**命运**把我们从一点移到另一点。我们陷在这两者之间,听见可怕的声音,只看见像障碍物一样的东西挡在我们的路上。

美,坐在荣耀的宝座上,显现在我们面前;但是,我们却以**贪欲**的名义接近她,抓掉她纯洁的王冠,用我们的劣行污染她的衣裳。

爱情以温顺作袍服，从我们身旁走过；但是，我们恐惧地逃避她，或者躲藏在黑暗之中；不然则追她，以她的名义作恶。

连我们中间最明智的人都屈身于**爱情**的重压；但是，她实际上却像黎巴嫩的嬉戏的微风一样轻柔。

自由请我们赴宴，我们在那儿可以尝到她的佳肴和美酒；但是，我们在她的餐桌旁一坐下来，便狼吞虎咽地吃着，以致吃腻了。

自然向我们伸出欢迎的手臂，请我们享受她的美；但是，我们却畏惧她的寂静，冲到拥挤的城市去，像逃避一只恶狼的羊群一样挤成一团。

真理向我们召唤，使我们为一个孩子的天真的笑声或一个恋人的亲吻所吸引；但是，我们却在她的面前关闭了爱慕之门，把她当作一个敌人对待。

人的心哭喊着寻求帮助；人的灵魂恳求我们解救；但是，我们并不留意它们的哭喊，因为我们既没听见也不懂得。但是，对于听见并懂得的人，我们却称之为癫狂，并从他那儿逃开去。

一夜夜像这样过去，我们不知不觉地活着；白昼迎接我们，拥抱我们。但是，我们却活在对于昼夜的持续不断的恐惧之中。

尽管**上帝**的心扉敞开着，我们却依恋尘世。我们践踏**生命**的面包，虽然饥饿折磨着我们的心。**生命**对于**人**是多么好啊；可是，人离开**生命**又是多么远啊！

谈初瞥

这是把对于**生命**的沉醉从清醒分开的一刹那。这是照耀内心领地的第一缕火焰。这是从银色的心弦上拨出来的第一个神奇的音符。这是在灵魂面前展开时间的纪录,把夜的功绩和良心的劳作显示在眼前的短暂的片刻。它打开了未来的**永恒**的秘密。它是由爱神**艾施特**①所抛撒、由恋人的眼睛在爱的田野所播种、由柔情所萌发、由灵魂所收获的种子。

恋人眼中的初瞥就像移动在水面的精灵,当**上帝**开口道:"要有天和地",它便产生了天和地。

谈初吻

这是从女神用生命的琼浆玉液斟满的杯盏的第一啜。这是哄骗精神并使心灵悲哀的**怀疑**和用欢乐淹没内心的**确信**之间的分界线。这是**生命**之歌的开端和**理想人物**剧的第一幕。这是把过去的生疏和未来的欢乐结合起来的纽带;是情感的静默及其歌唱之间的链环。这是由四片嘴唇吐出的一句话,宣布心是王位,爱是国王,忠诚则是王冠。这是微风的纤指在玫瑰的嘴唇上温柔的抚摸——发出一声宽慰的长叹和一声甜蜜的呻吟。

这是把爱侣们从度量衡世界带到梦与启示的世界的那种不可思议的颤动的开端。

这是两朵香花的结合;是它们的芳香临近创造第三颗灵魂的融会。

因为初瞥像是女神播撒在人类心田的一粒种子,所以初吻就是开在**生命之树**的枝头的第一朵花。

---

① 艾施特(Ishtar),古代巴比伦与亚述司掌丰饶与爱情的女神,与希腊神话中的阿佛洛狄忒相当。

谈婚姻

爱情在这里开始把**生命**的散文变成赞美诗和小颂歌,由夜晚谱曲,在白天里歌唱。**爱情**的渴望在这里收拢了帐幔,照亮了心灵的幽深处,创造着一种除了**灵魂**拥抱上帝时的幸福,没有任何别的幸福能够胜过的幸福。

婚姻是两个神为了第三个神降世的结合。它是两个强烈相爱的灵魂为了消除分离的结合。它是把两个灵魂内部分离的个体融合在一起的那种更高级的统一体。它是一个始于一瞥而终于永恒的链条上的金环。它是从清白的天空降落下来,使神圣**自然**的田野结果得福的纯洁的雨。

由于恋人眼中的初瞥像是播种在人类心中的一粒种子,她嘴唇的初吻像是**生命之树**枝头的一朵花,所以两个爱人在婚姻中的结合就像是那粒种子的第一朵花的第一颗果实。

谈人的神性

春天来了,**自然**开始在溪水和小河的潺潺淙淙与花朵们的微笑中细语;**人**的灵魂变得欢乐而满足。

突然间,**自然**大发雷霆,蹂躏了美丽的城市。人于是忘记了她的微笑,她的甜蜜和她的亲切。

一小时之内,可怕而盲目的暴力摧毁了世世代代建筑起来的一切。恐怖的死亡以利爪攫取了人和兽,并把他们捏碎了。

破坏的烈火烧毁了人和他的财产;黑暗而骇人的夜把生活的美掩藏在一层灰烬下面。可怖的风雨吹打着,毁灭着人、他的住所和他亲手所制的一切。

在来自**地球**内部的这场**破坏**的霹雳中,在这场整个灾祸和毁灭中,站着不幸的**灵魂**,远远注视着这一切,忧伤地沉思着**人**的软弱和上帝的全能。她思考着深藏在地层下面和太空的微粒中间的人的敌人。她听见母亲们和饥儿们的哀诉，她分担她们的痛苦。她思索着自然力的凶残和人的渺小。她还回想起，就在昨天，人的孩子们怎样安睡在他们家中——而今天，他们却成为无家可归的难民，从远处注视着他们美丽的城市，为它而痛哭，他们的希望变成绝望，他们的喜悦变成悲哀，他们的和平生活变成战争。她同那些被抓在**悲哀**、**痛苦**和**绝望**的铁爪中的伤心断肠的人们一起受难。

当**灵魂**站在那里沉思、受难，并怀疑约束世上一切威力的**神圣法律**的公道时，她对**寂静**的耳朵低声说：

"在所有这些创造物后面，有一个永恒的**智慧**，产生着愤怒和毁灭，但它还将产生无法预言的美。

"火灾、雷霆和暴风雨对于**大地**就像憎恨、嫉妒和邪念对于人心一样。当受难的民族以呻吟与悲叹充塞苍穹的时候，**回忆**使我想起所有在**时间**舞台上演出过的警告、灾难和悲剧。

"我看见**人**在整个历史上，在地球表面建造着高塔、宫殿、城市、庙宇；我又看见地球狂怒地朝着它们起伏翻腾，将它们抓回到地心。

"我看见强壮的人们建筑着不可攻克的城堡，看见艺术家们用绘画装饰着它们的墙壁；接着，我又看见地球断裂开来，张开大嘴，吞噬了天才的巧手和灵心所造成的一切。

"我还知道，地球像一个美貌的新娘，不需要人造的珠宝为她增添娇艳，而满足于她田野的葱茏，她海岸的金沙，她高山上的宝石。

"但是我看见，具有**神性**的人俨若巨人一般站立在**暴怒**和**毁灭**之中，嘲笑着地球的盛怒和自然力的狂烈。

"**人**像一支光柱一样，站立在巴比伦、尼奈佛、巴美拉和庞贝①的

---

① 巴比伦（Babylon），古国巴比伦尼亚的首都，约建于公元前四千年，位于幼发拉底河上，现已倾圮，当年以奢侈与空中花园著称。尼奈佛（Nineveh），底格里斯河上的古城，约公元前六百一十二年为米堤亚人和巴比伦人所毁。巴美拉（Palmyra），位于叙利亚境内的古城，公元二百七十三年为罗马人所征服，其废墟尚存太阳神庙。庞贝（Pompeii），古罗马的商埠和胜地，公元七十九年因维苏威火山爆发而埋入地下。

废墟之中,他站着唱起了**不朽**的歌曲:

> 让大地拿走
> 她所有的一切吧,
> 因为我,人,不会完结。

谈理性与知识

当理性对你说话时,倾听她所说的一切吧,这样你定将得救。充分采纳她所说的意见吧,这样你定将像一个武装起来的人。因为**上帝**给了你没有比**理性**更好的向导,没有比**理性**更强有力的武器。当**理性**对你内心最深处说话时,你抵挡得住**欲望**。因为**理性**是一位审慎的牧师,是一位忠诚的向导,又是一位明智的顾问。**理性**是黑暗中的光明,正如忿怒是光明中的黑暗一样。放明智些——让**理性**,不要让**冲动**,作你的向导。

还要记住,即使**理性**在你身旁,没有**知识**的帮助,她也会一筹莫展,束手无策。没有她的嫡亲姐妹——**知识**,**理性**就像没有房屋的贫困;而没有**理性**的**知识**则像没有防御的房屋。甚至**爱**、**正直**和**善良**都没有什么用,如果同时没有**理性**的话。

没有判断力的学者就像没有武装而赴战的士兵。他的忿怒将败坏他的团体的生命的清泉,他将像是一罐净水中的芦荟渣。

理性和学问有如肉体和灵魂。没有肉体,灵魂不过是空洞的风。没有灵魂,肉体不过是无感觉的框架。

没有学识的理性像是未开垦的土地,或者像是缺乏营养的人体。

理性并不像市场上出售的货物——它们越多,便越不值钱。理性的价值则随着她的丰富充足而增大。但是,假如把她拿到市场上去出售,懂得她的真正价值的便只有明智者。

愚人只看见愚蠢,疯人只看见疯狂。昨天我请一个愚人来数一数我们中间的愚人。他笑着说:"这可太难了,不好办,得花费太长时间。只数一数明智者,岂不更好?"

了解你自己的真正价值,你才一定不会灭亡。**理性**是你的光明,是你的**真理**的灯塔。**理性**是**生活**的泉源。**上帝**给了你**知识**,你凭借它的光,不仅仅可以崇拜他,而且还可以在你的软弱和力量中看见你自己。

如果你看不见自己眼睛里的尘埃,那么你肯定在你邻人的眼睛里也看不见它。

每天扪心自问,修补你的过失吧;如果你尽不到这份义务,你将对你身上的**知识**和**理性**不忠。

密切监视你自己,犹如你是你自己的敌人;因为你学不会控制自己,除非你首先学会控制你自己的激情,服从你的良心的指令。

一次,我听到一位学者说:"每种弊病都有它的治疗方法,除了愚蠢。训斥一个执拗的愚人或对一个傻瓜讲道,无异于在水面上写字。**基督**治愈了盲人、跛子、瘫子和癞子。但是愚人,**他**却治不好。

"从各方面研究一个问题,你定会发现谬误是在哪里不知不觉产生的。

"如果你房屋的正门是宽阔的,注意后门不要太窄。

"当机会从他身边走过之后才试图去抓住它的人,就像一个看见机会走近而不去迎接它的人一样。"

上帝不作恶。**他**给我们以**理性**和**知识**，以便我们永远警惕**过失**与**毁灭**的陷阱。

上帝恩赐以**理性**的人们有福了。

谈音乐

我坐在我的心所爱的人儿身旁，我倾听她的话语。我的灵魂开始在无限的空间漫游，宇宙在那里显得像一场梦，肉体像一座狭隘的牢狱。

我的**爱人**的迷人的声音进入了我的心。

啊，朋友，这就是**音乐**，因为我通过我的爱人的叹息和她嘴唇间半吞半吐的话语听到了她。

我用我的听觉的眼睛，看见了我**爱人**的心。

我的朋友：**音乐**是心灵的语言。它的旋律就像嬉戏的和风，使琴弦因爱而颤动。当音乐的柔指叩击我们感情的门扉时，它们唤醒了长久埋藏在**往昔**最深处的记忆。**音乐**的悲哀的曲调为我们带来了伤心的往事；她的平和的曲调为我们带来了愉快的回忆。弦乐声使我们为亲爱者的离别而哭泣，或者使我们为**上帝**赐予我们的和平而微笑。

音乐的灵魂就是**圣灵**的灵魂，她的意向就是**心**的意向。

上帝创造了**人**，这时就把**音乐**作为一种不同于其他一切语言的语言给了他。先人在荒野之中歌唱过她的光荣；她还吸引过国王们的心，使他们从他们的宝座上走下来。

我们的灵魂有如受**命运**之风摆布的娇花。她们在晨风中颤抖，为天降的露水而低头。

鸟儿的歌将**人**从沉睡中唤醒，邀请他来一起赞颂创造了鸟歌的**永恒的智慧**。

这种音乐使我们向自己询问包含在古籍中的奥秘的意义。

鸟儿们歌唱时,它们可是在向田野里的花朵呼唤?或者是在对树木说话?或者是在应和溪流的潺潺声?因为人靠他的理解力,懂不了鸟儿在说些什么,也懂不了小溪在咕哝些什么,也懂不了波浪徐缓而轻柔地拍打海滩时,它们又在低语些什么。

雨落到树叶上或者轻敲着窗玻璃时,人靠他的理解力,不知道它在说些什么。他不知道微风对田野里的花朵在说些什么。

但是,**人的心**却能感觉和领悟这些拨动他的情感的声响的意义。**永恒的智慧**常常用一种神秘的语言对他说话;当人站着哑口无言、不知所措的时候,**灵魂**便与**自然**在一起交谈起来。

然而,人难道没有闻声落泪吗?他的眼泪难道不就是富于表情的领悟吗?

神圣的**音乐**!
爱之魂的女儿

爱情与苦难的
花瓶

人心的梦,悲哀的
果实

喜悦的花朵,情感的
芬芳和茂盛

情侣们的舌,秘密的
揭示者

隐秘爱情的眼泪的

母亲

诗人们、作曲家们、建筑家们的
激励者

只言片语中的思想之
和合

出自美的爱的设计者
梦的世界里狂喜心灵的
葡萄酒

战士的鼓舞者,和灵魂的
强化者
怜悯的大洋和温柔的大海

哦　音乐
在你的最深处我们存放了
我们的心和灵魂
你教我们用耳朵去
看
用心去
听

谈智慧

聪明人是敬爱**上帝**的人。一个人的价值在于他的知识,在于他的行为,而不在于他的肤色、信仰、民族,或血统。要记住,我的朋友,具有知识的牧羊人的儿子对于一个民族来说,要比王位的继承人有更大的价值,如果后者是愚昧无知的话。知识是你的真正的高尚特许状,不论你的父亲是谁,或者不论你可能是哪一个种族。

学识是暴君们不能掠夺的唯一财富。只有死亡才能够使你内心的知识之灯暗淡下来。一个民族的真正财富不在于黄金或白银,而在于它的学识、智慧,在于它的儿孙们的正直。

灵魂的财富美化人的面容,产生同情和尊敬。每个生物的灵魂显示在眼睛里,容貌上,和身体的全部动作与姿势中。我们的外表,我们的话语,我们的行动决不比我们本身更伟大。因为灵魂是我们的房屋;我们的眼睛是它的窗子,我们的话语是它的信使。

知识和判断力是人生的忠实伙伴,它们决不会证明不忠于你。因为知识是你的王冠,判断力是你的宝杖;它们和你在一起,你就拥有莫大的财宝了。

理解你的人比你的亲兄弟对你更亲。因为连你自己的亲人也可能既不理解你,又不知道你真正的价值。

和愚昧者交朋友,就像和一个醉鬼辩论一样的愚蠢。

上帝赐给你智力和知识。不要吹灭这**神圣恩宠**的灯火,不要让智慧的蜡烛在欲望与过失的黑暗中熄掉。因为聪明人总是拿着火把去照亮人类的路。

记住,一个正直的人比一百万个盲目的信徒会使**魔鬼**感到更大的苦恼。

一点点**发生效力**的知识，比起许多弃置不用的知识来，具有大得多的价值。

如果你的知识不教给你关于事物的价值，不把你从物质的束缚中解放出来，你将永远不能接近**真理**的宝座。

如果你的知识不教你超脱人类的弱点和不幸，把你的同胞引上正路，那么你确实是一个微不足道的人，而且永远是这样一个人，直到**末日**。

学习智者所说的智慧的话语，将它们留着一生受用吧——但不要以背诵它们而自炫，因为一个人重复他所不理解的东西，并不比驮着书的驴子更强。

谈爱与平等

我贫苦的朋友，只要你知道，使你这么悲惨不幸的**贫穷**，恰恰能够显示对**公正**的认识和对**人生**的理解，那么你就会满足于你的命运了。

我所以说对**公正**的认识：是因为富人忙于聚敛财富，不能寻求这种认识。

我所以说对**人生**的理解：是因为强者热衷于追求权势和荣誉，不能坚持真理的直路。

那么高兴吧，我不幸的朋友，因为你是**公正**的口，是**人生**的书。满足吧，因为你是那些统治你的人们身上的美德的源泉，是那些领导你的人们的诚实的支柱。

如果你能看到，我伤心的朋友，使你一生潦倒的不幸，恰恰是那照耀你的心田、把你的灵魂从嘲笑的深渊提升到尊敬的宝座的力量，那么你将满足于你的一份，你将把它看作一件对你施教并使你聪明起来的传家宝。

因为**人生**是由许多不同的链环组合而成的链条。**忧伤**就是对于眼前的屈服和对于未来的可靠希望之间的一枚金环。

它是睡眠与觉醒之间的黎明。

我可怜的伙伴,当财富暴露它的邪恶时,**贫穷**则衬托着灵魂的高尚。**忧伤**使感情变得柔和,**喜悦**治愈受伤的心。假如**忧伤**和**贫穷**被废除了,人的灵魂就会像一块空白的书板,除了自私和贪婪的痕迹,什么也没有刻上。

记住,**神性**是**人**的真正的自我。它不能为黄金而出售;也不能像当今世界的财富一样聚积起来。富人抛弃了他的神性,紧紧抓住他的黄金不放。今天的年轻人摒绝了他们的**神性**而寻欢作乐。

我亲爱的穷人,你从田野回家与妻子儿女度过的那个时刻,正是将来所有人类家庭的保证,它是幸福的象征,而幸福将成为所有未来世代的命运。

但是,富人聚积黄金而度过的一生,实际上就像坟墓里的蛆虫们的一生。它是一个恐怖的标志。

你流下的泪,我不幸的朋友,比寻求忘却者的笑声要纯洁,比嘲弄者的嘲弄要甜蜜。这些泪水从心头清除了仇恨的创伤,教人分担伤心者的痛苦。它们就是**耶稣**的泪。

你为富人播下的力量,你将来一定会收获,因为按照**自然**的**法则**,一切事物都将返回它们的本源。

而你所忍受的悲伤,依照上天的意志,一定会转变为喜悦。

未来的世世代代定将从**悲伤**和**贫穷**中学到**爱**与**平等**的一课。

主的另一些名言

我一开始就在这里,而且还将在这里,直到末日;因为我的存在没有终结。人类的灵魂不过是**上帝**在**创世**时从**自身**分离出来的一支燃着的火炬之一部分。

我的兄弟们,彼此寻求忠告吧,因为那才是避免过失和无益的后悔的方法。众人的智慧是你防御暴虐的盾牌。因为我们相互规劝,便减少了我们敌人的数目。

不听劝告的人是愚人。他的愚蠢使他看不见真理,使他邪恶顽固,对于他的同伴是一个危险。

当你明显地遇到一个难题时,决心面对它吧,因为那是强者的办法。

听听老人的忠告吧,因为他们的眼睛阅历过岁月的沧桑,他们的耳朵倾听过人生的声音。即使他们的忠告使你不快,也要加以注意。

不要期望从暴君,或者作恶者,或者放恣者,或者背信弃义者得到善意的忠告。与来寻求指导的作恶者共谋就要遭殃。因为赞同作恶者乃是丑闻,听从虚伪乃是叛逆。

除非我赋有广博的知识,敏锐的判断力和丰富的经验,我不能认为自己是人类的顾问。

当机会招手时,要忙而不乱,不要懒散。这样,你才会避免严重的过失。

我的朋友,不要像那个人坐在火旁,望着它熄灭,然后徒劳地去吹那堆死灰。不要因为事过境迁而放弃希望或向绝望屈服,因为悲叹无可挽回的事物是人类最坏的弱点。

我折断了我的弓,毁坏了我的箭袋,昨天我懊悔我的行为,今天我就懂得我的过失和给自己带来的灾祸了。

我爱你,我的兄弟,无论你是谁——无论你是在教堂礼拜,在寺庙跪拜,或是在清真寺祈祷。你和我都是一个信仰的孩子,因为各种各样的宗教道路都是一个**上帝**的慈爱之手,一只伸向万物、使万物在精神上趋于圆满、切望容纳万物的手的手指。

上帝给了你带翅膀的灵魂,可以飞到**爱**与**自由**的广阔太空。而你却亲手弄断了你的双翅,让你的灵魂像地上的昆虫一样爬行,这难道不可悲吗?

我的灵魂,生活就像一匹黑夜的骏马,它飞得越快,就越接近黎明。

倾听者

风啊,你从我们身旁吹过,有时甜蜜而柔和地唱着,有时又呼啸而哀叹:我们听得见你,可是我们看不见你。我们感觉到你的抚摸,可是我们辨不清你的形状。你像一片爱的海洋,吞没我们的灵魂,却并不淹毙它们。

你和丘陵一起上升,和山谷一道下降,将自己散布在田野和牧场。你上升时气势磅礴,你下降时温文尔雅,你扩散时优美自如。你像一位仁慈的国王,对受压迫者亲切和蔼,对傲慢的强者严峻苛酷。

秋天,你呜咽地穿过山谷,树木响应着你号泣。

冬天,你挣断镣铐,而整个**自然**和你一道起来反抗。

春天,你从睡眠中醒来,仍然虚弱无力,田野却因你的微拂,开始苏醒了。

夏天,你隐藏在**寂静**的幕帐后面,仿佛被烈日之箭和炽热之矛击倒,已经死去。

你在晚秋时日,真是在悲叹呢,还是在嘲笑光秃树木的羞愧?你在**冬天**真是在发怒呢,还是在围着白雪装点的**黑夜**之墓翩翩起舞?

你在**春天**真是变得衰弱无力呢,还是为失去你的爱人、**四季的青春**而悲痛?

在那些**夏日**里,你是意外地死了呢,还是仅仅熟睡在果实的心脏里,葡萄园的眼睛里,或者打谷场上小麦的耳朵里?

你从城市的街道吹扬起并传播着瘟疫的种子;你从山岗飘送着花朵们芳香的气息。伟大的**灵魂**就这样忍受着**生活**的忧伤,默默地领略着它的快乐。

对着玫瑰的耳朵,你低语着一个她已解其意的秘密;她常常感到烦恼——接着又欢悦起来。这就是**上帝**对待**人**的灵魂的方式。

你时而踌躇不前,时而在这里或那里匆匆急行,不停地移动。这也就是**人**的心性,行动时才活着,怠惰下来也就死了。

你在水面上写作你的歌曲;然后你把它们抹掉。诗人创作,也是这样。

你从**南方**来,像**爱情**一样温暖;从**北方**来,像**死亡**一样寒冷。从**东方**来,像**灵魂**的抚摸一样温柔;从**西方**来,像**忿怒**和**狂暴**一样猛烈。你是像**时代**一样反复无常,还是从四面八方传递重大信息的邮差?

你愤怒地穿过沙漠,把无辜的旅行商队践踏在脚下,掩埋在沙丘里面。你可是那同一阵嬉戏的微风,黎明时颤栗在树枝和树叶之间,像梦一般轻快地掠过蜿蜒的山谷,那儿的花儿向你弯腰致意,芳草陶醉于你的气息而俯首低垂?

你起自海洋,用你的长发摇撼着大海寂静的最深处,你愤怒地摧毁船只和水手。你可是那同一阵柔和的微风,当孩子们在家周围玩耍时,爱抚过他们的卷发?

你把我们的心,我们的叹息,我们的呼吸,我们的微笑带向何方?你怎样对待我们灵魂的飞腾的火炬?你可把它们带到**人生**的彼岸?你可把它们像供奉的祭品一样拖着,拖到遥远而可怕的洞穴去把它们毁掉?

在寂静的夜晚,心儿向你透露她们的秘密。黎明时分,眼睛在你温柔的触抚下睁开。你可注意到,心儿感到了什么,或者眼睛看到了什么?

在你的双翼之间,苦闷者放置了他的哀歌的回响,孤儿放置了他破碎的心儿的碎片,被压迫者放置了他痛苦的叹息。在你的披风的褶缝间,异乡人放置了他的渴望,被弃绝者放置了他的重荷,堕落的女人放置了她的绝望。

你可为卑贱者保管所有这一切?或者,你像**地母**一样,将她生出的一切都埋葬掉?

你可听到这些哀诉和恸哭?你可听到这些呻吟和叹息?或者,你可像傲慢的权贵一样,看不见伸出来的手,或者听不见穷人的哭喊?

所有倾听者们的**生命**啊,你可听得见?

爱情与青春

一个正值人生黎明的青年,坐在一所荒凉住宅的书桌旁。他有时望着窗外布满闪烁繁星的天空,有时转而凝视他手里拿着的一幅少女的画像。它的线条和色彩堪称大师的手笔;它们反映在这个青年的头脑里,向他打开了**世界**的秘密和**永恒**的奥妙。

这女子的画像呼唤着青年,在那一瞬间,把他的眼睛变成了耳朵,以致他懂得飞翔在这房间上空的精灵们的语言,他的心因爱而焦灼。

这样过了几小时,仿佛它们只是某个美丽梦境的一刹那,或者只是**永恒**人生的一年。

然后,青年把画像放在面前,拿起了笔,将他内心的情感倾注在羊皮纸上:

"心爱的人:超越**自然**的**伟大真理**不是凭借人类的语言从一个人传给另一个人的。**真理**选择**沉默**将她的意义传达给相爱的灵魂。

"我知道,夜晚的寂静是我们两颗心之间最可贵的使者。因为她传递**爱**的音信,朗诵我们心灵的赞美诗。恰像**上帝**使我们的灵魂成为我们肉体的俘虏一样,**爱情**同样使我们成为话语和言辞的俘虏。

"啊,爱人,他们说,**爱情**是人心中一团吞噬一切的火焰。在我们初次相会时我就知道,我认识你已经好久好久,在离别时我就知道,没有什么强大到能够把我们分开。

"我第一次瞥见你,实际上并不是第一次。我们心儿相逢的时刻,就已使我坚信**永恒**,坚信**灵魂**的不朽。

"在这一瞬间,自然将帐幔从相信自己被压抑的人那儿揭开,显示出她的永久的公正。

"你可记得我们曾经坐在它旁边,彼此凝视的那条小河吗,我心爱的人?你可知道,你的眼睛那时告诉过我,你的爱不是出于怜悯,而是出于公正?此刻我可以对自己也对世界宣布,出自公正的礼品比那些出自慈善的礼品要更重大。

"我也可以说,**爱情**即是缘分的孩子,就像沼泽地的滞水。

"爱人,在我面前展现了一个我能使之伟大而美好的生命——一个从我们的初遇开始以至于永恒的生命。

"因为我知道,你完全能够产生上帝曾赐予我的力量,体现在伟大的言行中,正如太阳使田野的香花苏生一样。

"为此,我对你的爱定将持之以恒。"

青年站起身来,缓慢而虔诚地从室内走过。他望向窗外,看见月亮从地平线升起,把她柔和的光辉洒满广阔的夜空。

于是他回到桌旁,书写道:

"请宽恕我,我的爱人,宽恕我以第二人称对你说话。因为你是我的另一半,美丽的一半,自从我们从**上帝**神圣的手中出现以来,我就缺少的那一半。宽恕我吧,我心爱的人!"

智慧与我

在寂静的夜晚,**智慧**走进我的寝室,站在我的床旁。她像慈爱的母亲一般注视着我,揩干我的泪水,说道:

"我听到你灵魂的哭喊,才到这里来安慰你。对我敞开你的心吧,我将用光来充满它。问吧,我将为你指引**真理**之路。"

我依从她的吩咐,发出疑问:

"我是谁,**智慧**,我是怎么来到这块极端可怕的地方的?这些巨大的希望,这些山一般高的书籍,这些陌生的图像都是些什么?这些像一群鸽子般来来去去的思绪是些什么?这些我们带着愿望创作、在喜悦中写下的文字是些什么?这些拥抱我的灵魂、包围我的心的令人悲哀而又令人喜悦的结论是些什么?这些凝望着我、刺透我灵魂的最幽深处,却不以我的忧伤为意的眼睛是谁的?这些哀悼我岁月的流逝,吟诵我童年的颂词的声音是些什么?这个玩弄我的心愿,嘲笑我的感情,忘却昨天的行为,自得于今天的渺小,将自己武装起来,抵挡明天的缓慢接近的青年人又是谁?

"这个把我推动到何等生疏的土地去的可怕的世界是什么?

"这个张大着嘴吞噬我们的躯体,并为贪婪准备一个永久的隐蔽所的地球是什么?这个满足于**好运**的恩惠,当**死亡**掴打他耳光时,却从生命的嘴唇渴求一吻的**人**是谁?这个以一年的懊悔购买瞬息的快乐,当梦呼唤他时,将自己交给睡眠的人是谁?这个在**无知**的浪涛中游向**黑暗**的海湾的人是谁?

"告诉我,**智慧**,所有这一切东西都是什么啊?"

于是,**智慧**开口道:

"人啊,你要用**上帝**的眼睛来看这个世界,要运用人类的思想来领悟来世的秘密。这些都是**无知**的果实。

"到田野去吧,看看蜜蜂怎样在香花上面飞舞,苍鹰怎样扑向它的猎物。到你邻人家里去吧,看看婴儿在母亲忙于家务的时候,怎样为火光所迷惑。像蜜蜂那样吧,不要浪费你的青春,去注视苍鹰的行为。像那个欢喜火光的孩子,让母亲去忙她的吧。你所看到的一切曾经是,而且依然是你的。

"这许多的书籍和陌生的图像,以及你周围的美好的思绪,都是你的前人的幽灵。你口中讲出的话语是把你和你的同伴捆在一起的锁链的链环。那令人悲哀和令人喜悦的结论则是过去在你灵魂的田野中所播撒而将被未来所收获的种子。

"那玩弄你的心愿的青年,是将打开你的心扉让**光**进入的人。这个张大着嘴吞噬人和他的产品的地球,是使我们的灵魂摆脱肉体的羁绊的解救者。

"那推动着你的世界是你的心,它就是世界本身。而你认为如此渺小而无知的人,则是上帝的使者,他来从忧伤中学会生命的欢乐,从无知中获得知识。"

智慧这样讲着,把一只手放在我发热的额头,说道:

"向前进吧。不要逗留。前进就是朝着完美移行。向前进,不要惧怕**人生**道路上的荆棘或者尖利的石头。"

两个城市

生命用双翅托着我,把我载到**青春山**的顶端。然后她招招手,指着她的身后。我回身望去,看见一个陌生的城市,缓缓升起许多颜色的浓烟,像幻影一般。一片薄云几乎将这城市遮掩得让我看不见。

沉寂片刻之后,我大声叫喊:"我看到的这个是什么呀,**生命**?"

于是**生命**回答道:"这是**往昔之城**。望着它,沉思一下吧。"

于是我凝望着这个奇妙的景象,看见许多的物体和奇观:为行动而建造的厅堂,巨人般竖立在**睡眠**的翅翼下面;演讲的神殿,周围飞翔着绝望痛哭同时唱着希望之歌的精灵们。我看见为**信仰**所建造、又为**怀疑**所毁坏的教堂。我发现**思想**的清真寺尖塔,高擎着它们的锥形体,像乞丐伸举的手臂;我看见**欲望**的林荫道,像河流穿过山谷;秘密的仓库为**隐瞒**的哨兵所守卫,又为**泄露**的窃贼所抢劫;力量的堡垒为**勇猛**建立起来,又为**恐惧**所拆毁;**梦幻**的神龛为**睡眠**所装饰,又为**清醒**所破坏;为**软弱**所居住的寒舍;**孤独**和**克己**的清真寺;为**知解**所照明,又为**无知**所遮暗的学府;**爱情**的小酒馆,情侣们在那里酩酊大醉,而**空虚**在那里嘲笑他们;还有这样的剧场,**生命**在舞台上演着它的戏文,最后由**死亡**来使**生命**的悲剧圆满结束。

这就是**往昔之城**——看起来很远很远,实际上是很近的——透过黑暗的云层勉强看得见。

接着,**生命**向我招手道:"跟我来吧。我们在这儿逗留得太久了。"我于是回答说:"我们向何处去呢,**生命**?"

生命说道:"我们将要去**未来之城**。"

我说:"可怜我吧,**生命**。我累了,我的脚擦伤了,力气耗尽了。"

但是**生命**回答说:"向前走,我的朋友。止步不前就是怯懦。永远望着这**往昔之城**就是愚蠢。看吧,**未来之城**在招手……"

自然与人

破晓时分,我坐在田野里,与**自然**交谈,那时人安息在睡眠的被单下。我躺在绿色草地上,沉思这些问题:"**真**就是**美**吗?**美**就是**真**吗?"

于是我浮想联翩,发现自己远离人类,我的想象力揭起那遮住我的内心世界的物质的面纱。我的灵魂扩展开来,使我更接近了**自然**和她的奥秘,我的耳朵倾听着叙述她的奇迹的语言。

我这样坐着深思,觉得微风吹过树枝,于是听见像迷路的孤儿发出的一声叹息。

"你为什么叹息,柔和的微风?"我问。

微风回答道:"因为我从那个城市来,它因烈日而炽热不堪,瘟疫和污秽的种子粘上我洁净的袍服。你能责备我不该忧伤吗?"

于是,我望着花朵为泪水玷污的面容,听见她们柔细的悲叹。我便问道:"你为什么哭泣,我可爱的花儿?"

一朵花儿抬起她优美的头,低声说道:"我们哭泣,是因为人会来采摘我们,把我们拿到城里市场上去卖。"

另一朵花儿补充说:"晚上我们枯萎了,他又将我们扔进垃圾堆。我们哭泣,是因为人的残忍的手把我们从我们的生息地抓走。"

我又听见小溪悲叹,像一位寡妇哀悼她死去的孩子,我便问道:"你为什么哭泣,我洁净的小溪?"

小溪回答说:"因为我不得不流到城市里去,那儿的人蔑视我,为烈饮而弃绝我,把我当作为他清扫垃圾的清道夫,玷污我的洁白,把我的善良变为污秽。"

我又听见鸟儿伤心,我便问道:"你为什么痛哭,我美丽的鸟儿?"其中一只飞近了,停在枝头,说:"亚当的儿子们很快就要带着他们致命的武器,来到这块田野向我们开战,好像我们是他们的死敌。我们现在正在彼此告别,因为我们不知道我们哪一个会逃脱人的暴怒。我们走到哪里,死亡都跟着我们。"

此时,太阳从山尖后面升起,用日冕给树顶镀上一层金。我望着这番美景,向自己问道:"人为什么一定要破坏**大自然**建造起来的一切呢?"

女 巫

我所心爱的女人,昨天曾坐在这寂静的房间里,她优美的身体倚靠在这张天鹅绒的睡椅上休息。她从这些透明的高脚杯里,啜饮着陈年的美酒。

这是昨日的梦;因为我所心爱的女人去到一个遥远的地方——湮

没和**空虚**的国土。

她的指痕还在我的镜子上；她气息的芳香还在我衣服的褶缝里；她悦耳的嗓音的回响在这房间里还可以听到。

但是，我所心爱的女人去到了一个遥远的地方，它名叫**流放**和**忘却**的山谷。

我的床旁挂着这位女人的肖像。她写给我的情书，我保存在一只点缀着绿宝石和珊瑚的银匣里。所有这些东西将同我一起待到明天，那时风会把它们吹入遗忘之中，那儿只有无声的寂静统治着。

我所爱的这位女人，像你们所倾心的女人们一样。她美得异样，仿佛由一位天神所塑造；像鸽子一样温顺，像蛇一样狡猾，像孔雀一样壮丽，像狼一样残忍，像白天鹅一样可爱，像黑夜一样可怕。她是由一把泥土和一杯海的泡沫混合而成。

我从童年起就认识这位女人。我跟着她到过田野，她走在市街上，我牵过她的衣边。我从年轻时起就认识她，我在我所读的书籍的篇页里看见过她的面影。我在小溪的潺潺声中，听到过她绝妙的声音。

我向她敞露过我内心的不满和我灵魂的秘密。

我所心爱的女人去到一个寒冷、荒芜而又遥远的地方——**空虚**和**湮没**的国土。

我所心爱的女子名叫——**生命**。她美丽，使所有的心为之倾倒。她拿走我们的一生作为抵押品，把我们的渴望埋葬在诺言中。

生命是一个沐浴在她的爱者们的泪水里、浑身涂抹她的牺牲者们的血液的女人。她的服装是白昼，衬着夜的黑暗。她把人的心交给爱者，却不准自己结婚。

> 生命是一个女巫
> 她用美色勾引我们——
> 但是知道她的诡计的人

将会逃脱她的妖术。

青春与希望

青春走在我前面,我跟着他来到一片遥远的田野。他在那儿停下来,注视着像一群白羊般漂浮在地平线上的云朵。然后他望着树木,光秃的树枝指向天空,仿佛在为恢复它们的簇叶而向上苍祈祷。

我说:"我们现在在哪儿,**青春**?"

他回答:"我们正在**迷惘**的田野。当心点。"

我说:"我们马上回去吧,因为这片荒凉的地方使我感到恐怖,看见云朵和光秃秃的树木使我的心感到忧愁。"

回答:"忍耐些。**困惑**是认识的开端。"

于是我望望周围,看见一个身影,优美地向我们移动,我问:"这个女人是谁?"

青春回答:"这是**麦波麦尼**,**宙斯**的女儿,**悲剧的缪司**。"

"啊,幸福的**青春**!"我大声喊道,"**悲剧**要把我怎样呢,既然你在我的身边?"

他回答:"她来向你显示大地和它的悲哀;因为谁不看着**悲哀**,谁就永远看不见**快乐**。"

接着,精灵把一只手放在我的眼睛上。她缩回手去,**青春**走了,我孤独一人,脱去了我的尘世的外衣,我大声喊道:"**宙斯的女儿**,**青春**在哪儿?"

麦波麦尼没有回答,却把我挟在她的双翼下,带到一个高山的绝顶。我看见下面是大地和它上面的一切,像一部书的篇页一样展现开来,上面写着宇宙的秘密。我敬畏地站在这位处女身旁,沉思着人的奥秘,竭力想破译生命的符号。

于是我看见悲惨的事物:**幸福**的**天使**们与灾祸的**魔鬼**们作战,站在他们中间的是**人**,时而被**希望**拖上一条路,时而被**绝望**拖上另一条路。

我看见**爱**与**恨**戏弄着人的心;**爱**隐瞒着人的罪过,用服从、赞美和谄媚的美酒把他灌醉;而**恨**却挑拨着他,使他对于**真理**闭目塞听。

我还看到城市像它的贫民窟里的孩子一样蜷缩着,扯着**亚当**的儿子的衣服。我远远看见美丽的田野为人的不幸而哭泣。

我看到神父们像狡猾的狐狸一样唾沫四溅;假救世主们筹划着阴谋反对人的幸福。

我于是看见**人**向**智慧**呼救求援;可是**智慧**并不听他的呼声,因为当她在城里的大街上同他说话时,他曾经轻蔑过她。

我看见传教士们敬慕地仰望着天空,而他们的心却被埋葬在**贪婪**的陷阱里。

我看见一个青年在用甜言蜜语打动一个少女的心,可是他们真正的情感却熟睡着,他们的神性远远离开了。

我看见法律制造者们懒散地闲谈着,在**欺骗**和**伪善**的市场上出售他们的商品。

我看见医生们玩弄着心地单纯而深信不疑者的灵魂。我看见愚昧无知者和智者坐在一起,把他们的过去吹捧到荣誉的宝座,用富裕的长袍装饰他们的现在,为未来准备一个奢侈的床榻。

我看见不幸的穷人在播种,而强者在收获,误称为**法律**的压迫则正站在一旁守卫着。

我看见**不学无术**的偷儿们掠夺着**知识**的珍宝,而**光明**的哨兵却在怠惰地酣睡。

我还看见两个情人;可女的就像那男的手里的琵琶,他根本不会弹奏,只懂得粗糙刺耳的声音。

我还看到**知识**的军队在围攻**继承特权**之城;可他们是少数,立刻就被驱散了。

我还看见**自由**踽踽独行,叩着一家家屋门请求庇护,但没有一个人搭理她的恳求。接着，我看见**挥霍**身着华服，阔步而行，众人却把她当作**自由**来欢呼。

我看见**信仰**被埋葬在书堆里，**怀疑**则站在她的位置上。

我看见**人**穿着**忍耐**的外衣，当作一件**怯懦**的斗篷，把**懒惰**称作**宽容**，把**畏惧**称作**谦恭**。

我看见闯入者坐在**知识**的桌旁，口吐蠢话，但是宾客们沉默不语。

我看见金子在浪费者的手里，成为作恶的工具；在守财奴的手里，则像招惹憎恶的饵。然而，在智者的手中我却没见到过金子。

我瞧着所有这些东西，痛苦地大喊起来："啊，**宙斯的女儿**，这真是**大地**吗？这是**人**吗？"

她用一种轻柔而痛苦的声音回答道："你看见的是**灵魂**的路，它用尖石砌就，用荆棘铺成。这只是**人**的影子。这是**夜晚**。可是等着吧！**早晨**即将来临！"

于是，她把一只温柔的手蒙住我的眼睛，当她缩回手时，看哪！**青春**就缓缓走在我的身边，而在我们前面，带路的**希望**前进着。

复　活

昨天，我的爱人，我在世界上几乎是孤单一人，我的寂寞像死亡一样无情。我如同生长在巨石阴影下的一朵花，**生命**不知道它的存在，它也不知道**生命**。

但是今天，我的灵魂苏醒了，我看到你站在我的身旁。我站起身来，欣喜万分；于是，我虔敬地跪拜在你的面前。

昨天，嬉戏和风的触摸显得粗糙，我的爱人，太阳的光线显得细弱，一层薄雾遮掩着地面，海洋的波浪像暴风雨般咆哮。

我四下张望，只看见我痛苦的自身站在我的身旁，而黑暗的幻影在我周围升起又落下，好像一只只饿极了的兀鹰。

但是今天**大自然**沐浴在光辉中，怒吼的波涛平息了，雾气消散了。

无论我望向何方,我都看见**生命**的奥秘在我面前揭开。

昨天我是**黑夜**心中一句无声的话语;今天我是**时间**嘴边的一支歌。

这一切就发生在一瞬间,由一瞥、一言、一叹、一吻所形成。

那一瞬间,我的爱人,将我灵魂过去的欣诺同我心中未来的希望融合在一起。它像一朵白玫瑰,从大地的怀抱绽放在白昼的光亮之中。

那一瞬间之于我的一生,有如基督的降生之于**人**的世世代代,因为它充满了爱和善。它变黑暗为明,变悲哀为欢乐,变绝望为盛福。

我心爱的人,**爱情**的烈火千姿百态地从天而降,但它们给世界的印象只有一个。照亮人心的小火苗,就像从天而降、照亮人类道路的一支熊熊燃烧的火炬。

因为在一颗灵魂里正包含着全**人类**的希望和情感。

我的爱人,犹太人曾经等待一位**救世主**的到来,他答应过他们,要把他们从奴役中解救出来。

于是,**世界**的**伟大灵魂**感觉到,对朱庇特和密涅瓦①的崇拜再没有什么用,因为人们干渴的心不能用那种美酒来解救。

在罗马,人们思索着阿波罗,一位**没有怜悯的神祇**的神性,和已经堕落成为腐朽的维纳斯②的美。

因为这些民族在他们的心灵深处——虽然他们并不理解——如饥似渴地寻求无上的教义,这种教义超越世上所可发现的任何教义。他们渴望着精神的自由,这种自由教导人和他的邻人一起为阳光和生存的奇迹而欣喜。因为正是这个被珍爱的自由使人接近**灵界**,他能够毫不惧怕或毫不羞愧地走近它。

---

① 朱庇特(Jupiter),罗马神话中的主神。密涅瓦(Minerva),罗马神话中司掌智慧、艺术及战争的女神。
② 阿波罗(Apollo),希腊罗马神话中司掌光明、青春、医药、音乐、诗歌、预言、男性美等的神。维纳斯(Venus),罗马神话中司掌美和恋爱的女神。

所有这一切发生在两千年以前,我的爱人,那时心的欲望翱翔在可见事物的周围,害怕接近永恒的精神——而**潘,森林的主宰**则用恐怖填满牧羊人的心,**巴尔**①,**太阳的主宰**则用神父们冷酷的手压在贫穷和卑贱者的灵魂上。

一天夜晚,在一小时之内,在一瞬间,精神的嘴唇张开了,道出这神圣的字眼:"**生命**";它变成躺在一位处女膝上入睡的婴儿的肉体,牧人们在牲口棚里守卫他们的畜群,以防夜间野兽的袭击,他们在那儿惊讶地望着那卑贱的婴儿,在马槽里熟睡。

这位**婴儿国王**,被包裹在他母亲的破外衣里,坐在劳累的心和饥饿的灵魂的宝座上,通过他的谦逊从**居乌**②手中夺取权力的王杖,把它交给看守他的羊群的贫穷的牧羊人。

他又从**密涅瓦**那儿取来**智慧**,把它放入正在修补鱼网的穷渔夫的心中。

他通过自己的忧愁从**阿波罗**那儿汲取快乐,将它赐给路旁伤心断肠的乞丐。

他从**维纳斯**那儿取来**美丽**,将它注入颤抖在她残忍的压迫者面前的堕落女人的灵魂中。

他废黜了**巴尔**,在他的位置上安放卑微的庄稼人,他额头流着汗水播撒他的种子,耕耘他的土地。

我的爱人,昨天我的灵魂难道不像是到了以色列的部落吗?我难道没有在夜晚的寂静中等待我的**拯救者**到来,把我从**时间**的束缚和灾祸中解救出去?我难道没有像那些过去的民族一样,感觉到伟大的干渴和精神的饥饿?我难道不是像个迷失在某片荒野的孩子一样走在**人生**的道路上,我的生命难道不像抛落在石头上的一粒种子,没有鸟儿来寻求,大风雨也不会将它裂开,使它苏醒?

所有这一切,昨天都发生了,我心爱的人,那时我的梦蜷缩在黑暗

---

① 潘(Pan),希腊神话中的牧羊神。巴尔(Baal),古代闪族中的丰饶之神。
② 居乌(Jove),即朱庇特。

中,害怕白昼的到来。

所有这一切终于发生了,那时**悲伤**撕裂着我的心,**希望**在努力修补它。

一天夜晚,在一小时之内,在一瞬间,圣灵从神圣的光圈中央降临,用你的心的眼睛望着我。从那一瞥中,**爱**诞生了,在我的心中找到一个寓所。

这个伟大的**爱**,以我感情的长袍为襁褓,变悲伤为快乐,变绝望为盛福,变孤独为乐园。

爱情,伟大的**国王**,把生命归还给我已死去的自己,使我为泪水弄瞎的双眼重见光明;把我从**绝望**的深渊升举到**希望**的天国。

虽然我所有的白昼同黑夜一样,我的爱人,但是看哪!黎明到来了;太阳即将升起。因为**婴儿耶稣**的呼吸充满了苍穹,和以太混在一起。**生命**,曾经充满了苦恼,此刻却洋溢着欢乐,因为这婴儿的手臂正环绕着我,拥抱着我的灵魂。

疯 人

——他的寓言和歌诗

你问我怎么变成了疯人。经过是这样的:远在众神还未降生之前,有一天,我从酣睡中醒来,发现我所有的面具——我七生中塑成和使用的七副面具都被偷走了。我脸上没有遮掩,一边跑过一条条拥挤的街巷,一边呼喊:"抓贼!抓贼!抓住那些该死的贼!"

男男女女都嗤笑我,有些人还怕我怕得跑回了家。

我到了集市上,一个年轻人站在房上叫嚷:"他是疯人!"我仰面去望他;阳光第一次亲吻了我那裸露的脸。虽然阳光第一次亲吻了我那裸露的脸,但是它却激起我的灵魂对阳光的爱,我不再需要面具了。我仿佛神志恍惚,喊道:"有福了,偷我面具的贼有福了!"

于是我变成了疯人。

疯癫使我得到了自由和安全——孤独的自由和不为人所了解的安全,因为那些了解我们的人总想从某些方面役使我们。

可我也不要为我的安全过于自得吧。即或是牢房里的一个贼,也是不会受害于另一个贼的。

上 帝

远古时代,当我的嘴唇第一次发出言语的颤音时,我登上圣山对上帝说:"主啊,我是你的奴仆。你隐秘的意旨便是我的法度。我将永远服从你。"

上帝没有回答,却宛如一阵狂飙咆哮而过。

一千年过后,我登上圣山又对上帝说:"造物主啊,我是你的受造之物。你用泥土塑成了我,我的一切都出自于你。"

上帝没有回答,却宛如一千只迅捷的翅膀一闪而过。

一千年过后,我登上圣山又对上帝说;"父亲啊,我是你的儿子。你出于怜悯和慈爱而使我降生人世,我将出于孺慕和崇敬而继承你的王国。"

上帝没有回答,却宛如笼罩远山的云霭顷刻弥散了。

一千年过后,我登上圣山又对上帝说:"我的上帝,我的目标,我的成就啊,我是你的昨天,你便是我的明天。我是你地下的根,你便是我天上的花,我们迎着太阳生长在一起。"

于是上帝向我俯下身来,对我亲切耳语,他甚至拥抱了我,如同大海拥抱一条奔向她的溪流。

当我走下山,来到溪谷和平川时,上帝也在那里。

我的朋友

我的朋友,我并非我的外表所显露的那样。外表不过是我穿的一件外衣——一件保护我不被你探询,也保护你不被我忽视而精心编织的外衣。

我的朋友,我内心的"我"隐居在寂静之所,它将永远滞留在那里,不被觉察,不可接近。

我不想要你相信我说的话,也无意要你信赖我做的事。因为我的言语无非是你自己的化为声音的思想,我的举动无非是你自己的化为行为的希望。

你说:"风向东吹,"我便说:"是的,风向东吹。"因为我不想要你知道,我想的不是风,而是海。

你不会领悟我航海的意志,我也不想要你领悟。我愿独自一人在海上。

我的朋友,对于你是白昼,对于我便是黑夜。然而即便那时,我也将说起跳跃在山头的正午和溜过溪谷的紫色阴影。因为你不会听见我那幽玄的歌声,也不会看见我那搏击星辰的翅膀,我也不想要你听见和看见。我愿独自一人伴随黑夜。

你升到你的天堂,我便降到我的地狱。即便那时,你隔着那无法跨越的深渊呼唤我:"我的伙伴,我的朋友,"我也呼唤你:"我的朋友,我的伙伴。"因为我不想要你看见我的地狱。火焰会烧灼你的目力,烟尘会充塞你的鼻孔。而我却太喜爱我的地狱,不想要你来观望。我愿独自一人在地狱中。

你爱真实、美丽和公正;我为了你,便说爱得好,爱得对,可我心里却嗤笑你的爱。然而我不想要你看见我的笑,我愿独自一人发笑。

我的朋友,你善良、谨慎、明智,不,你简直完美无缺;而我呢,也明智而谨慎地同你讲话。然而,我却疯了。可是,我掩饰我的疯癫,我愿独自一人疯癫。

我的朋友,你并非我的朋友,可我又将怎样使你领悟呢?我的路并非你的路,可我们却手携手地走在一起。

稻草人

有一次,我对一个稻草人说:"你站在这片偏僻的田地里,一定感到厌倦吧。"

他却说:"吓人的喜悦是深切而持久的,我从不感到厌倦。"

思索片刻后,我说:"此话不假,我也感受过这种喜悦。"

他说:"唯有填塞稻草的人才会有这种感受。"

于是我离开了他,不知他是恭维我还是藐视我。

一年过后,这期间稻草人变成了哲学家。

我再次从他身边经过时,看见两只乌鸦在他的帽下筑了一个窠。

梦游者

在我出生的小镇上,住着母女二人,同患梦游症。

一天夜晚,人世寂然,母女二人梦游之中在她们薄雾弥漫的花园里相遇了。

母亲开口说:"好哇,好哇,我的冤家!你毁了我的青春,——把你的生活建立在我的生活废墟上!我恨不得杀死你!"

女儿开口说:"呸,可恨的女人,又老又自私!唯恐我自在了一点!想要我的生活符合你那衰朽的生活!还不快一点死!"

这时,一只雄鸡啼叫了,两个女人都醒了过来。母亲温和地问:"宝贝儿,是你?"女儿温和地回答:"是我,妈妈。"

聪明的狗

一天,从一群猫身边走过一只聪明的狗。

他走到近前,看见他们非常专心致志,没有注意到他,便站住了。

当时猫群中站起一只神色凛然的硕大的猫,望着大家说:"弟兄们,你们祈祷吧。等你们再三祈祷后,毫无疑问,天上肯定会降下老鼠来的。"

狗听见这话,暗自发笑,便转身离去,说道:"嘿,又瞎又蠢的猫,经文早已写明,我和我的前辈父老早已知道,祈祷、信仰、恳求所换来的,不是天上降老鼠,而是天上降骨头。"

两个隐士

在一座荒僻的山上,住着两个隐士,他们崇奉上帝,又彼此友爱。

这两个隐士有一个陶碗，这是他们唯一的财产。

一天，一个邪恶的精灵钻进了年长的隐士的心里，他便走到年轻的隐士面前说："我们一起住的日子不短了，该分手了。把我们财产分一下吧。"

于是年轻的隐士悲伤起来，他说："兄长，我很痛心你竟要离开我。若是你非走不可，也只得随你。"他便取来陶碗给了他，说道："我们不能分它，兄长，你把它拿去好了。"

这时年长的隐士说："我不想接受施舍。我只要我自己的东西。必须把它分一下。"

年轻的隐士说："若是碗破了，对你或对我又有何用呢？若是你愿意，我们倒不如拈阄。"

可是年长的隐士又说："我要的只是公平和我自己的一半，我不想把公平和我自己的一半寄托在徒然的运气上。这碗非分不可。"

于是年轻的隐士再也讲不出道理，他便说："你果真要分，而且即或如此，你也会得到这碗的话，我们现在便打破它吧。"

不料年长的隐士的脸变得极为阴沉，他喊道："嘿，你这该死的懦夫，你偏偏不想争吵。"

有予有取论

从前有一个人，他有满满一山谷的针。一天，耶稣的母亲来到他这里，说道："朋友，我儿子的外衣破了，我必须在他去圣殿之前补好。你愿意给我一根针吗？"

他给她的不是一根针，而是一篇论有予有取的渊深的讲道文，让她在她儿子去圣殿之前带给他。

七个自身

在夜晚最寂静的时辰，我躺着朦胧入梦，我的七个自身坐在一起，这样窃窃私议：

第一个自身说：喂，这些年来，我借这个疯人的躯体栖身，除了白昼让他恢复苦痛，黑夜让他重感忧伤以外，实在无所事事。我再也难以忍受我的命运，我要反抗了。

第二个自身说：老兄，你的命运比我的强多了，因为我被分派来充当这个疯人的喜悦的自身。他想笑我便要笑，他快活我便要唱，倘若他更兴奋，我便要用三倍快的步子跳舞。是我才想反抗我这种劳累的生活呀。

第三个自身说：我这个被爱情折磨的自身，疯狂的情感和荒诞的欲念的炽热火把，命运又如何呢？是我这个患相思病的自身才想反抗这个疯人。

第四个自身说：和你们各位相比，我最悲惨，因为分派给我的只是讨厌的怨恨和有害的憎恶。是我这个暴风一般的自身，降生于地狱黑岩洞内的自身，才想反对服侍这个疯人。

第五个自身说：不，是我，思虑的自身，冥想的自身，饥渴的自身，注定要为探索未知之物和未造之物徘徊不息的自身，想反抗的是我，不是你们。

第六个自身说：我呢，劳碌的自身，可怜的苦力，用耐劳的双手和渴望的眼神，变时光为形象，给自然力以崭新而永恒的形式。是我这个孤独的自身才想反抗这个不安宁的疯人。

第七个自身说：真奇怪，你们各位都有一个注定的命运可以实现，竟然也要反抗这个人。嘻！我要能像你们任何一位那样，做一个有确定命运的自身该有多好！可是我一无所有，我是无所作为的自身，当你们忙于重新创造生活时，我却处在沉寂空廓的虚无缥缈之中。邻居们，应该反抗的是你们还是我呢？

当第七个自身这样讲时，其余六个自身都同情地望着他，没有再说什么，随着夜色加深，都相继进入为新的愉快的顺从气氛所环抱的睡乡之中。

163

可是第七个自身没有入睡，却始终凝视着万物后面的乌有之乡。

战　术

一天晚上，宫里举行宴会，来了一个人伏在君王面前，所有的赴宴者都望着他。他们看见他的一个眼球脱落，眼窝里淌着血。君王便问："你出了什么事？"这人答道："殿下啊，我靠行窃为生，今天夜晚我去抢钱庄，因为没有月亮，我从窗子爬入时搞错了，走进了织匠作坊，黑暗中我撞到了织机上，把眼球磕了出来。殿下啊，现在我请求惩办织匠。"

于是君王派人找了织匠来，判处剜眼一只。

"殿下啊，"织匠说道："判决极为公正，应该剜去我的一只眼睛。可是，唉，为了我能看见我所织的布的两边，两只眼睛我缺一不可。不过，我有一个邻居是鞋匠，也有两只眼睛，在他的手艺中，并不需要两只眼睛。"

于是君王派人找来了鞋匠。他们剜去了鞋匠的一只眼睛。

这样一来，判决令人满意了。

狐　狸

一只狐狸在日出时望着自己的影子说："我今天要用一只骆驼作午餐。"于是，整个上午他便四处走动，寻找骆驼。可是到了中午，他又看见了自己的影子，便说："有一只老鼠便够了。"

明智的国王

从前，在遥远的威拉尼城邦有一个国王统治着。他既有权势，又有智慧。他的权势使人畏惧他，他的智慧使人爱戴他。

且说那个城邦中心有一口井,井水清凉明澈,全城居民都喝这口井的水,连国王和他的廷臣也不例外,因为没有其他的井。

一天夜晚,所有的人都入睡了,一个女巫进了城,往井里倒了七滴怪异的液体,说道:"从这个时辰起,谁喝了这井水都会变疯。"

次日早晨,除了国王和他的御前大臣,全城的居民都喝了这口井的水,都变疯了,正如女巫预言的那样。

那一整天,小街和集市上的人什么事也不做,只是交头接耳说:"国王疯了。我们的国王和他的御前大臣丧失理智了。我们当然不能让一个疯国王来统治。我们必须废掉他。"

那天夜晚,国王令人从井里盛来满满一金杯水。当水端到他面前时,他足足喝了一大口,然后递给他的御前大臣喝了。

于是,那遥远的威拉尼城邦隆重地欢庆起来,因为它的国王和御前大臣恢复了理智。

宏　愿

在一个酒店的桌前,三个人相遇了。一个是织匠,一个是木匠,另一个是农夫。

织匠说:"今天我把一件上好的亚麻布寿衣卖了两块金子。我们来开怀畅饮吧。"

木匠说:"我呢,卖掉了我最好的棺材,我们要一大块烤肉下酒。"

农夫说:"我只挖了一个墓,我的顾主却给了我两份工钱。我们再要一些蜜糕饼吧。"

那天晚上,酒店忙个不迭,因为他们三番五次要酒,要肉,又要糕饼。三个人豪兴不减。

店主搓着手,望着他的老婆不住地笑,因为他的顾客付钱很大方。

当他们离去时,已经是皓月当空了,他们沿路走去,一起唱着喊着。

店主和他的老婆站在酒店门前,目送他们的背影。

"嘿呀呀!"老婆说,"看这些绅士!多么大方,多么快活!但愿他们能天天给我们带来这种好运道!这样,我们的儿子便不用当店老板,不用这样操劳了。我们便能教育他,让他当一个牧师了。"

新的乐趣

昨天晚上,我发明了一种新的乐趣。正当我初作尝试时,一个天使和一个魔鬼向我的房子冲来。他们在我的门前相遇,为我新发明的乐趣争吵起来。一个喊道:"这是罪恶!"另一个喊道:"这是美德!"

另一种语言

我出生三天后,躺在柔软的摇篮里,用惊恐的目光注视着周围的新天地,我的母亲问奶妈道:"我的孩子可好?"

奶妈回答:"他很好,夫人,我已经喂他三遍了。我从未见过这么小的婴孩这么乖。"

于是我愤慨了,便喊道:"不是这样,母亲,我睡的床很硬,我吃的奶很苦,奶房又臭气烘烘,我受罪极了。"

可是我的母亲没有听懂,奶妈也没有听懂,因为我讲的是我来的那个世界的语言。

我出生后第二十一天,我受洗的时候,牧师对我母亲说:"你真应该高兴,夫人,你的儿子降生时便是一个基督徒了。"

于是我诧异了,便对牧师说:"那么你在天堂的母亲应该悲哀,因为你降生时并非一个基督徒。"

可是牧师也没有听懂我的语言。

七个月后的一天,一个占卜者端详了我,对我母亲说:"你的儿子将成为一个政治家和人类的伟大先导。"

可我喊了起来:"那预言是假的,因为我将成为音乐家,而且我也只能成为音乐家。"

可是即使在那个年龄,我的语言也没有人能听懂,这太令我惊讶了。

三十三年之后,这期间我的母亲、奶妈、牧师都已经离开人世(愿上帝保佑他们的灵魂),占卜者仍然活着。昨天我在圣殿的门前和他相遇,我们交谈起来,他说:"我早知道你会成为大音乐家的。当你还是婴孩时,我便卜了卦,预言了你的未来。"

我相信了他的话,因为而今我也忘掉了那另一世界的语言。

石　榴

有一次,我住在一只石榴的果心里,听见一粒石榴籽说:"有朝一日我会变成一棵树,轻风将在我的枝头唱歌,阳光将在我的叶上跳舞,我将一年四季又结实又漂亮。"

于是另一粒石榴籽开腔了,说:"当我像你这样年轻时,也曾有这种想法。可现在我能够考虑和判断事物,才知道我的希望全是一场空。"

第三粒石榴籽也讲话了,说:"我看不出我们有什么地方预示着十分伟大的未来。"

第四粒石榴籽说:"若是没有更伟大的未来,我们的生活将是多大的讽刺呀!"

第五粒石榴籽说:"我们连自己现在是什么都不知道,还争论什么未来。"

第六粒石榴籽答复说:"我们现在是什么,将来依然是什么。"

第七粒石榴籽说:"万物将会怎样,我的观念非常清楚,可是我用语言表达不出来。"

于是第八粒石榴籽讲话了——第九粒——第十粒——于是很多

粒——直至所有的石榴籽都讲起话来。由于声音嘈杂,我什么也没听清。

这样,我便在那一天搬入一只榅桲的果心里,那里籽粒很少,几乎悄然无声。

两个牢笼

我父亲的花园里有两个牢笼。一个关着一只狮子,是我父亲的仆人从尼纳瓦沙漠带回的;另一个关着一只不唱歌的麻雀。

每天黎明,麻雀都要招呼狮子:"早安,囚犯老哥。"

三只蚂蚁

三只蚂蚁在一个躺在阳光下睡觉的人的鼻子上相遇了。他们按本部落的习俗彼此行礼后,便站在那里攀谈起来。

第一只蚂蚁说:"这些山丘和平川是我所知道的最贫瘠的地方。我整天都想搜寻出一颗谷粒之类的食物,却一无所获。"

第二只蚂蚁说:"我也什么都未曾找到,尽管我踏遍了每一个偏僻的角落和林中空地。我想,这便是我的同族所说的那片柔软、移动的不毛之地。"

于是第三只蚂蚁抬起头,说道:"我的朋友,我们现在站在超级蚂蚁——那硕大无朋的蚂蚁的鼻子上,他的身子大得看不见,影子宽得寻不见,声音响得听不见。他是无所不在的。"

当第三只蚂蚁这样讲时,另外两只便对视而笑。

正在这时,那人动了动,他在睡梦中抬起手搔了搔鼻子,三只蚂蚁都被压成齑粉。

掘墓人

有一次,我在埋葬我死去的一个自身,掘墓人来到身旁对我说:"所有来下葬的人当中,我唯独喜欢你。"

我说:"你真令我高兴,不过你为什么喜欢我呢?"

"因为,"他说,"他们来也哭,去也哭,唯独你,来也笑,去也笑。"

在圣殿的台阶上

昨天晚上,在圣殿的大理石台阶上,我看见一个女人坐在两个男人中间。她的一侧脸苍白,另一侧脸通红。

神圣的城

我年轻时曾听说,在某座城里,人人都遵照圣典来生活。

我便说:"我要去寻找那座城,由此寻求福祉。"路途遥遥。我为旅途作了周密的准备。四十天后,我看见了那座城,第四十一天,我便进到城里。

怎么!这里所有的居民都只有一只眼睛和一只手。我不禁愕然,寻思道:"难道在这座如此神圣的城里,人们都仅有一只眼睛和一只手吗?"

此时,我看出他们也很惊异,他们见我有两只眼睛和两只手,感到不可思议。当他们一起谈论时,我便询问他们:"这果真是那座人人都遵照圣典生活的神圣的城吗?"他们说:"对,这便是那座城。"

我说:"那么你们都遭遇什么了,你们的右眼和右手呢?"

听罢,所有的人都激动起来。他们说:"你来看。"

他们把我引到城中心的圣殿。在圣殿里,我看见一大堆眼睛和手,全是干枯的。于是我说:"哎呀,是什么征服者这样残害你们呢?"

他们中间响起一阵低语声。一位长者走上前来说:"这是我们自己干的。上帝让我们征服了我们自身的邪恶。"

他领我来到一个高高的圣坛前,所有的人都跟了过来。他把圣坛上方的一段碑铭指给我看,我读了起来:

"若是你的右眼冒犯你,把它剜去并抛开,因为舍弃你的部分肢体,免得你的整个身躯被投入地狱,对你是有益的。若是你的右手冒犯你,把它割去并抛开,因为舍弃你的部分肢体,免得你的整个身躯被投入地狱,对你也是有益的。"

于是我明白了。我转向所有的人,喊道:"难道你们中间没有一个人有两只眼睛或两只手吗?"

他们回答我说:"是的,没有一个人。除了太年幼而读不了圣典、懂不了其中圣训的人,所有的人中间没有一个。",

当大家走出圣殿后,我立即离开了那座神圣的城,因为我并不年幼,也能读懂圣典。

善神和恶神

善神和恶神在山顶上相遇了。

善神说,"日安,老弟。"

恶神没有回答。

善神又说:"你今天心境不佳。"

"是的,"恶神说,"近来经常有人把我误认为你,用你的名字称呼我,使我很不舒畅。"

善神说:"可是也有人把我误认为你,用你的名字称呼我呀。"

恶神诅咒着人类的愚昧走开了。

失　败

失败啊，我的失败，我的孤傲和我的清高；
对于我，你比一千次成功还珍贵，
对于我的心，你比世间一切荣耀都亲切。

失败啊，我的失败，我的自知和我的执拗，
由于你，我知道我依然年轻而敏捷，
不会落入用枯萎的桂冠设置的陷阱。
你便是我寻找到的孤独，
以及被回避和嘲笑的快感。

失败啊，我的失败，我闪亮的剑和盾，
从你的眼神中我已经知晓，
被推崇便是被奴役，
被了解便是被击倒，
被领悟不过是到了人生的尽头，
宛如熟透的果子落下而被人吃掉。

失败啊，我的失败，我勇敢的伙伴，
你可要听听我的歌唱、我的呼喊和我的缄默，
除了你，没有人会对我讲起翅膀的搏击，
讲起大海的汹涌，
讲起夜晚燃烧的山丘，
唯有你才攀登我嶙峋而陡峭的心灵。

失败啊，我的失败，我不朽的勇气，

我和你将同风暴一起狂笑，
我们将一起为我们死去的一切掘墓，
我们将怀着一个愿望站在阳光下，
我们将危及人世。

夜与疯人

"我像你一样，夜啊，黑暗而赤裸。我在超出我的白日梦的火路上行走，不论我的脚何时触地，都会有一棵高大的橡树长出。"

"不，你不像我，疯人啊，因为你依然回首张望，看你留在沙地上的足迹的大小。"

"我像你一样，夜啊，恬静而深沉。在我孤寂的心里躺着一个分娩的女神，正在降生者便是天堂和地狱的毗连。"

"不，你不像我，疯人啊，因为你在痛苦面前依然战栗，深渊的歌声使你恐怖。"

"我像你一样，夜啊，狂暴而可怕。因为我的耳中充塞着被征服的民族的哀嚎和为遗忘的国土的叹息。"

"不，你不像我，疯人啊，因为你依然把你微小的自身当作伙伴，却不能同你巨大的自身结为朋友。"

"我像你一样，夜啊，残忍而威严。因为我的胸膛被海上焚烧的船只照亮，我的嘴唇被阵亡勇士的血液沾湿。"

"不，你不像我，疯人啊，因为你依然对同类精神存有欲念，你还未变得我行我素。"

"我像你一样，夜啊，欣喜而欢娱。因为在我阴影中寄寓的他此时已醉于淳酒，跟随我的她正惬心地犯罪。"

"不，你不像我，疯人啊，因为你的灵魂隐匿在七层帷幕之后，你支配不了你的心。"

"我像你一样，夜啊，坚忍而情深。因为我的心中安葬着一千个用凋谢的亲吻裹身的殉情恋人。"

"是吗,疯人,你像我一样?你像我一样?你可能把暴风当骏马来骑?你可能把闪电当利剑来挥?"

"像你一样,夜啊,像你一样,宏大而巍峨,我的宝座建在众神的尸堆之上,白昼也从我面前经过,吻我的衣襟而绝不注视我的脸。"

"你像我一样吗,我最黑暗的心一般的孩子?你可用我桀骜的思想思索?你可用我浩渺的语言说话?"

"是的,夜啊,我们是孪生兄弟,因为你展示了空间;而我展示了我的心灵。"

面　孔

我见过一张面孔,具有一千种表情;我又见过一张面孔,仿佛用模具塑成,仅有一种表情。

我见过一张面孔,我能透过它的光彩,看到后面的丑恶;我又见过一张面孔,我不得不拨开它的光彩,去看它有多么美丽。

我见过一张多皱的老年面孔,上面一无所有;我又见过一张光滑的少年面孔,上面刻满一切。

我能识别各种面孔,因为我透过自己的眼睛所织的织品,看清下面的真实。

更大的海

我和我的灵魂去大海洗澡。我们来到海边,便四处寻找隐蔽而寂静的地方。

我们走着,看见一个人坐在一块灰色的岩石上,从一个袋子中抓出一撮撮盐抛进海里。

"这是悲观主义者,"我的灵魂说,"我们离开这个地方吧。我们不能在这里洗澡。"

我们继续走,来到一个海湾。在这里,我们看见一个人站在一块白色的岩石上,手持一个镶嵌珠宝的匣子,从中抓出糖来抛进海里。

"这是乐观主义者,"我的灵魂说,"我们绝不能让他看见我们裸露的身体。"

我们又向前走去。在一处海滨,我们看见一个人捡起死鱼,小心翼翼地放进水里。

"我们不能在他面前洗澡,"我的灵魂说,"这是仁爱的慈善家。"

我们又走开了。

然后我们来到一个地方,看见一个人在沙地上描画自己的影子。白浪袭来,把它抹去。可是他依然在那里描了又描。

"这是神秘主义者,"我的灵魂说,"我们离开他吧。"

我们又向前走去,来到一个清静的小湾,看见一个人舀起水中泡沫,盛入一个雪花石膏制的碗里。

"这是理想主义者,"我的灵魂说,"肯定他也不该看见我们赤身露体。"

我们又向前走去,骤然听到一个声音在呼喊:"这便是海。这便是深深的海。这便是汪洋大海。"我们来到发出喊声的地方,看见一个人背向大海,把一个贝壳拿到耳边,倾听它的细语。

我的灵魂说:"我们走开吧。这是现实主义者。他对抓不住的整体置之不顾,却耽于一块碎片。"

于是我们走开了。在耸立的岩石中间一个杂草滋生的地方,我们看见一个人把头埋在沙地里。我便对我的灵魂说:"我们可以在这里洗澡,他不会看见我们。"

"不,"我的灵魂说,"这是他们中间最危险的一个。他是清教徒。"

于是,一股莫大的悲哀显现在我的灵魂的脸上,渗透进她的声音里。

"我们离开这里吧,"她说,"因为没有隐蔽、寂静的地方我们可以洗澡。我不愿让这种风掀起我金色的头发,不愿在这种空气中袒露我白皙的胸脯,也不愿让这种光亮暴露我圣洁的赤体。"

于是我们离开了那个海,去寻找更大的海。

被钉在十字架上

我对人们喊道:"把我钉在十字架上吧!"

他们说:"你愿死,为什么让我们去沾血呢?"

我回答:"除了把疯人钉在十字架上,还有什么可以让你们得意的呢?"

他们细心思索之后,便把我钉在十字架上。我对被钉在十字架上感到满足。

我悬挂在天地之间,他们仰面看我。他们扬扬得意了,因为他们的头昔日从未抬起过。

当他们站在那里仰面看我时,一个人喊道:"你为什么要赎罪?"

又一个人喊:"你捐躯的动机何在?"

第三个人说:"你想以此为代价,换取世间的荣誉吗?"

继而第四个人说:"快看,他还笑呐!这种痛苦能豁免吗?"

我回答了他们全体,我说:

"尽管记住我笑过。我不赎罪,不捐躯,不希冀得到荣誉;我也没有什么可豁免。我渴过——我曾恳求你们把我的血给我喝。因为除了自己的血,还有什么能使疯人止渴的呢?我哑过——我曾请求你们让我遍体鳞伤以作为嘴。我曾被囚禁在你们的白昼和黑夜中——我曾寻找过通往更多的白昼和黑夜的大门。现在我要离开人世了,正如其他已被钉在十字架上的人一样。不要以为我们厌烦被钉在十字架上。因为我们必定会在更大的尘世和更大的天堂之间,被更多更多的人钉在十字架上。"

天文学家

我和我的朋友看见一个瞽者独自坐在圣殿的阴影下。我的朋友说:"看哪,我们国土上最聪明的人。"

于是我离开我的朋友,走近瞽者,招呼他一声。我们便攀谈起来。

稍过片刻,我说:"冒昧地问一句,你从何时便失明了?"

"从我出生,"他说。

"那么,"我说,"你遵循什么智慧之路呢?"

他说:"我是天文学家。"

于是他把手放在胸前,说道:"我观察所有这些太阳、月亮和星星。"

莫大的渴望

我坐在我的山兄弟和我的海姊妹之间。

我们三个一样孤独,把我们连在一起的爱,又深又强又怪。不,它比我海姊妹的深度还深,比我山兄弟的强度还强,比我的疯癫的怪异还怪。

自混沌初开的灰色黎明使我们彼此可见以来,无数年代过去了。我们见过许多天地的诞生、兴旺和衰亡,却依然热切而年轻。

我们年轻而热切,却没有伴侣,无人过访。我们躺在持续的半拥抱中,却并不惬意。对于被压抑的欲念和未发泄的情感,有什么惬意可言呢?何时会有火神来温暖我海姊妹的卧榻?会有什么异性激流来熄灭我山兄弟的欲焰?那俘虏我的心的女子又是谁呢?

在夜晚的岑寂中,我的海姊妹在睡梦里轻轻呼唤着那火神无人知晓的名字,我的山兄弟遥遥呼唤着那冷漠而辽远的女神。然而我在睡梦里呼唤谁,我却不知道。

我坐在我的山兄弟和我的海姊妹之间。我们三个一样孤独,把我们连在一起的爱,又深又强又怪。

一根草叶说

一根草叶对一片秋叶说:"你落下的声音真吵人!你把我的冬梦都赶跑了。"

秋叶愤愤地说:"生得贱住得低!不会唱歌、脾气乖张的家伙!你不生活在高处,你辨别不出歌声。"

然后秋叶在地上躺下,入睡了。春天到来,她又醒了——她变成了一根草叶。

秋天到来,她进入冬眠,在她的头上,漫天在落秋叶,她喃喃自语道:"这些秋叶啊!真吵人!她们把我的冬梦都赶跑了。"

眼 睛

一天,眼睛说道:"我看见这溪谷的那边,有一座山笼罩着青霭。那不是很美吗?''

耳朵听见,便专心聆听了片刻,说道:"哪里有什么山?我可听不到。"

然后手讲话了,说道:"我摸也摸不到,触也触不到,我没有发现什么山。"

鼻子说:"根本没有什么山,我闻不到它。"

于是眼睛转向一边,它们便开始议论眼睛的怪异幻觉。它们说:"眼睛肯定出了毛病。"

两个鸿儒

从前,在古老的艾夫卡城,住着两个鸿儒,他们彼此憎恶和藐视对方的学识。因为其中一人否认神的存在,另一人则是信徒。

一天,这两个人在集市上相遇,便开始在他们的门徒中间,为神存在与否而舌战起来。争论数小时后,他们两个才分开。

当天夜晚,那个不信神的人来到圣殿,跪在圣坛前面,祈求神宽恕他昔日的执拗。

与此同时,另一个鸿儒——那个信神的人,却烧掉了他的圣书,因为他变成了一个不信神的人。

当我的忧伤降生时

当我的忧伤降生时,我精心地照料它,慈爱地看护它。

我的忧伤如同所有的生命一样,长得结实而美丽,富于奇妙的乐趣。

我和我的忧伤,我们彼此友爱,我们爱周围的天地,因为忧伤有一颗仁爱的心,我的心也因忧伤而仁爱。

我和我的忧伤,当我们倾谈时,我们的白昼生了翅膀,我们的黑夜被梦环绕,因为忧伤有动人的口才,我的口才也因忧伤而动人。

我和我的忧伤,当我们一起唱歌时,我们的邻居坐在他们的窗前聆听,因为我们的歌声如同海一样深邃,我们的旋律充满奇异的幻想。

我和我的忧伤,当我们一起行走时,人们用温和的目光注视我们,用至柔的言辞彼此耳语,因为忧伤是高尚的,我也因忧伤而骄傲。

然而,我的忧伤如同所有的生命一样死去,留下我孤身一人缅怀和沉思。

而今,我讲话时,我的言辞沉重地落入我的耳中。

我唱歌时,我的邻居不再来聆听。

我在街上行走时,没有人看我。

唯有在睡梦中,我才听见种种声音怜悯地说:"看哪,这里躺着那死去忧伤的人。"

当我的欢乐降生时

当我的欢乐降生时,我怀抱着它,站在房上喊:"你们都来啊,我的邻居,都来看啊,因为欢乐今天降生到我的身上。来看这个愉快的小东西,它在阳光下笑呐。"

可是我的邻居没有一人来看我的欢乐,我非常惊愕。

接连七个月,我每天从房上宣布我的欢乐——竟依然没有一人注意我。我和我的欢乐形影相吊,无人问津,无人过访。

于是我的欢乐苍白了,困惫了,因为除了我的心,没有别的心认为它可爱,除了我的嘴唇,没有别的嘴唇亲吻过它。

于是我的欢乐死于孤立。

而今,唯有当我记起我死去的忧伤时,才记起我死去的欢乐。然而记忆是一片秋叶,在风中低诉片刻后,便再也听不见了。

"完美的世间"

迷途灵魂的上帝啊,你也迷失在众神之中,听我讲吧:

守护我们这些徘徊不息的癫狂精灵的仁慈主宰啊,听我讲吧:

我栖身在一个完美的种族中间,我却最不完美。

我,一个人形的混沌,一片纷乱万物中的星云,我所到之处无不遇到完美的世人,他们有完整的法度和纯粹的秩序,他们的思想有条不紊,他们的梦幻安排适当,他们的冥想经过注册。

上帝啊,他们的贤德要计量长短,他们的罪孽要计量轻重,即或是洪荒时代已经过去的既非罪孽又非贤德的行止,也要记载和编目。

这里的白昼和黑夜分为各有所管的时辰,受精确无误的常规辖制。

吃,喝,睡,穿,然后在适当的时刻困倦下来。

做工,游乐,唱歌,跳舞,然后在时钟敲响时静卧下来。

如此思考,如此感觉,然后在某颗星星从遥远的天际升起时停止思考和感觉。

用悦人的微笑抢劫邻居,用优雅的手势馈赠礼品,小心地赞扬,谨慎地责备,一句话毁灭一个灵魂,一口气焚烧一个躯体,然后在日常事务完结之后洗尽双手。

依既定的秩序去爱好,按预想的方式去行乐,适当地崇奉众神,狡黠地挑逗魔鬼,然后忘掉一切,仿佛记忆已经死去。

有意识地冥想,无疏失地思索,尽情地寻欢,豪爽地受苦,然后喝干酒杯,以便明天再次斟满。

上帝啊,所有这一切都经预筹而设计,经决断而产生,被精心地护理,受常规的辖制,受理性的指引,然后遵照确定的方法谋杀和埋葬。即便是它们位于人类灵魂之中的寂静坟墓,也要标明和编号。

这是一个完美的世间,绝妙的世间,无比奇异的世间,是上帝花园中至熟的果子,是宇宙独具的匠心。

可是,上帝啊,我是一颗未实现激情的绿色的种子,一阵既不向东又不向西的狂飙,一块来自焚化行星的困惑的碎片,为什么我竟要待在这里呢?

迷途灵魂的上帝啊,你也迷失在众神之中,为什么我会待在这里呢?

沙与沫*

1

我永远步行在这些海岸上,在沙与泡沫之间。

高潮会抹掉我的脚印,风会将泡沫吹开。但是海和海岸永在。

3

不过是昨天,我还认为自己是一个毫无韵律地震颤在生命的天空的碎片。

而今我才知道,我就是天空,有韵律的碎片的全部生命在我体内活动着。

4

他们醒着对我说:"你和你所生活的世界,不过是无限的海之无限的岸上的一粒沙。"

而我在梦中对他们说:"我是无限的海,所有的世界不过是我岸上的许多粒沙。"

5

只有一次我被弄得哑口无言,就是有人问我:"你是谁?"

---

* 绿原在二十世纪七十年代翻译出《沙与沫》,少部分中译发表于《芳草》1980 年第 2 期,译名人仆。此处译文选自译者手稿,因整理者时间仓促,仅整理出大部分译文。

6

上帝的第一个思想是天使。
上帝的第一句话是人。

9

斯芬克斯只讲过一次话,斯芬克斯说:"一粒沙是一处沙漠,一处沙漠是一粒沙;让我们再沉默吧。"
我听见了斯芬克斯,但我并不懂。

10

一旦我看见一个女人的脸,我就看见了她所有尚未诞生的孩子。
而一个女人望着我的脸,她就认识了我所有的远在她诞生以前去世的祖先。

12

一颗珍珠就是痛苦地围着一粒沙建立起来的庙宇。
什么样的憧憬建造了我们的身体,而且是围着什么样的沙粒啊?

14

让我沉默吧,我敢向黑夜挑战。

15

当我的灵魂和我的肉体彼此相爱并结婚时,我有了第二次诞生。

18

记忆是会晤的一种形式。

19

忘却是自由的一种形式。

21

对于一个从天河窗口向下望的人,空间可不是地球和太阳之间的空间。

22

住在苍天中的精灵可会羡慕人有他的痛苦?

25

除了通过黑夜的道路,人们不会到达黎明。

26

我的房屋对我说:"不要离开我,这里住着你的过去。"

道路对我说:"跟我来吧,因为我是你的未来。"

于是我对我的房屋和道路说:"我没有过去,也没有未来。如果我停留在这里,我的停留中就有走;如果我走,我的走中就有停留。只有爱和死才改变一切事物。"

27

我怎能对生之正义失去信心呢?如果那些睡在羽绒上的人们的梦,并不比那些睡在土地上的人们的梦更美的话。

28

奇怪,对某些享乐的欲望竟是我的一部分痛苦。

30

我无知于绝对真理。但我在我的无知面前显得谦卑,这里就有我的荣誉和报酬。

31

在人的想象和成就之间有一个空间,只可由他的憧憬来越过。

33

你是瞎子,而我又聋又哑,那么让我们握手,并且相互理解吧。

34

人的意义不在于他所达到的,勿宁在于他所希望达到的。

36

给我一只耳朵,我就给你一个声音。

37

我的思想是一块海绵;我的心是一道溪流。
我们大多数人宁愿吮吸而不愿奔流,这不很奇怪吗?

38

当你渴望你说不出来的幸福,当你莫名其妙地悲伤,那么你真是在同成长的万物一起成长,而且上达到你更伟大的自身。

39

当人沉醉于一个幻影时,他认为他对它的模糊称谓就是酒。

40

你饮酒,为了醉;我饮酒,为了它使我从另一种酒中清醒过来。

41

我的杯空了,我只好让它空;但它半满时,我却抱怨它半满。

42

一个人的真相,不在于他向你显示的一切,而在于他不能向你显示的一切。所以,如果你要懂得他,就别听他说了什么,而要听他没有说什么。

43

我说的话有一半没有意义;但我要说它,好让另一半能被你听见。

45

人们称赞我多嘴的错误,责备我沉默的美德,于是我感到寂寞。

46

当生命找不着一个歌者来歌唱它的心时,它便制造一个哲学家来讲述它的脑。

48

我们身上固有的是不做声的,后天获得的却喋喋不休。

51

青蛙可能叫得比牛还响,但它不能在田野拉犁,也不能转动葡萄压榨机的轮子,你也不能用它的皮子做鞋。

53

如果冬天说:"春天在我心里",谁会相信它呢?

54

每粒种子都是一个渴望。

55

如果你真的睁开眼睛看,你会在一切形象中看到你的形象。
如果你张开耳朵听,你会在一切声音中听到自己的声音。

56

发现真理只需要我们两个:一个把它说出来,一个懂得它。

58

许多主义都像一面玻璃。我们通过它瞧见真理,但它也把我们同真理分开。

59

让我们捉迷藏吧。如果你躲在我心里,是不难找到你的。但如果你躲在你自己的甲壳后面,任何人也找不到你。

61

同欢乐之心一起唱一支欢乐歌的忧伤之心,是何等高尚啊。

63

我要同一切行走的人一起行走。我不愿静站着观看过去的行列。

65

不,我们并没有白活,他们不是用我们的骨骼建起了宝塔吗?

72

如果我要在写诗的才智和一首未写出的诗的狂喜之间作选抉,我要选抉狂喜。这是更好的诗。

但你和我所有的邻人都认为,我总选得不对头。

74

语言是没有时间性的。你说也罢,写也罢,应当懂得它们这一点。

76

诗是许多打着破折号的欢乐、痛苦和惊异。

78

一次我对一位诗人说:"我们在你死前是不会了解你的价值的。"他回答:"是的,死亡永远是个启示者。如果你真想知道我的价值,那就是我心中比我口头更丰裕,我的欲望中比我手头更富有。"

79

如果你歌唱美,哪怕你独处沙漠中央,也会有听众的。

81

灵感永远歌唱,灵感决不解释。

82

我们经常向我们的孩子唱摇篮曲,唱得我们自己也睡着了。

187

84

思维永远是诗的绊脚石。

85

伟大的歌者都是歌唱我们沉默时刻的人。

86

你满嘴是食物,怎能歌唱呢?
你满手是黄金,怎能祈祷呢?

93

我从不完全赞同我的另一个自己。事物的真理似乎在我们之间。

96

我们活着只为了发现美。其他一切只是期待的一种形式。

101

爱是爱人之间的面纱。

112

我的心怎么会开启呢,如果不把它打破?

115

你背着太阳,就只看到你的影子。

120

一条和蔼的狼对一只单纯的羊说:"你可肯光临敝舍?"
羊答道:"我们荣于造访,如果不是在你的胃里。"

122

慷慨不在于把我比你更需要的东西给我,而在于把你比我更需要的东西给我。

123

你不但给予,而且在给予时还把脸掉开,免得看见领受者的羞愧,你这才真是慈悲为怀。

125

我们经常向我们的明天借钱,来偿还我们对昨天所欠的债。

129

欺诈有时会成功,但永远在自杀。

131

能够正确指出善恶界限的人,才能摸到上帝衣服的边缘。

132

如果你的心是一个火山,你怎能希望你手里开花呢?

135

让那用你的衣服揩脏手的人把你的衣服拿去吧。他可能还需要它,你却肯定不需要它了。

137

请勿用你后天获得的德行粉饰你天生的缺陷。我倒愿意有缺陷,它们就是我的一部分。

138

我经常把我从未犯过的罪恶承担下来,这样别人在我面前可能感到舒服。

140

你可能只是按照你对自己的了解去评判别人。
那么请问,我们中间谁有罪,谁没有罪呢?

141

真正公正的人是那对你的罪行感到负疚一半的人。

143

我没有敌人,但如果我必须有个敌人,就让他的气力同我的相当吧,只有这样真理才能是胜利者。

149

怜悯不过是一半公正。

153

想用嘴唇上的微笑补缀他眼中憎恨的人,是何等愚蠢啊。

155

你对我说:"我不理解你",这是我所不敢当的恭维,也是你所不配受的侮辱。

164

我们都是囚徒,但有些是在有窗的囚室里,有些是在无窗的囚室里。

165

奇怪,我们大家捍卫我们的错误,都比捍卫我们的正确起劲。

173

你要人们用你的翅膀飞翔,而你甚至没有给他一根羽毛,你是多么疏忽啊。

178

他们因为我不愿为黄金而出卖我的时日就认为我发疯了;而我因为他们认为我的时日有一个价格而认为他们发疯了。

184

我不愿倾听一个向被征服者说教的征服者。

186

一千年以前,我的邻人对我说:"我憎恨生命,因为它不过是痛苦的东西。"昨天我走过坟地,看见生命在他坟头舞蹈。

187

自然界的斗争不过是渴望秩序的混乱。

189

有一次我向溪流谈到海,而溪流认为我不过是一个想象力丰富的夸大者;又一次我向海谈到溪流,而海认为我不过是刻薄成性的诽谤者。

191

这里最高尚的美德可能在另一世界中是最渺小的。

195

当你唱歌时,饥饿者用他的胃倾听你。

196

死亡对于老人并不比对于新生婴儿更近;生命亦然。

198

也许人间的一场葬礼就是天上的一场婚宴。

207

美以外没有宗教,也没有科学。

209

真正伟大的人是不愿主宰任何人,也不愿被任何人主宰的人。

210

我不相信人是平凡的,仅因为他杀死了罪犯和先知。

218

我从喋喋者学到沉默,从偏狭者学到宽容,从冷酷者学到厚道;但是奇怪,我对这些老师都是忘恩负义的。

219

盲信者就是一个聋得像石头的演说家。

224

事实是失去性别特征的真理。

225

笑与冷酷你不能同时具有。

227

一次害羞的失败比一次粗鲁的成功更高尚。

231

我是一个旅行者和航海者,我每天在灵魂内部发现一个新大陆。

233

我对生命说:"我愿听死亡讲话。"生命却稍微提高它的声音说:"你现在就听到它了。"

234

当你揭示了生命的一切秘密,你就会渴求死亡,因为它仅仅是生命的另一个秘密。生与死是两种勇敢而最高贵的表现。

235

我的朋友,你和我对于生命都是陌生者,我们彼此也是陌生的,对于自己亦然,直到有一天,你说我听,能把你的声音当作我自己的声音;一天我站在你面前,认为我是站在一面镜子前。

236

他对我说:"如果你知道你自己,你就会知道一切人。"
我说:"只有当我找寻一切人,我才知道我自己。"

237

人是两个：一个在黑暗中清醒着，另一个在光亮中睡着了。

239

在学者和诗人之间有一片绿地；如果学者跨过去，他就变成智者；如果诗人跨过去，他就变成预言家。

241

一个哲学家对一个扫街人说："我可怜你。你的工作又脏又累。"扫街人说："谢谢你，先生。但请告诉我，你做的什么工作？"哲学家回答说："我研究人的思想、行为和欲望。"扫街人继续扫下去，微笑着说："我也可怜你。"

242

倾听真理的人不次于倾吐真理的人。

245

给予超过你所能才是慷慨，取得少于你所需才是骄傲。

249

这里只有两个原素，美与真；美在爱人心里，真在耕地者的手臂中。

251

美在渴求它的人心中，比在看到它的人眼里，闪得更亮。

256

明智的人认为我明智，愚钝的人认为我愚钝。我想他们都对。

261
忧伤不过是两座花园之间的一道墙。

262
当你的欢乐或忧患变大时,世界就变小了。

263
欲望是半个生命;冷漠是半个死亡。

264
我们今天最苦的忧患,就是对昨日的欢乐的记忆。

266
信仰是心里的一片绿洲,是思维的旅队永远达不到的。

268
假如你向风泄露秘密,你就别怪风把秘密泄露给树林了。

272
奇怪,没有脊椎骨的生物却有最坚硬的介壳。

276
嫉妒者不自觉地夸奖了我。

288
你不能既具有青春,同时又有对它的知识;因为青春忙于生活而不知道什么,而知识忙于寻找自身而不能生活。

292
伟人有两颗心:一颗在流血,另一颗在忍受。

295
期待是时间的马蹄。

296
你可能忘却和你一同笑过的人,决不会忘却和你一同哭过的人。

302
我所渴求而不能达到的,比我们已经达到的更贵重。

306
如果我伸出一只空手,得不到任何赠与,这实在够悲惨;但如果我伸出满满一只手,却找不到任何人来接受,这就够绝望了。

307
我渴求永恒,因为我将在那里遇见我未写的诗和未画的画。

308
艺术是从自然到无限的一步。

310
甚至做荆冠的手也比闲着的手要好。

311
我们最神圣的泪水决不寻找我们的眼睛。

312

每个人都是古往今来每个国王和每个奴隶的后代。

317

你可能听说过福山。

这是我们世上最高的山。

如果你到了山巅,你只会有一个欲望,那就是下去同那些住在最深山谷的人们在一起。

这就是为什么它叫福山的缘故。

318

我用辞句禁锢起来的每个思想,我一定要用行为把它们解放出来。

米沃什

存 在[*]

我望着那张脸,目瞪口呆。地铁车站的灯光飞闪过去;我没有注意它们。如果我们的视觉缺乏刹那间恍惚地吞噬物体的绝对能力,那么所能做的一切,不过留下了一个理想形式的真空,一个有如从一幅鸟兽画简化出来的象形文字的符号。一个微扁的鼻子,一个头发光滑后梳的高额头,下巴的线条——但视力为什么不是绝对的呢?——而在一种略带粉红的白色里,有两个雕刻的孔穴,装着一片黑色的闪光的熔岩。吸收那张脸,同时又使它反衬于所有春枝、墙壁、波浪的背景,在它的哭泣中,在它的欢笑中,推后十五年,或者推前三十年。使它反衬。这甚至不是一个欲望。像一只蝴蝶,一条鱼,一株植物的茎,只是更其神秘。因此我觉得,多次试图称呼世界之后,我只能够重复、唠唠叨叨地重复任何力量也达不到的最高的独特的声明:我在,她在。叫喊吧,吹号吧,组织千万人的强大队伍行进吧,跳跃吧,撕碎你的衣服吧,只是重复:存在!

她从拉斯帕尔站口走出来。我被抛在后面,和大量存在物一起。像一团海棉,因不能浸水而受苦;像一条河流,因云和树的倒影不是云和树而受苦。

（布里-孔特-罗伯特,1954）

---

[*] 切斯瓦夫·米沃什,一九八〇年诺贝尔文学奖获得者;散文主要来自作者自选集《拆散的笔记簿》,纽约埃科出版社 1984 年版英文波兰文对照本;中译来自漓江出版社 1989 年版《拆散的笔记簿》。

一个装镜子的画廊

（第十二页）

  他在灰尘仆仆的书架上发现一个家庭编年史的篇页，上面布满了看不清楚的字迹，于是他又一次拜访他童年一度住过的德维纳河上[①]阴暗的房屋了，它被称为"碉堡"，因为它建立在这个地方，当年拿破仑在世，有一座"挥剑骑士"的碉堡曾经被焚毁，同时地基上暴露出地牢，还有一具骷髅被铁链拴在墙上。它还被称为"宫殿"，以便区别于尤金常常带着钢琴搬进去过冬的公园里的茅舍。他的那个亲戚曾经上过麦茨的耶稣会的经院，在圣彼得堡的军事法庭当过律师，但当他被要求改宗正教时，他便离职了；此后他回到"碉堡"来，孤单地过着，和任何邻居或家人不相往来，除了他所爱的姊妹雅姬加·伊兹卡夫人。"他们只用波兰语或者白俄罗斯语同仆人们讲话，非常讨厌俄语。"尤金同少数客人、他过去在圣彼得堡的同事讲法语。"他一直待在'碉堡'里，实际上从一八九三年到一九〇八年从没离开过。他经常大量阅读，也从事写作，但日夜大部分时间，在弹钢琴。这是一座家用型的，华沙造的科恩戈夫牌钢琴，他为它花了一千五百金卢布，那时可是一笔可观的数目。"如果他到什么地方去，那就是骑马去看望附近伊多尔塔的姊妹，人们常看见他们一起骑马穿过林子，她就欢喜骑上一个

---

  ① 流经俄罗斯和拉脱维亚的一条河。

"女战士"型的马鞍。但她亡故以后,只有一个过路人停留在公园的门口,听见了他绝妙的音乐,才能证明这座房子住着人。后来,音乐也听不到了,"虽然已经是秋天,人们会认为他仍然在弹奏,只是在'宫殿'的内部,由于有双重窗户,不可能听见他了。"接着,突然间,他召集家人,甚至接见了牧师。他被埋葬在伊多尔塔家族陵园他的姊妹身旁。他留下了成包的手稿,内容不详,都用线捆扎起来。

(第十四页)

他在编年史中读到:"他死后不久,便开始吓人了。从那时起,'碉堡'就没有宁静过,因为每个人都说,潘·尤金①在走路。家具移动着,他房间的书桌变换了位置,钢琴夜间在他书房里弹奏起来,楼上图书室里古怪的活动。"这件不愉快的事是由维尔诺银行的代理人、米祖斯拉夫·雅沃维茨基先生发现的,他由于房屋继承人想弄到一笔贷款,便到这里来对房屋进行估价。他们为他在尤金的书房里安了一个铺位,这是一间镶有橡木地板的大房间,窗子面对德维纳河,钢琴和书桌旁边有些书架,上面摆着尤金想留在手边、不必上楼到图书室里去取的那些书;一进房,人们就会注意到那些画和一座从摄政时代传下来并饰有拿破仑鹰章的贵重的钟。夜半时分,客人恐怖地拉铃叫仆人,把粗绒做的铃绳都拉断了,他等不及救援到来,便穿着内衣从窗口跳了出去,由于这样冒失,他后来患了一场肺炎,因为外面很冷。人们终于习惯了"碉堡"里的骚扰,但是德鲁雅新来的教区牧师魏伯神父的遭遇却颇不寻常。他一次来访问"碉堡",随便翻阅了一下照片簿,突然在一张照片面前沉吟下来,打听这张是谁。当他听到女主人说,这个人是她两年前死去的姐夫时,他便说道:"这就怪了,我不知道我应不应该说一下,潘尼——也许最好不做声,因为你可能认为我说这件

---

① "潘"是波兰贵族的男性称号;"潘尼"是女性称号,下同。

事，是丧失了理智——但是，不管你相信不相信，我还得告诉你，他昨晚就在修道院我的房间里。"于是，他告诉她，他巡视了教区回来，很早上了床，开始读书来催眠，这时他听见门咯吱一响，先是餐室里，接着隔壁起居室里有了脚步声。门打开了，一个陌生人走了进来，穿着很讲究，"带着富人的一副趾高气扬的派头，充满自信"，光着头，没有穿外套。魏伯神父以为他是附近一位他还没见过的地主，有什么急务来到这儿，于是他开始为了被发现这么早上床而道歉。那个陌生人沉默地走近他，把手放在小桌的大理石顶端，说道，"为了证明我来过，我把我的指纹留下来"。接着，他便转身走掉。他不慌不忙，穿过没有点灯的起居室，然后是餐室，打开通往旧日修道院走廊的门，他的脚步声渐渐消失了。但是，牧师后来才想起来，通往庭院的门是锁着的，通往街道的大门和大门里的耳门也是锁着的。尤金继续让人想起了他，直到一九一四年二月就在那一天他的兄弟约瑟夫过世为止。我很想知道，读者也会这样想，哲学是不是真的能够帮助抑制人生的激情？也许所有的智慧毫无用处，假如渺小的愤怒、不快和家庭口角是如此持久，甚至迫使我们死后还在行走的话？

（第十七页）

一幅叔本华的画像，谁知道为什么，配上了埃拉的一幅画像，她笑得像谜一样，画家还给她戴上了一顶文艺复兴时期的帽子，也许与"泰坦尼克"号甲板上的女士们戴的帽子相仿。"噢，哲学家，"流浪汉对他说，"我知道他们为什么讨厌你了。到底谁要人告诉，真理是心灵对它的功利主义使命的一种反抗呢？谁要人告诉，命运在分配智能的天赋时是势利的，那些天赋完全是平庸的，一味追逐幻想，应当屈从于少数中的少数，承认自己的劣势？'他毋宁是个爱看戏的人，因为他摆脱万物在看戏。'①艺术家和哲学家，不就是千百万中的一个？我也是这

---

① 叔本华语。

样,如果我事先知道有什么等着我,我可不就选定了生命和幸福吗?即使现在,当我知道我的同代人的生命和幸福什么也没留下来?这就不难猜想,你为什么没人欢喜,而且永远不会有人欢喜了。没有人曾经如此有力地将儿童和天才同其余的人对立起来,他们永远在盲目意志的威力之下,其本质就是性欲;没有人曾经如此有力地解释过儿童的天才:他们是旁观者,贪婪,饕餮,是尚未被种的意志所俘获的心灵,虽然我想加一句,是为厄洛斯①所引导的心灵,但却是一个仍然自由的跳舞的厄洛斯,对目标和服务一无所知。而艺术家或哲学家的天赋同样在对于成人的俗界的隐匿敌意中有其秘密。你的语言——哦哲学家——表面上如此合于逻辑而又确切,伪装多于启示,人们才实在无法接近你。承认这一点吧,你的唯一主旨就是时间:一个仲夏夜的假面会,开花的少女,在一小时之内生生死死的蜉蝣式的世代。你只问了一个问题——值得人去被诱惑和被捕获吗?"

---

① 厄洛斯,希腊神话中爱神之子,罗马神话中名称为丘比特。泛指性爱,又指性爱之外的渴望。

茵陈星*

（第三十九页）

他听见声音，但他不懂得挑选他作为发声工具的叫喊、祈祷、诅咒、颂歌。他想知道他是谁，但他不知道。他想成为一个人，但他是一个自相矛盾的多数，给了他些许欢乐，却有更多的羞耻。他记得在一个叫维茨基的地方，湖畔有红十字会的帐篷。他记得从船中舀出来的水，大而灰的波浪和一个似乎从波浪中浮现的球茎似的正教教堂。他想起一九一六那一年，想起他的表妹埃拉穿着从军护士的制服，想起她和她刚嫁的一个漂亮军官沿着前线骑马跑了好几百维斯特[1]。妈妈披着披肩，黄昏时坐在火旁，和她在里加当学生的日子起就认识的尼克拉茨先生在一起，他的肩章闪闪发光。他曾经打断他们的谈话，而今他安静地坐着，专注地望着火焰，因为她告诉过他，如果他望得够久，他会看见那儿有个滑稽小人儿，叼着烟斗，四下骑行。

（第四十三页）

他走着，不像歌曲里的士兵，疲惫不堪，走过沉闷的田野和林子，

---

* "第三位天使吹号，就有烧着的火星，好像火把从天上落下来，落在江河的三分之一，和众水的泉源上。这星名叫茵陈。众水的三分之一变为茵陈。因水变苦，就死了许多人。"（《圣经·新约·启示录》第八章。）

[1] 俄里的译音。

而且走过许多房子,其中许多已经成形的形体的声响和颜色爆裂着,闪耀着,沸腾起来。这里一队隐居在中世纪村落的风笛人,爬上一个草坡,向一个他们将在那儿为战斗演奏的高原走去;那里维利亚河的潮水升得很高,达到大教堂的台阶,而在四月的亮光下,涂着蓝色、白色和绿色条纹的划子在教堂尖顶下面四处游弋;那儿,采覆盆子的小男孩在长满忽布蔓叶的坟地跌倒了,他们弯下身去辨认那些名字:浮士德、希尔德布兰德①。当真,我们何必关心生与死呢?

(第四十六页)

"Mère des souvenirs, maîtresse de maîtresses."(法语:记忆的母亲,女主人中的女主人)伏拉德用一辆叫作 dokart 的车子把他载出了车站,那儿没有人知道或者关心这个名字的意思是"狗车"。一条经过多风而无树的高原、坑坑洼洼的、不多人走过的路。右下方是一个中等大小的湖,再远处是一个地峡:一边是一潭水在绿色田野中间;另一边是一大片微微发亮的开阔地,嵌在长满落叶松和洪水过后的岩石的山丛中。在那片呈鳞状的光亮中间是一只鹨鹧的白点。他们向左转到一条又可看见一个湖的泥土路上去,通过一个村庄走到一个小山谷尽头,又从一片松木、枞木和榛木的灌木林转出来,这意味着他们果真到家了。

"——谁会责备我缺乏精确性,谁肯承认这些地方或这些人?我的权力是绝对的,那里一切现在属于一个人,他当时是维尔诺的大学生,曾经坐狗车到过那儿。我在琢磨我是不是想说,例如,伏拉德是谁,他在第一次世界大战之前,曾经在卡尔斯鲁埃学过工程学;或者,弗洛仑蒂娜姑姑是谁,她年轻时一片古老的林子仍然是一堵天然的大墙,挡着三公里的冬青槲和这个湖与另一个大湖之间的斜坡,那时她

---

① 希尔德布兰德,即教皇葛里高里七世(1021—1085)。

经常购买那些黄书皮的法国小说,如布尔热、吉普、多德的小说。要读什么,不读什么,全凭我的高兴,我却奇怪我怎么不大爱读小说,仿佛我相信一个人能够忠实地重现过去有过的一切。可为什么弗洛仑蒂娜爱阅读呢?很难理解:我现在可以不拘礼节地跟她讲话了,虽然当时我却不敢,她不是一位老太太,而是一个少女和孩子,也就是一个少女和孩子。她穿着束胸衣和衬裙,生理需要方面难以想象,带着她的女儿们到过华沙、巴黎、威尼斯和比亚利茨——我同她又有什么关系呢?然而,正是我对她的思念,才把我引进了纯经验领域。她过去所要做到的事情:不是聘请经理和雇用仆人,而是让她的女儿们黎明即起——穿着长筒靴和羊皮上衣——到马厩去,到猪圈去,给长工派活,冬天监督脱粒直到天黑。每年有三个月,没有什么庄园,只有一个供膳寄宿处来招待客人;在卡特勒恩的厨房里,有一堆火从早上四点烧到深夜,伏拉德弹钢琴一弹几小时,他们那些客人则跳起舞来。她还不得不接受一次心照不宣的风俗变迁;她不得不决意忽视她的女儿们是否想嫁给未得到婚姻祝福的男人,于是除了伏拉德之外,附近还住着别的人,如乔治或者其他某个男青年。一切不声不响地照旧过下去,于是一种不可避免的日常性便把最严格的原则变成那些不劳任何人表示可否就会自行消失的人类虚构。从不到教堂去,除了有时为了弗洛仑蒂娜的缘故。而她,连同她那两个不太信奉天主教的女儿,却使我隐秘地想起信仰和觉悟的纯粹相对性,它们是挡不住事物的规律的。"

但实际上,对于发表这一大篇独白的他来说,他在那里听说的一切难道还不够吗?他曾经认为,他是偶然而又暂时地到了那里,这只不过是某件事情的前奏,但是后来,也并没有比前奏更多的事情发生,即使就暂时而言。

(第四十九页)

在一列完全空着、哐啷响过田野和树林的夜车里,一个青年,我古老的自身,与我相似得难以想象,在一张硬长凳(它在车厢里是冷的)上蜷着脚,在睡意中听见平面交叉道的碰击声,桥梁的回声,桥孔的轻敲声,火车头的汽笛声。他醒了,揉揉眼睛,在向后仰的松树稻草人上面,他看见一片深蓝色的苍穹,天边低处亮起了一颗血红的星。

青年人和神秘事物[*]

　　立陶宛公使馆在马查贝广场。一九三四到一九三五年冬季,我经常到那儿去,因为我已践诺回到了巴黎。如在贫穷国度所惯见,这只有靠国家奖学金才成为可能。为了获得奖学金,我必须证明自己是个勤勉的学生;那就是说,我必须修毕大学的课业,尽管奖学金的对象是法律而不是文学。我不愿意把我到马查贝广场去的事告诉任何人。我认为这是我的一件私事,此外还须慎重地考虑到,波兰和立陶宛之间没有外交关系,我很容易被称为"叛徒",波兰人随时可以给人贴上的那个标签。即使讲道理,指出立陶宛公使克利马斯和我都出生在同一个国家,甚至同一个村社,相距不过一公里,那也无济于事。公使馆安静,太平而又民主,虽然讲的不同的语言,却比波兰大使馆更令人愉快些;在波兰大使馆,哪怕一跨进门厅,你就会闻到一股使任何没有社会声望的人感到轻蔑的气味。老实说,我憎恨大使馆。这里住满了有各种高贵头衔的傻瓜,对外国人阿谀奉承,对自己的公民毫不客气,甚至简直粗鲁不堪。文化参赞算得上是那些傻瓜中间的一个,他是个诗人,不时邀请我到他的雅室里吃早点,虽然不幸我们没有什么可谈的。对于这些人,外交变得不过是势利、"联系"(都没有什么价值)和烹调知识。同巴黎街头游荡的一群群波兰失业者对比起来,这可不是什么悦目的景象。

---

[*] 译自《故土,对自我限定的追求》,纽约道布尔戴出版公司出版。

不过,我访问立陶宛公使馆,也没有任何政治色彩。我常在那儿遇见奥斯卡·米沃什①。他已经辞退了比较负责的职位,它们太占他的时间了,而满足于每天几小时的工作和公使的头衔。夏天他在枫丹白露②度过。他房间的桌上摆着一排各种文本的书籍和字典,地板上是成堆的新诗集,都是忠实的诗人们呈献给他的。他允许我在那几堆书里翻找,爱拿什么就拿什么——只有几本例外:如乔·波斯格③的作品是一定要还来的。乔·波斯格是法国文学界最迷人的人物之一,他的英雄式的殉道生涯,我第一次才从我的这位本家④听说到。

奥斯卡·米沃什常带我到波卡尔迪、一家意大利餐馆去吃早点。我们在那儿的谈话给我的思维注入了新的元素,或者赋予了新尺度,那种混合是令人陶醉的。虽然我的知识漏洞和我的头脑的浑沌程度很大,我崇拜名人的倾向和需要却更大。像所有青年诗人一样,我曾相信当代艺术有其秘密之处,相信有一根线索会把人引入迷宫的中心。由于这个信念,我曾使自己经历了许多苦行的折磨,像一个人不踏着地面,而在一根绷索上东倒西歪地平衡着。而今所有那些生硬的标准突然显得荒谬可笑了。据我的本家说,现代诗歌带有一个颓废时代的烙印,是不应当太当真的:一个作者坐在窗前,试图用以捕捉凌乱的感觉印象的那些聪明的文字编织物,又能表现什么呢?在那些渺小的游戏诗文里,没有什么奇特的东西,像过去几世纪的前景所显示的:诗(神圣的灵感)的真正源泉毕竟很少表现出来。无与伦比的圣经,但丁、浮士德,够奇怪的,还有拜伦,奥斯卡·米沃什认为对他评价过低。他同情埃德加·艾伦·坡,但把他看作渎神形而上学的一个例证。如果说一般文学使他看不入眼,那并不意味着,他劝我不要接近它。相反,他强调不断的练习("一支懒笔会像一柄剑一样生锈",他后来在

---

① 奥斯卡·米沃什(1877—1939),出生于立陶宛的法籍作家,曾任立陶宛公使,受法国象征派影响,晚年从事《圣经》注释。参见附录"授奖词"。
② 枫丹白露,法国巴黎附近风景区。
③ 乔·波斯格(1897—1950),法国作家,受德国浪漫派影响,有超现实主义倾向。
④ 指奥斯卡·米沃什,下同。他与本书作者同姓。

一封信里给我这样说过),但又警告我,过分重视形式问题,将会一事无成。我从来不敢把他当作可以拿作品前往求教的老师。我谦卑,我意识到我们之间的很大距离,这可以说是我的一点长处吧,因为我认为自己的涂鸦之作,不过是他可以用脚扫到房间角落去的、地板上那堆东西的一部分。同时,我还认识到:我不能模仿他——语言和我面临的时代都提出了不同的规律。但是,我的作品却荣幸地被他从波兰文译成了外文。他在杰出的刊物《南方杂志》上发表了我的一首诗。

我还得感谢他把整个新纪元纳入了我的视野。对于青年人,十年以前发生的任何事件都已是陈腐不堪了。但是,我倾听他的话语,整个第一次世界大战以前的巴黎文学界却显得栩栩如生。他甚至还谈到(虽然很少)他阴郁的家庭生活的某些细节;那些细节很能说明他的作品中屡见不鲜的孤儿感觉,一个寂寞儿童的怀乡病。"而疯狂和阴冷在整个屋子里漫无目标地游荡。"他父亲晚年是个偏执狂,头发拖齐腰,整天坐在地窖里,怀里抱一柄利斧。他毫不原谅地谈到他的母亲:"她以她那种犹太人特有的甜蜜蜜的爱,到处追逐我,真叫人受不了。"看来他对她并不好。不知为什么,我从他父亲的长发联想到雷蒙德·邓肯灰色的女人气的头发,我们曾经到塞纳路他的"学园"里访问过这个人。由于某种缘故,这种头发使他肥胖的红脸在他的希腊外套上面显得不大庄重。我们那次访问回来,我的本家给我谈到雷蒙德的妹妹、舞蹈家伊莎杜拉·邓肯①和她的朋友、诗人谢尔盖·叶赛宁。奥斯卡以明显的厌恶心情,回忆起这个俄国流氓(他是这样称呼他的)在巴黎发酒疯的洋相。虽然他不喜欢俄国人,他仍劝我仔细观察他们的"五年计划"。

我经常怀疑,他是不是过着一种完全孤独的生活。他五十七岁了。我知道,"有择亲和势"和女性的友谊在他的过去起过很大的作用,堂璜主题在他的作品中一再出现决非偶然——堂璜应当被理解为向一个高级状态、向"圣爱"开门的感情要求。后来,在许多国家,甚至

---

① 伊莎杜拉·邓肯(1878—1927),美国著名表现主义舞蹈家,一九二二年与叶赛宁结婚。

在美国,我常遇见一些老太太仍然对他怀有感情。他在这里有一位"男爵夫人",细声细气,小心翼翼。我还记得她的那柄阳伞:我们三个在蒙梭公园里沿着砂砾小路走着。奥斯卡觉察到我的小狗似的好奇心,后来对我说:"她是个寡妇。她认为跟我结婚是件好事。可你知道,那就像穿别人的靴子一样。"

那时他已经不写诗了,或者说,至少不写人们惯于称之为诗的东西。一个炼丹士,一个圣经注释家,他给自己安排了别的任务。但他对于文学名望也并没有死心;他相信它最终会落到他身上。他在小圈子外面鲜为人知,只为精选的少数人如弗朗西斯·德·苗曼德尔、简·卡苏、阿曼德·戈多伊、埃德蒙·贾路①或者《南方杂志》派所欣赏,他得意扬扬地给我看法国、比利时或拉丁美洲最近关于他的评论剪报。但是,如果有人为他们冗长的出自圣经的字句上的外表相似所蒙蔽,把他同克劳德尔②相提并论,他会生气的。尽管他信奉天主教,他根本不想同克劳德尔发生关系,仿佛他瞧不起法国人的轻易的成功。他知道自己的作品不得不等待一种新的公众感受力,从那些由于改变我们的视角而使新的内心世界显示出来的骚动中诞生。他的最容易理解的作品是他的神秘剧《米盖尔·玛纳拉》。该剧在第一次世界大战前由"旧鸽棚剧院"演出过,此后很少搬上舞台。倒是往往在封闭性的集会上,由观众自己来朗诵,他们分担着不同的角色:比利时一个本尼迪克廷修道院和波兰一个小团体就这样做过。《米盖尔·玛纳拉》的波兰文译本于一九一九年问世。关于奥斯卡·米沃什的诗歌的第一篇博士论文写于立陶宛,他所选中的祖国。

他的谈吐中所流露的人世的软弱和伟大(我知道得很清楚),以及疯狂的痕迹(我以为如此),使我陷入了沉思,其结果出现了新大陆的轮廓。但是,这并不是与波兰文学界共事的最佳训练期;我倒是由于

---

① 弗朗西斯·德·苗曼德尔(1880—1959),简·卡苏(生于1897年),阿曼德·戈多伊埃德蒙·贾路(1878—1949),均为法国作家。
② 保尔·克劳德尔(1858—1955),法国诗人,笃信天主教。

直觉到他们的问题是虚幻的,因而不愿搀和进去。很久以来,那个直觉藏在我的生命的深处,不能浮到面上,用文字表达出来。所以,在我和我的文学同行之间产生了一种隔阂。我内心有一个"保留地带",是他们所不认识的,我后来所选择的途径几乎总是使他们大吃一惊。

但是,最重要的是,我看见眼前有一个人,坚定地相信,为时已经**太晚了**。我的本家按照衰落与惩罚(用以结束一个轮回的惩罚)的范畴来理解人类的历史。从观察"丑恶窃笑的时代",从他对于神秘预言的破译,罗森克兰茨教派①的这个继承人认识到,轮回正在结束,我们正在进入"圣约翰的启示"中。他预告战争爆发迫在眉睫。这将是"红马"②的战争,将在波兰开始,或者更确切点,将在波兰人建设过格蒂尼亚港的"走廊"上开始。但后来呢?……

我应当解释一下,我是怎样倾听他的预言的。对于我作为人的发展,对于我的性格的形成,我的智力仍然令人心烦地不相适应。我像一个儿童,在同自己恋爱而又意识到这一点,因此良心不断使我烦恼。对我极其可笑的自我主义(我不想放弃它)的绝望,在巴黎达到最紧张的程度。这不仅是青春期的所谓"世界苦"。我的罪过毕竟不是想象出来的。谁知道,是不是正由于我不能把个人问题安排就绪,几年来才如此热情地靠灾变的幻象养育自己,而从马克思主义者不过借来他们对于历史的痉挛的信念?即将临头的大毁灭是甜蜜的;它将消除一切;个人的命运失去意义,一切都不相上下。

我的本家的预言就这样落在肥沃的土地上。我对于不可避免的灾难的恐怖和沉醉,使我陷入一种近乎入迷的状态,从而使我忘却个人的绝望。的确,我从他的谈话所想象出来的未来的事件,超出了当时流行的标准和概念。无疑,有一缕不信的暗影不止一次掠过我的脸,因为他往往突然中断谈话问道:"你以为我是个疯子,是不是?"例

---

① 罗森克兰茨教派,系一四八四年由德国人克里斯蒂安·罗森克兰茨创立的秘密社团,以行奇术或魔法为事,包括炼金术。
② "红马",出自《圣经·旧约·撒迦利亚书》第一章第八节。

如,他谈到美国,就发生过这样的事。美国完全超出了我的思想范围,像对于我的大多数同代人一样;所以,当我听说美国是《圣约翰启示录》里"从海洋跳出来的野兽"时,我在心里便拧了自己一下,以便恢复现实感。原子武器和洲际导弹那时是不可思议的,正如大炮坦克对于古代希腊人一样。据他说,大概在一九四四年前后将在什么地方开始一场"宇宙大火灾",这到底是什么意思呢?"美国将被大火毁灭,英国将被火和水毁灭,俄国将被从月亮上掉下来的一块什么所毁灭",这个说法又是什么意思呢?然后,再生人类的新纪元就要到来,那就是宗教与科学的和谐,一个全世界教会的胜利。

一个台球弹子向一个方向滚去:它打中另一个,便改换了方向。我在天主教方面的初步活动(不论赞成还是反对),是由我的中学生活、由我对于宗教作为国家制度的憎恶所决定的。同奥斯卡·米沃什谈过话,读过他的两本形而上学小册子之后,我便斜向地转变了我过去的道路。的确,那两本小册子,《伟大的艺术》和《神秘事物》对于我是很难的,此外还引起了复杂的感情,有时甚至是强烈的敌意。但是,它们始终留在我的身边,我一点一点发现了它们的意义。这些著作是讲"扬森·德·塞利学院"从前的学生怎样从世俗学校给法国青年灌输的机械观点中解脱出来。现代人的痛苦和忧愁(在拜伦身上已经如此明显)只有一个根源:心对物的映象,而物是无限的,屈从于无始无终的时间,时间则使人面临一个**无处**存在的宇宙而感到广大无边的恐怖。于是,产生了他昼夜不断自问的一个问题:空间在哪里?牛顿的宇宙是一座监狱。一九一六年,奥斯卡·米沃什还不知道爱因斯坦的著作,就经验了一次启示:他通过直觉(不是按照数学方式)为自己发现了一种相对论。如果空间是一种运动对另一种运动的关系,它就不再能被设想为"它自己的容器和他物的容器。""我们认为它只是运动的三部分概念的一个因素,即空间、时间和物质。""能见的人通过光的运动感知空间,盲人通过自己的手、身体的另一部分或者整个身体的运动;盲人和能见的人,以及失明的麻痹患者,感知空间,都是通过运动的观念,一个如此重要以致成为最抽象运算的起点的观念;简而言之,一个与我们的血液循环密切联系的精神原则。""把空间想象为我们最初知觉之三因素的能动的同时性,来取代把空间视作先在的容器这个错误概念,我们就会发现,空间变成了与能同义的物质总体,而能的观念是同时间的观念不可分割的。不论以太存在与否,空间变成了一个固体,以时间为其一度;万物因而是一个简单的产物,运动的自发的作品。"

他还写道:"把运动的优先性同能动的同时性相调和的必要性,要求我们同意原始运动、非物质光(它先于创造宇宙的物质光)的运动这个观念;这就是中世纪沙特尔和牛津两地的哲学流派的概念。这种非物质光与任何颂诗式的理论绝对无关。"在这里介绍他的神学见解(他认为,直觉的刹那意味着对宗教的回归),不是我的任务。这些观点的中枢就是确信,宗教启示在萌芽中就包含着现代物理的一切发现。

从那时起,他便是一个身体力行的天主教徒,事事遵从他的忏悔神父的劝告。不过,他在某几点教义上遇到了麻烦,我想他曾因梵蒂冈对他的精微注释表示冷淡而难过。众所周知,教会从不信任毕达哥拉斯式的玄妙教义,虽然它在她的子宫里顽固地坚持着,并促成了伟大的诗歌纪念碑,包括但丁在内。内行通常强烈地感到自己的特殊任务,因而容易受到骄傲的指责。但是,奥斯卡·米沃什描述他的神秘经验时,却没有任何幻想;他知道,他的著作不是写给同代人读的,他既认为主祷文包含着全部哲学,他便不得不有揭露教理帷幕之嫌。

我不认为自己是个天主教徒,因为这个词在波兰赋有那么一种明确的政治色彩。此外,考虑到我的桀骜不驯的生物学上的个人主义,把那个名称用在我身上也是错误的。然而,我从中学时期就获得了一种关于深渊的知识,那些深渊毕竟有时不得不探测一下,它们又开始引诱我了。由于这一点,又由于我的本家的委婉的劝说,我曾一度在达萨街的天主教学院听过托马斯主义哲学①的讲课。这些课程都是在

---

① 托马斯主义,中世纪意大利神学家托马斯·阿奎那创立的神学学说,为经院哲学的基础。

上午开讲,我赶到时总由于匆忙咽下咖啡而使嘴唇发烧,脑子里尽是我在地铁看见的乘车上工的面孔。课堂里的听众大都是粗辫子的奶色皮肤的少女。讲师拉勒蒙神父对圣托马斯的体系有一种勿庸置疑的兴味,他在黑板画圆和椭圆时,手指间的粉笔确实在咯吱作响。他的脸上的整个嘴唇噘了起来,仿佛在吃什么辛辣而有味的东西。

连同这一切,我对巴黎的观感逐渐为勒伐洛瓦-培拉①所损坏,为失业波兰人设立的寄宿舍或者不如说营房就坐落在那里。通向它的各条街道是工业文明的一个贫瘠的地狱,是生于堕落亦将死于堕落的灵魂们的逗留处。关于灵魂不朽的念头在那里是一种凌辱。在这座营房(高篱笆,窄门洞,像装甲车的门),我的一个同事既当经理又当职员,一身而二任,挣一份微薄的薪水。真正的权力握在"外国军团"②的一个矮胖的前中士手中,他是个善于避开刀刺而以拳头打倒不顺从者的专家。同居者们早上被撵出营房来。他们前面是悠长而空虚的一天,靠挖垃圾箱、乞讨或者偷窃来度日;有时他们扛扛货物赚几法郎。他们用这样或那样的办法弄钱买酒喝——酒是他们只有绝望和一个空胃时必不可少的。他们每晚醉醺醺回来,在接着而来的喧嚷中,"外国军团"的中士便显示了他的威风。

几站地铁开外,是香泽丽榭③的奢华。整个世界会坠入惩罚之火,我才不管呢;它肯定会毁掉,我才高兴。如果能够把那些油头粉面的仕女从高级轿车里拖出来,踢她们的屁股,让她们用四肢爬行,我也就为营房里的那些人出了气(或许也在正义的面具下为了我自己)。把机关枪对着"和平咖啡店"架起来,我也不会认为是一件不道德的行动。但是,我对于革命解决办法的感情倾向,从没有披上任何果断的形式,虽然它激烈地反对右派极权主义者。例如,我梦想过一种取消主义的左派独裁政体,甚至梦想过一种神权政治的共产主义,像十七

---

① 勒伐洛瓦-培拉,巴黎附近一地区。
② "外国军团",法国一八三一年建立的一支外国志愿兵兵种,用于占领阿尔及利亚。
③ 香泽丽榭,巴黎西城区,街道豪华。

世纪巴拉圭的耶稣会会士们所组织的国家。

我认识京特,使我烦躁不安。我们彼此间虽然不信任,却有一种可虑的亲和力。京特是个年轻的纳粹分子,经常给我念他的诗。那些诗歌颂骑士制度、牺牲和血,是刀剑铿锵的音响。我是在"圣让菲也夫高地"附近的旅馆里遇见他的,我已经从巴蒂诺尔区爬满虱子的波兰学生宿舍搬到了这里。京特和我的朋友(同旅馆的一位住客、巴黎大学的一个学生)为共同的同性恋趣味给拉到了一起。虽然我不分享这种趣味,他们也并不打扰我;我的邻居经常追逐黑人,他们偷他的表和钱,我甚至给逗乐了。拉普拉斯旅馆以其悉听尊便而著称:人们可以在任何种类的燃烧器上烧饭作菜,在窗户上晒晾洗了的衣服。住客们可以用他们独特的俚语彼此粗声叫喊——这个地方主要住着学医的波兰犹太人。它位于一条中世纪街道的角落,那条街说是马上要拆掉,因为房屋有倒塌的危险。可是,二十年过去了,至今什么也没有改变。"马上"一词,在历史悠久的国家里,是不用日历来测量的。

为了克制内心的混乱,我为自己规定了一个固定的程序。我穿过卢森堡公园,走到"法语协会"去听课(春天我将在那里参加高年级毕业文试),一星期两次在旅馆附近的庞托瓦茨游泳池游泳。我欢喜跳水蹦板的砰砰声,欢喜从玻璃屋顶进来的温暖阳光中的绿水。要是一九三五年春天"保卫文化大会"改在另一个地区举行,我是不愿打破这个日常程序的,但是走到穆塔利特会堂去只需要几分钟,因此没有借口可以不去。到最后时刻,京特介入了我的计划,说他也要去,因为他很好奇,这时我颇不高兴。我在听众座位上坐在他旁边,觉得不很舒服;我毕竟写过诗,宣称德国是明天的历史性炸弹的引线。讲台上的演说在谴责他,京特。奇怪的是,当安德烈·纪德、奥尔德斯·赫克斯利[1]以及苏联作家讲出他们关于自由、和平、尊重人等等的崇高字句

---

[1] 安·纪德(1869—1951),法国诗人;奥·赫克斯利(1894—1963),英国作家。

时,当全体听众和他们一起浸入一种和平主义的狂热中时,一股厌恶情绪竟掠过了我的心头。京特用手遮住了一道难看的斜视目光。他的姿势使我想起我在波兰和我的马克思主义同行们一起参加过的另一些集会,想起我们对于讲演人的老处女式用语的嘲笑。这里,老掉牙的嘀咕,"宣言"和"决议"的烟幕同样激起了我的愤怒,驱使我和京特团结在一起。说到底,京特的愤怒也是对于以文字装饰起来的软弱的愤怒。他宁愿要他认为更诚实的东西:赤裸的暴力。

首先,那个矮胖的白皙的青年富于希腊精神(如十九世纪德国教授们所设想的一样),富于荷尔德林的怀旧心情;他预见不到,暴力的所谓"纯正"真正意味着什么。京特并没有狂热分子的气质。他常常和维尔纳(一个奥地利移民和一个可疑的"雅利安人")一起吃饭。他援引斯特凡·格奥尔格和瓦拉夫·洛利茨-利德尔①之间友谊的神圣传统,证明他对于波兰人的兴趣是合理的。毫无疑问,那样专注于虚构事物,有助于他及时的醒悟。我后来才知道,他不久就失宠于本国当局,成了一个异端。

如果我曾经不相信,马上就可以完成必须完成的一切,那么我就会抑制住我进一步证实预言的心声。但是,法国和德国之间的英式足球赛(就在割让萨尔之后举行的)那一天,我就一点也不怀疑了。德国旅游者乘坐公共汽车来看球赛,占据了三分之一的看台。这是体育呢,还是伪装的战争?训练有素的叫喊和卐字旗的挥舞,其中的先兆是很明显的,很难对此无动于衷。

我非常敏感于一场普遍的灾难,那不仅是一种战争的恐怖。夜晚我经常梦见一道致命的光线追逐着我,等我到达安全的岸边,它终于将我穿透了。这几年,那种感觉的强度逐渐减弱下来,我开始忘却它:这并不是一种值得称赞的疗法,而是普通一种,由于软弱无能,或者是真实的或者是想象出来的。像个人生命的自然终结一样,赤裸的事实

---

① 斯·格奥尔格(1868—1933),德国诗人;瓦,洛利茨-利德尔,波兰诗人。

必须用大量想来重要的琐细忙乱和热情掩盖起来。

我在巴黎认识的那些人一定觉得我心事重重,心不在焉。这是真的;我是那么容易感受外界的刺激,每点细节都带着全部色彩和硬度印入我的记忆中;同时,我像个疯子一样,成了另一种力量的被动的工具,那种力量从体内什么地方运转起来,它既是我又不是我。没有办法,只好服从。它把我所有的经验都变成了强大的魔力,强大到把它们写在纸上也打不破它。我写得很少,但我整个星期都在一种韵句的力量中度过,它却没有为有意识的目的真正留出多少空间。我像唯灵论者的降神会上的一个媒介物一样行动。也许我的消极被动部分地说明我所以不大注意别人。要抓住我,强迫我事事关心,简直像手里拿一条水蛇一样难。当然,后来我受到悔恨的折磨。

艺术作为印象的仓库并不使我感兴趣,像我假充内行地装给别人看的那样。人类社会的早晨、白天和夜晚已经够多了。虽然如此,我在卢浮宫看见的某些油画,仍然使人留下比我原来设想更为强烈的印象:眼睛触及形体和色彩,心神为别的什么所摄,我们所看见的对象却成为我们不可分割的一部分。同样,我只是装作爱听音乐。在夏特勒大戏院,我的注意力完全为舞台所吸引,我从顶楼座位上向下望,像望进了一口井。下面底层正在演出一场奇怪的宗教仪式,歌声的价值只在于使两厢的人头像风中的麦穗一样晃动起来。

我有意回避戏剧演出。首先,它们会毁掉我的预算;其次,我厌恶舞台上围在三面匣子里的姿势和谈话。我欢喜各种各样的假面舞会和插曲表演。有一次演出在我身上产生了真正强有力的影响,要感谢路德米娜·比托叶夫,她也许是当时最伟大的女演员。在皮兰德娄的《今晚我们即兴表演》中,路德米娜·比托叶夫在一刻钟之内从一个少女变成了一个老太婆。她坐在脚灯前的椅子上,她的伴侣时间女神们给她脸上贴皱纹,抹掉她嘴唇上的胭脂,再把灰粉撒在她的头发上。悲剧的恐怖与怜悯过去从没有这样深刻地贯注过我。我自己经常思考的题目也是一样的:变化的毁灭过程——在个人身上,在国家身上,以及在体系身上。也许所有的诗歌不过就是这个主题。

关于梵·高的画的一个细节：当我第一次站在它们面前（那时我还不熟悉他的身世），一股反感情绪贯穿我全身，像看到什么猥亵事物似的。"一个疯子画的；你**没有权利**这样画。"把我内心的尖叫当作小资产阶级偏见的症状加以抑制，倒是容易的。不过，考虑到我颇了解印象主义和立体主义，我很懂得现代艺术理论，我要说，那声尖叫总还有点道理吧。我曾经为所有精神产品狂热过，我对它们说过热情的是或非。不是我反对某些学派或潮流，而是我在同一学派或潮流中看到某些作品"得救了"，另一些则"失败了"。这取决于作品内部的某种东西，秩序或者缺乏秩序，取决于我感觉到的某种东西；我的神情可能非常吓人，要是我有权当一名"堕落艺术"的根绝者的话——虽然我也会按照自己的方式来理解那种艺术，同政客们的幼稚见解毫不相干。但是，要大声表达我的爱憎，那时也太难了；我也不能够把它们说清楚。于是我接受了惯例，凡是现代的都是极好的，而我对于梵·高的那一刹那的愤激，始终是一件个人的可耻的秘密。

对于来自其他大城市的人们，巴黎可不像对于一个在秘鲁山丛长大的、或者像我在外省长大的青年那样。如果说维尔诺对于华沙居民有点异国情调，我身上也一定多少保留了那种情调。两个历史阶段和两套行为方式的冲突，加深了我内心的分裂，但是我所接受的灌输也并不是那么一件坏事：在学习西方人的姿势和习惯的同时，我看出了他们是空虚的，仿佛被白蚁蛀过了，马上就会垮下来。他们的鼎鼎大名，东欧人念起来还带一声虔敬的叹息，奥斯卡·米沃什却往往弹指一挥，我认为他是对的。东欧对于"文化中心"的整个态度是错误的；它来源于懦怯。他们模仿而不是反对；他们反映别人而不是成为自己。我的本家通过他本身的存在，在我身上发挥了一次疗程的作用，加强了我对于家乡的先锋派神殿的轻蔑，那里正在竖起耳朵捕捉巴黎最新奇的玩意儿。不过，我的轻蔑也并没有驱散我所有的懦怯。还由于策略的缘故，把轻蔑表露出来也是不明智的。如果不是在那些小小托儿所里（安德烈·纪德、勒惹①、超现实主义者、弗洛伊德和马克思的徒子徒孙们在那里一起长大），我又能够在哪里找到盟友呢？

※　※　※

　　我并不想回到悲哀的风景，充满浓云和噪鸦的忧郁的天空。可是，我的奖学金用完了，也没有工作可做，而我需要工作，不仅为了吃饭，还为了给我的写作来一次休闲。在巴黎的一年是期待的一年，而不是出成果的一年。的确，我时刻希望逃脱那笼罩着我的国家的命运——一个人在那里所能做的，就只是数数从沙漏里筛下来的沙粒——但我不太费力就驱散了那个念头。事实上，那种对未来灾难的意识使我的孤寂成为太重的负担，甚至刺激我回到熟人熟地去。

　　在我启程的那一天，我最后一次看见奥斯卡·米沃什，他站在地铁"歌剧院站"的台阶上。一只文雅的老鹰，或者不如说，一只燕子，因为燕子仔细看去，有一副贪婪的几分不可思议的神态，像一个用另一种元素构成的生物：岿然不动，只有一种善于飞翔的潜能。我和他握手告别，问道："你说，这场战争将在一九三九年开始，要打五年之久，那么谁会幸存下来呢？""你会幸存下来。"我跑下阶梯，又一次转过身来；然后，把他狭窄的侧影衬托天空的形象印入我的记忆中，我拿出票来让人剪票。他突然逝世的讣告，在一九三九年春天才到我手中。原来，化雪的时候，我把那一年称作"去年"，不是没有理由的。

　　然而，我觉得，我并没有说出我关于这个人所要说的话，实际上我摆脱了这个任务。我内心的阻力无疑是太强了，要克服它需要一次深刻的忏悔，它却永远也讲不出来。从他对街头的麻雀、对儿童、对树木、对"云彩兄弟"的爱来看，从他朗诵一些心爱的诗人（他能背出多得令人不相信的诗节）、为美所激动而流出的泪水来看，他十分温柔而

---

① 勒惹，即圣勒惹(1887—1975)，圣约翰·帕斯的笔名，法国诗人和外交家。

亲切,俨然一位在现代城市的沙漠里冥想创造的隐士。他的愤怒有如以弗所的赫剌克利特①的愤怒,轰然扑向众人的盲目性,他谴责自己竟为他们的器小量狭而受苦。他在夏多布里昂大街的寓室里,只有一张床,一张桌子和几本书;我觉得,那个四壁萧然的隐居处赋予夏多布里昂大街一种永久的嘲讽意味:就在街对面,在精致的阿塔拉公寓里,在俗气的舒适环境中,却住着那个假诗人,波兰大使馆的文化参赞。他们并不相识,也不可能相识,显然同时代的人们据以发挥作用的地位是多么悬殊啊。而那个假诗人(我经常遇见他)却没有猜想到,我在一个笨拙少年的和蔼外貌下正在嘲笑他。

但是,如果我不提到奥斯卡·米沃什无意间给我所上的战略课程,我就会漏掉最重要的东西。他的一本书是以笛卡尔下列一段格言开头的:

……既然一个不存心撒谎的人,说他看见或懂得某件东西,比起另一千个人仅仅因为不能看见或懂得它而否认它,前者更应当相信:正如在发现对跖人②这一点上,应当相信几个曾经环绕地球航行过的水手,而不是一千个不相信地球是圆的的哲学家。

奥斯卡作起证来,明知道自己会蒙受轻蔑和憎恨。因为,尽管有几位作家对他表示热情,他显然为那些创立文学新风尚的人所藐视和嘲弄。我按照自己谦卑的天平,由此得出结论,一个人不应当向前跑得太远,一切都成熟得缓慢;或者是我们总在读者前面多跑一步,或者是我们向前走两步远就超过了他。换句话说,有公共知识和私人知识这样一种东西,写作不过是它的一个百分率。虽然我的自我在与世界相抗衡的努力中赋予自己某种智慧,我仍然足够清醒到在另一些时候把那种智慧储存起来,不过把它看作一种可能性。这样,我的结论便

---

① 以弗所的赫拉克利特(公元前540—前475),古代希腊哲人。
② 对跖人,指地球上相反地区的人。

只暗示了一种行为技巧；后来，一旦不遵守那些规则，我就一败涂地。我的行为是懦怯吗？是对任何真正伟大的抱负的取消吗？但是，给每人以应有的赏罚吧。从俗也好，罪过也好，我只能随着自己的时代前进，充其量为将来还会发生什么的预言，插进一两个论据。如果奥斯卡·米沃什当年像别人一样表现自己，就是说，如果他继续创作"文学"作品，他想必会赢得声誉，也许在科学院有一席之地，而不是一个孤寂的天才，一个二十世纪的斯维登堡①。但是，他服从他的内心冲动，拒绝参加竞技。那么，我的机灵难道是由于可悲地恐怖丧失声誉吗？也许是的。但是，另一方面，我又不能忘情于"这个为金属噪音所震聋的世界"，和那些亏本劳动的人们的谦卑。我不应当为此受到太多的谴责。一个二十三岁的青年能够满怀强有力的、没有污染的希望吗，当他打开一本书（有笛卡尔的格言的那一本）便可读到：

在思想和基督徒敏感性的演化中，我们的时代相当于夜晚最黑暗的时刻，直接领先于第一缕晨光的时刻。我向这样的读者讲话，他已经被失眠之夜引进了那个阴影淡化的时刻的恐怖。一城冰川的突然融化，要比从粘在我们心头的过去沉淀下来的废料，更少产生污泥浊水。啊，一切是多么古老，不可补赎，而又空虚！荒废的时日，未被征服的顶峰，以及所有突然恢复的卑劣。眼泪，眼泪。但是我们后来才哭，在光天化日之下，决不恰在那个时刻。

---

① 斯维登堡（1688—1772），瑞典哲学家，其神秘哲学对后世颇有影响。

野兽的肖像*

是什么水泥和铅的斯芬克斯击开了他们的头颅吞噬了他们的脑筋和想象？

莫洛克①！孤独！污秽！丑陋！垃圾箱和得不到的金元！在楼梯下面尖叫的孩子们！在军队里哭泣的青年们！在公园里流泪的老人们！

莫洛克！莫洛克！梦魇似的莫洛克！薄情者莫洛克！心灵的莫洛克！人类严厉的裁判者莫洛克！

不可思议的监狱莫洛克！交叉大腿骨的没有灵魂的囚房和忧愁的国会莫洛克！建筑物就是判决的莫洛克！庞大的战争石碑莫洛克！不省人事的政府莫洛克！

头脑是纯粹机械的莫洛克！血液是奔流的金钱的莫洛克！手指是十支军队的莫洛克！胸膛是吃人的发电机的莫洛克！耳朵是冒烟的坟墓的莫洛克！

眼睛是一千扇瞎窗的莫洛克！摩天楼竖在长街上像无垠的耶和华②的莫洛克！工厂在雾中做梦并咯咯作响的莫洛克！烟窗和天线为城市加冕的莫洛克！

---

* 本篇及之后四篇译自《旧金山海湾幻象》，纽约法勒·斯特劳斯·吉罗出版公司出版。
① 莫洛克是古代腓尼基人所信奉的火神，以儿童为祭品。
② 耶和华是基督教《圣经》中的上帝。

爱情是无穷的油腻和石头的莫洛克！灵魂是电力和银行的莫洛克！贫穷是天才的鬼魅的莫洛克！命运是一层没有性别的氢气云的莫洛克！名字就是"头脑"的莫洛克。

　　　　　　——阿伦·金斯伯格:《嚎叫》

　　唱着惠特曼的歌,把他从里到外翻转过来,阿伦·金斯伯格就是每个人。一个人不论受过教育与否,他的身体在金属、玻璃、混凝土或者视觉或触觉不能包容的合成材料所构成的一大块冰冷的、闪光的、十分坚固的厚板面前都会退缩不前,它在那片装甲后面藏着的力量面前也会退缩不前。就这样,一只适应于植物的粗糙和多孔结构的毛毛虫,在一辆汽车打过蜡的车篷顶上便感到茫然失措了;一只蜜蜂撞击玻璃窗的古怪努力,说明它与一种近乎凝固空气的透明障碍相遇,是多么没有准备。一块厚板、一堵墙壁或者一架蒸汽压路机开始自行运动,它的运动是独特的、在数学上是必然的,它越来越大地逼近了——于是你在一场被碾碎的梦幻之后出一身冷汗醒了过来。当然,从飞机上看,这片大陆是荒凉的,是一只洪水以前的野兽的皮肤,亚麻色,浅蓝色,黄色,有时露出了树林的毛皮;有时一小时过去了,也无从证明下面的陆地住着人,只见这儿那儿城市的霉层加厚了,夜间流散出五颜六色的光,东部、西部和中西部三个特大城市的庞大的霓虹蜂窝。当然,美国还有一层灌木丛、绿树草坪、木头房子、篱笆、锈车上面摇晃的野草。但是,莫洛克的标志仍然无处不在,所有城市只是一个城市,所有公路只是一条公路,所有商店只是一爿商店,旅行一千里也索然无味,因为不论你到哪儿,你都会碰上那同一堵移动的墙。为什么一个人要发抖,退缩,缩进他自己脆弱的、被威胁的肉体呢?说到底,他周围一切都是他的创造,他的作为,他把它从他自身纳入存在,当作自己的矛盾来对待。但是,那不是真的——他,个人,摸得到自己,他的眼睛和头发的颜色显现在镜中,却不能承担一个表示原因的角色,他是对的。要负责任的不是他,而是他身上作为一种典型统计量而行动的另一个人；他为旁人所掌握，又想掌握旁人，以最合乎人性的方式，屈从于他的需要和欲望，创造出某种非人性的、超出人性之外的转而反对他的需要和欲望、逃避他的控制的东西。这个东西就站在他的面前，虽然似乎是他所有，但却不是，它"在外面"。我为自然说了一大堆话，不是偶然的。这片大陆的魔鬼们最大的诡计，它们从容的报复，在于放弃自然，承认它是不能保卫的；但是，代替自然，却出现了那种文明，它对于它的成员似乎就是自然本身，赋有另一种自然的几乎一切特征。它对于我，一个孤单的有形质的人，正是异己的，敌对的，就其对意义的反对态度而言，是不可测知的；它以其自身的规律统治着，那规律和我的规律不是一回事。区别在于，旧自然引人入胜地呈现自身，随时准备屈从。我们能够从山里挖隧道，灌溉干渴的平原，在牛羊放牧处种植果园和葡萄园。新自然包含如此巨大的能量和成就，以致其中浓缩着比个人大得多的威力，它把我、你、每个人都弄得软弱无能，处处闪避，仅靠唱机音乐和炉火孤身自处。

一加一加一在什么程度上才能影响那个新的第二自然并给它以方向，是这里无法探究的，因为事先就排除了一篇政治论文的任何假象。软弱无能不仅在于意识，而且可以毫不夸张地说，比意识更其深刻。意识越高级，就越能了解齿轮的相互啮合，自动永存的机械，一度划归汹涌激流的河道和已经溢出故旧河道的激流之间的不相适应就变得越加清楚。思想风尚，标语口号，在这种那种旗号下面团结人民的纲领，都被它们沉默接受的短暂性从内部给削弱了。这一切曾经有过许许多多，但都被消化了，坍塌了，被具有第二自然的全部冷漠性的庞然大物吸收了；它们越有变化，就越显得一模一样。一种低级意识相信公民学教科书，但是它们只满足于算术，满足于一加一加一，毫不注意隐藏在算术后面的复杂的决定因素。然而，正是在意识的门槛下面，有一种怀疑，也许是农民出身吧，怀疑有任何变化的可能性——幕后什么地方的强有力者经常不断的阴谋，似乎预先决定了一种社会秩序，像季节一样有规律性。但是，这是幼稚的；高级意识知道，没有这样的阴谋，机能为机能而产生机能，使高级意识感到恐惧的正是这种非人的铁板一块,它的冰川似的前进步伐。

  软弱,热血,一个人(不是概念上的人,而是某个特定的人)又怎么能够反抗它呢？人作为一个独特的生物,和人作为一个零、那个无心而成物的共同创造者,其间的界线从来没有这样明确过;也许创作一篇有普遍意义的寓言,正是美国——欧洲的私生子的内心冲动吧。

什么东西是我的？

聪明人在不高兴的时候羡慕
小人物像蚱蜢一样作乐
在阳光灿烂的地点，既不思前
也不想后，如说他们怎样
抓住了未来那也不过是半睡
半醒抓住的，用生殖的工具
愚蠢地重复着
愚蠢在三十年的时期内；他们还又吃又笑，
呻吟着埋怨劳动、战争和分离，
跳舞，谈话，穿衣，脱衣；聪明人借口说
　夏天的昆虫值得羡慕……
——罗滨逊·杰弗斯：《聪明人在不高兴的时候》

我的头发，我的胸膛，我的手，和一些年月日对我如此重要的我的一生。唯一的问题是，它们是不是真属于我，如果头发、胸膛、手不是笼统而言，我的一生中那些年月日是不是失去了重要性，一旦它们以一般方式指明若干瞬间的话。我从四面八方为电视、杂志、影片、刺激人们追求健康和幸福的广告所包围；我应当怎样洗，怎样吃，怎样穿，成为某人关心的对象，我在无数具为最合身的游泳裤做广告的叉状模型上，在穿着最诱人的奶罩的胸脯上，在擦着最细腻的油脂的肩膀肌肤上，不得不看到的正是我自己。如果我是一条鱼龙或者某个外星来客，我将能够把这一切看作一阵线条和色彩的闪烁，但我是人，我已为无数感染手段所挑动，它们把我拆散成我的元件，并把我从编过号的部件重新构造出来。我熟知男性和女性的身体，除了任何特殊或隐私部分，以致我在海滩或游泳池旁，总处在一群可以互换的臀部、颈项、大腿之间，我的每个器官也是可以互换的。我被称过，被量过，适宜于我的卡路里已被计算过；我必须接受这个事实，我的汗液像别人的一样发臭，既然每个人都在他的腋下擦除臭剂；口臭也不仅是我的毛病，因为银幕上用嘴亲吻的青年男女总是带着嫌恶的怪相，彼此转过脸去，吞药丸来抵制他们的胃酸，然后沉没于极乐中。而我在浴室里消磨的片刻也并没有白白空掉，因为卫生纸从广告上向我呼唤，保证它会杀死活在我的肛门里的所有细菌。我的面前经常摊开来一大张人体解剖图；一只拿着指示器的手指着肾、肝、心、生殖器，并解释着它们的功能。不管我愿不愿意，我被传授了红白血球、新陈代谢、排卵过程、细胞的生长和萎缩等等秘密。如果我的健康开始恶化，病房的白色走廊就会等着我；高效率、无人称、漠然无动于衷的白衣少女就会把我的赤裸的身体翻来覆去，仿佛我是一个人体模型，递给我一根玻璃管导尿，把我放在爱克斯光机后面，抽我的血化验。

　　但是，我永远是赤裸的，而且不仅作为一个肉体对象。我的器官，那些为皮肤所覆盖的和那些为其他器官所覆盖的器官，都是赤裸的，从而成为构成我的传记的事件。那些事件可以分成两大类：一类壮丽地实现了童年、青少年和成年的准则，另一类则有某件事阻碍了和撕裂了我和人们的关系，由此而产生了"难题"。对我来说，那些都是个人隐私，但我知道我错了，因为所有这类问题都已被编入目录，加以记载，附有大量例证，而且不是由我而是由看病的精神分析学者，掌握着它们的钥匙。同那位精神分析学者谈话，给我很大的宽慰，因为他使我感觉到，我是从普遍的平均化中给挑出来的；我的独特性质一定大有关系。不止是宽慰，这是一种强烈的快感，因为毕竟有人在埋头研究我的命运的细节,而我的命运在每个别人看来是可以互换的,毫无个性特征可言。然而,我认识到,咨询谈话的用意就是让我懂得——就是说,让我把因果联系起来——这样我患病的自身,我现在把它看成许多别的事物中的一件,就被抛到脑后了。我为集体的浓密物质,那晦涩的、执拗的、坚持的另一个自然所包围,但我至少被分配了一个区域,可以自由活动,关心我的身心健康,享受一个运转正常的有机体的幸福,在活物中间生气勃勃。不过,当我不得不成为我自己的避难所,躲避文明的压力时,那个为我们大家(包括我自己)所藏匿的世界,那另一个自然就慢慢爬到我的身上来,不断提醒我,我的独特性不过是个幻觉,即使在这里,在我自己的圈子里,我也化成了一个数码。

卡梅尔*

在昼夜平分时地球被覆盖在晚雨里，
　　缠着湿罂粟花，等待春天来临，
海洋因遥远的暴风雨而涨潮，冲击着边界，
　　海啸摇撼着花岗岩的底层。

我凝望着花岗岩和水沫的边界，那
　　竖起来的航海标志，感到我身后是
大山和平原，陆地的广袤幅面，
　　身前是一片汪洋和来回航程。

我说：你把阿留申群岛的海豹岩同熔岩和
　　装饰南方的密集珊瑚连接起来，
在你的潮水上面追求日出的生命面对我们
　　已经跟随晚星的生命。

长远的移栖群遇见了你，你视若
　　无睹，你已忘却我们，母亲。
当我们爬出子宫躺在潮线上的

---

* 卡梅尔为美国加利福尼亚州西部城市，濒临卡梅尔河，原为艺术家聚居地。

永恒的交流

太阳眼里你更加年轻了。

这是很久很久以前;我们从那时起变得骄傲
　　而你却变得惨烈;生命保留着
你流动柔和焦急的力量;而且羡慕
　　坚硬,石头的傲慢的宁静。

潮汐在我们的血管里,我们仍然反映着星星,
　　生命是你的孩子,但我比生命更老
更硬更其无私,我身上有眼睛
　　观望前面有一片海洋。

它观望你从薄雾的凝聚中充实
　　你的底层观望你改变它们,
它看见你柔和而又猛烈地磨损着
　　你的边界,吞噬岩石,和陆地换位。

母亲,虽然我的歌曲的节拍像你拍岸涛声的
　　古老韵律,我却从没有向你学过它。
在有任何水之前就有火的潮汐,我们
　　两人的音调是从更古老的源泉流出来的。
　　　　　　——罗滨逊·杰弗斯:《大陆的结局》

　　离传说是嬉皮佛教徒修行处的大瑟尔①的陡峭海岸不远,是卡梅尔小镇,连同它的传教区,朱尼珀罗·塞拉神父②的坟墓,以及另一个遗迹——由诗人罗滨逊·杰弗斯③在水边建造的一座鲜为人忆及的石

---

① 大瑟尔,美国加利福尼亚州西部风景区,著名旅游胜地。
② 朱尼珀罗·塞拉神父(1713—1784),西班牙传教士,曾在加利福尼亚州传教。
③ 罗滨逊·杰弗斯(1887—1962),美国诗人,作品歌颂严峻的永恒的自然美,同时蔑视人类。

头房屋,那时今天这个旅游胜地还只是个渔村。在那座房屋里,杰弗斯写过很多作品,申述这样的观点,自然十分美丽,十分残酷,十分天真,应当受到宗教性的崇拜,而人类则是一种病态的赘疣,宇宙秩序的污秽,只配有灭绝的下场。不过,可以设想,他的遁世隐居(凭借从银行界的亲友得到的收入才有可能),和他的思想所采取的方向,都不是同第一次世界大战没有关系的。"非人主义"一词的创造者[①]对人类所表示的轻蔑来源于一种过分的怜悯,他的许多诗篇证明他是带着一种悲剧意识阅读报纸的,不希望任何一方赢得胜利。在他的壮年,他的命运就是从孤独中注视着三四十年代的大屠杀,然后出自他的笔下的一切都交织着愤慨和讥讽。他认为双方同样是互相撕得粉碎的有罪的魔鬼,如果偏袒一方反对另一方,在他看来,不过是对于宣传的幼稚的屈从。

我在他死后两年多,开始访问卡梅尔。他亲手栽植的、到他的名字湮没后仍然残存的柏树林已经被砍倒了,因为这个小镇在扩展过程中兼并了那块宝贵的地产。从前的野趣只剩下冲击岩石的浪花的爆烈声,而他的房屋所在的小山则由一条嘶响着轮胎的沥青路从海隔开。海鸥还像一贯那样在风中舞蹈,但有一架直升机在它们上面翱翔着,它的水平旋翼在嗡嗡作响。过分繁殖的人类,杰弗斯曾经预言它会窒息于它自己发臭的排泄物,而今密集在沙漠中、岛屿上和南北极地带,没有多少理由可以相信,一个人能够摆脱它的掌握。我们围着杰弗斯低矮的花岗石房屋走了很久。两只大狗躺在篱笆旁边的草地上,一张面孔在窗口露了一会儿。竖在一旁不远处的塔楼,给我的印象最深。我原以为,杰弗斯常常会到那儿沉思和写作,倾听海洋的呼吸,试图在自己的文字中忠实于那种经年的单一的韵律。不必扯远了,我后来才知道,他是为他的妻子乌娜才建造塔楼的,所以他一定很少到那儿去工作。他所采集和连接的凿得很粗糙的石头,使这座房屋

---

① 指罗滨逊·杰弗斯。

无形式可言，但却颇管用。为什么他没有始终坚持石头的内在的质朴性呢？可不是，没有，他把一面凸窗加以风格化，弄成一个早期中世纪的拱门；否认历史，躲避历史而和一个物质上帝的肉体亲密交谈，尽管如此，他可能仍然把自己看作苏格兰和爱尔兰的悬崖峭壁上他自己的野蛮祖先之一。那种掩映在常春藤中的永久的怪癖，那个罗曼蒂克的遗址，引起了各种各样的猜想，甚至涉及杰弗斯的诗歌本身。

谁知道呢，他也许不过是个唯美主义者。他需要把自己看作一个超越一切活物的存在，静观虚幻的激情和虚幻的希望，从而也就超越了时间。他似乎曾经在某一点上为鹰巢里的武士、海边了望哨所里的海盗的故事所感动。就在我初次访问卡梅尔时，我自问过我是不是像他，也许有点自以为，回答是不像。从内心重新创造他的思想，并感觉到是什么促成这些思想，我是够像他的。但是，我不欢喜我自己凛然翱翔于地球之上。那是强加于我的，而且应当直呼其名，流亡。我也不能够以永恒的美来对抗人类的混沌。他认为海洋是和谐最充分的体现，而我却承认，它令我毛骨悚然。我甚至想指责杰弗斯在一些段落中，描写一个业余画家在荒野的海角架起了画架，未免太过分了。对我来说，海洋首先是一个深渊，其中由中世纪的想象力安置在地狱深处的梦魇，正以无穷无尽的变化形式不断实现。我同相互吞噬的亿万魔鬼的亲属关系是险恶的，因为它提醒我我是谁，它们的无意识并没有赦免我的罪孽。

杰弗斯可认为意识反而是一件不可宽恕的缺点？对他来说，星云、太阳、岩石、大海、鲨鱼、螃蟹都是一个无始无终的有机体的一部分，这个有机体永远更新着，他称之为上帝。因为他是一位宗教作家，虽然不是在他父亲、一位加尔文教派牧师会批准的意义上。杰弗斯年轻时学过生物学，一度信服关于因果的数理体系，他推翻了耶和华，这位耶和华向他的臣民提出了莫名其妙的要求，他出现在一个燃烧的灌木丛中，和一个宗族订立了契约。和一位神祇建立个人关系，这位神祇仁慈地向人们保证，只要始终服从他的律令，他们就可以躲脱其他一切造物的命运,这一点在他看来,不过证明了人类的骄傲自大发展到什么程度。但是,杰弗斯甚至更不能安于耶稣的令人反感的形象,它使他的严厉而又虔敬的父亲更加沉重地压在他身上;耶稣从死人复活,便打破了无限锁链中的一环,从而宣告特选子民将从因果威力、一种等同于地狱的威力中被抢救出来。这就近乎现代革命家们的主张,他们鼓吹普遍的幸福,但永远是为了明天,杰弗斯受不了他们。他的"上帝"就是没有任何方向的纯粹运动。宇宙万物在"他"身中升起而又消灭,而"他"对于善恶无动于衷,坚持他的永远回归的循环,只要求赞美他的永续的存在。

这是非常动人心目的,即使杰弗斯对于虔敬和崇拜的兴趣在当时的反基督分子中间亦非仅见。他创作过听天安命的颂歌,只是还不清楚他是一个禁欲主义者,还是在"可怕的上帝"面前发抖的他的加尔文教派父亲的后嗣。也许那些不是什么颂歌,而是忏悔修行的赞美诗。而且正是由于他激越的悲苦,我才承认他优胜于他的同胞,这些人只会坐在桌旁合手祷告:"上帝死了。好哇!让我们吃吧!"

我曾经专门谈过他的特殊的强迫观念。不论他什么时候描写人们(通常是关于命运促使放纵的本能粉碎一切主人公的阴郁的故事),那些人在体积上都缩小了,变成沿着行星重叠的犁沟爬行的小甲虫。他完成那种远景,和背景相映照。或者,也许更重要的是,他的人物随着情节进展而缩小,直到最后主要英雄犯了杀人罪,逃进了深山,他的爱、他的恨以及插着刀的身体都显得荒谬可笑,可有可无,不过是消失在无限中的细枝末节。这是什么意思呢?尺寸是他们和眼睛的距离的一种函数。像每个人一样,杰弗斯渴望一个等级井然的空间,划成底层、中部和顶端,但是一个非人称的、存在于万物之中的上帝却不能充作金字塔的冠石。杰弗斯把顶端的优越地位安排给自己,他是一个秃鹫,一个兀鹰,是值得怜悯的凡人的见证人和裁判。

我们常常在卡梅尔的海滩上散步,拾取一些光滑的、摸起来好玩的木头、贝壳和石块。奔跑的孩子们的叫喊和他们的狗的吠声消失在风和拍岸浪的双重呼啸里。在沙丘所遮掩的洞穴中,假日旅游者们燃起了篝火,在柴枝上烤着牛肉香肠,拍着快照。他们几乎都不知道,杰弗斯的故居就在附近。如果不算一小撮景仰者,杰弗斯几乎完全被忘却了。但是,不管他有什么缺点,他毕竟是一位伟大的诗人。即便在他的有生之年,他也并没有很多读者,在谴责他的愤世嫉俗之前,人们必须记起,他为这样一些人所轻视,他们十分重酒肉、舒适的房屋、豪华的汽车,而对于文字,只有它们仿佛是无害的消遣时,才能容忍。在我对他的迷恋中,似乎有点自相矛盾的成分;使我惊讶的是,我这个初来者,来自人人背负着用大写字母开头的历史的国土,却和他的灵魂进行着一场对话,虽然如果我们相遇,我们也不见得能够相互了解。

但是,我的确进行了那场对话。他是大胆的,因此尽可能打破了看不见的检查制度的蛛网,和他相比,其他人就像完全给缠在网里的垂死的苍蝇了。他们已经丧失简单朴素的能力,他们担心如果把面包叫作面包,把酒叫作酒,他们会有俗不可耐之嫌,他们越是陷入败坏的教养之中,便越是对这一点没有把握。他孤注一掷,在自愿的孤立中获致自己的结论,决不试图取悦于任何人,坚持不让步。正如他与众不同地显现在照片中——一个水手的瘦削、骄傲的面孔,窄狭的嘴唇——杰弗斯的作品根本不像本世纪所创造的其他作品;它不是为大资本的文化证券市场而写,似乎存心要用他的激烈文风来抵制它们,那种文风只要没有包含狂热的说教,还是可以原谅的。他的作品被曲解了,像他的那座塔楼一样被玷污了,但是像这里每个别人一样,他还不得不付出一点代价。同我们无意间习惯了的宝石匠人的凿子的产品相对照,他的作品以其朴素、粗糙而引人注目,但同时在朴素中又有点病态的成分。他给自己提出的任务无疑超过了他的力量,而且不仅是他一人的力量。在一个没有人知道应当相信什么、不相信什么的时代,他研究了他自己,划出一条明确的线,解释他心目中的上帝、宇宙和人类,他为后者预示了一个迅速的终结。他把他的全部作品理解为一部新的古籍《论事理》,这样的抱负怎么能够不受挫折呢?

我怒斥他的幼稚和错误,我把他看作囚徒、逃亡者和隐士所特有的全部缺点的例证。但是,在卡梅尔这里,他让人把他的遗体烧掉了,把他的骨灰撒向了风,他的幽灵也许重新化身为海鸥或鹈鹕,以雄伟的队形翱翔于海湾之上,要求我跟它角力一场,并通过它的勇气,给了我勇气。

论检查制度

"检查制度"一词立即会激起人们的反感,因为它历来表示了当局(不论是宗教的还是世俗的)削减自由的意向。西方技术文明的本质是同检查制度不相容的,后者的先决条件就是由一个当局来规定,什么是被允许的,什么是被禁止的,而西方全部的发现和发明之类冒险活动都是以反抗权威始。任何教科书都能提供充足的例证,证明检查人员是在愚弄自己,从伽利略的迫害者起,到以不道德为由命令没收文学作品的法官为止,正是那些作品后来进入了学生必读的典籍目录。然而,尽管议会制度保证了科学研究的自由和宣布政治异端的权利,本世纪仍然有人努力维护所谓公共道德不得触犯的观念。我们现在知道,这样的试图是注定要失败的,正由于检查人员日益加剧的恫吓手段,他们已经被打上了傻瓜和反动派的烙印。这里相当重要的是教会的忧虑,假如它们能够维持它们作为开明进步机构的新形象,它们是准备让步的。所谓公共道德的堡垒陷落了,当墙上现出第一道裂缝的时候——那就是,一致同意艺术品的不可侵犯性;也就是说,任何事物都可以用文字、石头、线条或颜色来描绘,只要目标是"艺术的"。二十年以前,亨利·密勒[①]的作品曾经在美国被禁过,今天却可以买到它们的普及本。这个例子足以说明全盘的变化。

要检查制度还是不要,似乎来源于一个基本的选择,这种选择虽

---

① 亨利·密勒(1891—1980),美国作家,名著有《北回归线》(1934)和《南回归线》(1938)。

然正在进行,其后果是不可想象的。如果在某种情况下,个人的自由应当以公共利益的名义加以限制,那么非常大的利益就会证明非常大的限制是正当的——这无异于让那些能够裁定对于社会何谓好和何谓坏的人们手中拥有巨大的权力。但是,如果那种特权并不授与任何人,那么就难以否认,每个人都有资格宣布自己的哲学,即使它提出深刻而基本的理由,劝人进行谋杀和同类相食。

一九三四年巴黎的超现实主义者们出版了一部诗集,纪念一名少年犯维奥莱特·诺齐勒,她因毒死双亲而在法庭上被判关进教养所。超现实主义者们把弗洛伊德和马克思结合起来,梦想一场革命会推翻私有财产和资产阶级道德,把每个人变成诗人,即自己的下意识的速记员。维奥莱特的双亲是资产阶级,他们压迫她,要求她服从他们,禁止她在外面过夜,等等。她毒死了他们,于是证明她拥有未来自由社会的价值观念。她采取了"一个革命的行动"。虽然在这些颂扬她的行为的诗篇中,可以发现三十年代在法国十分流行的集体自我唾弃的某种反映,这本以小版本印行的书册肯定越不出放荡艺术家的圈子。它比不赢欧洲另一本早些时出版却为千百万人所阅读的书,这本书也为社会提出了一个改革方案,它就是《我的奋斗》。

法国保留了惩治有伤风化行为的法规,因此专门印行色情文学作品的出版社经常受到审讯。但是,没有人干涉用英语出版色情书籍、后来又私运到英国、加拿大和美国去的出版社。近十年以前,我读过《芳妮·希尔回忆录》①,当时找得到的唯一版本,巴黎版本。今天,那本"古典的"色情小说,具有十八世纪风格的一切优点,却在美国任何地方都买得到普及本。我不想出面来说,这是不是因为这本书已经被承认为一件"艺术品",或者因为划分具有艺术目的的作品和没有这种目的的作品的界线已经令人绝望地被抹煞了。作者约翰·克莱兰原来是为金钱而写这本书,后来又写过一些虔诚的小册子,以图补救那

---

① 《芳妮·希尔回忆录》,系十八世纪最流行的通俗小说之一,作者为英国作家约翰·克莱兰(1709—1789)。因其露骨的色情描写,为文学史家所不屑道。

件青年时期的孟浪行为,要是他看到他的那本戏作和荷马的叙事诗摆在一起,他会吓一大跳。这本书的目的是很有限的:它以尽可能挑逗的文笔描写了性行为,也许为无聊的情人和懒散的夫妇提供了某种兴奋剂。此外,时光的流逝更给克莱兰的小说增添了近乎牧歌的色调。由于它的非常做作的写实主义,由于它肯定简单的乐趣,享受起来而不仇恨世界,人们往往带着怀旧的心情来读它。

德·萨德侯爵①的作品,包括他的《卧室里的哲学》,也可以买到普及本,而使我关心的是我的本能的反感。我这里考虑到两种可能性:或者是,我的头脑由天主教、马克思主义或者欧洲的历史灾变所形成,多少有点极权主义味道,因此默认了这个观念,即为"大众"提供的精神食粮是应当加以控制的;那就是说,它篡夺了对于他们什么是健康的和不健康的这种知识。或者是,作为我对周围盛行的道德风尚保持距离的结果,我敢于在别人由于不方便而觉察不到的地方觉察到一个问题。《卧室里的哲学》无疑是历来写过的最不正经的文学作品,倒不是因为它描写一个贵族圈子集体尝试各种交媾形式,特别偏爱男色。对话形式赋予作品一种油腔滑调的性质,像法国轻歌剧一样,人们会笑着读它,虽然很快又感到无聊,因为没完没了地描写性欲冲动是很单调的。

但是,萨德也在推荐一种新伦理,因此是出版诗集纪念毒杀犯维奥莱特·诺齐勒的超现实主义者的先驱。天上人间的法规制订出来,就是为了剥夺个人的天然特权。彻底的浪荡子把自己从谎言和伪善中解放出来,指定自己的乐趣作为善恶的唯一标准。不过,天上人间的法规得在它们的基础上,在它们为人人自动接受的那一点上受到攻击,才能有效地被推翻。连最大胆的哲学家在越过某条界线之前都会发抖。只有为了取乐而准备犯谋杀罪,才能证明十诫那些完全人为的桎梏被抛到了脑后。《卧室里的哲学》就是一篇关于谋杀的论文。十

---

① 德·萨德侯爵(1740—1814),法国作家,作品大多描写性变态。

六岁的欧惹妮逐渐懂人事了,开始在性方面,后来壮胆打破家里加给她的禁令,她热衷于进一步的功课。她知道一个人可以自由杀人。但是,一般认为还有比杀人更坏的事,于是欧惹妮以另一种方式通过了考试:她承认她憎恨她的顽固的母亲,高兴地同意了惩罚她一下的计划。她拍手旁观着她的母亲被引诱到别墅里被人强奸,不仅为了屈辱她,而且还要让她染上梅毒。

德·萨德侯爵的命运告诉我们,与一定的道德准则相关联的社会舆论是不赞成这样的哲学建议的,它反对这些建议表现了很大的自信。虽然像《卧室里的哲学》这样的作品印行出来,供大众消费,可以解释为判断标准的削弱,这里也许是另一个因素更起作用:人们不言而喻地认为,文字对于风俗道德的影响微乎其微,或者是不存在的。

到此为止,我为检查制度所写的一切,在我看来,似乎完全过时了,像那些社会制度一样过时,例如国家出钱雇用一大批官员,仅仅去涂抹小说里的整个句子,或者必要的话,去修改诗人的诗句。现在,人们一定能够看到,印出来的书页正和我们周围多得令我们的祖先瞠目结舌的其他一切在一起。那么多人,那么多观念,那么多宣传媒介,那么多由技术制造出来、用了一半就给扔掉的商品!德·萨德侯爵是一个十足的革命者,最激进的激进分子,他严肃地从事他的哲学事业。但是,他的书像一般书一样,现在充任着一个不同于它们过去的职能。它们是一个庞大的、不断扩充的博物馆里的陈列品,那里有各种文明各种时期的艺术品——古书抄本、圣经、可兰经——以一种调和不同信仰的混乱形式摆在一起。一些最极端的训谕相互抵消,相互破坏,立即变成了"文化"。制造口头、书面和图片语言的技术工具为己所用地阻截了并同化了每一种反抗,包括对它的反抗。无政府主义者的纲领,世界末日的预言,政治暗杀的呼吁,逃向林间山丛以便致力于冥想的主张,其成员裸体相聚、"体验对方的本质"的社团广告,麻醉剂的宣传,向极权政体致敬的颂歌——这一切都有同等的权利,满足着市场的需要。搀合一点启示或革命,就会把市场搞活,如果缺少这一点,就得为了商业目的把它发明出来。

当有形的物质世界持续抗拒依据"若有其事"所规定的一切,即语言、概念、象征时,检查制度作为禁律就失去了它的"存在理由"。有形的物质世界没有观念也能行,可以用无所不在的必然性来代替它。人作为经济生物之所以按照一种方式而不是另一种方式行动,并不是因为他的头脑里产生了哲学的概括,而是因为他必须满足他的需要,而且只有顺从不依其意志为转移的规律才能满足。这个情况至少看来是一个隐秘的前提,使人可以宽容地而不是敌对地看待文化、博物馆,把它当作"满足智力好奇心"的东西;这个情况还能缓和一下生活的严峻。这是一个多少可疑的前提,因为大众交流的手段即语言是一种借助广告不断创造新需要的经济的推动力。此外,被锁在"文化"的储藏器里的观念是否永远满足于待在那里,也是无从断定的。

德·萨德侯爵因其古典作家的身份,因其过时的风格,变得不那么骇人听闻了,而且还进一步为每天不断出现的激进方面的新对手所抵消。他的作品中的性和暴力未免太因袭了,逼真得还不够。公众的淡漠是不断轰击的结果,把它加以克服,从而达到某种程度的名望,是不多见的。表现手法的率直、短促和残忍,以及简单化的观念,受到了重视,因为它们可以由最明显最确实的"事实"来传达,而不涉及任何复杂的推理。这些必要条件恰巧同那些在另一些系统中所发现的必要条件相反,在那些系统中市场受到嘲笑,语言变成可变意义的迷宫,检查制度很难找出什么"事实"来,虽然对它们进行解释还需要花大力气。自然主义的几乎冷静的描写语言,在追求注意和金钱的斗争中,似乎是特别有效的,而对特定作品的解释则须深入它的结构本身,并被隐蔽起来;那就是说,被描写的现象有可能被当作真实的现实。这就不得不偏爱花里胡哨的货色;换言之,性和暴力占领了舞台。此外,文字还要同静画和动画一争高下,后者比赢了表现力的竞赛,便轮流屈从于最高出价人的要求。

我们的眼睛不会漏掉任何东西。不久以前只能在克莱兰或萨德的小说中找得到的场面，现在就出现在我们眼前的银幕上。人们相互残害，谋杀，集体屠杀，战争，我们坐在家里就都（在彩色电视上）看得到。有人在谋杀或者在被谋杀，没有什么区别：你看就是了。作者、导演、摄影师是要刺激还是要警告，也无关紧要，因为所用的手段是一样的。影片《邦妮和克莱德》可以拿来作为这种模棱两可的例证。一对罪犯的故事以自然主义的精确度拍成了"真实的历史"，这毫不意味着它没有"倾向性"，用一句老话来说。电影观众看到了三十年代美国中西部小城镇的一幅逼真的图画。可怕的精神空虚，生活无意义到单纯为糊口而奔波，给较有想象力的个人只留下了一条出路，犯罪，被践踏的灵魂们的英雄史诗。也可能全美国当时就是那个样子，虽然人们会觉得，这是把今天搬到了昨天，因为这正是年轻的受过教育的美国人对于小城镇生活的看法——发育受阻碍，价值被贬低，毫无意义可言——他们到哪里都逃避它，哪怕到了好莱坞。同真实的邦妮和克莱德（他们似乎是平凡得多的土匪）相反，影片《邦妮和克莱德》描写的是被剥夺了人类继承权的可怜人，他们枪杀别人，是因为那是他们得以恢复他们的尊严、恢复他们有所希望的权利的唯一办法。主人公的性无能显然是象征性的，表示他在内心对于贫穷和基本上一无所有的厌弃。因此，这是一部社会批评片，但不同于第二次世界大战以前所拍的社会批评片，如《愤怒的葡萄》：后者强调不公道和物质贫困，而这部影片追随另一种思想方式，把重点放在异化、精神贫困上。影片最本质的方面也许恰好就是那一大块一大块血淋淋的、受折磨的肉，还有彩色烘托，这一切是几十年前的电影简直不敢放映的。且不提影片的教育作用：对于巴克利的大学生，《邦妮和克莱德》是一场引起怜悯和恐怖的壮观，是一部反对暴力、间接反对越南战争的影片。但是，当然另有许多人看了它，以不同的方式受到刺激，从反抗的诗意、准确无误的手枪射击取乐。要害在于不论前者还是后者，都不能把那些成块的血肉从他们的想象中抹掉。

我们的想象力比以往几代人的有更大的容量。恐怖事物当时跟现在一样,是生活的一部分,但从前总把事情安排得在日常生活中看不见恐怖。即使在最邪恶的国家——例如,激起马克思的义愤的工业化中的英国——都有文雅而宁静的地带。在俄国,西伯利亚流放地始终是一个讳莫如深的威胁,连陀斯妥耶夫斯基在他的《死人之屋》中也省略了许多。关于农民贫困的记述似乎是海外奇谈。在非洲追猎黑人,贩运奴隶,无疑折磨过欧洲居民们的心灵,但毕竟不那么厉害,因为那些事发生在遥远的地方,他们的眼睛见不到苦难。人们在战争中被杀,但没有人按实况拍成电影。人类分成两部分:一部分能说会道,但知道得或者想要知道得很少,另一部分知道得很多,但却沉默着。

所有的卧室,所有的战场!为了抗议战争而活活自焚的佛教徒,死在一个比古罗马任何竞技场更大的竞技场上。在越南,还是第一次,敌人被射杀了,人们倒下了,同时被拍成了电影。欧洲人惯于顾影自怜,他们的记忆保存着难以置信的场面,既然关于人性某些阴郁特征的知识已不再是直接参与那些事件的人们独有的财产,他们可能觉得自己被抢劫了。我们喝啤酒的时候,难道没有看见西贡警察头子朝着一名越共军官、一个战俘的太阳穴,一枪把他射死?难道没有看见奥斯瓦德被鲁比射击后,紧紧抓住自己的胃部?难道没有看见儿童被凝固汽油弹烧死?还有罗伯特·肯尼迪,跟着又倒在瑟汉的枪击之下?①

多年以前,就在战后,我初次逗留美国期间,曾经同某位著名作家(无疑是一位人道主义者)谈到黑人居住区。我从他听到这样的说法:不管怎么样,事情变得越来越好。谈话以后好久好久,我仍然惊讶不已:他的作品被译成许多文字,就像用散文写的古代悲剧,他为什么要那样说呢?难道他也不得不把事情安排得使真理从他的心头给抹煞掉,就像我所认识的那许多欧洲人,他们不愿知道监狱和集中营,因为

---

① 李·哈维·奥斯瓦德(1939—1963),美国刺客。一九六三年十一月二十二日在达拉斯暗杀美国总统约翰·肯尼迪,被捕后次日为杰克·鲁比击毙。罗伯特·肯尼迪为约翰·肯尼迪之弟,一九六八年因参加民主党总统提名竞选,在洛杉矶被暗杀。

那样会削弱他们对于他们的党或领袖的信仰？对于那位作家类型的高贵的自由主义者，事情并没有那么简单化，因为黑人区和农业工人棚屋的地狱般的气味正从电视机散发出来，像一片毒雾降落在起居室的家具上。

  要忘记当前信息的巨大贫困，忘记幕后的有时公开的检查制度所作的种种剪辑，那是很幼稚的。但是，那不是"事实"的贫困；它们越吓人，便越有销路。于是，想象力必须容纳痛苦，贬值，暴力，贫困，全世界信仰和道德的荒诞，没有什么会被思想所和解，所制服，不过思想毕竟能够消除一点我们的忧虑，如果我们问一下"为什么"，而能得到一个以"因为"开始的回答的话。世界冲击着我们，有如无理性的化身，有如某种疯狂的庞大头脑的创造物。人们能够承受那整个负担，同意现实就是现实吗？能够，但只有像母牛一样在畜生般的静观状态中反刍才行。如果我们多愁善感，同时又无能为力，那么我们就会生活在一种绝望的夸张状态中。这肯定就是我在别处称之为新摩尼教[①]的那种暴行的起因之一。

[①] 摩尼教为第三世纪波斯人摩尼所创的教义，又称"明暗教"。谓人体乃暗界（即恶）之产物，而灵魂乃明界（即善）之产物。所谓"新摩尼教"，参见《作家的自白》一文。

作家的自白

我经常被问到,为什么我,一个诗人,有明确的使命,偏要从事于空谈;就是说,写一些只有在即兴方式中才能被理解的事物,从不讲究精确度。我也为此而责备自己,并自慰于这个事实,即至今为止,我没有写过什么谀词来巴结当代任何政治家——虽然我曾经不止一次花时间搞过一些也许同样无用的计划。但是,目前我所做的一切也不是没有作用的,至少对我来说。我正在检查,在我滑入社会主题的倾向后面,有什么隐秘的动机。

世界,存在,可以设想为一场悲剧,但是不幸,那个观点不再是我们的专长。悲剧是庄重的,神圣的,而今天我们却时刻忙于应付畸形的幽默,荒唐的罪恶,可怕的德行。我们大家(不管愿意不愿意)所参与的沉闷无趣的古怪行为(因为这些古怪行为就是大写的历史),似乎命令我们把灰尘撒在我们的头上,像约伯一样哭泣[①]——但是我们的约伯却为自己的命运,同时为他人的命运捧腹大笑。每台打开的电视,每张拿在手中的报纸,都引起了怜悯和恐怖,但却是可笑的怜悯,可笑的恐怖。我也不例外。例如:我听说某个极权国家的警察逮捕了一大串人,却装扮成医生和护士,还把他们的警车漆上红十字,好看起来像救护车。这时我虽然同情恐怖的牺牲者,却忍不住让讥刺的痉挛扭歪我的脸。那些被逮捕者给打得昏死过去,然后被"护士"们用担架

[①] "把灰尘撒在头上,"表示悲哀,见《旧约·撒母耳记下》。约伯为基督教圣经人物,以坚忍著称。

抬走。正如屡见不鲜的情况,现实的梦魇般的不合理已经剥夺了讽刺家们最大胆的幻想。本世纪的全部风格正是试图与这种令人沮丧而又滑稽可笑的可憎事物并驾齐驱,这一点可以在素描、绘画、戏剧、诗歌、荒诞派风格中,在我们对自己和人类环境的猛烈而辛辣的嘲弄中感觉到。

这种风格结合着一切事物:人在宇宙中的孤独,他从一个与上帝相关的空间被剥夺了的想象力;整个星球表面所发生的事件的图象(这些图象在不断向我们轰击);对物质的新摩尼教徒式的憎恨;普罗米修斯式的以人类苦难的名义进行的反抗终于烟消云散,因为没有对象。这些乱七八糟的配料有助于构成一种以矛盾心态为特征的风格,几乎每部作品可以同样有效地既被解释为抽象的绝望,又被解释为投向人对人的残忍、投向对邪恶社会的诅咒。

我不欢喜荒诞派的风格,不希望采用它而对它表示敬意,即使我相信它来源于抗议。黑色的面临大难的幽默实无异于承认完全无能;嘲弄早就是被凌辱者、被压迫者、奴隶们的唯一报复手段。虽然今天的感受力已经钝化,以致没有大木偶剧院①的恶作剧来刺激,我们的声音就没有一个人听得见,但是对风尚的轻蔑整个说来,使我无法做出任何让步。可能我对于秩序的需要特别大,或许我的趣味是古典式的,或许我的习惯是一个受过天主教熏陶的讲礼貌的质朴少年的习惯。不过,我认为,就我需要秩序、我不愿扮鬼脸响应荒诞派而论,我还是相当正常的,只是我比别人更不为自己的内心要求感到惭愧。

我不欢喜荒诞派的风格,但也不欢喜天然的秩序,它意味着屈从于盲目的必然性,屈从于万有引力,不欢喜那同意义相对立、从而违反我的心意的一切。作为血肉之躯,我是那种秩序的一部分,但这不是我所同意的。而且,我以绝对的冷静坚持,虽然今天我们的想象力还不能涉及生存分成天堂、人间和地狱三界,但是这种三分法是不可避

---

① 原文为法语,指巴黎的恐怖荒谬剧院。

免的。人在内心自相矛盾,因为他处于中间。某些天主教徒(希望通过收买求得不信教者的皈依)关于世界之善行的说法,在我听来,不过是一篇童话。相反,我倒确实同意西蒙娜·韦尔[①]说,魔鬼并没有凭空承受"今世君主"这个称号。当然,以数理必然性控制物质的因果关系,并不使我们有权利谩骂上帝或者任何叫作生存之基础的某种东西。如果我们暂时把我们的人性置于一旁,把我们对于人的价值观念抛到脑后,我们就必须承认,世界既不好也不坏,这些范畴不能用到蝴蝶或螃蟹的生活中去。但是,我们谈到我们自己的要求,我们在一切活物中间所特有的要求时,那又另当别论了。那时,不偏不倚的决定论具有穷凶极恶的特征,我们有权设想,上帝已把宇宙出租给魔鬼,魔鬼在《约伯记》中乃是耶和华的一个儿子。"我们同世界、众生和魔鬼所进行的战争,"并不是西班牙神秘主义者的发明物,而是发生在我们的内心,发生在我们和我们周围的冷漠的必然性之间。我是双重的:在某种程度上,我是蝴蝶和螃蟹的亲属,我又是"人间精灵"(它可不善)的仆人。如果没有人,也就没有魔鬼,因为天然的秩序不会为任何人所抵触。既然它被抵触了,它的统治者,撒旦,"人间精灵",自然的创造者,就会同人身上为人的灵魂奉为神圣的一切进行斗争。只有同上帝订立圣约,才能使人摆脱或者不如说试图摆脱约束天地万物的永久不变的规律的罗网。因此,坦白地说,以我悲观的态度评价生活,因为它主要是由痛苦和对死亡的恐惧所构成,而且我觉得,一个人能够没有病痛地活过一天,就应当认为自己十分幸福了。"今世君主"也就是"谎言的君主"和"黑暗的君主"。关于暗与光斗、恶与善斗的古代伊朗神话非常投合我的胃口。那么,什么是光呢?就是人身上反对天然成分的神圣成分——换言之,就是不同意"无意义"、寻求意义、嫁接在黑暗之上像一根高贵的嫩枝嫁接在野树之上、只有在人身上并通过人长得更大更壮的理解力。

[①] 西蒙娜·韦尔(1909—1943),法国女作家,神秘主义者,社会哲学家。

意识，理解力，光，皈依，对善的爱——这些微妙的区别不是我所关心的；我们有某种本领使我们与众不同，成为这个世界的闯入者，不能与螃蟹、雀鸟、动物相通的孤独生物，对我来说，也就够了。根据基督教最初几世纪流行、后来被忘却的一个古老的传说，撒旦所以造反，是因为上帝命令他这个长子向按照上帝的形象被创造出来的人致敬。从此，撒旦的一切行动只有一个目的，即是同被捧得如此不公平的弟弟相匹敌。或者，提供一个多少不同的异文，在我们和自然之间产生敌意。

我们不能赤裸裸地生活。我们必须用一层思维产物、我们日新月异的哲学、诗歌、艺术风格的茧壳不断把自己包裹起来。我们把意义投入那些与意义相对立的事物里面；那种不停的劳动，那种纺织是我们最富于人性的活动。因为我们祖先所纺的线并没有消失，它们被保存下来；在生物中间，只有我们有一个历史，我们活动在一个庞大的交织着现在与过去的迷宫中。那个迷宫保护我们，安慰我们，因为它是反自然的。死亡是一种屈辱，因为它把我们从文字、音响、线条和色彩的结构拖开，从我们的反自然的自由之一切表现形式拖开，把我们置于必然性的支配之下，把我们贬入停滞不动、生得无意义、死得也无意义的境地。正是这样。但是今天加害于我们的荒诞事物，首先就是人的作品。文明并没有满足我们对于秩序、对于清晰透明结构、最后对于我们本能地理解为"事物之合宜"的一切的需要。生存斗争的残酷性并没有在文明中被防止。文明是晦暗的，机械的，从属于最原始的决定因素，并使我们屈从它，以致把我们都碾平了，因此文明并没有接近、反倒退离了两千多年来为哲学家们所规定的、最终适合于人的共和国的种种模式。其所以发生那种情况，是因为我们每人身上都有的二元性事实上为文明加剧了。魔鬼卓越地利用了工业技术，以便深入我们的堡垒内部，操纵我们的机制；就是说，一切非人事物的决定论和惰性把人身上的神圣部分也拖垮了。

我的许多同代人认为，魔鬼就是有创造力的冷淡的逻辑头脑，也就是把我们日益抬高而又压倒的技术文明的创造者。为了那个理由，许多人拥护以自然物反抗人工物、以个人反抗集体的本能和直觉。诚然，在一般人的心目中，凭借书本自以为无所不知的人，把一切事物化为因果机制——枯燥无味，缺乏信仰，对善恶无动于衷——这种人经常是邪恶精灵的同义语。这个形象由漫画、影片和电视保持着，里面一个恶棍，一个穿着白色实验室工作服的罪犯，被他的实验室变得无所不能。然而，我却认为，我们所以不幸，其责任不应由智力来承担，而是因为智力还没有开化，还不够合乎理性，脱离了我们的那些天赋——对神的归顺或对价值的依附，不论叫什么名字——它们应当是同智力分不开的。我不是理性主义者的朋友，不论是十八世纪的理性主义者还是他们的后继者。但是，如果今天反对不具人格的、压抑性的、非人的知识的人们热衷于引证威廉·布莱克①，那么我所以赞成他们，仅仅因为我在布莱克身上发现某种东西，不同于他们所发现的。使布莱克感到压抑的智力，为了物质的固定规律抛弃了冲动，为了惯性抛弃了上升运动。牛顿的物理学使布莱克毛骨悚然，因为他把它看作一种屈服的宣言，要我们屈服于现存事物；既然事物就是它们现存的样子，在物质方面就没有什么选择可言。

在现代，伟大的形而上的思考曾经试图赋予历史以意义。那就是说，我们作为外人、闯入者面临一个不知善恶为何物的世界；我们的神性是软弱的，被囚禁在肉体中，受制于时间与死亡；那么让我们的迷宫别再扩大了，让我们的规律（产生于我们以应有事物的名义向世界提出的挑战中）建立起来吧。我们的生存像螃蟹和蝴蝶的生存一样，并不适宜于按其自身目的的考虑，我们的一切"为什么"和"所以然"都崩溃了；意义只能从排斥意义的一切事物中得到，如果一代一代传下来，对于正义和秩序的纯人性需要有所增长的话，而且这还使我们可以设想实现人性的那一顷刻。稀奇古怪的错位和更替已经发生在那

---

① 威廉·布莱克(1757—1827)，英国诗人，画家，神秘主义者。

种试图的过程中。上帝变成了一个恶毒的残忍的创物主，暴君宙斯，暴君耶和华，因为他是同我们不相容、使我们不满意的自然之神；许多人曾经以一个神圣的英雄、一个人类领袖即反叛者普罗米修斯、魔王（他常以基督的面容出现）来同那个神相对抗，像浪漫主义诗人们所做的那样。后来，任何希望看见历史在运动并指向一个目标的人，都得用无神论的语言来表达自己。然而，这个变化并没有使这个过程免除一点任何利害攸关的最后关头所发生的传统暴力。这一些都应当说清楚，以免我被怀疑具有活动分子的本能，这些本能其实在我身上很微弱。社会性和政治性是强加在我们身上的，既然我们无从防御它们之外的时间和毁灭。几代人织成的迷宫是如此辉煌，如此有趣，就在里面漫游一番也给人很大乐趣，我因此并不责备人们那么沉湎于书籍或博物馆。何况还有艺术的制作，它在不断给人的自由注入新生命。但是，仔细考察一下就会发现，那整个人道主义的空间如不从停滞的形式发展到新形式从而受到激励，它就会枯萎以至消亡；尽管由于规律（我这里且不提它），新事物总是同社会性和政治性连在一起，虽然有时是以非常迂回的方式。

我们的时代曾经被公正地称为新的宗教战争的时代。如果共产主义革命不是来源于形而上学，这是说，如果它不曾试图通过行动赋予历史以意义，那句话就讲不通了。把人从对市场的屈从中解放出来，无非是把他从自然的威力中解放出来，因为市场就是生存竞争和自然的残酷性在人类社会的一种延伸。两个阵营（市场拥护者和革命者）所使用的标语口号，因此具有一种与其乍见之下的样子完全相反的面貌。革命的敌人欢喜装扮成一种为无神论者所威胁的宗教的捍卫者，而无神论者则把他们作为一个低级的神、宙斯、耶和华的牧师来憎恨，否则认为他们就是践踏人身上的神圣冲动的魔鬼。这就是马克思主义用以同自然相对的历史的意义。马克思主义因此是同现代人的新摩尼教徒式的激烈性格相一致的。如果不是这样，它就不会发挥它对于最积极的头脑所具有的近乎魔力的吸引力，也不会成为哲学家们所关注的主要对象了。只有在看来似乎仅仅是社会的和政治的事物中认识到一个形而上学的核心,那时才能估量落在我们身上的灾祸究竟有多大。满怀希望的思想进入了行动,又回到了思想,但却丧失了希望。对于历史意义的信心的崩溃,作为既是胜利又是失败的革命的结果,诚然只使欧洲和北美惴惴不安,但是我们必须有勇气承认,我们既不能够也不十分希望分享亚洲人、非洲人和拉丁美洲人的希望,因为我们心照不宣地也许相当错误地认为,那不过是我们已经熟悉的一种模式的重复。革命意图的本质是很容易忽略的,因为它通常为感情用事的、说教的口号所蒙蔽。要证明发生的一切不得不发生,也是很容易的。马克思主义要反对魔鬼,但又让它从主义的漏洞中溜了进来。这就是说,由于它的科学抱负,马克思主义颂扬必然性,据说它是人类自由的产婆。正是这样,恐怖便获得一个具有邪恶造物主所有标志的"世界精神"的认可。这对于任何美好的明天都不是一个太友好的祝福。这样,在马克思主义者所统治的国家里,"谎言君主"的演出便使他以往的业绩相形见绌了。然而,不应当忘记,我们回顾起来,总倾向于给事件添上比其实际具有更有发展余地的逻辑。

我们今天坠入了什么样的陷阱呢?我的童年由两批事件表明了特征,我认为它们的意义不止是社会的或政治的。其一是俄国革命及其种种后果。其二是美国化的先兆,"老兄"基顿和马丽·皮克福德①的影片,福特牌汽车。现在,美国化取得了完全的胜利,是无疑的了:美国化意味着不仅低于人,不仅超过人淹没人,更重要的是被人感觉到既低于又超过他的意志的诸力量的产物。谁知道呢,也许这正是人要求禁物所应得的一种惩罚。上帝越是遗弃了空间,此时此地用我们的双手建造上帝王国的梦想便变得越是强烈,不过这个梦想却注定人要过一种赚了就花的生活。好吧,为什么应当是另一种方式呢?唯一的问题是,我们的双重性受不受得住一种静态的现实,我们如果被禁

---

① "老兄"基顿,即约瑟夫·基顿(1895—1966),美国喜剧演员,导演;马丽·皮克福德(1893—1979),美国女演员,有"美国的情人"之称。

止超越那个现实、超越我们的天性,我们会不会发疯,或者用精神病学者的语言,会不会被过量的"问题"压抑。很有可能,我们只有试图跳出我们自己的皮肤,在不时取得成功的希望中,才是健康的。

在我所说的一切中,冒出了一点至少于我重要的东西。我在关于象征希腊思想的圆圈的宗教史中所读到的,其中似乎有不少真理。一个圆圈无始无终,在它的周线上"过去式"流入"现在式",又回到了"过去式"。犹太思想则恰巧相反,它可以用箭的符号来表示。那支箭的射程是:同上帝的圣约,选民们世世代代的历程,弥赛亚的诺言。这一点由基督教所继承,它也是世俗救世主梦想的来源。甚至十九世纪下半叶资产阶级关于进步的无聊概念,也曾引起过我们今天觉得可笑的期望,例如在波列斯瓦夫·普鲁斯①的小说《玩偶》中,就说发明一种比空气还轻的金属,可以保证天下太平,人人幸福。对我来说,这都是些私事。我所受的教育,一种不限于学校的教育,把我永置于箭的符号之下。但是,在我目前所在的美国,在文明的这一侧面,人人必须设法应付他的境遇,一只陷在琥珀中的苍蝇的境遇。他被那无力坚持方向、开始采取一个圆形形式的一切所包围。星际旅行不见得能保证我们进入另一个人性的尺度,也许只有关于飞碟的传说,通过同来自遥远星球的小绿人相接触,才为我们对于完全不同事物的渴望提供一个出口。头脑或者举动反常,以毁灭、灾变、启示的幻象为乐,(在这方面,美国知识分子使人联想起二三十年代他们的欧洲同行们),或者以不和谐中一个循环往复的宇宙和谐而自慰。也许圆圈并不是关于时空的希腊思想的确切表现,但是希腊和印度的某种亲属关系,还有目前对于东方智慧的兴趣,可能是我们对于上升运动的想象受到束缚的结果。

在任何情况下,美国由于其全部发展,它的动力是自动的、无计划的运动,始终相当欠缺历史的想象力——昨天和明天同今天一个样,

---

① 波列斯瓦夫·普鲁斯(1847—1912),波兰作家,其名望仅次于显克维奇。

略好略坏而已,这或许就是为什么在美国影片中,古代罗马人和三〇〇〇年的宇航员在面貌和行动上都同肯塔基的青少年差不多。想象力有一个自然主义的方向——人,永远一样,永远在一样的动力和需要的摆布下,面对一个永远一样的自然。商业广告很容易落入这个窠臼,并使它有所加固。广告求助于"永远富于人性"事物的生理方面:性;食物的摄取(令人垂涎的鲜美菜肴);排泄(和胃的药丸,揩起来舒适的便纸);臭气(漱口水,除臭剂)。

我并不赞成流行文学、艺术和广告提供给我的哲学主张。我在街头遇见的男男女女都感到为他们的皮肤的边界所封闭,但事实上他们是敏感的接受器,它的精神和肉体以一种特殊的方式颤动着,因为它们被固定在一个特殊的高度上。每个人在自己内部载有一大批灵魂,我要说,还有一大批肉体,但只有一个灵魂和一个肉体受他们支配,其他一切仍然没有解放。通过改变文明,时间会不断解放人身上的新的灵魂和肉体,因此时间并不是一条吞噬自己的尾巴的长蛇,虽然普通男女并不知道这一点。很久以前,我走在一条波兰的村路上,看见几只鸭子在污泥塘里洗澡,不免沉思起来。附近就有一条流过赤杨林的可爱的小河,使我吃了一惊。"为什么它们不到小河里去呢?"我问一位坐在小屋前木凳上的老农。他答道:"哼,它们要知道就好了!"

附　录

授奖词[*]

瑞典学院　拉尔斯·吉伦斯坦教授

国王陛下,殿下们,女士们和先生们!

切斯瓦夫·米沃什生于立陶宛,成长在一个原始的民俗传统与复杂的历史遗产并存的环境里。认真说来,似乎没有什么工业化。人民的生活与一种尚未污染的自然密切联系着。这种文化及其大部分人民不再存在了。纳粹的暴行和种族灭绝、战争和压迫已将它毁灭殆尽。

米沃什早年开始爱好文学,成为年轻一代的主要作家之一,他们想要革新诗歌,积极参加反纳粹暴政的地下自由运动。作为一名社会主义者,他属于新波兰知识界的名流,终于成为在国外代表他的国家的受信任的文化人物。但是,冷战期间,政治气侯沿着斯大林主义方向变换了。由于坚持要求艺术的诚实和人的自由,米沃什不再支持这个政体。一九五一年,他离开波兰,定居巴黎,做一名"自由作家"——一个不无讽刺意味的名称。一九六〇年,他移居美国,在伯克利大学任波兰文学讲师。然而,他在波兰的根及其与波兰精神生活的联系却始终没有割断。

米沃什的生活一开始就以分裂和瓦解为其标志。在外在和内在

---

[*] 本书所收授奖词和受奖演说正文均由诺贝尔基金会拥有版权。承蒙该会允许翻译,译者特此致谢。

的意义上,他都是一个被流放的作家——对于这个陌生人,有形的流放实际上是适用于一般人类的抽象的甚或宗教上的流放的反映。米沃什在他的诗与散文作品及文论中所描绘的世界,正是人在被逐出天堂之后所居住的世界。但是,他所从被逐的天堂并非任何一种哀诉的牧歌,而是(不管怎么说)一个真正的"旧约"中的伊甸,以蛇作为竞争霸权的对手。破坏的背叛的势力同善良的创造的力量混合在一起,二者同样是真实的,现存的。

紧张和对比是米沃什的艺术和人生观的特征。据他说,作家最重要的职责之一就是"给读者创造出一个将日常生活变得极其惊心动魄的境界"①——"保护我们免害于巨大的沉默",并且告诉我们"始终如一地做人是多么困难"。他身上有不少传教士式的或者帕斯卡②式的热情——力图使我们强烈地意识到,我们四下散居着,没有什么天堂,只有邪恶和浩劫是需要对付的力量。直面现实,并非把一切看成一团漆黑,屈服于阴郁与绝望之中,亦非把一切看成通体光明,陷入空想和错觉。更不是模糊轮廓和焦点,以求便利或妥协。紧张,激情,对比——既是自由地被承认的又是被强制执行的向国外散居——就是我们人类的生存方式的真实意义。

米沃什是一位非常理智的作家,在哲学和文学两方面均有修养。他的作品富于语态和典据,戏拟和反讽,有意破坏风格和角色。它在结构上是复调式的。

但他也是一位非常感性的作家。我们不可能希望韵律和语感确切地复现在译文中。但是,内在的感性却可以充分地保存下来。他的形象比喻具有唯独经验才能赋予的惊异的性格——那是在经验世界中、想象或回忆中所经验到的惊异。米沃什身上的理智的特征正好为这种明朗风格的才能和这种对于感性事物的被报答的爱所补充。他力图接近具体的现实,凭借人类的传统与情谊,抵抗那些在我们违反

---

① 原文为法语。
② 勃勒茨·帕斯卡(1623—1662),法国著名哲学家、数学家。

本意而被送到的世界中占支配地位的破坏力量。他的作品使我们感到远在天边，同时又近在眼前。他对于他的新国家的关系也可以这样说，在那里他是一个必须经过翻译才能被理解的作家，是一个被理解而又受尊重的作家，虽然也许是以一种迂回的方式，是通过不完全的复制品。他认为，事实上我们大家都会遇上这种情况，不论是不是作家。

强烈的情感，还加上严格的训练和确切无误的洞察力，使他的作品与众不同。一种难以平息的热情决不让他安于人的无能为力，安于语言对幻想游戏的癖好，安于麻木不仁，安于"我们不曾以绝对的爱，超乎常人能力地，去爱萨克森豪森①的可怜的灰烬的那种悔恨"。他的这种热情结合着一个成熟的经过痛苦考验的人的宽容精神，结合着一种对自我克制的追求和一种禁欲主义的甚或享乐主义的英雄气概。我们经常遇见蔑视和愤怒的爆发，它们以近乎尼采的方式，狂乱地反抗造物环境迫使人仅仅成为人，而不能像神一样改变卑鄙和残忍的一切。与此形成对照的则是偶尔出现的一种对于眼前奇迹般存在的简单事物的明朗的宁静心境。他的作品是多声部的，富于戏剧性的，执着而又煽动的，在不同的基调和水平之间变化着，从哀婉到暴烈，从抽象到极其具体，不一而足。

切斯瓦夫·米沃什是一位难以理解的作家，从这个词的最好的意义来说——需要认真阅读，不可等闲视之，其强烈的感染力决非由于他的错综复杂性。

亲爱的米沃什先生！你有时说到，你的语言波兰语是一个小民族的小语种，不为大部分世界所知。我曾试图评述你的人生见解和经验，它们就是用波兰语写出来的，而且是靠波兰的传统与文化培育起来的。我说话用的却是一种更小、更不为其余世界所知而且与波兰传

---

① 萨克森豪森，系纳粹德国主要集中营之一，位于柏林西北部萨克森豪森村附近，建于一九三六年，为包括布痕瓦尔德、达豪等集中营在内的集中营网的一部分，被囚禁者多为北德人、波兰人和苏联人。"灰烬"指焚尸炉的灰烬。

统颇为疏隔的语言。而且,我只能利用很短一点时间,来试图描述阅读你的作品时的一些体会。现在,我愿用英语——一种既不属你也不属于我的语言来作结束,而且是在更短的时间之内。当然,我不可能公正地评判你,一点也不可能。

目前的情况令人感到某种讽刺,一种在这一点上并非不相称的讽刺。你常把人的环境说成基本上是彼此疏远的——我们在这个世界上都是外国人,彼此是外国人。但不**仅仅**是外国人。诺贝尔奖金对你还证明了这样一个事实:国界**可以**跨越,理解和同情可以培养,生动的交往或一致可以创造。阅读你的作品,面临它们的挑战,意味着因重要的新的经验而致富,尽管非常疏远。

我十分乐意表达瑞典学院的衷心的祝贺,并请求您从国王陛下的手中接受今年的诺贝尔文学奖。

受奖演说

——1980年12月8日写于美国伯克利加利福尼亚大学

一

我站到这个讲坛上来,对于所有认为人生无法逆料,而且复杂惊人,只有靠天赐良机,并加以称颂的人们,应当是一个证据。我在学生时代,经常阅读当时在波兰出版的一套"诺贝尔奖金获得者丛书"。我还记得那些字体的样子和纸张的颜色。当时我这样想,诺贝尔奖金获得者都是些作家,即用散文写厚书的人,甚至得知他们中间还有诗人时,我好久也不能摆脱那个观念。当然,到一九三〇年,我在我们的大学刊物《母校维尔嫩锡什》上发表最初的诗作,并没有奢望一个作家的头衔。很久以后,我由于选择孤独,并给自己一个奇怪的职业,即一面住在法国或美国,一面用波兰语写诗,也曾经试图对诗人保持某个理想的形象,如果他要出名,也要在出生的村庄或市镇上出名。

我在童年读到一位诺贝尔奖金获得者,我相信她在极大程度上影响了我的诗歌观念。那就是塞尔玛·拉格洛夫。她的《尼尔斯历险记》,一本我爱的书,让主人公承担双重角色。他是一个既飞在地球上面从高处观望它,同时又能够巨细兼察地观望它的人。这种双重眼界可能是诗人职业的隐喻。我在一位十七世纪诗人马什叶·沙尔比夫斯基(他曾以卡西米尔的笔名闻名全欧)[①]的一首拉丁颂歌中找到同

[①] 马什叶·沙尔比夫斯基(1595—1640),波兰诗人,耶稣会员,用拉丁文写作。

样的隐喻。他在我的大学里教过诗学。在那首颂歌里,他描写了他骑在天马背上,从维尔诺到安特卫普去拜访诗友的航程。像尼尔斯·霍尔格逊一样,他看见他下面的河流、湖泊、森林,就是说,一幅既遥远又具体的地图。因此,诗人有两个属性:眼睛的贪恋和描写所见一切的欲望。但是,任何认为诗只是"看见和描写"的人应当明白,他是在同现代性发生口角,后者正迷恋于无数种以特殊的诗的语言写成的理论。

每个诗人都依仗几代以本国语言写作的人;他从前人继承由前人创造的风格和形式。虽然如此,他同时又觉得,那些古老的表现方法对他自己的经验不够用。当他使自己与之相适应时,他听到身内有一个声音,警告他防止假面或伪装。但他一有所反抗,转而又陷于依仗同时代人,各种不同的先锋派运动。唉,实在够呛,他发表第一本诗,就发现自己堕入了陷阱。因为书的油墨还没有干,那本他觉得最有个人特色的作品,就似乎被绊缰在另一个人的风格中了。唯一防御一种朦胧悔恨的办法,就是继续探索,发表一本新书,但那时一切又重复发生,看来那种追猎是无穷尽的。而且也可能发生这样的事情,把书抛到身后,仿佛它是些死蛇皮,不断地逃脱过去所做的一切,他却获得了诺贝尔奖金。

不允许一个人安于现成事物的那种暧昧的冲动是什么呢?我想那是一种对真实的追求。我赋予这个词以其朴质而庄严的意义,与近几个世纪的哲学讨论无关的意义。这就是尼尔斯从鹅背上、拉丁颂歌的作者从天马上看到的地球。无疑,那个地球存在着,它的财富不可能为任何描写所穷尽。下这么一个断语,意味着预先拒绝我们今天常听到的一个问题:"什么是真实?"因为这同庞蒂乌斯·彼拉多的问题,"什么是真理?"①是一样的。如果在我们每天所用的成双对立物中,生与死的对立有如此大的重要性,同样的重要性也应赋予真与假、真

---

① 庞蒂乌斯·彼拉多系罗马帝国驻犹太的总督,他违反本意把耶稣交付犹太人处死,见《新约全书》。

与幻的对立。

二

其著作使我受惠不浅的西蒙娜·韦尔[①]说,"距离是美的灵魂"。但有时,保持距离几乎不可能。我是"一个欧洲的孩子",正如我的一首诗的题目所承认,但这是一种苦味的、讽刺性的承认。我还是一本自传的作者,那本书在法语译本中有一个题目 Une autre Europe(《另一个欧洲》)。无疑存在着两个欧洲,并且发生了这样的事,我们,第二个欧洲的居民们,命定坠入了二十世纪的"黑暗中心"。我不知道怎样一般地谈诗。我谈诗,必然会谈到它与特定时空环境的关系。今天,从一个透镜来看,我们能够区分一些大事件的轮廓,那些事件以其致命的广阔范围超过我们所知的一切自然灾害,但是诗,我的或我的同代人的,无论是传统风格的或是先锋派风格的,都没有准备来应付那些灾变。像瞎子一样我们摸索走路,面临心灵在我们时代用以欺骗自己的一切诱惑。

区分真与幻是不容易的,特别当一个人生活在两百年前开始的大动荡的时期,在欧亚大陆西部一个小半岛上,只为了在一个人的一生用对于科学技术的一致崇拜来理解整个星球。在欧洲的那些区域,堕落的统治人的观念,同统治自然的观念一样,导向革命和战争的不断爆发,使几百万人肉体上和精神上遭到毁灭,要抵抗这里的多种多样的思想诱惑,是特别困难的。然而,我们最有价值的收获,也许不是理解那些观念(我们接触过它们最明确的形式),而是对某些保护人们免于内心崩溃,免于向暴政屈服的事物的尊重和感激。正是由于这个缘故,某种生活方式、某种风俗习惯变成了恶势力的众矢之的,首先是有机地仿佛独自地存在着的,由家庭、宗教、邻里、共同遗产所维护的人

[①] 西蒙娜·韦尔(1909—1943),法国女作家,克尔凯郭尔哲学信奉者。

与人之间的联系。换言之,就是所有那种混乱的、无逻辑的人性,它经常由于狭隘的依恋和忠诚而被诟病为可笑。在许多国家,国民性的传统联系一直遭受逐渐的腐蚀,它们的居民们不自觉地被剥夺了继承权。不过,在某些区域,那种联系的保护性的富于生气的价值突然在彻底的危险情况下显示了自身,那里的情况却不是一样的。那就是我的祖国的情况。而且我觉得提一提我和我的朋友们在我们这一部分欧洲所接受的赐予,讲一讲感恩的话,这里倒是一个适当的地方。出生于一个自然条件合乎人性的小国家,不同的语言和宗教相处几百年之久,是有幸的。我想说的是立陶宛,一个富于神话和诗的国度。我的家庭在十六世纪就已经讲波兰语,正如许多家庭在芬兰讲瑞典语,在爱尔兰讲英语一样;所以我是一个波兰诗人,不是一个立陶宛诗人。但是,立陶宛的景物,也许还有它的精神,从没有遗弃过我。在童年就听拉丁文圣餐祷词,在高中就翻译奥维德,接受罗马天主教教义学和教义辩护的良好训练,是很好的。命定在维尔诺这样的城市接受中学和大学教育,是一种幸福。这是一个奇妙的城市,巴洛克建筑移植到了北方的森林,历史写在每块石头上,有四十座天主教堂和许多犹太教堂。在那些日子里,犹太人称它为"北方的耶路撒冷"。直到我来美国教书时,才充分认识到我从我们古老大学的厚墙、从牢记在心的罗马法的准则、从古老波兰的历史与文学中吸收了多少东西,后者以其如下的特征使年轻的美国人为之惊讶不已:一种宽容的无政府主义,一种使凶猛口角罢休的幽默,一种有机的群体感,一种对任何集权的不信任。

在这样一个世界成长起来的诗人本应是一个通过冥想追求真实的人。家长制应当使他感到亲切,还有钟群的音响,摆脱压力的孤寂,同胞的固执的要求,以及修道院斗室的寂静。如果桌上长期放着什么书,它们就会是写上帝所造之物最不可解的性质即存在的书。但是,突然间所有这一切为历史的恶魔般的行为所否定,历史取得了一个嗜血神祇的品质。诗人在飞翔中所见到的地球从深渊中呼喊而出,不让人从上面来看它自己。一个不可解决的矛盾出现了，一个日夜使人心灵不安的、非常真实的矛盾，不论我们怎样称呼它，这是存在与行动的矛盾，或者在另一个水平上说，是艺术和与自己同胞休戚相关的矛盾。真实要求一个名称，要求话语，但它又是不可忍受的，如果它被接触到，如果它离得很近，诗人的嘴巴甚至不能发出一声约伯式的喟叹：所有艺术证明都不能同行动相比。但是，要以这种方式来拥抱真实，使它保存在它的古老的善与恶、绝望与希望的纷纭之中，只有通过一种距离，只有翱翔在它上面，才是可能的——但这反过来又似乎是一种道义上的背信弃义。

这就是由二十世纪所产生的、被一个为种族灭绝罪行所污染的地球的诗人们所发现的冲突中心的矛盾。其中有一个诗人，他写了许多作为回忆、作为证据留存下来的诗篇，他的思想是什么呢？他认为，它们是从痛苦的矛盾中诞生的，他宁愿曾经能够把那些诗扔下不写，以便来解决这个矛盾。

三

所有流亡诗人只是在回忆中访问他们的城乡，他们的守护神永远是但丁。但是，佛罗伦萨的数目增加了多少啊！一个诗人的流亡今天不过是一个相当晚近的发现的简单函数：任何行使权力的人也能够控制语言，不仅利用检查制度来加以禁止，而且还可以改变文字的意义。一个特殊的现象出现了：一个被监禁的社会的语言竟获得某种持久的习惯；真实的整个区域不再存在，仅仅因为它们没有名称。看起来，在作为"写作"的文学、以自身为生的言语的理论和极权国家的成长之间，有一层看不见的联系。在任何情况下，国家没有理由不容许创作"试验性"诗文的活动，如果它们被设想为自主的参照系，局限在它们的界限之内。只有当我们假设，一个诗人经常为了寻求真实，努力把自己从借用的风格中解放出来，他才是危险的。在一间屋子里，人们一致保持一种共谋的沉默,说一句真话就像一声枪响。天哪,要把真话说出来的诱惑,有如奇痒,变成一种不让人想别的什么的强迫观念。这就是诗人为什么选择内部或外部流亡的缘故。但,倒也不一定是他格外为他对现实的关心所激发。他也可能希望把自己从这种关心摆脱出来,希望在别的地方,在另外的国家,在另外的海岸,至少短暂地恢复他的真正职业——那就是沉思存在。

那个希望是虚幻的,因为那些来自"另一个欧洲"的人,不论他们置身于何地,都注意到他们的经验使他们多么孤立于他们的新环境——而这可能变成一个新的强迫观念的根源。我们这个每年越变越小的星球,及其宣传工具的难以置信的激增,正好证明一个无从下定义的、使人不愿回忆的过程。当然,几百年来的文盲,然后是大多数人类,很少知道他们各自的国家和文明的历史。现代文盲虽然知道怎么读,怎么写,甚至在学校和大学里教书,但在他们心目中,历史显得模糊不清,在奇怪的混乱状态中,莫里哀变成拿破仑的同代人,伏尔泰是列宁的同代人。还有,近几十年来,具有头等重要意义的事件,对它们知与不知直接影响到人类的未来,却被移开了,变苍白了,失去了全部连贯性,仿佛弗·尼采关于欧洲虚无主义的预言得到名副其实的应验。他一八八七年写道:"虚无主义者的眼睛,是不忠实于他的记忆的:它让那些记忆凋落,失去它们的叶子,……他不为自己去做的一切,他也不为人类的整个过去去做:他让它凋落。"我们今天为关于过去的虚构所包围,那些虚构违反常识,违反善恶的基本概念。正如《洛杉矶时报》最近指出,用各种语言否认大屠杀曾经发生,说它不过是犹太人的宣传,这样的书册数已逾一百万。如果这样一种疯狂是可能的,全部失却记忆成为持久的心灵状态不也是可能的吗?这难道不提供了一种比遗传工程和毒化自然环境更其严重的危险吗?

对于"另一个欧洲"的诗人,称得上大屠杀的事件是一种真实,在时间上那么近,他不能希望摆脱对它们的记忆,除非(也许)让他去翻译大卫的诗篇。虽然如此,他感到焦急,当"大屠杀"的意义正经受逐

265

渐的修改，以致这一词专门属于犹太人的历史，仿佛在那些牺牲者中间另外没有几百万波兰人、俄国人、乌克兰人和其他国籍的俘虏。他感到焦急，因为他在这里感到一个并不遥远的预兆，那时历史将简化为电视上的样子，而真实则由于太复杂，便被埋葬在档案里，如果不是全部被毁灭的话。还有其他的事实，他觉得很近而西方觉得很远的事实，在他头脑中增加了赫·乔·威尔斯在《时间机器》中所写的幻象的可信性：地球上住着一种白昼儿童，他们无忧无虑，没有记忆，由于同样原因，也没有历史，一旦遇见住在地下洞穴的、吃人肉的黑夜儿童，便觉得毫无防御能力了。

我们被技术变化的运动拖着前进，认识到我们星球的统一正在形成，我们重视国际社会的概念。国际联盟和联合国成立的日子是值得记念的。不幸，那些日期同另一个日期相比便失掉意义，那个日期应当每年援引作为举哀日，虽然年轻几代人简直不知道它。那就是一九三九年八月二十三日。那时两个独裁者签订了一个协定，包括一个秘密条款，借以瓜分他们邻近的有自己的首都、政府和议会的国家。那个条约不仅发动了一场可怕的战争，它还重申了一个殖民原则，据此各民族不过是牲口，可以买，可以卖，全凭当时的主人的意志。它们的边疆，它们的自决权，它们的护照不再存在了。今天人们还以耳语的方式，把手指放在嘴唇上，谈到那个原则在四十年前就为独裁者们实行过，实在令人惊讶不已。

反人权的罪行，从来不承认，从来不公开谴责，乃是破坏民族间友谊的可能性的一副毒药。一些波兰诗选发表我的故友乌拉季斯拉夫·塞比拉和勒希·皮沃瓦尔的诗，刊出他们的卒年为一九四〇。[①]荒谬的是，竟不能写出他们是怎么死的，虽然波兰每个人都知道真情实况：他们同几千名被希特勒当时的同谋者解除武装并加以拘留的波兰军官同一个命运，他们都长眠在万人坑里去了。西方青年人如果读

---

① 一九四〇年春季，几千名被俘波兰军官牺牲于苏联斯摩棱斯克州的卡廷森林。

历史的话,他们难道没有听说一九四四年有二十万人被屠杀在华沙,被那两个同谋犯判决灭绝的城市?

那两个灭绝种族的独裁者都不在了,但谁知道他们是不是赢得了一个比他们军队的胜利更持久的胜利?虽然有大西洋宪章,民族国家是交易物,即使不是纸牌或骰子赌博的筹码,这个原则却由于把欧洲分成两个区域而确定下来。三个波罗的海国家从联合国消失了,这件事永远使人想起两个独裁者的遗产。在战前这些国家属于国际联盟,但它们从欧洲地图上消失了,乃是一九三九年协定的秘密条款的结果。

我希望你们原谅我把一段记忆像伤口一样揭露出来。这个议题同我对"真实"一词的沉思不是没有关系的,这个词经常被滥用但永远值得尊重。人民的牢骚,比我们在修昔底特斯①的著述中读过的条约更其诡诈的条约,一片枫叶的形状,海洋上的日出和日落,因与果的整个构造,不论我们称它为自然或历史,我相信都指向另一种看不见的真实,这种真实是不可测知的,虽然发挥一种强大的吸引力,成为所有艺术与科学的中心推动力。有时我觉得我猜透了落在"另一个欧洲"的国家身上的折磨的意义,那个意义就是使它们成为记忆的承担者——而这时欧洲(没有形容词)和美洲一代比一代更少有记忆了。

可能除了伤口的记忆,再没有别的什么记忆。至少我们是从"圣经"、一本关于以色列的忧患的书中懂得这些的。那本书长期以来使欧洲国家能够保持一种连续性——这个词不应与流行的名词、历史感相混淆。

在海外度过的三十年间,我觉得我比我的西方同僚(不论是作家或文学教师)更有资格说这些话,因为新近和久远的事件在我的头脑中具有一种轮廓分明的准确的形式。西方读者面对在波兰、捷克斯洛伐克或匈牙利所写的诗或小说,或者那里摄制的影片,可能直感到一

---

① 修昔底特斯(公元前460—前396),希腊历史学家,著有《伯罗奔尼撒战争史》。

种同样尖锐的意识，在一场经常反抗书检所强加的限制的斗争中。记忆这样便是我们的力量，它使我们避免采用一种像长春藤一样在树上或墙上找不到支撑时便自身缠绕在一起的语言。

几分钟以前，我曾表示希望结束使诗人一面需要保持距离，另一面又不得不与同胞保持一致感的矛盾。然而，如果我们把在地球上面的飞翔当作诗人职业的隐喻，那么就不难注意到，即使在诗人相对地免于历史陷阱的那些年代里，其中也包含着一种矛盾。因为怎样才能既在上面，同时又巨细兼察地看见地球呢？但是，在对立面不稳定的天平上，由于时间之流所引进的距离，某种平衡还是可能达到的。"看见"不仅意味着置于眼前，它还可能意味着保存在记忆中。"看见而描绘"也可能意味着在想象中重新构造。一种由于时间的神秘而完成的距离，决不会把事件、风景、人形变成一团越来越淡的影子。相反，它能把它们表现得一清二楚，以致每件事、每个日期变得富于意味，而且永远能够提醒人们认识人的堕落和人的伟大。活着的人们从永远沉默的人们接受了一项委托。他们只有试图准确地恢复事物的本来面目，把过去从虚构和传说中抢救出来，才能完成他们的任务。

这样，两者——在永恒的此刻，从上面来看的地球和在被恢复的时间里持续下去的地球——才可能充作诗的素材。

四

我不愿意制造这样一个印象，似乎我的心转向了过去，因为那是不真实的。像所有的同代人一样，我感觉到绝望的、迫在眉睫的末日的拉力，谴责自己屈从于一种虚无主义的诱惑。但在更深的水平上，我相信，我的诗仍然是清醒的，在一个黑暗世纪表现了一种对于和平与正义之王国的向往。有一个教我不要绝望的人，他的名字这里应当提一下。我们所接受的馈赠不仅来自我们的祖国，它的湖泊和河流，它的传统，而且来自人民，特别是如果我们在少年时期遇见一个强有力的人格的话。我的幸运是,我的亲戚奥斯卡·米沃什①,一位巴黎的隐士和幻想家,待我几乎像亲儿子一样。他为什么是一位法国诗人,这可以由一个家族以及一个一度被称为立陶宛大公国的国家的曲折故事来说明。尽管这样,最近还可能在巴黎报刊上读到如下表示遗憾的字句,最高的国际荣誉半个世纪以前竟并没有奖给这个和我共用一个姓氏的诗人。

我从他那里学到很多东西。他使我对新旧约的信仰有更深刻的认识,谆谆教导我在一切心灵事物中,包括属于艺术的一切事物,要有一个严格的、苦行主义的等级制度,他认为在这些事物中,如果把二等品等同于一等品,就是一种极大的罪过。虽然如此,我首先却把他当作一个先知来倾听,这位先知如他所说,是"以为怜悯、孤独和愤怒所耗尽的古老的爱"来爱人民的,并由于那个缘故,试图向一个冲向灾难的疯狂世界发出了警告。我听他说,那场灾难迫在眉睫,还听他说,他所预言的大火灾不过是终究会演出的大戏的一部分。

他看出十八世纪的科学所采用的错误方向、一个引起塌方效果的方向,是更深刻的原因。正如同他前面的威廉·布莱克,他宣布了一个新世纪,现在为某种科学知识(但如他所信,不是为一切科学知识,至少不是为未来人所发现的科学)所污染的想象的第二次复兴。我在多大程度上照字义听信他的预言,这无关紧要:有一个总方位就够了。

奥斯卡·米沃什像威廉·布莱克一样,从埃曼努尔·斯维顿堡②的作品中汲取灵感,这是一位比任何人更早预见隐藏在牛顿的万有模式中的人的失败的科学家。感谢我的亲戚,我后来成为斯维顿堡的仔细读者,当真,我不是按照浪漫主义时期流行的方式理解他的,那时我没有想到我会在目前这样的情况下首次访问他的国家。

我们的世纪接近了尾声,主要由于那些影响,我不敢诅咒它,因为

---

① 奥斯卡·米沃什(1877—1939),立陶宛裔法籍诗人。
② 埃曼努尔·斯维顿堡(1688—1772),瑞典神秘哲学家和科学家,他的著述涉及代数学、矿物学、冶金学、生理学、心理学等,同时讲解精神世界的神秘启示。

它也曾经是一个信仰和希望的世纪。一场深刻的转化已经正在发生，那种转化不得不同（我这里且用奥斯卡·米沃什的话）"比任何时候更生动、更活跃、更苦恼的劳苦大众的最深刻的秘密"发生关系。他们的秘密，真实价值的一种未经宣布的需要，找不到语言来表达自己，而这里不仅是宣传工具，还有知识分子，都承担着重大的责任。但是，转化正在进行着，不容作短期的预言，说不定尽管有一切恐怖和风险，我们的时代会被认为是人类上升到一个新意识之前所经历的阵痛的一个必要的阶段。然后，一种新的功过等级制度将会出现；我相信西蒙娜·韦尔和奥斯卡·米沃什这两位作家（我在他们的学校里恭敬地学习过）将会得到他们应得的一份。我觉得，我应当公开宣称我们对某些名字有深厚的感情，因为这样我们才能比说出那些我们宁愿大喝一声"不"的人们的名字，更强有力地表明我们的立场。我的希望是，在这篇演说词中，尽管我的思路散漫（这是诗人们的职业性的坏习惯），我讲清楚了我的是和非，至少在选择后继者这方面。因为我们所有在场的人，演讲者和你们听众，都不过是过去和未来之间的环链。

基 希

报告文学:一个危险的文学体裁*

具有社会意识的作家承担着双重任务,即斗争的任务和艺术的任务,但他如果只限于从事他的艺术或者他的斗争,那么这双重任务将会由于单打一而一无所成,两方面都会没有效果和价值可言。我们之所以不得不掌握并发展资产阶级艺术的遗产,倒不是为了形式上的效果,也不是希望在流行美学的法庭面前乞怜讨好,我们才不得不摒弃真正陈腐的、真正带蛊惑性的、真正鄙俗的一切,摒弃真正沉闷的唯理主义或者僵硬的唯物主义。

为了表达我们的认识,我们必须全力以赴地寻找一种能够满足绝

---

* 埃贡·艾尔温·基希(Egon Erwin Kisch,1885—1948),即鲁迅在《三月的租界》一文中所提到的"吉须",是世界著名的报告文学大师,出生于当时属于奥匈帝国的布拉格。年轻时在奥地利的德语报纸当记者,奔走于国内外;一九一八年积极参加奥地利工人的罢工运动。一九三二年来过中国,写了十来万字报道,热情赞美中国革命,并和鲁迅见过面。希特勒统治时期,流亡世界各地,积极参加反法西斯活动,创造了新的战斗的文学形式——报告文学。一九三五年,他在巴黎保卫文化大会上作了题为《作为艺术形式和斗争形式的报告文学》的报告,主张报告文学"必须使过去和未来同当前发生联系",并提供"科学的经得起检验的真实"。作为记者,他的足迹遍及世界五大洲,到过所有主要国家。他的作品有《布拉格的探险》(1920)、《怒吼的新闻记者》(1925)、《沙皇·东正教教士·布尔什维克》(1927)、《美国天堂》(1930)、《亚洲全变了》(1931)、《禁止入内》(1934)、《七个犹太区的故事》(1934)、《秘密的中国》(1936)、《澳大利亚的登陆》(1936)、《墨西哥的发现》(1942)等十余部。他的作品主题明确,笔调尖锐,泼辣、生动。一九四六年捷克解放后基希返布拉格,一九四八年在当地逝世。本文即作者一九三五年在巴黎保卫文化大会上所作的关于报告文学的报告摘录。中译刊于《时代的报告》(国际报告文学研究会会刊)1981年第3期,并收入人民文学出版社《基希报告文学选》1984年版。

对美学的所有理想规律的形式。我们应当这样做,我们也正在这样做。但是,那些非难我们的人,也在这样做吗？他们没有。如果在一部文学史中指出,他们的高尚的文学是怎样荒唐满纸,不离窠臼,追求名利和玩弄女性的欲望,也就是纯粹意义上的"唯物主义"是怎样刺激着他们小说的主人公,从而刺激着作者本人,这一切又是怎样以一种自觉的或者不自觉的倾向为基础——那倒是一桩深得人心的德政。

然而,不仅有"高尚的文学",而且,不单是在社会主义社会初期,还将有一些特殊的文学形式,面向劳碌奔波、读书不多、智力不发达的读者层,不过这些文学形式所具备的性格必须同它们在今天六分之五的世界所具备的性格截然相反。请允许我引报告文学为例,这是一种特殊的文学形式,资产阶级美学家们对它嗤之以鼻,其实是他们自己世界里的文人们把它弄糟的,连他们也瞧不起它。

采访员从来被贬斥为报纸最低级的撰稿人,直到约翰·里德和拉里沙·赖斯纳(和他们齐名的还有俄国的特烈基雅可夫和柯尔卓夫、德国的霍利切尔、美国的斯皮瓦克、法国的隆德赫斯等人)[①]的作品告诉我们,事实报道也可以写得自成一格,而且写得扣人心弦。谁要是没有从他们认识到这一点,那么也可以从批评界的护法僧侣们的敌对态度认识到这一点。

批评界的护法僧侣们的这种态度,不仅反对新事物,而且首先反对危险事物。请允许我举个例子:大约三个月以前,我到过锡兰;我在船上读过一些关于这个国土的书刊,这些书刊一部分是官方的导游册子和旅游局的宣传品,一部分是文学性的游记之类。把这些书刊同现实对照一下,我简直感到毛骨悚然。我所见到的是这样一个岛屿,从十月份到元月份,上面有三万多个儿童死于疟疾和营养不良;是这样

[①] 约翰·里德(1887—1920),美国记者,著有《震撼世界的十日》等。塞·米·特烈基雅可夫(1892—1939),苏联作家兼记者。米·埃·柯尔卓夫(1898—1942),苏联作家兼记者。阿·霍利切尔(1869—1941),德国作家,报告文学家。阿·隆德赫斯(1884—1932),法国记者,著有《捞珍珠的人》。

一个岛屿,上面有百分之八十的儿童由于营养不良而上不成学,上成了学也得每天挨白人的鞭挞;是这样一个岛屿,那里的土著怎样也找不着职业,因为人们宁愿从印度大陆输入组织不起来的工人;是这样一个岛屿,那里的人们在咬啮树叶和草根;是这样一个岛屿,那里每个人随时随地都被悲惨、饥饿和死亡盯视着。

而这些旅游笔墨又写的些什么呢?里面歌颂着珍珠形岛屿的旖旎风光、海洋的碎浪、丛林里对于永恒的探求、古堡的废墟以及光怪陆离的灿烂文化,但一个字也没有涉及可怕的日常生活。

如果我们要责备这些文章的作者,他们不但会振振有词:他们并没有撒谎,所有这些已逝的宫殿美,所有这些尚存的自然美,都是实际存在的,而且他们还会抗议,我们居然向他们规定主题,胆敢限制他们的自由。然后,他们还会进一步反攻,说:他们正是艺术家,而我们不过是"陈腐的""带蛊惑性的""无想象力的"以及天晓得还有什么帽子。

当然,一个有社会感的人也很可能把锡兰那些令人触目惊心的事实简单地记载下来,把那些惨状罗列一下,从而真有点老一套。同样,他还免不了在这些不幸事件面前大呼小叫,从而陷入了蛊惑者的嫌疑。同样,他还免不了试图让这些累积起来的事实自己来说话,从而显得毫无想象力。

真正的作家、也就是写真实的作家必须避开所有这些歧途,他不能丧失他的艺术家的沉思,他应当挑选色彩和配景把这可怕的模特儿作为艺术品、作为控诉性的艺术品来塑造,他必须使过去和未来同当前发生联系——这就是合乎逻辑的想象,这就避免了陈腐和蛊惑。而且,尽管他有一切艺术手段,他还必须提供真实,仅仅提供真实,因为正是由于要求科学的经得起检验的真实,采访员的工作才变得如此危险,不仅对于世界上的食利者危险,对于他本人也危险,比一个无须乎担心被否认的诗人的劳动更危险。

精确地描述真实,而又不丧失作品的神韵和形式,是很难的;报告文学就是要揭露劳动和生活方式的真相——在当前这段时期,这经常是些粗陋而又单调的模特儿。

真实是艺术最贵重的原料,精确是它最好的处理方式。在自由被压抑而暴政肆虐的国土上,再笨的人也看得出来,文学方面流行着多情善感的晦涩风格,对于血和土地之类的神秘的迷恋,因为那里任何生活问题都没有人敢碰。

但是,我们却认为,人和生活是至高无上的。我们的文学应当为他们、为他们的存在和意识服务!

生理学家巴甫洛夫的狗[*]

"先生们,"巴甫洛夫教授叫喊起来,用手敲着桌子,连讲台都震动了,"先生们,"巴甫洛夫教授激动地叫喊着,因为他对苏维埃政府的某次攻击引起了一些听众的抗议,"先生们,"巴甫洛夫教授以一个执拗老人的十分年轻的气质叫喊着——但即使在心平气和地讲演的时候,他也只惯于称"先生们",从不称"同志们"——"先生们,科学有权利哪怕发表违抗政府的话。"

科学当然有权利这样做。但是,自从世界上设立大学以来,还没有一个开讲座的人在进步的意义上利用过这个权利,因为反动政府善于保护自己,谁要是不赞成宪法,它就不让他当教授,谁暴露出敌人的面目,它就会拿漂亮的借口剥夺他的教席。当伊凡·彼得罗维奇·巴甫洛夫,公认的俄国最伟大的学者和最伟大的生物学家,再次漫无节制地攻击苏维埃政权的时候,一位人民委员在报纸上著文回答说:"我们可不能反对伊凡·彼得罗维奇,因为我们是世界上唯一按照科学理论建国的国家,我们必须尊重每个严肃认真的科学代表,即便他们对我们心怀敌意。真的,我们决不能反对伊凡·彼得罗维奇,因为我们是世界上唯一一个这样的国家,执政的不是出身贵族或者恩荫文武'功勋'的人们,而是科学与劳动的代表,而且我们必须把伊凡·彼得罗维奇尊为科学与劳动的可敬的代表。但是,如果我们无能到这种程

---

[*] 本篇选自《沙皇·东正教教士·布尔什维克》,中译收入人民文学出版社《基希报告文学选》1984年版。

度，简直是莫名其妙地歪曲他的研究成果，并说这样于我们有利，而事实并非如此，那就是陈旧而毫无体面的诡计了。然而，谁要是曾经研究过反射学说，无论如何，他一定会说，从来没有什么论证比伊凡·彼得罗维奇·巴甫洛夫的毕生工作更明确地、在实验上更确切地证明了唯物史观的正确，证明了马克思主义。这个伟大的学者是个政治上的儿童，他不知道他所做的一切，正在给我们的磨盘添水。"

先生们，我敲打着写字台，咱们离开政治领域，到巴甫洛夫教授的实验室里去吧。他的实验室不再在科学院大楼里。它当年在他的朋友领导时曾经在那里有过六间阴暗的小房间，它现在在瓦西里耶夫岛①上巨大的建筑物里，有十八间工作室、实验室和操作室，以及德国的新仪器；所有同事都安置得很好，更不用说狗了；这里共有五十只狗，在院子里有一所设备齐全的房子。

这个研究所只是为了从生理上研究大脑，特别是大脑皮质、中枢神经系统的最上部分（我们的一切心理现象都取决于此）而设立的。一九〇〇年以前，巴甫洛夫教授致力于研究消食管的生理学，从本世纪起从事研究条件反射，这是一个在医学、自然科学的许多部门、甚至在认识论方面都引起一场革命的方法。由于有了这个方法，精神病学、心理学、教育学才获得确切的基础，不再是纯粹的边缘科学了。反射学说排除了任何主观性，而只依据客观的实证。巴甫洛夫也许在研究消食管时，就已经认识到所谓"心理"的可测性，因为他证实了"垂涎欲滴"这个成语，正如弗洛伊德无意识地通过"他想不起他的名字"这句俗话建立了他的"失误功能系统"②一样。巴甫洛夫发现，在期待食物（食欲，不是饥饿）时嘴里汇聚的唾液在量上是各不相同的，正如由于恐惧或性爱而产生激动时，同样会产生那种人所共知的生理效果。根据这个论断，马上就可以做到，通过测量生理变化来表明想象

---

① 瓦西里耶夫岛，在列宁格勒附近。
② 原文为 das System der Fehlleistungen，心理分析学术语，指遗忘、误读、想说甲事而说出乙事等失误行为。

的强度。

　　为了区别天然的反射,如挨打时肌肉抽搐,身体困倦时打呵欠,受伤时叫喊等,他把那些从思想引起的效果称作条件反射。它们不是我们一生下来就有的,它们反映了我们经验的总和,并且是在大脑皮质的参预下发生的;据巴甫洛夫说,大脑皮层并不是一种神秘心理的体现者,而是一种反射器官,即食物反射、性反射和保护反射的器官。由此还可以说,他认为在人的行为的因果锁链中,意识过程并不是插进来的,充其量是作为伴随现象随着完全在生理方面发生的过程而产生的。事实上,很难设想有比狂热的反唯物主义者巴甫洛夫的学说更其反唯心主义,更其反个人主义的了。

　　为了测量从经验产生的效果,巴甫洛夫制作了刺激仪器,并用它们在狗身上进行所谓周期试验。这些狗为他服务了十二到十五年了,都是看门狗,各种狗随意杂交的狗——一种生物越不复杂,它的差别就越容易测定。在每条狗的左耳下面插一根细管,于是左耳唾液腺便分泌出来。它们装在四十八个大木箱里,木箱放在有很好的卫生设备、通风良好的小屋里,因为这样一方面可使研究所的老同事感到方便,另方面则因为狗的生活对于反射学说很重要,它们的经验的上层结构必须准确无误地记录下来。

　　工作时间一到,就穿过院子和楼梯间把狗带到试验室来,拴在一个房间里,它们在那里不耐烦地等待着实验的开始;常常是先来一个职员,跟它们一起玩,对卷毛狗伏特加说:"人怎么笑?"伏特加立刻咧开嘴笑起来。等小房间里摆上了试验桌,饲盆里盛满了食物,所有天平和文具准备好了,便把狗放开,狗便从那里冲出来,各自奔向自己的小房间,跳上试验桌,自动把头和身子投进拴它的绳子里,热切地等待把自己拴得更紧些;然后,一个小玻璃球瓶密封着塞进了它脸颊上的瘘管,门给关上了。现在,小房间里只有雌狗艾尔达。门外试验者的面前,平放着一支装红色液体的小管,他手里拿着皮球,用来晃动测时钟和饲盆。

他通过一道小孔观察着静静地站在桌上的艾尔达。他让小钟响了一次，两次，三次，十五次，红色水柱很快沿着刻度管流动起来，艾尔达知道：钟响是快要进食的标志，她于是通过瘘管向小玻璃球瓶分泌唾液，唾液又从玻璃瓶流到管子，被压缩的空气又从管子里压迫液体。突然间，一个装稀粥的盆子送到狗嘴边，于是艾尔达急切地扑向食物，这是一种无条件反射，对我们来说不说明什么问题。然后，将饲盆用机械搬开，艾尔达接受到新的信号；它嘴里的唾液又流出来，钟又响了十五下，但是它没有得到什么。暂停片刻。第二种嘀哒又重新开始，艾尔达现在不再傻到再受骗了，她知道这是虚惊，它根本不想分泌唾液来对此做出反应。但是，第十六下信号还没来，艾尔达又有了食欲，会带来饲盆的第十五下信号越临近，红色水柱就升得越高；狗能敏锐地区分噪音，还能区分颤音，它们具有人类罕见的特殊听觉。它们的嗅觉加味觉也是这样，它们体验细微的物理现象比人精确得多，但是它们没有一点综合的能力，它们掌握个别现象，但掌握不住印象的总体，这是通过试验知道的——如果把光的刺激同时和色与声的刺激联系起来，动物决不会注意到特殊的区别。刺激越强，反应也越强，这在动物和人身上都是如此。只有在变态者身上，在神经衰弱者身上，在去势者身上，在病人身上，才会产生相反的效果，一点小刺激会比真正的痛楚引起更大的激动。如果用人来进行同样的试验，可以肯定，每个字都可用另一种可测反射来表达。但是，没有用人来试验，同样没有用性反射来试验。为了试验保护反射，动物在一系列信号之后接受了一次电击，它恐怖地嚎叫，想挣脱羁绊，用脚向前扑。在同样的信号之后，再来一次电击，也会产生同样的效果。第三次来同样的信号，狗仍会哀号，仍想挣脱自己，仍然用脚向前扑——虽然这一次根本没有接着来电击。这就是想象的力量，是可以按照这种方式准确计算的。为了使观察者和被观察者不受干扰，生理学家在一个隔音的房子前面工作，狗就在那间房子里。

五十条狗中间，有几条的消化道的瘘管被剪断了，试验开始时再给安上一个小管子，可以测量消化过程的障碍，并按照这个方式研究神经官能症的发生状况。甚至在鱼身上，也可以进行周期试验，生理学家还特别用一个小钟来招呼下食，以便观察反应，中国人几百年前就这样做过了。

巴甫洛夫教授的狗，那些常用的狗，情况良好。瘘管并不痛苦，试验是愉快的，因为它带来食物，我们知道狗是自己冲进房间，把自己缚在带子上的，我们甚至看到伏特加在笑。这只是说的常用的看门狗。还有一些别人家的看门狗，在它们身上却不能作周期试验，而只能做特殊试验，即活体解剖。在一个试验桌上——这对可怜的狗又有什么用呢？——摆上一切精巧的卫生和防腐设备，动物经过成功的麻醉，被割去睾丸或卵巢或其他内分泌器官或一定的脑部位，那么就可以测定，切除什么之后对视觉现象无反应，切除什么之后对听觉现象无反应，还可以测定它在饥渴中的激动状况。虽然这些科学实验在许多方面同那些自古以来在人身上、在整个人群身上（不仅是在太监、合唱童子、吞剑者和六日自行车比赛者身上，也不仅是在建筑金字塔的小工身上、大桡战舰上的奴隶和战士身上）进行过的非科学的实验相似，虽然在个别动物身上的精确实验的效果同在整个人群身上的实验效果相似，巴甫洛夫教授断然拒绝这样的类比，他不愿意有人在这些事情上从动物扯到人，我们却不得不作如是观。

纱厂童工[*]

一

"一份就够了,"大夫说。

我们曾经请求允许多抄几份病历。

"何必要几份？病案基本上都一样,"他环指着上海结核病院的床位说。发育不全的儿童在咯着血。"都是女工,她们有同样的病历,同样的诊断书。您何必要几份呢？一份就够了。"

真的,一份就够了:蔡碧,女,十八岁,浙江人,七年前随父母来上海。十一岁起在纱厂做工。十月前(时年十七岁)初次来月经,三月后来第二次,两次排血极少,又淡又稀。后即停经。病人每日在厂作二十三小时,有时夜班,有时日班,除冬季有一星期假期外。父亲五年前死于带红色粘液的腹泻(或系赤痢)。母亲尚存,迄今健康,唯近患咳嗽,有痰。妹亦患咳嗽。经确诊,家中无人患结核病。

患者上诉:近月来剧咳,有绿痰。发病时恶寒,发烧并昏眩。约两月前有轻微咳嗽,发病后浓痰剧增,近日痰有恶臭。患者又诉,浑身衰弱无力,并盗汗。患者不顾上述病痛,一直上工到入院为止,虽然由于咳嗽基本上不能工作。

关于早期疾患,患者称三年前患过赤痢,一年前患过扁桃腺肿大。

---

[*] 本篇选自《秘密的中国》,中译刊于《时代的报告》1981年第4期(国际报告文学研究会会刊),收入人民文学出版社《基希报告文学选》1984年版。

现状:营养不良,发育不全。阴毛、腋毛俱无。乳房发育与十三岁女童同。指甲透明。脸部及附属部分轻微发绀。

诊断(根据透视):右肺上叶患青春期结核,有中度空洞。

"有救吗?"我们问医生。

"在中国? 没有。"

二

中国的工业确实已经成年了,它的工人却没有。在生理上还没有:它的工人的百分之四十是由儿童构成的。我们从病历中获悉,他们即使年龄上已经过了童年,体格上也还没有摆脱童年。

让我们巡视一下一家大工厂的纺纱车间吧。小女孩们在纺纱机、摇纱机和粗纱锭旁操作着。没有一个孩子看起来超过六岁。但是,我们从病院了解,这是迷惑人的假象。那里二十岁的人显得像十三岁,因此这里模样不超过六岁的、在机器旁边劳动的人,大约已经十一二岁了。

她们可以用小手对付每一根需要对付的纤维,她们可以插上空锭,拿走满锭,而不必踮起脚来,或者站在小凳上——那些机械跟她们一般高。

这是些英国造的机器。这种技术上的胜利很少受到夸耀,我们在儿童纺纱机上从没有看到什么字样,小机器上甚至没有炫耀制造厂的小金属片;而在每座大机器上往往醒目地刻有"阿萨·里斯,欧尔德汉姆"或别的英国工厂的名称。

"这些小型机器是专门为中国制造的吗?"我们一有机会,就向一个英国厂方代理人探询。他慌忙向我们保证,事情并不是这样。"相反,童用机器在兰开夏整个纺织区就使用了几十年了。因为英国禁止童工,这些机器才运销美国,运销新英格兰,并运销南部蓄奴各州。现在才运到殖民地和中国来。"

我们不公正地怀疑英国,于是客气地请求原谅。

三

纺纱车间有两百米长。许多机器都由少女操纵。

儿童只做清扫工。纤维屑和灰尘形成烟雾,不断飞扬,因此需要不断清扫。每个孩子用两把扫帚在地上对着扫,扫成一堆,由另一个孩子装进土箱拿走。扫把有扫地的小孩三倍长,他们把它倒举起来扫,因为传送轮的盖子上面和推动带上面都是纤维屑,必须把它们扫下来,好腾出空地让新的纤维屑铺上去。打包车间和发电车间的活却由男人们来干。就是在工厂的办公室也看不到一个妇女,连上海的英国工厂也没有;和它本国的联络工作归城里管,由远离中国人的城里写字间来管。

厂门口穿着制服、武装到牙齿的警卫人员也是男职工;他们哨所的警报器恐怕是工厂最现代化的设备了。

纺纱车间的工人都是妇女。有老、有少,还有孕妇。的确,纺纱车间还有不劳动的小孩。他们只是吃奶的婴儿,躺在装经线机或织布机下面的筐子里;到吃奶的时候,就从下面把他们取上来。

让婴儿待在工厂里,对他们肯定是不利的。由于这个缘故,便禁止携带婴儿入厂。这项禁令也许是根据如下的设想:婴儿第一不能劳动,第二妨碍母亲劳动。

第二个设想已经证明是荒谬的。进厂的婴儿根本不会妨碍机器运转。反之,年轻的母亲加倍小心地照料着卷经线的木轴和梭子,因为不然,一次处罚甚或开除不仅会使她本人、还会使她的孩子饿死。

所以,没有一个老板认真要求遵守禁止婴儿入厂的命令。他由于这点善行,便自认为特别人道,正如他认为雇用童工是对无产者家庭的一桩德政,否则他们全家都得饿饭。

四

　　上海、武汉的纺织工人,百分之四十是小女孩,百分之四十是妇女,只有百分之二十是男人。工业界精通生意经,懂得利用一种宗教偏见。在中国,有了一个儿子,不但生有意义,死也有意义。因为,一个人在世上活一场,要是没有留下一个男性后代,将来祭祀自己,死了又有什么意义呢?

　　女儿则不然,她是完全多余的。在灾区,新生的婴儿给抛掉喂狗。如果可以把女孩卖给人家当丫头,那到底还值点钱啊。于是,人口买卖盛行一时。在英国皇家政府直属殖民地香港最为盛行。殖民地大臣每被质询到"妹仔"买卖问题时,他便回答下议院说:这些小奴婢是专门卖给人家使唤用的。

　　公开买卖儿童充当雏妓,更是比比皆是。在大城市的花街柳巷,随着华灯初上,出现一些奇形怪状的人群:一个穿蓝裤子的半老徐娘,身旁按身材排列着她的大大小小穿着淡蓝丝绸短褂的女奴。这时,老鸨便向每个过客攀谈,指着她的货物赞不绝口,而那批货物则漠然站在那儿。左边排列着儿童,她们也毫无表情地接受愿出价钱的雇主检验;要是被他们中间一个选中了,这些小家伙就一本正经地引着她们的客人,匆匆走过后院和后楼梯,趱进香巢。

　　还有一帮少女收购者在为工业界帮忙。他们购买了一批儿童,给他们一个睡觉的地方,给一碗饭让她们带着去上工。上工之前,一个苦力推着车来了,带着十二个儿童,一边六个坐在他的独轮车上,把她们送到杨树浦的纱厂去。儿童的工资则落进了她们主子的腰包。大城市的苦力几乎从没出卖过他们的小女儿,因为她们必须跟他们一道赚钱。整天在工厂、码头做工,或者拉黄包车,苦力每月收入十枚到十六枚银元,而按照上海劳工委员会的调查,一对夫妇的最低生活费为十八元,一个有三个孩子的家庭的最低生活费为 21.30 元。这样,就不仅是老婆,连儿童也必须一齐做工,才能达到这个悲惨的水平。成人的低工资既是童工盛行的原因,又是它的后果。

五

一九一九年在中国,中国工厂主有 889000 枚纱锭,日本工厂主有 333000 枚纱锭;今天在上海和武汉,中国纱锭有 2499000 枚,日本纱锭有 1821000 枚,英国纱锭有 178000 枚。

抵制日货运动,经常是抵制在中国土地上、用中国棉花纺织出来的货物。只有股本和红利才是日本人的。

六

四百五十万枚纱锭。儿童们把空锭子运来,又把满锭子运走,小心翼翼地不让纤维纠缠起来或者断掉;要是断了,她们就用小手指把它捻在一起。英国造的儿童纺纱机,真了不起,了不起,减轻了她们的劳动。

一些少女骄傲地佩着黄带子,值班人的标志。儿童当起监工来,是相当厉害的,她们以掌权为乐事,苛刻地告发她们年长的工友,一方面为了显显威风,另方面也为了报复一下那个小伙伴,她昨天值班时告发过今天这个值班人。

成人们很懂得充分运用儿童们的这种把戏。不仅是在工厂里。在上海酒吧间和水手俱乐部门前,通宵站着身穿五颜六色号衣的中国儿童。当一个贴广告的或一个拉门的,并不满足他们的虚荣心,于是他们就帮助巡警来虐待黄包车夫。要是有位客人离开了酒吧,一群久久巴望这一刹那的人形马匹就拉着他们的车子呼叫着、邀请着,祈求着向他拥来,这正是找一趟活、赚几个铜钱的好时机。不准走上人行道的禁令对这些可怜的苦力又算得了什么呢?巡警在他身上抡着大棒,对他又算得了什么呢?小小的看门人于是兴高采烈地利用这个机会来为巡警效劳了,他们用棍子猛击着黄包车夫的头部,踢他们的肚子,推翻他们的车子,拽住他的车辖辘,要把它们拆掉,直到(真是辱没煞人的场面)穿着工人短衫的中国成人跪在身穿五颜六色号衣的中国儿童面前,开始抖动着双手,一口一声"好来兮"地讨饶。我们还是来谈谈工厂吧,来瞧瞧这些终身监禁犯吧。"终身"二字在这里比在刑典中有更实际的意义:新生的婴儿躺在织机下面,小姐姐站在纺纱机旁边,妈妈拿着木轴卷经线,奶奶在缝纱包。宝贝,按照你摆不脱的规律,你也将这样了结你的一生。

在这个纱锭嗡嗡、织机轧轧、空中充满碎屑片、绒毛和粗麻丝的大车间里,你的脸变得苍白起来,你的眼睛浑浊朦胧,你的腿衰弱无力。第一天教给你的技巧,也是你最后一天掌握的技巧,此外,就没有什么可以让你学习和经验的了。学校和游戏场不是为你这个不准当儿童的儿童而建立,也不是为你那些不准当同学的同学们而开设,更不是为你那些不准当游戏伙伴的游戏伙伴们而存在的。

七

儿童们中午不休息,每天劳动十二到十四小时。纱锭一直转个不停,就是在一帮孩子匆匆跑到锅炉房,为自己和同伴去拿小饭篮时,它也一刻不停地旋转着。她们一边吃着,一边还得注意让曲柄继续转动,让环形车床继续震响,让纱线继续伸展下去。纤维屑和灰尘在筷子上面飞扬,落到饭粒里面去。

上午和中午,儿童还没有成人的那种听天由命的表情,她们快乐地扮着鬼脸,干起活来像在游戏,可是,傍晚再瞧瞧她们吧:小眼睛眯得睁不开了,小腿儿在打颤。孩子们一点也不想玩,只想休息一会儿。休息?工厂决不会白发工钱,让那些大大小小的"拿工钱的"在上工时间去休息。

在上海大纱厂里,十五岁以下的儿童拿二十二分钱(说话时是:二角二分)一天,在缫丝厂拿六分钱一天。

八

在上海缫丝厂,工头手里拿着棍子四处走动,以便当场惩罚每一件过失。

妇女们沿着墙坐在铁凳上,对面站着儿童,往往刚满五岁。小家伙们把茧子放在沸水盆里泡软,她们的小手烫坏了,因为她们泡茧子,既没有橡皮手套,也没有汤勺。炽热的蒸汽钻进她们的眼里和肺里,她们在蒸汽里找到丝头,便把茧子递给妇女;她们再把每六根丝搓在一起,并在一架用脚操纵的缫丝车上卷起来。每个小孩为两个妇女供茧,一个妇女同时抽三十只茧——五架缫丝车,每架六根丝。

蒸汽、炎热和汗臭。没有通风设备。那个拿棍子的男子在车间走来走去,防止任何停工现象。

九

儿童们在父母的家庭作坊里,既无限制又无报酬地劳动着。不过这里没有机器、没有拿棍子的陌生男子为她们规定劳动速度。大工业利用童工,就是从这种宗法式的劳动关系开始的。

现在,原始资本主义积累的时期已经过去了,它那种要命的生产方法本来是可以设法废止的,要是——要不是孙逸仙逝世以后,革命的工会被刽子手的斧头和手枪变成了尸堆的话。

上面的决议呢?咱们且听听!上海童工调查委员会于一九二四年七月九日给工部局(公共租界的议会)的报告中提议,发布一道不准十岁以下儿童进厂做工的禁令。该报告还建议,限制十四岁以下儿童在一个二十四小时的工作日里劳动十二小时,准许他们十四天有一个休息日,不让他们操作危险的、有碍健康的、没有劳动保护的机器。

　　上帝知道,这可是一个相当温和的建议。但是,即使这个建议也被整洁的上海洋大人搞垮了。为了决定这项改革是否通过成为法律,得召开一次非常的公民会议,但出席的区域代表约三百零二名,不到通过决议所需要的人数。英国报纸次日在发表了纳税人会议未获举行的消息之后,坦率地加以评论说:大多数纳税人认为不出席是防止对调查委员会的报告达成决议的最简单的办法。

　　一份关于上海社会状况的报告就这样完结了。

南京和红军[*]

什么？南京是个沉闷的城市？

我可一点也不觉得，相反，它消息灵通，令人兴奋。例如今天，一九三二年七月一日，我们就在这里看见，全副武装的部队从中山路开过了好几小时。

那又怎么样呢？马路本来可以走人（过部队）嘛，这是老规矩，中山不正是一个路名吗？

中山可不仅是一条马路，中山还是孙逸仙在外国用过的战斗的名字，为了纪念他才用作路名的。

为什么一条按照孙逸仙的名字命名的马路就不应当过部队呢？难道孙逸仙是个和平主义者吗？他不是指挥过内战吗？如果他还活着，他难道不会身先士卒地走过这条马路？

当然，在他的马路上过部队，本身无可非议；孙逸仙并非和平主义者，他的确指挥过内战；而且如果他还活着，他甚至会身先士卒地走过这条马路。但是，不会率领这个部队。

不会率领这个部队？可不是十九路军吗？可不是半年以前在上海迎战过日本人、并让日本人止步不前的十九路军吗？反对外国帝国主义呀。那不正合乎孙逸仙的主张吗？

是的，那正合乎孙逸仙的主张。但是，现在他们正开去攻打红色

---

[*] 本篇选自《秘密的中国》，中译收入人民文学出版社《基希报告文学选》1984年版。

苏区,正从中山路、孙逸仙的马路开过去。难道这也无所谓吗?孙逸仙说过这样的话,共产党的每个敌人同时也是国民党的敌人,都应当加以驱逐。他的那篇声明曾经为他招来了中国资产阶级的仇恨,促使它利用英国武器进行过武装反抗,上面是怎么说来着?"随着俄国革命的胜利,开始了中国的新生命。因此,让我们今天来庆祝这场革命,然后让我们来仿效俄国人。"

而且中国不仅在政治上想把苏俄当作唯一的榜样(中国正想依仗苏俄的帮助来建国、来废除不平等条约),不,在军事上也想这样办:"你们必须以俄国的红军为师!"孙逸仙就这样向接受他检阅的广州政府军号召过。

今天这个部队却要开去攻打中国红军了。一个月以前,它从上海郊区调出来,开到了南京。为了整编的缘故。每个人的身心都得检查一番,当然不是从医学意义上而言。凡是言行可疑、似乎不够格充当愚蠢的反动工具的人,一律不客气地予以开革。这些被开革者的空额再由其他部门的可靠分子来填补。家喻户晓的牌号却保留下来:十九路军。一切都严格按照军事顾问、德国军官的指示弄得服服帖帖,训练有素。三十名德意志帝国-共和国的军官。他们随同鲍尔上校而来,深受蒋介石的信赖,协约国原先害怕德国人会为他们的与生俱来的军火工业缔结太多的军事合同。是不是发生了这样的事情,今天对于列强并不那么重要了,因为德国人领导中国军队的装备和训练,恰如国际帝国主义所希望的那样。无论如何,英国是满意的,觉得他们工作得比美国军事专家还好;美国也是满意的,觉得他们工作得比法国军事专家还好。

曾经没有装备、没有训练而抵抗过日本人的十九路军,它今天却装备得、训练得那么完善,可以用来攻打中国、攻打苏区了,而那里正在进行和平建设,没有帝国主义,没有资本主义,没有封建统治,没有外国人,没有鸦片,没有私人银行,没有童工,没有儿童贩卖,没有传教士,没有内地关税,没有土匪将军,没有暴徒,没有贿赂。

许多从这里开过去的小伙子们,我们曾经谈过他们在闸北的掩体里的惰况,而今我们认不得他们了。他们变得多神气啊!

不,不,南京决不是个沉闷的城市!单是在中山路上,就有那么多可看的。

灰蓝色的亚麻布制服、绑腿、皮带,还有奥地利皇家军队戴过的高帽子;只是没有插上印有 F.J.I. 字样(弗朗兹·约瑟夫皇帝)的盔徽,插的是印有蓝色太阳(国民党的太阳)的帽花。要不是每人背上晃动着一个凉篷、一柄阳伞、一个遮荫——偌大一个编制物,简直可以把这些纵队看作欧洲军队了。而且,要不是每人腰带上系着一条擦脸毛巾,可以在冷溪水或热茶水里蘸一下擦擦脸的话。长官们拿着手电筒,那么大的手电筒,不如说是元帅的指挥棒。是谁把这些军需品兜售给中国人的呢?手电筒是新式中国军队最触目的标志,正如保温水壶是日本军队的标志。士兵们的稚弱的胸脯上炫耀着一枚奖章,装备和训练业已尽善尽美,现在就开去攻打你的同胞和阶级兄弟吧,尽量多杀一些吧,你又可以获得一枚奖章了。

首都人士乐于送走他们。虽然十九路军搀了水,它毕竟还是十九路军,还有很多参加过沪战的老兵,他们曾经没有南京的命令就抵抗过日本人,而且不愿意执行南京的投降命令。蒋介石嘘了一口气,从他那由他的门徒护卫着的军事学院内部的堡垒里望着;财政部长宋子文嘘了一口气,从他的北极阁的别墅里望着;精于养身之道的先生们嘘了一口气,从国民党的党部望着;列强的代表的代表们(代表本人坐在北京,离政府所在地约有两天火车的行程)嘘了一口气——所有人无一例外地嘘了一口气,望着这些开走的部队。

他们在下关码头上船了,坐上了系在岸边的古老的柠檬色的扬子江木船。最新式的炮舰则停泊在江心。如果运输船只说明了什么,那么炮舰就更说明了什么。放心吧。61 师已经装运完毕,60 师和 78 师正从我们身边向江岸开去,《字林西报》(英国人在中国办的报纸)明天就会赞许地报道,连十九路军的后一部分人马也毫无例外地完成了从南京开往"红"区的壮举。

"红军""共产党"这些词,在进行国内审讯和国际干涉时,写起来是不能不加引号的,因为孙逸仙讲得太清楚,共产党的每个敌人都是国民党的敌人。所以,如果指不加引号的共产党,就要说成所谓共产党,说成加引号的共产党。但是,最好是称之为匪。称匪就用不着加引号,加了引号反倒要受罚的。这个专门名词连英国在华报刊也采用了,其实匪和共产党对于他们反正是一样的,他们很难回答这个问题,加引号的共产党和不加引号的共产党究竟应当怎样区别。

中国法庭却只用"从事反动勾当"这个套语,就可以审判共产党人。法官就是这样下判词的,被告公开参与反动勾当,如反对帝国主义,反对银行的统治地位,反对高利贷,反对鸦片等等。

十九路军现在就是开去攻打这样的反动分子。从前已经有很多部队抱着同样的目的溯江而上了。一九三〇年九月,一艘英国的、一艘美国的、三艘日本的和一艘意大利的炮舰曾经联合启航去进攻长沙;当美国、日本(派了三艘舰只)、英国和意大利都想镇压"反动"的时候,所有矛盾很快就冰释瓦解了。英国的"阿菲斯"号、美国的"帕洛斯"号、日本的"热海"号("二见"号)和"久魂"号,以及意大利的"卡洛塔"号的登陆部队,因暴行层出不穷而名声大振,"特别是帕洛斯号的司令官蒂斯代尔,对于这些为俄国所迷的嗜血的匪众,把他们自己的药给他们开了一剂。"(见一九三〇年九月十六日《密勒氏评论报》)

尽管给开了这一剂,苏区反而扩大了,当时已有五千多万居民。尽管给开了这一剂?正因为给开了这一剂吧!国民党为了自身的利益,竟然让外国列强开进来打中国,这种事情甚至激怒了苏区外面不关心世事的农民。

再来一次可不行了。南京政府必须拿出自己的本事来。由军政部长何应钦阁下亲自指挥十五个师,于一九三一年二月开始了对江西省"红军"的"围剿"。六月份,最高元首来帮忙,蒋介石率领了三十万人马。过去从没有为了对付一个省动用过这么大的兵力。

一场没有引号的围剿。村庄被围剿了,留在里面的老小被围剿了,牲口和庄稼被围剿了。唯一围剿不了的是红军。红军是由农民组成的,至多每三个人有一枝枪,每枝枪只有两发子弹;他们这样武装着,同一支配备了二百五十六尊欧洲野战、十二架飞机、机关枪和外国战略专家的军队坚持游击战达六个月之久。国民党的师团终于被驱逐了,恰如普鲁士-奥地利-法国保皇党亡命徒的干涉军队在法国战役中被年轻的法国革命军的无套裤党人所驱逐,恰如法-英-美-德-捷-日-白卫军的海陆军队被布尔什维克赶出了俄国一样。这就证明了只有当两军在战争结局中的阶级利益是一样的,也就是说,谈不上阶级利益的时候,技术上的优势才是决定胜负的唯一标准。在南京政府的反人民的战争中,阶级利益却不是一样的。

在红军的战利品中有三架飞机,用一块大苫布遮盖着,今天还这样停在那里;没有人能够驾驶它们,打败了的国民党的报纸便不断地加以嘲笑。政府军逃跑后两个月,宣布了"停止征剿",拿出来的理由是,满洲被日本人占领,故有必要将民族利害关系集中于外敌。班师后的军政部长何应钦阁下向国民党第四次代表大会陈述了整个政府军为什么连一个革命的省份都不能征服的理由。"匪区的居民支援那些无法无天的匪众,而政府军想从居民方面获得些许帮助也极其困难。"但是,何应钦部长仍然能够为大会提供一线希望:"匪军兵营中正流行传染病,由于缺乏医药而死者甚多。随着严冬来临,他们的困难日益加剧,因为只有少数人备有冬衣。"

听说"红军"甚至没有冬衣穿,大会是不是面呈喜色,备忘录上面没有写。总之,决议案宣布了,对赤色危险进行一次新围剿,乃是政府的首要任务,而日军占领华北,大会则认为远不及此事重要。

为了实行这个决议,那些曾经自愿参加十九路军去抵抗日军、保卫家园的青年们,现在要开去攻打他们的家园了,攻打他们家园中正在实现孙逸仙的三民主义的那些地区了。但是,这些青年即使背着新枪支,穿着灰制服,佩着闪亮的奖章,拿着手电筒,也决不会赢得军令所许诺的胜利的。这个胜利在于什么呢?这个胜利要怎样才能生效呢?要把分配了的田亩重新合并吗,要把土地重新分配给封建地主吗,要恢复厘金税吗,要重新实行贿赂吗,要重新种植罂粟吗,要让传教士再来吗,要把新建的学校、印刷厂、图书馆、报纸加以封闭吗?

试问能够凭借武力迫使人民重陷愚昧无知的境地吗?一九三一年十一月七日,即俄国十月革命十四周年纪念日,在瑞金举行了中国苏维埃代表大会,大会报告指出,四年之内,六个苏区有八万人学会了读书和写字。英国报纸可笑地但也不无理由地把这个数字加大了一倍,说是"有十六万人被教会了认字,可以让他们接触煽动性的印刷品了"。马克思、列宁和孙逸仙的著作已经印了一百万册。在一个城市里,列宁的《国家与革命》由于纸张短缺而脱销,人们便拿着自制的纸张到印刷厂去,从排字版上把这本书复印出来。一个美国人给上海的《晚报》写信说道:"在匪区的所有邻县,印有著名共产党鼓动家马克思、列宁头像的纸币,被视为标准的通货。"

怎么?军队开走了,就没有什么好玩的,南京还得拿出什么来呢?再说,它果真是个沉闷的城市吗?

可我一点也不觉得!请看,所有的街道都在挖土。这决不是什么市政工程,这是一项政治工程,是英国为了南京努力围剿红军所付的报酬。

一九〇一年以来中国人所承担的赔款,近几年来已被列强投放到中国境内了。美国人出于宣传的理由,用庚子赔款把中国人送去上他们的大学。但是,这些学生并没有变成黄色的美国佬,常常成为外国统治的反对者和革命的追随者。

英国没有美国那样傻。英国交出这笔中国钱,只是为了交通的目的,而且是为了以优惠价格将建筑材料从英国运来。我们看见到处在修城门洞,因为这属于"交通"一类;我们看见到处在加固这个附庸政府的都城,我们看见到处堆放着真空管和电缆,一座广播电台建立起来了，英国实业正好借此赚钱；我们看见到处在拆房屋，以便铺建大马路，好让那些护卫王公碉堡剩下来的骏马和骑士们顺利地由此开去攻打人民。

　　城市的入口越来越紧密了。古老的城墙、城外的双环路和站岗的城门都已修缮一新，虽然飞机一般决不会从堡垒的门洞飞进来，炮舰发射的炮弹也决不会在堡垒的城墙前面茫然停下来。警卫连守在每座拱门下面，不是为了防御现代的炮兵……准备加以防御的敌人根本没有轰炸机，没有扬子江上的兵舰，没有现代的炮队。准备加以防御的敌人根本不是外敌。它很快就会兵临城下。南京是随时准备逃跑的。

　　每个人都被挡在城门口，由卫兵仔细地检查说明其出身及职业的身份证和入境证，然后才能进入这座"国民党"及其政府的城。贫困在城外有它的地盘，在火车站和城门之间。但是，就在这个污秽而悲惨的城市里，也有许多想象不到的事情。

　　农民和织锦工人的水田和茅屋就在堡垒似的内城的城墙内，或者在秦淮河的坚固的河堤下面。摇摇欲坠的木棚子就是织锦工人的工场，他们的织机用古老的里程碑支撑着。就在十根由织工用脚移动的竹竿中间产生了花样，装有重金纬纱的梭子从左向右穿行着，黑线和金线由孩子们搓到一起。你会以为他们只是漫无目的地移动着手指，只是凭空气劳动，线纱走得那么快，你简直看不见它。孩子们从事这项劳动时，不断地向左右两边点着头，就像一名参加六日自行车赛的比赛者。哪怕来了一位参观的客人，他们也不敢抬起头来张望。四只金丝雀一生下来，就飞落在丝绢上面，接着消失了；又有四只金丝雀和那四只一模一样，也飞落在丝绢上面。它们的出现和消失是在一种污浊而饥饿的气氛中完成的。金线织工的妻子乞求着微末的施舍。织工连一米织锦都不敢出售，因为所有产品早在它们出产以前就被抵押给浙江的纱线商了。到处是乞丐围着你。霍乱和麻风猖獗一时，无从制止。

形形色色的灾难潜入了城市,不管怎样限制居留,不管怎样保证这座城市的双重防护。双重防护？是的,南京有物质的工事,也有思想的工事,而思想的工事也是一种物质的工事。确实,我简直不懂,怎么可以把南京称作一座沉闷的城市。

思想的堡垒高耸着,那就是孙逸仙的陵墓。连华盛顿的林肯陵墓(这一座肯定是模仿它的)也没有这样华丽,没有这样靡费,为中华民国的这座唯一庞大的建筑物已花掉数百万元。紧挨着的明陵,是有理由紧挨着的。明朝在这里统治中国达三百年之久,而孙逸仙当上了民国第一任大总统,两个月之后就让位给想当天子的清朝大臣袁世凯了。孙逸仙曾经四次逃离民国,他害怕民国的当权派,正如害怕帝国的当权派一样。他当广州政府总统的时候,他这个国民革命家被豪商和列强认为过于社会化了。他们便动员广州商团去反抗他,麦克唐纳工党内阁执政的英国更给它运送了武器。孙逸仙从他的敌人的反抗中理解到他们的利害关系,他的充满模糊和妥协的学说便变得更其坚决,更其社会化了。

他于一九二五年逝世,就埋葬在这上面。装饰着垫座、花瓶、方尖碑、塔门的宽阔的大理石台阶,要走一公里才能到达顶部建筑,到达巨大的雕像,到达石棺。但是,这座陵墓决非奢侈建筑,它是一座具有实际目的的建筑,那一千万元决非虚掷。思想上的防护就在这里。请看,我们是怎样崇敬孙逸仙呀,我们是怎样按照孙逸仙的精神治国呀。"我们",就是南京今天的老爷们,孙逸仙认识他们并且斥骂过他们,"这些堕落的革命者,这些假革命,他们这几年来一味追求升官发财,你们是看见了的。这些人污辱了、丑化了革命和革命精神的伟大事业。请你们同这号人绝交吧,忘掉他们吧……"

升官发财的官僚们自己实行了这种绝交,一种流血的绝交①。现在他们当权了。孙逸仙的主义,他们一点也没有实行,一点也不想去

---

① 指国民党右派一九二七年反共的"清党"运动,他们乘机屠杀了大批同他们合作过的共产党人。

实行。他所反对的外国统治者成了他的继承人的保护者,他所创建的工会变成黄色的行会,帮匪(芝加哥资本主义的派生现象)享受着政府的优待,土匪将军(封建统治的派生现象)就是国中之国的君主,鸦片买卖盛行,军火买卖盛行,童工盛行,厘金税盛行。

孙逸仙夫人忠于他的思想,却必须住在上海的外国租界上,被列强的十四个间谍机关侦察着;她要是跨进中国地界,则不得不担心自称为他的丈夫的党的那个党的暗害。在外国人中间,作为朋友和她站在一起的,只有美国女作家阿格奈斯·斯沫特莱和那遭受各方面迫害的杂志《中国论坛》周围的勇敢的一群人。

开去攻打苏区的部队就是从这条以这个人的名字命名的马路上通过的,这个人临终时曾经给莫斯科的苏联政府写过一封信,那个政府的总领事馆今天是上海黄浦江畔唯一一座空屋子。

那封信是这样写的:

> 亲爱的同志们!我在此身患不治之症,我的心念此时转向于你们,转向于我党及我国的将来。你们是自由的共和国大联合之首领,此自由的共和国大联合是不朽的列宁遗与被压迫民族的世界之真遗产。帝国主义下的难民将借此以保卫其自由,从以古代奴役战争偏私为基础之国际制度中谋解放。我遗下的是国民党,我希望国民党在完成其由帝国主义制度解放中国及其他被侵略国之历史的工作中,与你们合力工作。命运使我必须放下我未竟之业,移交与彼谨守国民党主义与教训而组织我真正同志之人。故我已嘱咐国民党进行民族革命运动之工作,中国可免帝国主义加诸中国的半殖民地状况之羁绊。为达到此项目的起见,我已命国民党长此继续与你们提携,我深信你们政府亦必继续前次予我国之援助。亲爱的同志!当此与你们诀别之际,我愿表示我热烈的希望。希望不久即将破晓,斯时苏联以良友及盟国而欢迎强盛独立之中国,两国在争世界被压迫民族自由之大战中,携手并进

以取得胜利。谨以兄弟之谊祝你们平安。孙逸仙。

他死了,中国警官好几百人便冲进了北京外国使团的禁区,袭击了苏联大使馆,逮捕了使馆人员,抄走了文书挡案,并占领了房屋。在上海江岸昂贵的地产中只有一顷未被征用,只有一座建筑物孤零零地空在那里,那就是白渡桥边的苏联领事馆。

这就是国民党对于孙逸仙的遗嘱、他的严格的训渝"我已命国民党长此继续与你们提携……"所作的回答。

一座空屋子要比一座住着人的屋子更有趣。一个挤满官僚和政客、拥有一座新陵墓和过不完的军队的城市未必是沉闷的。

我一点也不觉得南京沉闷。

克里斯托弗·莫利

小品二则

说　门

开门和关门是人生最有讲究的动作。门里面是多么神秘啊!

没有人知道,他把门打开,会有什么等着他。哪怕最熟悉的房间,钟声滴答着,晚间炉火熊熊,也可能藏着意外。管子工可能来过(在你出门的当儿),把漏水的龙头修好了。厨娘可能闹了一阵情绪,要走了她的执照。聪明人总是谦逊地、带着优容的态度打开他的前门。

我们中间有谁不曾坐在某个前厅,盯着一道意味深长的门扇的高深莫测的镶板?也许你在等着申请一份工作;也许你有某项"交易"亟待完成。你望着机要速记员飞进飞出,漫不经心地转动那神秘的小门,它对你可是命运枢纽之所系。于是那位年轻的女人说了:"克朗贝利先生可以见你。"你抓住门柄,闪出了这样一个念头:"我再打开这道门,不知发生了什么事情?"

有各种各样的门。旅馆、商店和公共建筑有转门。它们象征了敏捷、匆忙的现代生活方式。你能设想约翰·弥尔顿或者威廉·佩恩[①]会跳过一道转门吗?还有古怪的小狭板门,仍然摆动在变性酒吧[②]的外面,只有从肩到膝那么高。有活板门,滑动门,复式门,舞台门,玻璃

---

① 约翰·弥尔顿(1608—1674),英国诗人;威廉·佩恩(1644—1718),英国宗教改革家,殖民主义者。他们生于十七世纪,不可能见到转门。
② 变性酒吧,即出卖变性伪劣饮料的非法酒吧。

门。但是,门的象征和秘密在于它的隐蔽性。玻璃门根本不是门,不过是一扇窗。门之为门,是为了掩饰里面的东西;是因为让人放心不下。

而且,开门的方式有许多种。侍者端着你的晚餐盘子走出厨房,只消用胳膊肘轻快地把门一推。在倒霉的书商和小贩面前,门是带着疑惧和踌躇从里面拽开的。马夫敞开大亨的橡木栅栏,同时彬彬有礼而又小心调节地往后退步。牙医女仆打开通向手术室的门,暗示医生准备见你,正怀着同情而又难堪的沉默。护士一清早进来宣布——"是个男孩!"门猛地一下,几乎天翻地覆似的被打开了。

门是隐私、退却、心灵遁向幸福的寂静或者悲伤的秘密斗争的象征。没有门的房间不是房间,而是过道。不论在哪儿,人在一道关闭的门后面,可以使自己无拘无束。心灵在关闭的门后面,运转得最灵便。人可不是可以赶到一块儿的马匹。狗也知道门的意义和烦恼。你可曾注意到一只小狗在关着的门前恋恋不去?它正是人生的象征。

开门是一个神秘的动作:其中意味着某种未知事物,表明将转入一个新的时刻,一种新式的繁文缛节。它包括人间欢乐的最高闪现:重逢,和解,久别情人的满足。即是在悲伤中,开门也可能带来安慰:它改变了并且重新分配了人间的势力。但是,关门却可怕得多。这是对于定局的一种承认。关掉的门无不结束了某种事物。关门引起的悲伤,程度各有不同。门砰地关上,不啻承认了软弱。门轻轻关上,常常是生活中最悲惨的姿势。人人都知道,门一关掉,就会有痛苦袭来,那时情人仍近在咫尺,话音可闻,但又已经远在天涯了。

门的开合是生活的严峻流程的一部分。生活不会静静停留,对我们放手不管。我们不断地怀着希望开门,又带着绝望关门。人生并不比一袋烟的工夫更长久,命运会把我们像烟灰一样磕掉。

关门是无可挽回的。它啪的一声把心的双股线给崩断了。重新打开,再走回去,是徒劳的。平奈罗让波拉·坦克里①说:"未来是从

---

① 平奈罗,即阿瑟·温·平奈罗爵士,英国剧作家。波拉·坦克里是他的剧本《第二位坦克里夫人》中的人物。

另一道门进来的过去。"他是在胡诌。哎,可没有另一道门。门一旦关了,就永远关了。对于消失了的时间脉搏,可没有另一个入口。"移动的手指写着,而且写完了——"①

有某一种关门,会临到我们大家头上。那是一种悄悄完成的关门,只有插销尖锐的一声咔嗒打破了寂静。人们总希望,别人会想到我们没有实现的体面,而不是想到我们更早完成的劣行。然后他们走出去,关上了门。

人靠什么为生

交谈的艺术是怎样一种微妙的、稀罕的、风雅的艺术啊!要使心灵和心灵相遇而又交融,得怎样巧妙地调动言语伎俩才行。

再没有什么失望,比认识到一场谈话完全失败,更其令人悲伤的了。这就是说,它已不能把两个热切的心灵的念头、意见和猜度合在一起,或者为了对比而分离开来。一场交谈常常由于一方急于想要做出贡献而遭到破坏。必须有取有与,有推有挡,有倾听的耐心和谈吐的判断力。回顾一小时的谈话,眼见时机已然浪费,交际的宝贵瞬间永远消失了,内心的秘密依然没有沟通:这时的内疚是多么令人不舒服啊!也许我们太想催促那个顷刻到来,太想推行我们自己的假说,太想从我们自己的经验中援引例证。也许我们不够耐心等待我们的朋友从容而愉快地表达自己。也许我们把对话浪费在题外话、一大堆不相干的废话上。

长于真正谈话的人何其少!有些逗趣儿的家伙,多的是欢笑和俏皮的言谈,可是守不住一个话题,总是跳到新的小路上去,去抓他们经过的每一株灌木。他们太激动了,太放肆了,享受不了耐心交谈的乐

---

① 引自古波斯诗人莪默·伽亚谟《鲁拜集》爱德华·菲茨杰拉德英译本第 71 页:"移动的手指写着,而且写完了 / 还向前移动: / 你的虔诚和心智 / 都不会把它唤回来删削半行 / 你的泪水也洗不掉一个字。"

趣。谈话是如此严肃的一门仪式，应当念着祷词来接近它，必须细致而又克制地举行它。要把思维的线索不结也不断地解开，需要很大的毅力和同情。交谈一方到处进行试验性的摸索后，摸上了他所见到的真实之路，这时更需要很大的自制力。谈话双方常常好像背靠背的人，每方试图向另一方描述他的所见，并由于他们的视觉不相一致而争吵起来。心灵转身面对面，是要一点时间的。

三个人谈话常常比两个人要好些，理由是那时三人之一总是不自觉地充当仲裁人，在谈话中主持公道，把迷途的心智拉回到议论的症结上来，保证一方的咄咄逼人不致向另一方的缄默寡言犯了规。两个人谈话，哎，可能会形成说的说，听的听；三个人谈话就难得出现这种尴尬场面。

很少人认识到，我们接近真实的表达是多么缓慢，多么痛苦。我们是那样变化无常，那样急着讲礼貌，并且轮番地为慎重或忿怒所支配。我们的心像钟摆一样摇摆不定：要它停下来，得花一点时间。那时，由于我们个人的震颤妨碍达到准确，不得不做出适当的让步和校正。即使是罗盘针也并不指向真正的北方，而只是磁场上的北方。同样，我们的心充其量也只能表示磁场上的真实，它们被许多东西歪曲着，就像铁屑对于罗盘一样。一定要坚持己见：这可是落在人脑的罗盘盘面上的老大一粒铁屑啊！

我们都害怕真实：我们保存着一大堆得意的偏见和对策，准备作为突击队投入辩论中去，而不愿让我们的真实堡垒受到冲击。我们有烟幕弹和密探船和各种狡猾的保护色，用来向我们的朋友，甚至向我们自己，掩饰我们的内心。我们宁愿生气和烦躁，忙乱和躲闪，而不愿使自己陷入狼狈的境地。

在匆促而又杂乱的日子里，在那些把我们的日子推向我们身后的人类问题的频繁压力下，人们难道从来没有梦想过这样一种生活方式，可以把谈话尊奉到它在太阳下面的适当位置上？在那种亲密的无保留的思想交流中，在追逐欢乐与人类满足之神奇青鸟（可以看见它远远掠过生活的树枝)的过程中,有着怎样一种风味啊。如果世界变得如此匆忙,以致人们没有时间谈话,对于世界来说,这可是一件可悲的事情。在我们朋友的心里,有那么一些知识和同情的宝藏,唯愿我们有时间把它们从它们不可捉摸的矿坑谈出来。如果我们可以做主,我们会从一星期拨出一天来谈话。事实上,我们会重新安排这一整个星期。我们会拿一天来作礼拜(让每个人把这一天专门用来礼拜他认为最亲爱的东西吧);一天工作;一天游戏(也许是钓鱼);一天谈话;一天读书,又一天抽烟和思考。这样,还剩一天可以休息,(临时)也可以访问一下雇主。

我们一生最好的一星期,是我们除了谈话什么也不干的一星期。我们是同一位在派克县①的湖畔有一栋小平房的可爱的绅士一起度过它的。他有许许多多的书籍和雪茄,二者都是谈话的兴奋剂。我们经常穿着最旧的裤子,出门躺在湖边上,谈着谈着。我们讨论了那么多话题;对于这一切,他远比我们懂得多。我们建立了一整套疏懒与亲善的哲学,对食品和睡眠和游泳分别予以适当的敬意。我们上午十时起身并开始谈话;我们整天谈着,一直谈到深夜三点。然后我们上床,为了明天而恢复精力和斗志。没有任何一个星期过得更好的了。我们没有犯罪,没有草拟密约,没有策划兼并或赔偿。我们不嫉羡任何人。我们检验了整个世界,发现它很值得来一趟。这时,我们的妻子正在阳台上观望着(也许还带有小小一点沉默的忿怒),不断地问我们:"你们到底在谈些什么?"

谢天谢地,人们并不一定要谈什么。他们只是谈着。

而且,要当一名成功的谈话人,只有一条规则:学着怎样去听话。

〔译后记〕 作者克里斯托弗·莫利(1890—1957)是美国著名的文学编辑、小品文作家和小说家。他的文风轻松而刚健,机智而闲适,

---

① 派克县,属美国密苏里州。

在英语写作上居于高雅的层次。在纽约《晚邮报》和《星期六文学评论》主编文艺专栏期间,曾用四种英国传统嗜好——桑迪加夫酒(啤酒、姜汁混合饮料)、百果馅饼、葡萄干布丁和烟斗丝——来命名他的四本有趣的小品文集;尤其沉湎于上述第四种嗜好,据说只有在地铁车厢里或在睡眠中,他才不抽那管子又宽又弯、肚子又深又大的烟斗。除小品文外,著有小说多种,包括早期的《第八罪》《车轮上的帕纳萨斯》和晚期的《特洛伊木马》和《基蒂·福伊尔》等。晚年编纂著名的《巴尔利特常用引语大全》。

  英国小品文在世界文学宝库中自有其应得的地位。把培根、斯威夫特、兰姆、爱默生、切斯特顿等人视作这方面的古典专家,本文作者可以算是后起之秀了;但从这里译出的两篇小品可以见出,他的隽永的机智、从容的谈吐、简洁的文风实不次于他的前辈,是很值得玩味的。这两篇,一篇写门在生活中的意义,另一篇写谈话的艺术。读前一篇,你不得不思索:为什么开门和关门在生活中那么富于象征性?在你的个人经验中,门在什么时候有过重大意义?开门和关门的方式怎样表现一个人的个性?你怎么理解"门一旦关了,就永远关了"?读第二篇,你会琢磨:成功的谈话需要什么条件?什么东西妨碍成功的谈话?你还发现什么障碍作者没有提到?作者说,善于谈话的人很少,你是不是同意?作者说,三个人谈话比两个人要好,是不是符合你的经验?为什么谈话难于表达真实?你可曾有过难于说真话的经验,又是由于什么缘故?"当一名成功的谈话人,先要学会听话",你是怎么理解的?此外,这两篇反映作者什么样的风格,你喜不喜欢这种风格?

黑格尔传

[苏联] 阿尔森·古留加

引　言[*]

歌德有一次在同爱克曼谈话时说过:"我所以得天独厚,是因为我出生在世界大事纷至沓来、方兴未艾的年代,我一生躬逢其盛,有幸经历了七年战争,接着是美国脱离英国,后来是法国革命,最后又是整个拿破仑时代,直到这位英雄一败涂地,等等。"

黑格尔虽然比歌德小二十一岁,但上述那些重大事件,除七年战争之外,他都同样经历过了;他殁于法国七月革命后一年。

为黑格尔写传记的作者们,以生动的笔触描述了十八世纪德国的落后状况:工农业极端凋敝;国家分裂成许许多多小邦,秩序糟不可言;谈不上教育,谈不上出版自由,更没有什么社会舆论。但是,经济方面落后的国家,却可以在哲学方面占主要地位。而且,落后的含义

---

[*] 本书是前民主德国莱比锡雷克拉姆出版社一九七四年出版的一本译自俄文的黑格尔生平传记。原作者是前苏联的阿尔森·古留加(生于1921年),哲学研究工作者。除本书外,他还著有《康德传》《赫尔德传》《德国唯物主义史》《历史美学》,以及许多哲学史、美学、文学艺术的论文,并是康德、黑格尔、歌德著作俄译本的编者。德文译者是瓦尔德马尔·赛德尔。本书正文共十三节,大体上按黑格尔的少年、青年、成年和晚年几个阶段介绍了黑格尔的一生,概略地叙述了黑格尔哲学产生的时代背景和历史条件,对黑格尔的主要著作及其哲学体系的形成和发展作了简要的分析,可为我国读者了解黑格尔及其哲学提供某些线索和材料。

　　本书中译完成于一九七六年国家出版局版本图书馆编译室,参加翻译的有刘半九、张伯幼、赵其昌、仝保民、韩文殿、李富荣等,由绿原(刘半九)主译并负责校订。一九七九年中译本《黑格尔传》由商务印书馆出版。为了收集绿原先生的译作,本卷选用了《黑格尔传》的引言和正文,为与商务版有所区别,未收入商务版中的注释、年表、人名索引与书目选,需要查询的读者请去阅读商务版(后又印刷过几版)。

不一而足：有时是指整个国家分崩离析，有时不过是说在发展进程中赶不上别的国家。而德国的落后，其性质属于后者。德国尽管赶不上英国和法国，它在资产阶级发展道路上仍然是走在前列的。

邻国发生的那些事件，在德国人的心田中引起了强烈的反响。马克思曾经把康德的哲学称作法国革命的德国理论。海涅认为，就其破坏能力和严峻后果而言，罗伯斯庇尔可以和康德相匹敌；说到意志的狂放和抱负的远大，拿破仑则可和费希特并肩。但是，找不到一个可以和黑格尔同日而语的人；确乎如此，因为法国的政治生活还没有造就出一个人物，像黑格尔那样坚定地继承了前辈的事业。黑格尔的哲学思想最充分地反映了欧洲十八、九世纪之交所发生的根本变化。

科学的发展也是黑格尔辩证法的一个重要来源。虽然这位伟大的唯心主义者还不懂博物学所采用的历史方法，但是自然科学的成就和大量积累起来的实际材料（尚有待于系统化并加以周详的研究），对于他的世界观的形成不能不起积极的作用。人类学方面的研究成果，对他的影响则更大。十八世纪已经奠定了近代考古学和艺术史的基础，并且出版了政治史和哲学史的普及作品，这一点对于黑格尔也是十分重要的。

黑格尔是这样一位思想家，他认为自己的学说合乎规律地继承并总结了前人理论思维的全部发展过程。在黑格尔心目中，哲学科学所经历的道路，并不是记载谬误的一览表，而是追求真理的紧张过程，这个追求过程越来越接近于目标，终于在他黑格尔的体系中达到了这一目标。黑格尔认为他的学说是绝对真理，他在这一点上诚然错了；但是他却正确地看到，他和他的伟大的前辈之间有着直接的联系。因此，在本书中，我们将经常提到康德、费希特、谢林、莱辛、赫尔德、歌德等人的名字。

黑格尔一生质朴无华，他的活动是内在的，反映在他的思想和著作中。读者将会看到，黑格尔的学说是怎样产生的，经历了哪些变化，并且怎样熔铸在哲学体系的严谨形式中。关于这个哲学体系，本书只能介绍一个梗概。黑格尔在人类的精神史上留下了深刻的足迹。他为马克思主义哲学的出现准备了基础;他论述了一系列近代理论思维力求解答的重要问题。但是,他是他的时代的儿子,他也这样来看待他自己。为了按照发展过程理解他的思想,我们想一步一步来叙述他的生活经历,从他的学生时代谈起,直到他去世为止。

行动在先

公元一七八五年,一个少年进了斯图加特市立文科中学;他叫威廉,全名是格奥尔格·威廉·弗里德里希·黑格尔,是税务局书记官、斯图加特市的绅士格奥尔格·路德维希·黑格尔的儿子。父亲认为,儿子在学校里上点课是不够的,尽管威廉把各门学科都学得很出色,升级考试的成绩总是优良,父亲还是为他聘请了家庭教师。

威廉读书读得很多,把零用钱都买了书。他常常到公爵图书馆里去看书,认为这是一桩很大的乐趣,图书馆每逢星期三、六开放。在一个大房间里有一张长桌,上面摆着钢笔、墨水和纸张,供读者使用。读者想看什么书,只要把书名写在纸片上,交给图书管理员,他马上就会把书给找来。威廉第一次逛到这里,借了巴托的《美学导论》德译本,读完了其中论叙事诗一章。

他喜欢读严肃的书;读这些书的时候,还养成了一个独特的习惯。那就是,把读过的东西详细地摘录在一张张活页上,然后按照语言学、美学、面相学、算学、几何学、心理学、史学、神学和哲学等项目加以分类。每一类都严格地按照字母次序排列。所有摘录都放在贴有标签的文件夹里。这样,不论需用哪一条摘录,都可以马上找到手。这些文件夹将伴随这位哲学家一辈子。

年轻的黑格尔在家庭图书室里,保存着一卷小开本的德译莎士比亚剧作集,这是他的一个最受尊敬的老师在他上低年级时送给他的。扉页上有这样一段题词:"你现在还读不懂,但不久就会读懂的。"此后十年过去了。勒夫勒老师的预言应验没有呢,这个问题很难回答。只要涉及文艺作品,这个年轻人无论如何不能夸口有中人以上的欣赏能力,也不能说对于新鲜事物有特殊的接受能力。在黑格尔的童年和少年时期,德国的诗歌散文名著陆续问世,如《埃米里·加洛蒂》(1772),《革茨·冯·伯利欣根》(1773),《少年维特之烦恼》(1774),《先知拿单》(1779)和《强盗》(1781)等等。这位未来的哲学家从中学毕了业,还没有读过这些作品。他所爱不释手的一本书是《索菲游记,从默墨尔到萨克森》(1769—1773),这是一部模仿英国家庭小说描写七年战争时期东普鲁士市民生活的小说。约翰·提摩太乌斯·赫尔姆斯的这部六大卷精装本的小说,有大段大段惩恶劝善的说教,同时以不无清新气息的写实手法描写了市民间千篇一律的日常琐事。黑格尔对这部小说越读越入迷;直到十八世纪末,《索菲游记,从默墨尔到萨克森》算是黑格尔最爱读的书籍之一。

黑格尔的日记内容也散发出少年老成、谨小慎微、陈谷子烂芝麻的气味,简直看不出他有什么出众之处。

星期四,七月十四日。阿贝尔和霍普夫两位教授先生前日光临我们的聚会。我们和他们两位(!)一起散了步,他们专门给我们谈了维也纳。

星期五,七月十五日。我和克勒斯教授先生一起散步。我们很入神地读门德尔松的《斐多》……。

星期六,七月十六日。市府秘书克拉普夫勒先生今天去世了,大家原来以为他的健康已有所好转呢。他身后遗下九个孩子,一个儿子在八天前接替了他的职位;一个儿子在去年秋天进了修道院。

星期二,七月十九日。政府顾问兼枢密院秘书施密特林今天也去世了,当时他正吃着饭,伸手去拿汤匙,不料中了风。

前面还有几页写着,黑格尔和另外几个模范生一起被叫到教务处去。并没有训斥我们什么,只是严肃地指令我们去规劝同学们,叫他们提防被拉进那些庸俗放荡的娱乐聚会。并且举了一个例子,说有这么一个团体,参加者都是些青年人,男的十六七岁,女的十一二岁……这些绅士们(!)带着淑女们到处溜达,腐化堕落,不可救药地消磨时日。"

从这些话可以看出,黑格尔为人循规蹈矩,安分守己,而且枯燥无聊。黑格尔的传记作者库诺·菲舍尔写道:"当时谁也不曾预料到,这个陶醉于如此一部乏味小说的平庸少年竟会脱胎换骨,成为一个深刻的思想家,他还将孜孜不倦,力图上进,有朝一日作为当代第一位哲学家而出现。"

从另方面看,情况也并不完全像菲舍尔所说的那样。在文科中学最后一年,黑格尔有一篇作文,《论古诗人的若干特征》,得到了这样一个评语:"大有后望。"尽管黑格尔对近代文学很不熟悉,他却以通晓古典文学而见长。他醉心于索福克勒斯和欧里庇得斯的悲剧,翻译过爱比克泰德和隆各司的作品。因此,写一篇赞美古代诗人的文章,对他来说并非难事。一年前,他已在《论希腊人和罗马人的宗教》一文中表达了他对于古代的纯理性主义的观点。他认为,希腊人的迷信是由于缺乏启蒙知识。在那篇文章的结尾,还附带地批评到现代。而在这篇论古代诗人的文章中,黑格尔进一步发展了这个论题,对时新的文学作了批判。据他看来,近代诗人再也起不到古代诗人那样大的作用了。古代作家的优秀品质和无可争辩的长处就在于纯朴。他们的思想不是取自书本,而是直接源于生活和自然。他们所关心的,是为真理服务,而不是取悦于读者。

这当然并不是什么创见。在温克尔曼、莱辛和赫尔德之后,古典热已成为德国知识界的共同特点,黑格尔这个学生不过是把他读过的东西转述了一遍;但是他转述得头头是道,令人信服。黑格尔对于古代语言和古代诗人毕生倾慕不止。

老师对于这些文章的内容是满意的,他只是在修辞不当的地方提出了意见,因为文科中学学生都得在班上讲述自己的作文,而黑格尔的口才并不出众。

黑格尔从文科中学毕业,也必须作一次讲演。他挑选的题目是《土耳其人治下艺术与科学之衰落》。黑格尔从前对近东没有发生过任何兴趣,这次选定土耳其人作讲题,也不过是借题发挥而已。

他在讲演中一面勾勒奥斯曼帝国的悲惨状况,一面呼吁大家回顾一下自己的家乡符腾堡。对比是令人触目惊心的。

……因此,我们将会认识到自己的幸运,将会珍惜天意让我们出生在这样一个国邦,本邦君主深信教育之重要,深信科学用途之广泛,对此二端优先予以关怀,从而赢得了荣誉,为自己树立了一个永垂不朽的、供后世景仰的纪念碑。

这里讲的是卡尔·欧根,也就是那个派人迫害席勒和舒伯特的专制暴君。黑格尔举出自己的母校——那个文科中学——作为本邦教育事业发达的例证。他一味恭维学监们,感谢老师们。然后他呼吁朋友们和同学们深思一下,他们由于玩忽老师和学监的教导,给自己带来了怎样的恶果。

如果认为这篇演说是说的反话,那完全是不合时宜的误解。其实,这样的学生演说当时风行一时,黑格尔正因此而得宠。他的这些甜言蜜语是否灌进了公爵的耳朵,我们不知道,但是他的奖学金毕竟到手了。一七八八年十月,他开始进图宾根修道院的神学院学习。

符腾堡公国办了两所高等学校:斯图加特卡尔学院和图宾根神学院。前者是卡尔·欧根为了培养军官、医生和律师而设立的(1780年席勒毕业于该校),后者是一所比较老的学校,创立于十六世纪,主要是培养未来的牧师和教员。神学院的学生并不多,约有二百至三百名。神学院设在从前一个奥古斯丁教团修道院的故址。这里的生活方式具有修道院的特色:学生们奉命早起、祷告和吃早饭。上课、自修和散步都有严格的规定。犯规一次就得受罚;轻则午饭不准喝酒,重则要关禁闭。因为神学生都穿黑衣服,城里人管他们叫作"黑鬼"。

骑马和击剑也是未来牧师的训练科目。黑格尔对此并不怎么感兴趣。他还是像中学时代一样,喜欢把时间花在书本上。同学们总拿他开心,谈到他就称他"老头儿"。在他的纪念册里,有他同学画的一幅漫画:黑格尔,驼着背,拄着两根拐。旁边的题词是:"愿上帝保佑这位老头儿。"黑格尔并没有为此而见怪,因为他跟人人都合得来,大家都把他当作知心的伙伴。

他吸鼻烟,喜欢喝酒,还玩牌,只要有条件,人家干啥他也干啥。有一次,他因迟到一小时被关了禁闭。还有一次,他在宿舍里喝醉了酒,朋友们把他藏了起来,没让老师们发觉,好不容易才逃脱了惩罚。室长埋怨他:"啊,黑格尔,想必你把自个小魂儿都给喝丢了吧。"

黑格尔和他同学中最杰出的两位结下了诚挚的友谊,他们就是弗里德里希·荷尔德林和弗里德里希·威廉·约瑟夫·谢林,前者于一七八八年和黑格尔同时进的神学院,后者到一七九〇年才入学。

黑格尔学习勤勉。他在一七八八年十二月写的大学时代的第一篇作文,再一次重复了几个月前在文科中学所写的内容。文章的题目是《论希腊罗马古典作家的著述给予我们的若干教益》。他的论点没有变化,他仍旧认为古代诗人是直接从自然汲取灵感的,他还批判了当代人的书本知识。古典作家的长处就在于语言惊人地丰富。古典文学是培养鉴赏力的学校,美育的学校。读一读古代史学家的作品是特别有益的,这些作品是记载历史的典范,极有助于理解人类所走过的道路。人的精神在任何时代都一样,只是由于特定的发展条件而有所不同。黑格尔那个时代的精神环境盛行历史主义的思维方法,黑格尔越来越具有这种思维方法的基本立场。

在神学院第一学年结业时,黑格尔获得了一张特优证书:"智力强,勤勉,品行优良"。在以后十个学期中,智力一栏的评语总是"强"。而在品行一栏,则从"优良"降到"及格",有时甚至是个"劣"字。黑格尔已不再是那个循规蹈矩的文科中学学生了。但是他也没有成为一个放肆的酒鬼。在图宾根这类酒鬼多得很,他这个人本来也完全可以成为当中一个的。新的兴趣闯进了黑格尔的生活,政治使他着了迷。

一七八九年春天，警报从法国传到了德国。饥饿和骚乱笼罩着法国，国王被迫召开三级会议，第三等级不再服从国王的权威，人民代表宣布召集国民会议。七月十四日，巴黎人攻占了巴士底狱，革命蔓延到全国。八月二十六日，制宪会议通过了"人权宣言"，这个文件在当时的精神生活中——在这整个时代——起了决定性的作用。

法国革命受到了德国进步力量的热烈欢呼。同其他城市一样，图宾根也出现了一个政治俱乐部。人们在那儿交流有关法国事件的新闻，阅读法国报纸，谈论德国的命运。图宾根人学法国人的样，栽了一棵自由树。据说，黑格尔和他的朋友谢林一起，也参加了这项活动。

黑格尔是俱乐部的积极分子，他在会议上发表政治演说，受到了朋友们的喝采。在哲学家当时的纪念册中，可以找到这样一些革命口号："反对暴君！"——"打倒坏蛋！"——"打倒妄想绝对统治心灵的暴政！"——"自由万岁！"——"卢梭万岁！"还有一条摘自《社会契约论》的语录："如果天使有个政府，那么这个政府也会实行民主管理的。"

卢梭是对社会罪恶和封建奴役愤然提出控诉的人，他的革命思想吸引了黑格尔。卢梭也是最先洞察资产阶级进步有其缺陷的人们中的一个，他的口号是："回到大自然去！"他写到，经济的繁荣和科学的发达，并没有给人类带来幸福，而人类为这些成就所付出的代价却是自由和道德的沦丧。但是，卢梭相信，大多数无权无势的人们终将摆脱暴政并将获得平等。他认为理想的国家体制，就是古代的城邦国家。而在黑格尔看来，法国的事件正是卢梭思想的实践。

革命在继续发展。国王想逃跑，但给逮住了，并被押回巴黎，山岳党人趁机号召推翻君主制。反革命军队于是在法国境外集结，想用武力恢复旧秩序。

在离图宾根不远的罗登堡，驻扎着法国流亡者的一个军团。这是旧王军军官、贵族、僧侣、税吏和冒险家们的一个逋逃薮。他们为自己的安全着想，还是以不在图宾根露面为妙，因为大学生们在搜寻他们，要找他们决斗或者干脆把他们痛打一顿。

一天，有个衣衫褴褛、满脸鲜血的人，在图宾根的街上慢吞吞地走着，慢得简直迈不开步了。原来他是个被保皇派逮捕过的法国雅各宾派。他能逃脱敌手，真是一个奇迹。但他没有力气再往前走，他一筹莫展，只有等待从罗登堡来的追捕者。达时，俱乐部的成员们跑来救了他。他们把这个逃亡者藏在一个安全地带，然后募款把他送出了国境。

俱乐部成员中间出了奸细，秘密被泄露了。当局于是开始进行查究。卡尔公爵专程前来图宾根，亲自领导办案。俱乐部主任及时躲了起来；其余的人都惊惶四散。甚至谢林，这个把"马赛曲"译成德文因而出名的人，也逃脱了惩罚。他并没有掩饰自己的行藏，公爵当面审讯他，问他是否就是那个"强盗歌"的译者，他大胆而干脆地回答说："……欲加之罪，何患无词？"

年轻的谢林有惊人的才能。十五岁，比常人早三年，就上了大学——神学院。那时，黑格尔在神学院正读第五学期。他们经常在政治俱乐部的会议上碰面，政治立场使他们接近起来。黑格尔和谢林结交的基础，起初不是哲学，而是政治。理论方面的共同兴趣是到后来才发生的。

一般说来，黑格尔当时对于哲学并没有什么爱好。虽然他在法国爆发革命那一年就开始读康德的著作，但当时他还领会不了批判哲学的革命精神。那时，神学院学生们组织了一个研究《纯粹理性批判》的团体。年轻的谢林积极地参加了这个团体的活动，黑格尔则对它不闻不问。

可是，二十岁的黑格尔并没有因此而当不成哲学硕士。神学院规定，学生在头两年首先应当研究哲学，接着还应为硕士论文进行答辩。为了获准参加答辩，又得先写两篇简短的哲学论文，通过一次考试并参加辩论。学生用不着提交篇幅较大的独立论文，因为真正的论文是由教授撰写的，学生只须进行答辩。黑格尔的两篇文章没有保存下来。《论义务的界限》这篇论文是奥古斯特·伯克教授写的。该文申述了沃尔夫的道德观。作者认为,德行的基础在于理性,也在于感情。道德义务的概念虽然并非来自灵魂不灭和上帝不死的思想,但是对于最高本体的信仰却巩固和完善了这个概念。为这篇论文进行答辩的,同时有四个学生,其中就有黑格尔和荷尔德林。

在图宾根的最后三年便专门用来学习神学了。结业时答辩了一篇关于符腾堡教会史的论文。除了黑格尔,还有八个学生参加。一七九三年秋季的宗教考试,是黑格尔向图宾根神学院所做的最后一次贡献。黑格尔的毕业文凭上写着:

健康状况不佳

中等身材

不善辞令

沉默寡言

天赋高

判断力健全

记忆力强

文字通顺

作风正派

有时不太用功

体质一般

神学有成绩

虽然尝试讲道不无热情,但看来不是一名优秀的传教士

语言知识丰富

哲学上十分努力

考试及格了,但黑格尔并不想从事宗教生涯。由于某些原因,他没有去当牧师。黑格尔的一个同学洛伊特魏因解释道,黑格尔之所以改变主意,是因为虚荣心受了伤:在斯图加特文科中学,黑格尔名列第一,他的同学梅尔克林第二,但是到了大学,名次倒了过来——梅尔克林在神学院毕业时是第三名,黑格尔却是第四名。这次落后在黑格尔

心上留下了一道难愈的伤痕。洛伊特魏因说,假使黑格尔在神学院毕业时不是第四名,那么他肯定会成为一名牧师。事实上,黑格尔决没有那个自称黑格尔知己的洛伊特魏因加在他身上的那种虚荣心和名利欲。(此外,洛伊特魏因自称是黑格尔的知己,也根本不符合事实。)

其他人则认为,黑格尔是由于缺乏口才,才没有成为一个神职人员;但事实上,大学讲台对于口才的要求并不亚于教堂的讲坛。原因显然不在这里。当时大学里笼罩着一种气氛,好像在修道院和兵营里一样,这才使黑格尔产生了厌恶教会的情绪;此外,他在图宾根受到法国革命和卢梭著作的影响,因而形成了激进观点,也是原因之一。

一七九三年十月,黑格尔前往游历卢梭的故乡瑞士,不过他没有去日内瓦,而是去了伯尔尼。他给那儿住家的贵族卡尔·弗里德里希·施泰格尔的孩子们当老师。教三个孩子——两个女孩,一男孩——花不了太多的时间和精力,因此黑格尔有可能加深自己的修养并进行学术研究。主人有大量的藏书,可供他随意选读。

在这个时期,黑格尔摘抄了德国著名的雅各宾派格奥尔格·福尔斯特的著作。一七九二年,无套裤党[①]军队追逐被击溃的干涉军,踏上了德国国土,这时在美因茨成立了一个共和国,宣称隶属于革命的法兰西。格奥尔格·福尔斯特是该共和国的领导人之一,他一直在巴黎忠心耿耿地从事革命工作,直到生命的最后一息;一七九四年,他在当地逝世。

黑格尔一如既往地关注着法国的动态。他和大多数同情革命的德国人一样,并不赞成雅各宾派的恐怖行为。目睹这些事件的福尔斯特以惊愕的心情写道:"捣乱分子和阴谋分子伪装成人民之友,借以敛财致富,在法国作威作福,而最聪明的脑袋,同时也是我心目中最善良的心灵,却一个个死在这帮家伙手里。"实行恐怖手段,证明小资产阶级领导的革命陷入了走投无路的境地。现在请读者听听弗里德里

---

① 无套裤党,法国大革命时期贵族对共和党的污蔑称呼,泛指左派革命分子。

希·恩格斯关于雅各宾恐怖的评价。"恐怖多半都是无济于事的残暴行为,都是那些心怀恐惧的人为了安慰自己而干出来的。我深信,一七九三年的恐怖统治几乎完全要归罪于过度恐惧的、以爱国者自居的资产者,归罪于吓破了胆的小市民和在恐怖时期干自己勾当的那帮流氓。"

黑格尔虽然反对雅各宾恐怖,但他并没有改变对于法国革命所持的肯定态度,仍然把它看作一场彻底的社会变革。他后来这样写道:"这是……一次灿烂辉煌的日出。"法国革命和黑格尔的学说血肉相连;甚至当黑格尔成了保守派以后,他还认为,如果没有这一场大变动,欧洲的历史是不可想象的。

在幽静的伯尔尼,黑格尔埋头读书和写作。他打算写一篇关于认识论的文章,他的笔记本上记着许多关于主观精神哲学的材料。从这里可以看出一些新的倾向;这位年轻的哲学家在思考一些古怪的问题:直观是如何变为自觉行动的?神经怎样起到感觉器官的作用?灵魂在哪儿?英国人普里斯特莱和哈特莱,法国人邦内都曾企图解答这些问题。无论如何,黑格尔是知道他们的著作的,那些著作已由斯图加特卡尔学院的教授、后来在图宾根修道院当教授的雅各布·弗里德里希·阿贝尔译成了德文。阿贝尔的论文《论人的观念的本源》的某些部分,黑格尔都逐字逐句地抄录了下来。

这段期间,黑格尔对康德著作的理解日益加深。他逐渐领会了它的意义。他给谢林写道:"我期待康德体系及其圆满成就在德国引起一场革命。"他感兴趣的不是《纯粹理性批判》——他为这部著作所吸引,是后来的事——,而是康德的关于实践哲学的著作和费希特为这些著作所作的解说。人类终于登上了一切哲学的顶峰,这个顶峰高到令人眼花缭乱的程度;但是,为什么人们迟至今日才想到重视人类的尊严,才想到赏识人类可以同一切神灵平起平坐的能力呢?我认为,肯定人类本身是如此值得尊重,乃是这个时代的最好的标志;它证明压迫者们和人间的神祇们头上的光轮消逝了。哲学家们正在证明这一尊严，人们将学会感受这一尊严，将不再去乞讨被践踏的权利，而是由自己来恢复它，并把它据为己有。宗教和政治狼狈为奸，宗教所教诲的正是专制政治所要求的东西……黑格尔情真意切地呼吁：朋友们，朝着太阳奔去吧，为了人类的幸福之花快点开放！挡住太阳的树叶能怎么样？树枝能怎么样？——拨开它们，向着太阳，努力奋斗吧……！

那时，谢林已经发表了他的理论见解，而黑格尔觉得他和谢林不能相提并论，他不敢发表他的批判意见。"我在这方面仅仅是个学徒。"谢林请求黑格尔谈一谈自己的学术研究，黑格尔却说："我的作业不值一谈……"

可是，在这个时期，他的撰述是很丰富的。他在伯尔尼写过一部早在图宾根就已动笔的著作。这部著作没有写完，直到黑格尔死后才以《人民宗教与基督教》这个书名出版。在这本断简残篇中，黑格尔表达了这样一个信念："……宗教……是我们生活中最重要的事情之一……"使他对宗教感兴趣的，首先是"心灵"，因为真正的、活的、"主观"的宗教表现在感情和行为之中。"客观"的宗教是关于上帝的呆板知识，是和"主观"的宗教相对立的，或者更确切地说，是被包括在"主观"的宗教里面的。如果"主观"的宗教可以比作活生生的自然之书，那么，"客观"的宗教就是一个自然科学家的标本陈列室，他把昆虫弄死，把植物晒干，把动物泡在酒精里，并把大自然区分开来的一切压进了一个统一的模式。大自然把无穷无尽、各色各样的目的编织成一根友谊的纽带，而自然科学家却在这里设置了一个统一的目的。换句话说，"主观"的宗教是善人特具德行的同义词，而"客观"的宗教则体现了神学；至于两者在道德功效上孰高孰低，黑格尔持谨慎态度，他只认为，起决定作用的不是宗教的色彩，（拿单说过，你们认为我之所以成为基督徒，也就是我认为你们之所以成为犹太人）而在于宗教是否成为关乎心灵的事。

"客观"的宗教依赖于知性，但知性并不能把原则付诸实践，因为知性只是一个谄媚地迎合主人心意的仆人。启发知性固然会使人变得机灵些，但不会使人变得更好些，也不会更智慧些，因为智慧不是学问。有人说，知性产生真理，但是哪一个凡夫俗子敢于断定，什么是真理？这些观点和黑格尔后来的观点相去不可以道里计。而同卢梭的原则、同依靠整个"感觉着"的人来进行的狂飚运动的原则又何其相似乃尔！

黑格尔从启蒙神学家那儿借用了"天启宗教"①这个概念，来称呼倚仗权威与传统的僵化的宗教。天启宗教的对立面是人民宗教。人民宗教虽然建立在理性之上，但它首先却诉诸感情，而且一切生活要求和国家公共事务都是和人民宗教息息相关的。透过这些神学术语，他显然提出了合理的社会制度这个问题。年轻的黑格尔认为（卢梭也是这样），这种制度的典型就是古代的民主制。

黑格尔所批判的首先不是基督教本身，而是它的现状：不是关于人格神的概念，而是教会的机构。谢林因为康德派哲学家信手乱用道德论据，便在一封信中嘲笑了他们："一下子，跳出来一个救星——天上的一个独特的本体！——"。读了谢林的这段话，黑格尔简直不懂是什么意思。他问谢林："你是不是认为，我们根本不能达到这一步？"谢林马上给了他一个严厉的答复："你问我是不是认为，我们不能用道德论据达到一个独特的本体？老实说，你的话使我大吃一惊；我真没想到，一个熟读莱辛著作的人竟会提出这样的问题来；而你却把它提出来了，以便探悉**我**是不是**完全**解决了它：至于你，想必是早已解决了这个问题的。而且，我们两人也不再有关于上帝的正统观念了。——那么，我的答复就是：我们所达到的比一个独特的本体**更远**。同时，我已成为斯宾诺莎派！"

黑格尔却不能宣称自己是个斯宾诺莎派。基督的形象反倒更吸引了他。一七九五年夏天，他在伯尔尼附近的楚格（瑞士风景区）撰写

---

① positive Religion，指以上天启示为根据的宗教，如犹太教、基督教。

新宗教创始人的传记。这部传记表面上近似福音书,但是,里面写的是些什么呢,一字不提报喜节、圣灵妊娠、奇迹和死者复活等等。黑格尔笔下的基督是一个诉诸人的理性的道德家。从中可以看出,这位青年神学家的观点有了变化;一年以前,他还在颂扬感情,而今感情让位于理性了。

他几乎让基督嘴里讲出了康德的绝对律令:"你们如果希望人家按照人与人之间的普遍法则对待你们,那么,你们也应当按照同一原则对待人家——这就是伦理的基本法则"——黑格尔这时还没有把伦理和道德分清楚——,于是伦理成为虔敬的唯一尺度。人人都要按照他的行为来衡量。殊不知人即个人却高于一切。

过了几个月,这位青年思想家又埋头于别的问题。基督教以个别人物事迹为内容的讲道说教,已不再适合他的口味。他开始写一篇新稿。这就是后来著名的那篇基督教的天启性。大家知道,黑格尔所谓的天启性,意味着稳定,凝固,因此也就是僵化。黑格尔把基督的原始教义和后来产生的有组织的基督教区别开来,又把后者和成为国教的基督教区别开来。基督教的这三种不同形态,是基督教日益僵化即"天启"特征日益深化的几个阶段,而这些特征在它的创始人的训诫中也早就有了。基督当年便努力通过人们对于他自己的权威的信仰,来破除犹太教的"天启性"。

且看基督周围的情况吧。黑格尔将基督同苏格拉底作了比较。人人都可以成为苏格拉底的学生;苏格拉底的朋友中有商人,士兵,政治家,他们各人有各人的职业。与此相反,基督身边只有十二个使徒,他们作为他的学说的宣讲者,只是为了基督,为了他的言行而活着。这就为精神上的独断主义和对权威的信仰创造了条件。

基督教是怎样得势起来的呢?古代世界的"人民宗教"又为什么消失了?在黑格尔那个时代流行过一种答案,据说当初人们已再不能信奉那些嬉嬉哈哈、打打闹闹、搞不正当关系的希腊诸神,于是对基督的信仰便起而代之,更好地适应了人们心灵的需要。

可是,黑格尔并不满意这个答案。古代宗教之从人民心中一笔勾销,并不是由于书斋结论,而基督教得以传布开来,也不是由于人民受到开导。黑格尔认为,希腊罗马的宗教本是自由人民的宗教,人们一旦丧失自由,这些宗教也就消失了,失去了意义,变得软弱无力,对人们没有用处了。如果河床干涸了,渔夫还要鱼网干吗呢? 由此看来,基督教是专制政治的产物。国家本是由公民的自身行动产生的,一当国家观念从公民心中消失时,便出现了基督教。这时,为国家这个整体操心,已只是一个人或少数几个人的事情。人人都有其被指定的地位,这个地位都是相当有限的,而且彼此不同。国家机器的管理工作则由少数公民来承担,这些人的作用和小齿轮一样,只有和别的齿轮连接在一起才获得意义。谁也不再为整体而努力了,各人都为自己劳动,或者被迫为别人劳动。

黑格尔的早期著作决没有宣扬教会神学,倒不如说它猛烈地攻击了教会。当然,首先是针对基督教,但也不仅仅针对基督教。"整个教会体系的基本错误,就是否认人的精神有权具备各种能力,特别是其中第一种能力,即理性;而当理性被教会体系所否定之后,教会体系就无非是一个不把人当人的体系。"

这就不单纯是对于官方基督教的批判了。黑格尔揭露了教会对精神自由的压迫。宗教不过是专制政治的外衣,而专制政治则卫护着现存的宗教教义。

为了重新获得失去了的政治自由和精神自由,必须对社会进行彻底的改造。在某个时期内,年轻的黑格尔认为,改造的办法在于消灭国家。他在一七九六年初夏所写的《德意志唯心主义的第一个体系纲领》,清楚地表明了这种思想立场。在这篇残稿中,他按照赫尔德的意思,把国家说成有点机械性,反人道——是由暴力产生的,是注定要消亡的——,是一架机器。"因此,我们必须超越国家!——因为每个国家都必须把自由人作为机械的齿轮装置来对待;而它是不应该这样对待自由人的;因此它应该*消亡*。哲学家黑格尔想"……剥开国家、宪法、政府、立法这一整套卑劣的人造物的画皮——彻底剥开。"黑格尔还认为有"永久和平"的可能性,他把美的思想看作最高的思想,并号召创造一种新的神话学,理性的神话学。

"现在我深信,由于理性包含所有的思想,理性的最高行动是一种审美行动:我深信,**真和善只有在美**中间才能水乳交融。哲学家必须和诗人具有同等的审美力。我们那些迂腐的哲学家们是些毫无美感的人。精神哲学是一种审美的哲学。一个人如果没有美感,做什么都是没精打采的,甚至谈论历史也无法谈得有声有色。"

简直不能相信这些话出自黑格尔笔下。这和他后来所写的一切相去实在太远,以致有人怀疑它们未必是黑格尔写的。的确,黑格尔这里把理性包摄在美感之中,而理性到黑格尔晚年却占据着高的位置。未来的国家辩护士在这里还把国家攻击得体无完肤。但是,这种国家观在一定期间却正是黑格尔青年时代的国家观,而且第一个体系纲领决不是这种观点的唯一证明。我们且来看看耶稣传吧。黑格尔的基督对他的门徒们说:你们总希望看到在尘世建立起上帝的王国;总有人对你们说,这里或那里有这样一个受道德规范约束的人与人相亲相爱的乐园——不要相信那些谎话吧;不要希望在一个冠冕堂皇的人的团体中——也就是在一个国家的表面形式中,在一个由教会戒律所统治的社会中,看到上帝的王国。

黑格尔喜欢在伯尔尼和楚格郊区散步。有一次,他和三个跟他一样的家庭教师结伴,一起到阿尔卑斯山去游览了几天。他们到了格林德沃尔特冰河,到了赖兴巴赫瀑布,接着去圣哥大,又跨过恶魔桥,渡过菲尔瓦尔德施塔特湖,到了卢策恩,然后从那儿回到伯尔尼。这就是他们徒步旅行的路程。那么,黑格尔的印象又如何呢?

他对终年积雪的崇山峻岭无动于衷。黑格尔在旅行日记中写道:无论是眼睛还是想象力,都不能够在这些奇形怪状的大土堆上找到什么可以赏心悦目的,或者可以消遣消遣的。……**理性**想到这些山岳的恒久性,或者看到人们称之为巍峨崇高的风貌,也没有发现一点什么可以使它铭记不忘,使它不得不表示惊讶或赞叹的。凝望这些永远死寂的大土堆,只能使我得到单调而又拖沓的印象:**如此而已**。

哲学家全神贯注于本世纪沸腾的政治生活和精神生活,阿尔卑斯山岿然不动的庄严气象引不起他的兴味。他所追求的既不是寂静,也不是安宁。如果他在大自然中找到某种和他的思想相应的东西,他才感到由衷的高兴。他看到赖兴巴赫瀑布时的心情就是这样。那里一切都处在运动中,眼前呈现的总是同一景象,同时又总不是前一刹那所呈现的那种景象。在一个人迹罕至、岩石丛生、根本无法居住的地方,他却冥想到目的论的荒诞无稽,因为这种学说认为大自然是为了满足人的需要而被创造出来的。一个人待在这种地方,简直不得不从山上偷取一点可怜的食物,哪怕明天他会不会被一场雪崩所吞没,他也没有把握。在这种不毛之地可以产生各色各样的理论,只是不会产生物理目的论,因为这种理论想使人相信,大自然的一切都是为着人的福利而安排的。黑格尔觉得他那个时代的特点是,人们宁愿扬扬得意地认为,一切都是由一个外在的本体造成的,而不愿承认,是人本身为大自然制定了它的一切目的。

投合黑格尔口味的是另一种迥然不同的风景:他毕生爱好为人所掌握并加以整顿过的大自然。晚年的黑格尔欣赏荷兰的肥沃牧场、蒙麦特里的花园、多瑙河谷地和海德堡的郊野。未曾开发的荒芜的自然使他兴致索然。

再说,黑格尔远离亲友,久滞异邦,寄身于一个一本正经的贵族之家,总不会感到那么自在。他请求荷尔德林和谢林帮助他摆脱这个环境,让他回到故乡去。过了一些时候,到一七九六年十月,那时正在法兰克福当家庭教师的荷尔德林才给了他一个佳音:商人戈格尔表示想以十分优厚的待遇邀请黑格尔到他家当家庭教师。

荷尔德林热切地希望黑格尔到法兰克福来,黑格尔在他父母那儿住了一个短时期以后,于一七九七年初搬到了那个城市。两个朋友会面了,但却不能长久相聚;荷尔德林必须马上离开法兰克福。这位青年诗人爱上了他东家的妻子苏珊特·贡塔德,她也热烈地报答了他的爱情。他用柏拉图对话集《宴饮篇》中的女祭司迪奥弟玛的名字来称呼她。他把自己写的诗献给迪奥弟玛,他的小说《许佩里奥》中的女主角也叫作迪奥弟玛。两人的恋爱关系再不能瞒人耳目了。荷尔德林只好走掉。

他后来的结局是很辛酸的。他当时到了法国。那儿的革命风暴已日渐减弱。到处是贪赃枉法、军人崇拜,卑躬屈节和向上爬的风气也蔓延开来。荷尔德林仍然热恋着迪奥弟玛,秘密地同她保持书信往来。可是从法兰克福传来了噩耗说,他心爱的人儿死了。他立即从法国动身回国,沿途餐风宿露,十分劳累——有人说,他是徒步走回来的——;苏珊特·贡塔德之死更使他悲痛欲绝;但主要是体会到个人在社会生活中"无能为力",对法国革命的历史进程感到幻灭,觉得"艰难时代的诗人"前途渺茫;所有这一切都是加速荷尔德林陷于精神错乱的原因。

荷尔德林殁于一八四三年。他从一八〇六年起就得了精神病,先住在一所疯人院里,后来由一对外国夫妇照料着。在这段时间内,黑格尔一次也没有去探望过他。起初他还希望从同学辛克莱那里打听荷尔德林的下落,但是辛克莱也不了解情况,于是荷尔德林的名字很快就从他们的通信中消失了。黑格尔是主张理性至上的。一个人丧失了理性,在黑格尔看来,就等于死亡了。

一七九八年,黑格尔第一次在法兰克福印行了他的一本译作。这是一本原作者姓氏不详的小书,封面上印着"关于瓦得州对伯尔尼城的旧国法关系的密信。译自一个已故瑞士人的法文本,书中附有注释"等字样。黑格尔是本书的译者,也是注释者。《密信》的作者原来是瑞士律师 J. J. 卡特(该书出版时,他仍健在),他在这本书中揭发并抨击了伯尔尼在法国人进驻之前一直实行的专制制度。黑格尔注意到作者的几点想法和自己的见解不谋而合。伯尔尼州缺乏公民自由,这一点首先表现在权势人物蔑视法律。判决权完全掌握在大小官府手里。因此实际上谈不上奉公守法。世界上没有一个地方像这个州那样,有那么多人被处决、被绞杀、被辗死或者被烧死。被告答辩徒具形式,犯人根本享受不到这种权利;最高法院看也不看案卷,就机械地批准了下级法院的判决。

  黑格尔和以前一样,首先关心政治、社会状况和宗教。不久,他又对政治经济学产生了兴趣。一七九九年初,黑格尔读了英国经济学家詹姆斯·斯图亚特的《政治经济学基本原理的研究》。他开始思考财产问题,并推断出社会冲突的根源在于财产。从黑格尔在法兰克福所写的一个片段中,我们可以读到,**在近代国家中,保证财产安全**是决定整个立法的关键,公民们大部分权利都与此有关。在古代一些自由的共和国里,严格意义的财产权,即我们所有官府的心事、我们国家的骄傲,就已经为国家宪法所侵犯……——究竟有多少严格意义的财产权,不得不为了维持共和国的形式而牺牲,这是大可研究的。如果认为,法国无套裤汉制度要求幅度较大地均分财产,其根源仅仅在于贪欲,那么未免冤枉这个制度了。

  看来好像哲学问题已不能打动年轻思想家的心了,但事实完全不是这样。人们只要观察得细心一点,还是可以看到在黑格尔的精神世界中,哲学问题仍起着隐蔽的作用,在某些场合甚至是主导的作用,尽管它表面上退居幕后。证据就是黑格尔在法兰克福所写的最重要的著作,一篇没有完成的手稿:《基督教精神及其命运》。和以前一样,主角还是耶稣。但是,这个耶稣已不再是康德伦理学的代言人,而是这个学说的反对者了。乍见之下,黑格尔好像只是在驳斥古犹太的立法之父摩西。他这样写道,摩西的十诫是作为上帝的话语被提出来的,它们不是真理,而是律令。犹太人是不自由的,他们仰仗他们的上帝,而为人所仰仗的东西,就不能对人具有真理的形式。犹太人——和希腊人相反——是一群奴才,而奴才的最高真理恰在于他有一个主人。统治和屈从是同真理、美和自由水火不相容的。

黑格尔笔下的基督要改变古犹太国流行的拘泥教规的风气，教人注重十诫的精神，注重对上帝和对邻人的爱，这种爱把个人气质和社会责任不可分割地融合在一起了。文章接下去就不再是基督和摩西之争，因为黑格尔开始直接同康德展开了论战。康德认为，道德是个别服从一般——服从良心的驱使——换句话说，就是一般战胜了同它相对立的个别，而黑格尔却认为其任务在于使个别上升为一般，通过二者的调和来扬弃这一对立。这里显示了黑格尔的一个极其重要的思想，后来由此开始产生了黑格尔的辩证法。于是，又提出了这样一个问题：怎样才能找到那个将同个别和特殊结合起来的非形式的一般呢？辩证逻辑就是从伦理学萌芽的。

　　问题发现了，任务——如何把个人气质和道德戒律、把个别和一般结合起来——提出了，但是黑格尔最初提出的解决办法，后来连他自己都丝毫不能满意。黑格尔把生活及其最高表现，即能够调和矛盾的爱的感情，当作解决问题的手段。旧约全书有一条戒律是：不要杀人！耶稣拿和解精神（爱的一种表现形式）这种更高的禀赋和那条戒律作对比，前者不仅不违犯后者，而且使后者成为多余；和解精神包含如此丰富、生动的内容，因此根本不需要什么戒律那样贫乏的东西。

　　如果不提到德国的神秘主义，那么，就没有把决定黑格尔精神发展的因素讲齐。他在法兰克福摘抄过神秘主义大师埃克哈特和陶勒尔的著作。他的不少辩证思想在某些方面可以追溯到神秘主义。这位伟大的理性主义者在青年时代甚至赏识过弗朗茨·冯·巴德尔。巴德尔的几何学方法激发了黑格尔的想象，他想在一个四边形里做出一些三角形，并在这些三角形里做出一些小三角形，试图利用这个方法从各方面把世界加以体系化，但是他终于发现这类直接的直观模式是不可能有的。

　　黑格尔厌恶正教，却对异端抱有好感。他认为，只要以国家名义出现的教会不停止扼杀思维，异端和教派就会存在下去。如果说黑格尔把宗教放在哲学之上，那么他这里并不是指的官方的教义。正因为这样,哲学不得不和宗教一起完结,因为哲学是一种思维,多少是和非思维相对立的,又多少和思维着的人和被思维的东西相对立……

宗教扬弃了个别存在的一切矛盾,生活在宗教中体现了某些无限的东西,使一切对抗都从中消失。

上文引自黑格尔一八〇〇年秋季撰写的一篇草稿,这篇文章后来标题为体系札记。不久,黑格尔的生活开始了一个新阶段。

这位哲学家三十岁了。他父亲于一年前去世;黑格尔分到的遗产是一笔不太大的款项——约三千多古尔盾——,但是要登上大学讲坛,这笔钱倒也够用。一八〇一年元月,黑格尔启程前往耶拿。

科学之科学

黑格尔想到耶拿去,并不是偶然的。当时德国的那些大学城中间,精神生活和文化生活像耶拿那样活跃的,还没有一个。弗里德里希·席勒于一七八九年担任耶拿大学历史学教授,提高了这个学校的声誉。他在耶拿写下了《三十年战争史》《关于人的美育的书信》和三部曲《沃伦施泰因》。

一七九二年,胡夫兰德开设了一个讲座,讲授法国的革命宪法。在宫廷方面,公爵卡尔·奥古斯特和他的大臣福格特等人,尽管出于保守的基本立场,对此事啧有烦言,但他们最初还认为,为了点缀一下学术自由,对这类自由主义言论未尝不可予以容忍。一七九四年,费希特就教耶拿大学。在他的影响下,耶拿大学的政治激进化越走越远,于是宫廷就托故把费希特从大学辞退了。

原来在费希特和尼特哈默尔合办的《哲学杂志》上,发表了卡尔·弗尔贝格宣传无神论的文章《宗教概念的发展》。费希特本人并不热衷于无神论,因此也并不赞同弗尔贝格的宗教观,但他却认为这篇文章是可以发表的,并给它添了一段绪言。于是,发生了一七九九年著名的"无神论论战",费希特在这场论战中被指控为不信上帝、罪孽深重。结果,费希特受到官方的谴责,被迫离开了耶拿。

费希特由于所谓危害信仰而受到惩罚,使他愤愤不平,因为在同一个国家里,教会的首脑约翰·戈特弗里德·赫尔德提出了一个和无神论毫无二致的哲学体系,并公然交付刊印,却可以逍遥法外。这里所说的体系就是斯宾诺莎主义,它的追随者不仅有赫尔德,而且还有他的朋友、魏玛公国的大臣歌德。歌德几乎不掩饰他对基督教的厌恶。他认为福音书分明是胡扯。

歌德和赫尔德周围聚集着一些志同道合的自由思想家,其中最激进的分子已经坚持唯物主义观点了。奥古斯特·冯·艾因西德尔就是他们中间的一个。此人当时之所以出名,未必是由于他的文学活动,多半是因为他的轰动一时的恋爱奇闻。他在魏玛爱上了有夫之妇埃米莉·冯·韦特恩。由于爱情得到了回报,他就决定采取一个冒险的步骤。先让人放出空气,说埃米莉死了——其实她事先已离开魏玛——接着装假为她举行了葬礼,然后这一对情人溜到非洲去了。不久,真相大白。两年后,艾因西德尔重新在魏玛露面,"社会"便请他吃了闭门羹。艾因西德尔从未发表过自己的著作,他把作品交给了赫尔德,赫尔德把它们都抄录了下来;这些抄本流传至今,于一九五七年在德意志民主共和国首次出版。

卡尔·路德维希·克内贝尔的著作较为完整。他是诗人和哲学家,崇拜伊壁鸠鲁,翻译过他的著作,是魏玛集团的一分子;他移居耶拿之后,也没有和这个集团断绝关系。总的说来,魏玛和耶拿是一个整体。魏玛是萨克森—魏玛公国的首府,耶拿是这个公国的大学中心。

约在十八世纪末、十九世纪初——以歌德为核心的魏玛集团仿佛无独有偶——出现了浪漫派。浪漫派的奠基人和精神领袖是弗里德里希·冯·施莱格尔,他最初醉心于革命思想,但不久就感到失望,避开了这些思想。施莱格尔当然不甘心顺从专制政治、警察专横和庸俗的市民生活。于是他转而对过去、对德意志民族文化、最后对天主教发生了兴趣:在这一点上,他和他的朋友们——他的兄弟奥古斯特·威廉·冯·施莱格尔,诗人诺瓦利斯、瓦肯罗德尔和蒂克——都是气味相投的。他们都关切个人的命运,都憎恨贪婪而阴郁的资本主义世界,并且都相信艺术能起拯救作用。据说人在艺术创作领域中才获得真正的自由,而嘲讽(die Ironie)在这方面则成为超凡脱俗的最可靠的工具。① 自由的另一个领域是爱。要求感情解放,在浪漫派的纲领中占有重要的地位。弗里德里希·冯·施莱格尔由于和一个银行家的妻子多罗特娅·法伊特私通,在凡夫俗子们中间引起了轩然大波。他们的"自由"恋爱(施莱格尔在小说《卢辛特》中描写了这件事),终于达成正式婚姻,并且两人一齐改信了天主教。卡罗林纳·伯麦尔的遭遇就更不寻常。她是个聪慧绝顶、意志坚强的妇女,早年寡居,曾经在美因茨同福尔斯特并肩战斗过,共和国失败后被收监。奥古斯特·威廉·冯·施莱格尔把她救了出来,她就嫁给了他。她的第三个丈夫是谢林。浪漫派本来倾向于费希特哲学。但不久发现,谢林的学说,特别是他对于自然、艺术和宗教的崇拜,更适合他们的口味。

谢林很早就在哲学界显露了头角。一七九八年,他二十三岁,就当了耶拿大学副教授。这位在哲学领域享有革命者声誉的早熟的学者、才气横溢的演说家和著述浩繁的作者,是大学生崇拜的偶像。他们把讲堂挤得水泄不通,热烈欢迎这位新思潮的领袖谢林。

黑格尔为他的朋友和老同学的成就感到高兴,他从大学时代起就像对待老师一样信服谢林,虽然谢林比他小五岁。黑格尔到了耶拿,就和谢林住在一起。不仅是私人之间的好感,还有共同的观点,使他们的友谊日益加深。黑格尔用自己名字发表的第一篇作品就是为谢林辩护的。

这篇作品的标题是《费希特哲学体系与谢林哲学体系的差异》。黑格尔之所以要写这篇论文,是因为赖因霍尔德宣称,"哲学领域的革命已经发生过了",谢林不过重述费希特的论点而已。黑格尔写道,法国一再出告示说:"革命已经结束",尽管革命始终正在进行。至于德国哲学,什么革命都还没有发生。康德不过开了一个头。

为了掌握黑格尔这些看法的逻辑,有必要谈一谈《纯粹理性批判》

---

① 参阅后文《……没有完》一章。

的若干观念。在整个哲学史中，人们一直认为，认识只带有被动的直观的性质，而康德在他的这部主要著作中，摧毁了这个观点。康德第一个注意到认识的"能动"方面。马克思认为，对认识的"能动"方面的研究，是德国古典唯心主义的基本贡献。按照辩证唯物主义观点，人是以自己的行动为分光镜来观察事物的，而意识不仅仅反映世界，而且还创造世界。这个见解发源于康德。康德认为，人无法接触自在之物的世界，只能接触现象世界；而认识能力本身最重要的任务就在于构成现象世界。

人们把康德比作哥白尼。海涅写道，"从前理性像太阳一样围着现象世界转，努力想把它照亮；但康德却让理性这个太阳停止不动，于是现象世界围着理性转起来，并且只有转进了太阳的光照范围，才能受到照耀"。

康德还有一个发现，其重要性不亚于此。那就是，他断定在认识中，矛盾是不可避免的。康德斩钉截铁地说，如果人的理性试图渗入自在之物的世界，它必然要碰到矛盾。然而，矛盾是谬误的标志；康德摆不脱这个传统观点。因此，康德得出结论说，理性不能完成自己的任务。

理性和知性是认识的两个不同领域。知性对感官知觉进行加工、整理，把它们分解成科学的思维成分，并且使这些成分具有普遍性的形式。知性属于自然科学的范围。理性则是哲学即形而上学（就其最广泛的意义而言）的较高阶段，它超越了知性，自以为足以揭露各种现象之间的内在联系，即它们的本质。然而，康德却认为，这是做不到的。"如果知性原来是靠理性来补正，那么理性反过来也靠知性来补正，"黑格尔在他的第一篇哲学论文的开头，就是这样论述康德的。

费希特继承了康德关于意识能动性的思想。正如黑格尔所说，费希特不拘泥康德学说的意义，保留了它的精神实质，使之摆脱了自在之物的可悲的矛盾性。人所面临的始终只是他自己行动的过程和结果。因此，费希特断定，存在物的基础是主体，是"自我"。费希特还按照新的方式对待康德的矛盾问题。康德认为，矛盾是追求真理的理性所无法跨越的障碍。费希特则相反，他认为矛盾是创造性因素，是行动和发展的源泉。"自我"必然会向其对立面"非我"转化，并且和"非我"融合起来，达到思维和存在的同一。从这里可以看出，他比康德具有轮廓更为鲜明的辩证思想。

费希特的几个术语需要确切地解释一下。"很多人把费希特所谓的自我误解了，以为就是约翰·哥特利勃·费希特自己，而这个个别自我则又否定其他一切存在。'岂有此理！'善良的人们叫喊起来，'这个人竟不相信我们存在。我们要比他胖得多，而且我们既然是市长和书记官，还是他的上司呢！'女士们则质问道：'难道他连他太太的存在也不相信吗？怎么？费希特太太未必就放过不管？'但是，费希特所谓的自我，根本不是指的个别自我，而是被意识到的普遍的世界自我。费希特所谓的思维，不是一个个人的思维，或者某个名叫约翰·哥特利勃·费希特的人的思维；不如说，这是一种显现在某一个人身中的普遍思维。正像人们说：下雨了，打闪了等等，费希特也并不说：'我思维着'，而是说：'思维着'，'普遍的世界思维在我脑子里面思维着'。"

因此，出发点并不是个别的人，不是"自我"；严格地说，是"我们"。但是，这样说并没有超越费希特的主观唯心主义，因为最初的动因仍然是主体的没有前提的行动。费希特讲到思维与存在的同一性，是以主体作为同一性的体现者。

谢林对于思维和存在的同一性，却有不同的看法，他认为客体因素是同一性的体现者。谢林维护行动的原则，但是他把这个原则授与大自然。这个观念使德国哲学思维发生了一个新的转折，开始面向自然科学，甚至还带有唯物主义的色彩。

德国有着十分古老的唯物主义传统。这个传统发源于中世纪的泛神论学说，并得到斯宾诺莎思想和经验科学的培养。年轻的谢林吸收了这条唯物主义路线的成果，但是他的体系却建立在唯心主义的基础上。他甚至觉得自己是费希特的追随者。在费希特的体系中，一方面严格地以主观为出发点，另一方面又假定一个普遍的自我，而对主观主义的片面性加以限制,这样一种矛盾性,不仅使别人,也使谢林本人认识不到自己的独创性。恩格斯认为,"确实是黑格尔使谢林意识到,他已经不知不觉地远远超过了费希特。"恩格斯的这段评语,就是指《费希特哲学体系与谢林哲学体系的差异》一文。

在这篇著作中,黑格尔完全站在谢林的客观唯心主义立场上。他批判了主观唯心主义,把它同形而上学的、独断的唯物主义等量齐观。他认为,两者都有片面性:主观唯心主义否认客体的独立存在,唯物主义否认主体的能动性。唯独主体和客体的统一,即主体－客体,才具有真正的现实意义。费希特也有同样一个术语,但不同之处在于,主体在这种统一中起着先导作用。所以,黑格尔着重指出,费希特构想了"主观的主体－客体"。这种同一性必须由"客观的主体－客体"来补充。存在物包含着这两个因素,生产着这两个因素并且其本身还由这两个因素所产生。

《差异》一文于一八〇一年七月脱稿。于是,黑格尔开始筹划他的教学生涯了。要在大学里讲课,还须办妥两项手续——一是使外邦证书获得承认,二是取得大学授课资格。前者就是由耶拿大学哲学院承认图宾根神学院授予他的学位级别。这项手续并不麻烦,只要交阅学位证书并缴付二十二塔拉二十格罗申的费用就行,这笔钱将分送给学院成员。取得大学授课资格的条件是,申请人要具备学者和教师的能力,这得经过审核。其费用为二塔拉二十格罗申。(为了聘请哲学院院长参加审核和辩论。)

八月十三日,黑格尔递交了申请书,请求承认他的外邦证件。他想在冬季学期内开始讲课。这项手续得赶快办妥,因为九月初就要印讲课表。院长在一份通告中向学院全体成员提议,把申请人编进春季讲课表,限于试讲,并责成黑格尔在春季进行学位论文答辩。那些成员没有理由不承认他的学位证书。大家知道,乌尔利希教授是代表官方鉴定批准出版《费希特哲学体系与谢林哲学体系的差异》一文的,因此读过这篇论文,他对黑格尔大加赞扬。学院里资历最高的成员,枢密顾问祖科夫,像往常一样抱怨说:"不久我们这儿,教师就会同学生一样多了,我看斯瓦比亚的先生们①都想搬到这里来,把这座成立了三百年的最高学府重新整顿一番。"但是,就连他也提不出任何借口,来反对把黑格尔列入耶拿大学讲师的授课表。

学院人士议论纷纷的一个重要问题是,这个符腾堡人在物质上有没有保障,或者他会不会申请补助金。(不仅是刚开课的讲师,就连副教授也常常拿不到薪水。)虽然讲师们可以从听讲的学生那儿得到一点钱,但是靠它维持不了生计。谁要从事教学生涯,就必须拥有资产。黑格尔声明他有几千古尔盾,再次要求给他颁发讲课证。学院人士却坚持要他履行手续:申请人首先应该递交论文。论文要印出来,分送学院成员(不准送给外人!),最后才举行答辩。八月份剩下没几天了,要把这些手续全部办完可来不及。最后,根据乌尔利希教授的提议,决定由申请人正式提出论文要旨,以后再交论文,暂时先答辩提纲就行。根据大学条例,可以这样办。半年前,弗里德里希·冯·施莱格尔就是采用同一方式,取得授课资格的。

黑格尔表示同意。他缴纳了必需的款项,于是他的名字于八月二十日被列入哲学院的花名册,和耶拿大学其他讲师的名字摆在一起。一星期以后举行授课资格答辩。但在举行答辩之前,还得克服反对派设置的重重障碍。凑巧碰上假期,很难找到这些讲师们。院长又发了一份通告,因为他需要征得讲师们的同意,才能让学生们参加答辩。

最后,黑格尔答辩了《论行星轨道》一文临时提纲。提纲共计十二条,是用拉丁文写的,印成薄薄一本五页小册子。按学校规定,这些小册子于星期日祈祷后在学院里散发了。这十二条提纲涉及行星的并不多,大都是可以视作未来讲义骨架的一般哲学原则。其中包括一系列问题,并且是作为似是而非的奇谈怪论提出来的。这样正符合提纲的使命,因为它就是希望挑起争论。此外,从这里还可以隐约看出黑

---

① "斯瓦比亚的先生们",原意为"愚人",出自德国童话《七个斯瓦比亚人》。此处更因斯瓦比亚是黑格尔的故乡,便有进一层的讽刺意味。

格尔未来的宏大的辩证法体系的轮廓。

哲学的核心在第一个论点:"凡是真的东西,其规律是有矛盾,凡是假的东西,其规律是无矛盾。"当然,这并不是说黑格尔想废除形式逻辑的法则。他从未设想过,概念可能同其自身相矛盾,或者同经验资料相矛盾。同一律是对的,但是如果思维想要把发展情况表达出来,同一律又是不够用的。这当然不是什么创见,黑格尔不过重复了谢林在《自然哲学思想》一文中已经有过的论点。那篇文章讲到真正现实的普遍矛盾性。在大自然中,对立的力量到处在起作用,因此自然科学必须以普遍二重性的原则为基础。真理并不在于绝对同一或绝对不同一的原则,而是在于两者的统一。康德早已指出,如果思维想深究事物的本质,矛盾永远是不可避免的思维结果。不过,康德只认为,这是人的智力有限的一个例证。从费希特开始,德国哲学才把矛盾看作创造性的原则。发现矛盾就等于找到了发展的动力。

黑格尔不仅预示了自己未来体系的核心,而且还预示了它的外形。他的第二个论点是:"三段式是唯心主义的原则。"众所周知,三段式有三个组成部分:两个前提和一个结论。这种三分法在康德的范畴表和费希特的"自我"的发展过程中都可以找到。而在黑格尔的哲学体系中,它却变成了基本出发点。

第三个论点也必须按照这个意义来理解。"正方形是自然的法则,三角形是精神的法则。"三重性是发展的原则,黑格尔当然只是在精神现象的范围内看到这一原则在起作用,因为黑格尔认为,自然是不知道什么发展的。后来围绕这一问题,黑格尔和谢林的观点发生了分歧。

但是在分道扬镳之前,年轻的黑格尔仍然追随这位比他更年轻的老师。他们一起攻击康德:"批判哲学缺乏思想,它是一种形式不完备的怀疑论。"这个言之凿凿的论点在黑格尔的晚期著作中得到了详细的论证。

黑格尔一眼看出了康德哲学的矛盾。"批判哲学所提出的理性公设的材料,恰恰摧毁了这一哲学,并且是斯宾诺莎主义的一个原则。"

既然康德论证说，自在之物是不可认识的，那么他也就理所当然地驳斥了上帝存在的逻辑论据。但是，康德把宗教赶出大门之后，他又把它从窗户放了进来：康德认为，一个最高本体的存在并不需要任何逻辑论据，因为它是道德律视之为当然而予以假定的。康德的批判主义在这里蜕化成纯粹的独断主义。

提纲的末尾是两个提得相当冒险的论断。"德行并不包括主动或被动的无辜在内。完满的伦理根本排斥德行。"在这之前还说："自然状态无所谓不义，正因如此，才需要摆脱它。"进步的工具不是善，不是正义，而是恶，是不义——哲学家就这样明显地和青年时期所抱的乌托邦幻想决裂了。

涉及行星的只有一个论点，即第五个论点。"磁性是大自然的杠杆，太阳对于行星的引力则是大自然的摆。"黑格尔后来在他为取得授课资格而写的论文中，详细地提出了他的天文学信条。他的答辩则限于哲学上的见解。

哲学家谢林的兄弟、学生卡尔·谢林以辩护人身份出场，也就是说，他的责任是维护候选人的观点；辩驳人是谢林和尼特哈默尔两位教授以及学生施瓦措特。

按照惯例，黑格尔不惜夸张其词来表示谢忱，特别是对于主要辩驳人。他的话要不是用拉丁文讲的，就会让人听起来感到肉麻。

我请求您，世上最聪明的、最可尊敬的谢林教授先生，把我们提纲中您所不同意的一切论点在这里公开指出来，因为这次答辩就是为了向您请教。不言而喻，能够得到您的支持，使我感到多么荣幸。不是同时代人，也不是朋友们，唯独后代，唯独科学（因为它是永恒的）才配评价您的精神的高贵力量，评价您的精神能力。请允许我推崇您为一位真正的哲学家。

这次答辩对于黑格尔有如一次盛典。副校长先生和院长先生莅临指导，使他深感欣慰。他感谢国王对科学的爱护，感谢学院和所有出席人对他的论文如此关心。

一八〇一年八月二十七日举行的授课资格答辩,适逢他三十一岁的生日。答辩成功,哲学讲师格奥尔格·威廉·弗里德里希·黑格尔从此可以讲课了。

答辩过后,黑格尔着手撰写论文。他已有一份关于天文学问题的长篇手稿,这也许是他来耶拿之前就已写好的。现在得把它加以压缩并译成拉丁文。一个月过去了,论文还没有交给学院。好像大家已经忘记了这件事。逻辑学和形而上学讲座的主持人亨宁斯本来批准了黑格尔讲课的布告。可是他突然变了卦。(显然,要不是这个符腾堡人的敌人从中捣乱,是不会这样的。)十月十八日,他怒气冲冲地致信院长:"**黑格尔博士先生尚未递交他的论文,本人事先一无所知,因此才表示同意。**"亨宁斯要求立即采取措施。"请您干脆派人扯掉黑格尔博士先生的讲课表,因为这一切都是鬼鬼祟祟搞到手的。"同一天,《论行星轨道·哲学论文》这本小册子就放到了院长的桌上。

像那个时期的其他论文一样,这篇论文带有批判的笔调。它慷慨激昂地批判了机械主义和经验主义,牛顿被看作这两者的代表人物。黑格尔把开普勒同这位英国物理学家对立起来,认为他是牛顿的敌手,因为他把大自然理解为一个整体,而不是把它割裂开来。黑格尔所断言的许多东西,今天的读者听了是会感到可笑的。据这位青年哲学家的意见,力学的不幸乃是不知道有上帝。由于厌恶机械主义,他退回到早已过时的亚里士多德物理学的观点:使一块石头落地的重力,其性质不同于那些并不落到地面的星球相互之间起作用的重力。黑格尔认为,使牛顿想到万有引力的那个苹果是个凶兆,因为苹果已经两次预示过灾难的开始:夏娃的苹果降祸于整个人类,帕里斯的苹果则使特洛伊人遭殃。①

---

① 据希腊神话,特洛伊王子帕里斯儿时被弃于伊达山,长而为牧童。赫拉、阿佛洛狄忒和雅典娜三女神持金苹果至帕里斯前,嘱其评判孰为最美,以定金苹果之归属。帕里斯以金苹果与阿佛洛狄忒,而其后借阿之力得以诱拐斯巴达王弟曼勒劳斯之妻海伦,由此引起特洛伊战争。

苏格拉底当年把哲学从天上搬到人间,把它和凡人连在一起。而今哲学时来运转,重新回到天上,并认识了主宰天体的法则。据说,哲学特别有助于解决一个悬而未决的问题。那就是数学家和天文学家提丢斯提出的规律性问题。先假定一个数列——3,6,12,24 等等,然后将该数列中每一个数加上 4,那么按照提丢斯的说法,我们所得到的数字就能表示各个行星与太阳之间的相应距离。赫歇耳于一七八一年发现了天王星,这个经验法则便得到了进一步的证实。天文学家们依据提丢斯法则推测,在火星和木星之间还应当有一颗行星。当天王星被发现之后,人们马上开始寻找那一颗尚未发现的行星。黑格尔认为这是白费气力,因为提丢斯法则是经验主义的,不能应用于实际。黑格尔援引毕达哥拉斯学派提出的一个数列——1,2,3,4,9,16 等等,来证明自己的异议有理。"如果这一数列比上面提到的那一个算术级数更符合大自然的真正秩序,那么显然,在第四和第五个数之间就有一个巨大的空白,也就是说,那儿不能发现任何东西。"然而,早在一八〇一年一月一日,天文学家皮亚齐在巴勒莫天文台进行观察时,终于找到了火星和木星之间的第一颗小行星——谷神星。这一发现后来引起了许多笑谈,但也惹得人家对黑格尔的辩证法有所非难。

黑格尔所以造成这一错误,显然是由于撰写论文时,利用了他到耶拿来所携带的那份手稿,而那份手稿是在皮亚齐的发现之前写的。很难断定,他十月份将论文交给学院时,是否已经知道这项发现。如果理论提纲和经验事实不相符合可能使哲学家感到气馁的话,那么这一点会不会是他不敢如期交出论文的原因呢?看来事实未必如此。何况黑格尔一八〇一年十二月向胡夫纳格尔博士表示想送他一份论文时,也并没有在内容方面作任何保留。

在同一封信中,黑格尔还告诉胡夫纳格尔,他计划同谢林一起出版《哲学评论杂志》。杂志的任务是,"……遏制非哲学的糟粕;杂志所使用的武器多种多样:人们可以称之为棍棒和鞭子;这一切做法都是为了行善,为了尊崇上帝……"

创办一份新杂志的计划早就有了。出版商科塔原来想委托谢林和费希特来编纂这份新杂志,还预定让施莱格尔兄弟参加。然而,谢林却决定和黑格尔一起来主持这项工作。他们两人不仅是编辑,而且还是已经出版的六期杂志(三期为一卷)全部稿件的作者。稿件发表时都没有署名,因此直到今天仍不能最后确定,哪一篇是哪一位写的。

第一期于一八〇二年初出版。开卷就是黑格尔的文章(谢林加过工)《综论哲学批判之本质,及其对哲学现状之关系》。这篇文章提出了杂志的纲领。

批判主义摧毁了对权威的信仰,思维的独立性竟然达到这样程度,如果一个哲学家自称为某一现存理论的继承者,他就会使舆论为之哗然。每个人都在创造自己的体系,他认为只有这样才能显示出自己思维的独创性。哲学的这种状况使黑格尔心灰意懒。黑格尔坚信,正如只有一种美,同样也只有一种真理。"哲学只有一个,并且只能有一个,因为理性只有一个……"不同哲学思潮的存在,是精神不完备和认识不充分所造成的不幸后果。每一种学说都多少有些真正哲学的思想,但是究竟有多少,则应由哲学批判来说明。杂志的第二个任务就是要确定,真理到底是"怎样形成为一个合乎科学的哲学体系的"。如果思维没有体系性,我们便会看到这样"一个糟糕心灵的形象,它既懒于保护思维免于堕落,又没有胆量陷身于堕落,把它的罪过一直承担到解脱为止……"

任何人强使哲学包上一层个人口味和错误原则的外壳,哲学批判都应该反对。个性有助于揭露客观思想,是一回事;主观主义使真理变形,是另一回事。反对主观主义和局限性,这就是口号。哲学的真正灾难在于空谈。如果这种空谈还采用一种科学术语,那么它就会使人信以为真并流传开去,因为谁也想不到金玉其外而败絮其中的货色竟然那么多!

粗鄙的经验主义是哲学思维的又一大敌。它想把哲学和常识调和起来。然而,按照常识(即指人类的时空局限性)来看,哲学的世界永远是一个颠倒的世界。在当前讲究自由、平等的时代,已经产生很大一批公众,他们不想知道自己无缘得知的一切,只想依附于一切好的或于己有益的东西,因此最美好的事物都免不了这样的下场,即庸俗既不能上升到它认为比自己更高的事物的水平,于是便把这个事物也弄到如此庸俗的地步,直到可以把它掌握为止;而庸俗化则一跃而为一种公认有益的劳动。

出于这种顾虑,黑格尔(当时)反对哲学思想的普及化。文章结尾号召同敌人作不调和的斗争。他并不把他们当作享有平等权利的哲学派别来对待。黑格尔认为,承认敌对派别无异于使自己丧失普遍性,也就表明了自己不足道。

《哲学评论杂志》的纲领大致如此。无情地斗争,决不妥协,几种观点不能共存!真理是统一的,是唯一的!在真理大厦建立起来之前,必须先清理场地。黑格尔和谢林正积极地从事这项工作。

第一个打击对象是一位冬烘先生。文章的题目是:《庸俗的知性是怎样看待哲学的——评克鲁格先生的著作》。威廉·特劳戈特·克鲁格和黑格尔同年,在维滕贝格哲学院当助教,写过三本特别无聊的书,他就是那篇纲领性文章所提到的假理论空谈的标本。为了收拾这个敌手,黑格尔只须一嘘了之。

另一个受到鞭笞的是 G. E. 舒尔策,他摆出一副怀疑主义也就是绝对反教条主义的架势,写起文章来假托古典怀疑主义者艾因西德马斯的名义。黑格尔在《怀疑主义对哲学的关系,怀疑主义的不同形式,最新的怀疑主义和古老的怀疑主义的比较》一文中,揭露了舒尔策怀疑主义的独断主义性质。因为舒尔策根本没有吸收古典怀疑主义者的可贵特色,他只能算是怀疑主义的一个变种。因此,舒尔策没有资格打艾因西德马斯的旗号。舒尔策试图以感官知觉为依据,而古典怀疑主义恰恰反对夸大感官知觉的可靠性。新艾因西德马斯认为可靠的东西,老艾因西德马斯的学说是不屑一顾的。

《哲学评论杂志》的第四篇文章——《信仰与知识,或以康德、雅科比与费希特哲学为其完全形式的主观性的反思哲学》——向这三位思想家展开了论战。这三个体系都承认信仰优先于知识,不管这种优先性以什么形式表现出来。但是,黑格尔却不这样看问题,他把科学放在首位。在他后来完成的体系中,哲学所占的地位则比宗教更高。

这里也埋伏着谢林和黑格尔之间的意见分歧,这种分歧不久就使他们分道扬镳了。谢林在耶拿时期,认为精神活动的最高境界是艺术,后来又认为是宗教。黑格尔前往耶拿时,原来也确信宗教的优先性,到了耶拿之后,他却把哲学抬到了首位。如果说,谢林声称真理是通过知性直观获得的,那么黑格尔便越来越深信,真理只能是合乎科学的体系,因为知性直观这种天赋只有精神贵族才具备。因此,知识也只有少数人才敢问津了。"我憎恨无知的人群,同他们离得远远的。"谢林决非偶然地拿贺拉斯的这句话作为自己的座右铭。黑格尔在认识论方面则是一个民主主义者。简言之,哲学作为**理性的科学**,由于其存在的普遍性,更由于其本质的普遍性,是为一切人所有的。自不待言,并非**所有的人**都可以掌握哲学,正如并非**所有的人都可以成为君主**。若干人高居他人之上,**其可恨之处**仅在于,说起来仿佛他们是由于天性不同而成为**另一种人**。黑格尔一份草稿中的这段摘录,十分透彻地表明了他的新立场。

这两个人的观点在另一点上,即在对国家的态度上,也产生了分歧。谢林和康德一样,把这个社会机构看作一种必然的祸害;人们为国家的利益而割让了自己一部分权利,但如果没有国家,他们又将处于无政府状态,而他们是无法在敌对中生存的。即便是个别国家,也不能在非用武力解决不可的相互冲突中长久存在下去。人们由于需要而不得不结合成为国家,国家也同样不得不以类似方式组成一个联盟,即一个"国际最高法庭"(Areopag der Völker),以便广泛传布和平与正义的原则。

几年前,黑格尔曾经认为这种观点是可以接受的。现在他的想法改变了。发表在《哲学评论杂志》上的第五篇文章阐述了他的新概念。

文章的题目是:《论自然法的科学处理方式、自然法在实践哲学中的地位及其与实证法学的关系》。在批判地分析了其他观点之后,黑格尔于是阐释自己的纲领。黑格尔认为,人与人关系中所需要的个别与一般的和谐一致,已经被他找到了。这位哲学家第一次阐述了他的伦理观念:伦理就是纯粹民族精神。民族在逻辑上优先于个别的人——黑格尔在这里重复了亚里士多德的话。合乎伦理意味着,按照自己民族、自己乡土和自己国家的风俗习惯而生活。国家是一个道德机体,而战争可以用来促进这个机体的健康。这里……提出了战争的必要性;战争……会使各民族保持伦理上的健康,就像刮风会使海洋不至于腐败发臭一样;长期的静止是会使海洋腐败发臭的,长期的乃至"永久的和平"也会使各民族腐败发臭。

谢林读到这篇文章,想必会感到毛骨悚然吧,但是和黑格尔争辩也没有什么意义。况且,谢林本来就打算离开耶拿。和《总汇报》断绝关系,耶拿大学发生了危机(另一些教授也因此离开了耶拿),卡罗林纳·伯麦尔同施莱格尔离婚、然后同谢林结婚——这一切都是谢林打算离开耶拿的原因。一八○三年五月,谢林和黑格尔分了手,《哲学评论杂志》就此停刊。谢林前去维尔茨堡,在当地大学里执教,博得巴伐利亚王太子的青睐,并被召往慕尼黑;他到了那儿,当上了科学院院士和艺术院的秘书长。这个三十二岁的青年人获得了极高的荣誉;但不久也就江郎才尽,他从此再没有什么创造性的哲学著述了。

在谢林离开耶拿以后头几年,黑格尔对他还保持着一定的友谊。《精神现象学》一出版,他们的关系才最终宣告决裂。

精神的漫游

黑格尔当教员和编外讲师,谈不上什么卓越的成绩。他待在讲台上,就像坐在家里书桌跟前一样:翻翻自己的笔记本,找找正要讲的段落,吸吸鼻烟,又打喷嚏,又咳嗽。他低沉地讲着,费劲地斟酌字眼,特别是涉及简单明了的事物更是如此,这就给人一种印象,仿佛这些事物正因其浅显易懂反而使他烦恼。一当他突破了这些障碍,谈到问题的本质时,他便变得从容不迫,嗓门也大了,双目炯炯发光。但是,即使在这种时候,他的发音、手势和表情,也常常同他讲话的内容不相称。他并不考虑如何讲得深入浅出,使人一听就懂。人家管他叫"木头人黑格尔"。第一学期只有十一名学生报名听黑格尔的课。(当然,这是有原因的。和黑格尔一齐开哲学课的有十二位教师,其中六位是教授。)

就是到了后来,耶拿大学听黑格尔讲课的学生,也难得超过三十名。然而,这些人倒是忠诚的追随者,他们不仅仅崇拜黑格尔,而且深知思辨智慧的奥秘,把自己的老师奉若神明。他的这些学生从不接近也瞧不起其他听众。在他们眼里,黑格尔是最高的本体,是一位圣人,他讲的都是真理,虽然有时很费解,但总是无可辩驳的。和他的天才相比,其余的一切都显得黯然失色,渺不足道。他们对这位老师的敬意扩大到他周围最平凡的琐事上。他讲的每一句话,他们都如饥似渴地洗耳恭听,并加以解释,探索每个字所包含的意义。有个学生要到维尔茨堡去,黑格尔说,他在那儿有个朋友,指的就是谢林。于是问题马上来了:"朋友"一词究竟应当按照通常意义来理解,还是别有深意?

黑格尔经常陷于沉思,显得超脱而宁静。什么事情也搅扰不了他。有一次上课,他心不在焉地提前了一小时,下午三点的课,两点就去了。讲堂里听课的是另一批人,可是他没有觉察到,就在讲坛上坐了下来,讲起来了。有个学生向他暗示他搞错了,他压根儿没有理会。按照课程表,这时应该由奥古斯蒂教授来上课。他来到教室门口,听到黑格尔的声音,以为自己迟到了一个小时,于是赶紧退了回去。到三点钟,黑格尔的学生们都来了,他们已经知道这件事,就好奇地等待着,看看他们的老师怎样摆脱这个尴尬局面。黑格尔说:诸位,感官可靠性究竟是否真正可靠,首先取决于关于自身的意识经验。我们一直认为感官是可靠的,本人在一小时以前却对此有了一次特别的经验。他的嘴角刹那间浮起一丝微笑,但马上又消失了。一切照常进行。

副校长的儿子格奥尔格·加布勒是黑格尔的学生,他对这位老师的仪表作了如下的描绘:容貌端庄……一双大眼睛闪烁不定,可以看出他是个内向的思想家,这种眼光使人望而生畏,即便不把人吓退,人家也只能对他敬而远之。然而,他说话和气,与人友善,却很得人心,使人愿意同他亲近。黑格尔的微笑有一个特点,是我在别人脸上从来没有看到过的……在微笑时,善意中同时夹着些锋利、尖刻、讽刺的味道,这个特征表明他有深邃的内心世界……我想把这种微笑首先比作穿透重重云雾、照亮一部分黑暗环境的一线阳光……

黑格尔在耶拿不再那么自在了。许多人不理解他,认为他是个"蒙昧主义者"。学校当局俗不可耐,也处处跟他过不去。而讲师弗里斯——黑格尔哲学的对手——一到大学来,却得到了学校上峰的支持。弗里斯深承眷注,前程似锦。黑格尔老早就想离开耶拿,这个地方越来越像一个三家村:浪漫派集团早已解体,最好的教授都离开了大学。他于是给海德堡的一个熟人写信,打听那儿有没有教席出缺。

黑格尔突然得知,耶拿大学正在为他的对手弗里斯向魏玛宫廷申请教授头衔。弗里斯比黑格尔年轻,取得授课资格也比他晚。黑格尔在魏玛宫廷,有一个强有力的靠山,就是现任大臣歌德。这位伟大的诗人和思想家同情这个年轻的哲学家,把他看作谢林的继承人,看作同牛顿作斗争的同盟者。艺术家歌德一心想驳倒光的折射理论。他作了一次不成功的实验,便认为大自然本身证明他是有道理的。歌德并没能把一束光分解成它的组成部分。他没有看到光谱,只看到一些白点和黑点,这些斑点只有凑在一起才形成一种颜色。于是歌德得出结论说,所有颜色都是由两种原色——黑色和白色——混合而成。被云遮住的太阳给人黄色的印象,烟雾在阳光里呈蓝色。[1] 歌德费了很多时间和精力,做了大量实验,写了几千页文章,都是为了要驳倒牛顿的理论。

黑格尔向歌德诉苦,谈到正在酝酿中的不公平待遇。

听说我的几位同事指日可望被赐予哲学教授头衔,因此不禁想起,我是这儿最老的哲学编外讲师,既然最高当局将荣誉授予别人,那么我在这所大学里贡献力量的希望也就不大了。不知这种顾虑是否有当,敢请阁下指教。

歌德的干预果然奏效。魏玛公国的君主奥古斯特开始向其他公国君主发函协商。耶拿大学是由萨克森－魏玛、萨克森－哥达、萨克森－萨尔菲尔德－可堡和萨克森－迈宁根四个公国出钱办的。有关大学事务的每一项规定,必须取得四国政府的同意才能生效。四国君主经过协商,一致决定:弗里斯和黑格尔都当教授,第一个表示同意的是可堡的弗朗茨公爵(1804年12月24日),最后一个是魏玛的卡尔·奥古斯特(1805年2月15日)。

黑格尔聊以自慰的是,前途有了指望。当然,暂时还没有薪俸。黑格尔重又设法在海德堡谋职,并向柏林方面试探门路,那儿即将创办一所大学。难道他就得不到该校的聘书吗?但是,弗里斯已被邀请到海德堡去了,而柏林的教席已决定留给费希特。

---

[1] 参阅后文《从崇高到可笑》。

直到一八〇六年六月，歌德才为他的被保护人弄到一笔每年一百塔拉的微薄薪俸。经过七折八扣，剩下不到八十塔拉。在耶拿，一个俭朴的大学生，为了维持生活，一年大约也得花上二百塔拉。由此可见黑格尔的这笔收入少得如何可怜了。学生付给的讲课酬金（每个学生一学年交三个银塔拉）也解决不了多少问题。黑格尔不得不省吃俭用地过日子。

自从《哲学评论杂志》停刊以来，黑格尔没有再出版什么著作。他的写字台上却堆着几部手稿，如《德国宪法》《伦理体系》，以及一部已经写了一些时候但还没有题目的巨著。

在黑格尔写给约翰·海因里希·福斯的一封信稿中，第一次提到自己正在撰写《精神现象学》。黑格尔曾于一八〇五年五月请他帮忙谋职。一八〇六年二月，班堡的出版商格布哈特开始排印这部还未完稿的著作。由于原稿跟不上，事情停顿下来。作者并不急于完稿，出版商也就不肯照付约定的稿酬。双方争持不下，要不是当时逗留班堡的尼特哈默尔从中斡旋，这部著作就根本出不来。

这里且对这位忠诚的友人略加介绍。黑格尔从耶拿时期起到去世为止，只同一个人一直保持密切的关系，他就是弗里德里希·伊曼努尔·尼特哈默尔。他比黑格尔大四岁，和黑格尔一样出生于符腾堡地区，又和黑格尔一起在图宾根神学院学习。一七九二年，尼特哈默尔在耶拿定居下来。他和费希特一起办《哲学杂志》，对于刊登福尔贝格的文章一事，他和费希特负有同样的责任，在"无神论论战"中，他也是支持费希特的。但是，费希特因这场论战被迫离开了耶拿，尼特哈默尔却被任命为……神学教授。尼特哈默尔在哲学方面没有什么独创性，一般也并不出类拔萃，但他却是一个靠得住的人。黑格尔经常登门拜访他，在尼特哈默尔离开耶拿之后，他们还频繁地保持通信联系。黑格尔的书信有三分之一是写给他的。黑格尔把尼特哈默尔的妻子称作尊夫人。他后来写到自己的妻子时说，因为她同尊夫人相像，所以他才爱她。尼特哈默尔是黑格尔的次子的教父。他们彼此从不以"你"相称,但却是真正的朋友。黑格尔穷愁潦倒时,尼特哈默尔多次援助过他。

《精神现象学》能够及时出版,还多亏了尼特哈默尔的干劲、外交才能和助人为乐的精神。他同出版商经过磋商,达成了这样一项协议:假如黑格尔到十月十八日还不能全部交稿,尼特哈默尔就得用二百五十二古尔盾把原稿已排印的部分买下来。出版商暂付作者一百四十四古尔盾,这是应得稿酬的一半。尼特哈默尔当时收下了这笔钱,并把已经取得的胜利告诉黑格尔,恳求他不要违反合同的条款。把原稿从耶拿寄到班堡,那时在路上需要耽搁五天。因此,尼特哈默尔提醒黑格尔,包裹最迟要在十月十三日付邮。

"您寄出最后一批稿件后,无论如何要向邮局索取一张详细的收据,以防 G. 先生发脾气,找麻烦……。如果您到那时还没有把稿件全部杀青,那么除了请您亲自到这儿来,一面看校样,一面继续修改原稿外,就没有别的办法可想了……您还是来吧,这儿要比您那儿安静得多……"

普法战争一触即发。有见识的尼特哈默尔清醒地估计了双方胜败的可能性。班堡位于拿破仑的占领区。魏玛公国和普鲁士结成同盟,因此战火势必会在这个地区蔓延开来。

黑格尔于星期三(10月8日)和星期五(10月10日)寄出了原稿的大部分。星期四就爆发了战争。只有最后几页稿子还没寄走,但是邮局停止营业了。十月十三日早晨,法军的先头部队占领了耶拿。正如黑格尔一次所说的那样,忧患时刻来临了。战争总归是战争,奸淫掳掠,动辄杀人。一些满身尘土的步兵冲进了黑格尔的住所。这位哲学家泰然自若,毫不慌乱;发现有个法国人胸前佩着荣誉勋章,他就说,希望荣获军事勋章的勇敢的士兵会尊重一个普通的德国学者。他拿好酒好菜待承他们,于是他的话发生了作用。但是好景不长,别的士兵进来了,一切又得从头做起。房东一家离开了住宅,黑格尔也跟着他们一起出走。他把《现象学》的手稿塞进衣袋,用一只篮子装了一些东西，提着走上了街头。

黑格尔最初在大学副校长加布勒家里落脚，后来又躲到市场旁边王室代表黑尔费尔德家里。他借着营地和炉灶的火光，把幸免于难的手稿整理了出来，并写完了最后几页。黑格尔后来功成业就，想到自己在一场大战前夜写完《精神现象学》一书，常为此感到自豪。

他在给尼特哈默尔的一封信中叙述了那天的情况，谈到他所经受的刺激和所遭逢的损失。但是，他觉得，这都没有关系。尽管他有如此这般的经历，他仍然希望法军取胜。黑格尔和歌德一样，认为拿破仑是法国革命的继承者，是个革新家，他将摧毁旧的秩序，并将为德国开辟新的道路。他兴高采烈地写道："……我看见拿破仑皇帝——这个世界精神——在巡视全城。这位伟大人物……骑着马，驰骋全世界，主宰全世界，……见他一面实在令人心旷神怡。"黑格尔寄往班堡的手稿下落如何，使他提心吊胆，十分焦急。损失可能真的太大了吧。已经到达目的地了吗？他打算第二天把最后一部分寄走。

可是，邮局到十月二十日才恢复营业。当然，这就意味着合同并未得到履行，但是出版商理应知道，这是不测风云造成的。此外，黑格尔现在是一贫如洗了。他回到家里，发现已被抢劫一空，连一件衬衣、一张白纸片都找不到。

书商弗罗曼收留了他。歌德通过克内贝尔给他送去十塔拉。最后从班堡传来消息，他可以拿稿费了。原来格布哈特收到了稿子，他再没有什么可挑剔的了。

十一月中旬，黑格尔去班堡料理该书的出版事宜，在那儿一直待到十二月下半月。一八〇七年元月，他寄出了序言。现在就只静候自己的著作问世了。

该书于三月份出版。

人们经常拿《精神现象学》来和《浮士德》相比。一个用艺术语言，另一个用哲学语言，一个是形象化的描写，另一个是非直观的概念化的叙述,两者固然有明显的差异,但是在浮士德追寻生活意义的漫游和世界精神——现象学的主角(他正在通向真理的道路上跋涉)——的流浪之间,却不容否认地有着某种相似之处。

《精神现象学》的副标题是《意识经验的科学》。它被当作一个体系的第一部分,当作陈述普遍原则或者说得更精确一点,陈述认识真理的方法的一种入门。马克思把它称为"黑格尔哲学的真正诞生地和秘密"。

真理不是一种铸币——黑格尔信手从莱辛的《拿单》里引用了一句恰当的比喻——,现成地摆在那里,可以拿来藏在衣袋里。真理是在漫长地发展着的认识过程中被掌握的,在这一过程中,每一步都是它前一步的直接继续。

各种哲学体系的差异,只能被看作真理的向前发展。花朵一开放,蓓蕾便消逝了,可以说蓓蕾因此而被否定;花朵接着又凋谢了,出现了果实,于是果实又宣告花朵是植物的一种虚假存在。各个阶段互相否定,它们作为存在的形式,不仅仅是互不相同,而且是互不相容的,同时它们还互相约制。这些形式组成一个有机的统一,每一个形式在这个统一中都是必要的,它们合起来才构成整体。"……**现实**的整体也不仅是**结果**,而是结果连同其**产生过程;目的**本身就是**僵死的共相**。"认识也可以这样说:真理既是已达到的结果,也是通向这个结果的道路。

在黑格尔看来,认识是怎样发展的呢?知识诚然为个人所有。但是,人生来是属于社会的——这是黑格尔从赫尔德继承的一个思想。赫尔德的另一个重要思想是,人是历史的产物;而最后,他的第三个思想是,个体的发展概括地再现了人类的历史。黑格尔把这些基本思想作为他思考问题的出发点。黑格尔的眼前展现了个体的发展、社会的进化和社会意识形态的变换。《现象学》的读者要经历三个阶段,才能攀登到精神的高峰。假如我们采用黑格尔晚期著作的术语,那么,思维运动的这三个阶段可以称为"主观精神""客观精神"和"绝对精神"。《现象学》各章节的划分和标题并不是这样的;这给我们在掌握材料中增加了困难,但如果了解一下该书的产生经过,就不难明白这个所以然了。后文还没有落笔,前文就已经拿去付印;而每一个构想在其实现过程中都要经过多次的改动。

前五章写的是精神的"胚胎学",即对个体意识的分析。这也可以说是一个三段结构:意识、自我意识和理性。意识以身外之物为对象,其初步是感觉的感性可靠性。尽管看起来感觉是最丰富的认识,其实它所包含的知识内容是最贫乏的。感官使我们能够确定某物在某时某地存在着。"这个""这里"和"现在",乃是放之四海而皆准的最普遍的规定性。事物作为具有特性的存在物是感觉不出来的,它只存在于我们的知觉中。事物是多种多样的,但就其规定性而言又是统一的。例如,盐都是白色的,都有咸味,都是立体形状,等等。知觉既然已经包含某种普遍化,它便摆不脱这样一种矛盾:事物一方面是单一体,另一方面又具有普遍的特征。如果意识试图扬弃这个矛盾,它便变成了思维,思维的第一个体现者是知性。于是出现了经验自然科学的范围,规律的领域,一个特殊的超感官的世界,即高于直接感性感觉和感性知觉的世界。

一旦知性变成认识的客体,意识就转化为自我意识。在这一点上,黑格尔的思维织品,织进了愈来愈多的社会纤维。尽管他一直是在讲个体的意识,但却是以最重要的社会关系——劳动——为分光镜来看待这种意识的。

英国的工业革命对于黑格尔世界观的形成,产生了巨大的影响,而英国古典经济学就是英国工业革命的理论表现。黑格尔在耶拿时期深入地研究了亚当·斯密的学说,这位经济学家的观点在许多方面是他所赞成的。他在现象学中试图把意识和整个人类社会的发展说成是劳动的结果。卡尔·马克思写道:"黑格尔**精神现象学**的伟大的地方……因此首先在于黑格尔把人的自我创造认作一种过程,……在于他认识到**劳动**的本质,把对象化的人——现实的,所以是真实的人——了解为他**自己的劳动**的结果。"

同时,马克思强调指出了黑格尔观点的局限性。"黑格尔站在近代国民经济学家的立场上……他只看到了劳动的积极面,而没有看到它的消极面。"马克思的这一思想,我们不能简单地加以理解。马克思并不是说,黑格尔一点也不懂得,在资本主义社会中,劳动会产生消极后果。黑格尔于一八〇五到一八〇六年间举办耶拿现实哲学讲座时,就已经注意到,由于经济的进步,大批人群不得不待在工厂、工场、矿山等地,从事十分呆板、有损健康、不安全而又不能发挥才能的劳动;那些维持一大批人生活的工业部门,在别国由于创造发明而提供价廉物美的新产品的情况下,一下子就破产倒闭,这一整批人便陷于贫困而不能自拔了。

因此,马克思说黑格尔没有看到劳动的消极面,这句话是另有所指。他是说,黑格尔没有能力找到一个办法,来辩证地否定资本主义。他不能把否定作为事物本身的扬弃,扩大到当代的经济和政治关系中去,终于同他周围的社会现实相妥协了。在这个意义上说,黑格尔哲学乃是资产阶级社会的理论。

但是,他提出劳动创造了人,这个伟大的思想是不能因此而抹煞的。黑格尔问道,劳动是怎样造成人的呢? 在这一方面,《精神现象学》中《主人和奴隶》一节,对上述问题作了最有趣的回答。黑格尔——仿效霍布斯——从一切人向一切人宣战的人类原始状态出发。这个状态如果没有积累个体活动成果的惯例,它就根本不知发展为何物。为了要有所发展,人与人之间必须建立一种积极的关系,那就是统治和服从的关系。凡是在这无处不有的斗争中勇往直前,不怕死,不要命,而又不丧失其尊严的人,就成了主人。而甘心伺候人,甘心汗流浃背地养活主人的人,则成了奴隶。

后来呢? 主人便发号施令,奴隶便俯首帖耳;主人享受,奴隶创造东西供他享受。奴隶造出了东西,但同时也造就了他自己。劳动就是教育,因此奴隶意识开始超越他原来的低级阶段,奴隶开始具有自我意识,他开始懂得,他活着不但是为了主人,而且也是为了自己。享受奴隶所创造的一切东西的主人,就完全依赖奴隶过日子了,而造出东西来的奴隶,则不但能够支配这些东西,而且还能支配他的主人。最后,他们的关系便颠倒过来:主人成了奴隶,而奴隶成了主人。

这一系列思想——可以说是一种哲学性的寓言——阐明了,任何一种现象,任何一种行为,在其发展过程中是怎样由于自身内在的条件变成自己的对立面的。这里需要以人的社会性为前提,也就是说,社会是一个统一的整体,这个整体的每一部分都是同另一部分不可分割地联系在一起的。哪儿有奴隶,哪儿就没有一个人会是自由的。与奴隶对立的主人,只要他在奴隶身上看不见自身,他就永远是奴隶。另一方面,没有勇气为自由而献身的人,就活该当奴隶。"如果……一个人不仅是想象着要自由,而且真正具有争取自由的坚强意志,那么,任何人间暴力都不能迫使他长期陷于奴隶境地。"由于相互依赖,由于劳动,就产生了自我意识。

自我意识以自由为目的。怎样才能获得自由呢? 第一阶段是内心的解放,即对统治和奴役持否定态度,这就是斯多葛派的哲学。不论在什么环境中,"不论在宝座上还是带着镣铐",斯多葛派都认为自己是自由的。斯多葛主义作为世界精神的普通形式,出现在"普遍存在着恐惧和奴役的时代,而且还是一个人人具有修养、修养并上升为思想的时代"。但是,斯多葛主义有一个内在的矛盾:它从周围的现实、从生活退隐到自身之后,并没有把对存在的否定贯彻到底。斯多葛派苦心思考真和善的问题,然而他的答案却总是同语反复:真和善在于合理性。

怀疑主义从逻辑上完成了对存在的否定,因而扬弃了这个问题。这时产生了一种"和自身等同的自我意识,一种特殊的对自身进行思维的恬静,对自己本身的不变的真正的确信,但同时也产生了绝对的辩证的躁动",因为怀疑主义这种意识是"感觉表象和思维表象的一种混合体,两种表象的差异已经荡然无存",这种意识乃是"自误而又误人"的意识。上述两种因素共存于怀疑主义之中;矛盾并没有被消除,反而增强了。怀疑主义者宣称视觉和听觉不足为凭,然而他却依旧在看,在听。他的言和行永远相互矛盾。

怀疑主义后来又为自我意识的最高形式即"愁苦的意识"所代替,这种意识原本就是分裂的。黑格尔这里指的是基督教。基督徒对于自己存在和行为的意识,仅仅就是他为这种存在和行为所感到的痛苦,从这一点即可看出这种意识的分裂性来。"愁苦的意识"面临一种"裂成两半的现实":它一方面本身是虚幻的,另一方面却又是一个神圣化的世界。这种分裂状态被痛苦地感觉为一种永恒渴求的运动。基督徒的思维宛如钟声的无形的沉响,是尚未形成概念的音乐式的思维。尽管如此,个人愚昧所产生的愁苦的意识,也正是以自我意识在这一阶段所达到的、普遍而恒久的思想为前提的。于是,精神就从自我意识过渡到理性。

在黑格尔的精神眼睛前面,理性分为三个阶段出现,即观察的理性、合乎理性的自我意识通过自身而实现、本质上实在的个体性。这里按其发展加以研究的合乎理性的个体性,黑格尔称之为对立的统一,称之为"复式画廊",其中一间是另一间的映像;一间画廊为外部环境所限制,另一间则意识到这种环境,前者是球面,后者是球心。但是,这种个体性恰恰是,**一方面**由于它**本身也是普遍的**,因而平静而直接地同**既成的**普遍事物如风俗习惯等等融合在一起,并使自己顺应它们,**另一方面**它又反对它们,甚至颠倒或改造它们……个人德行为了普遍的世界进程,要求牺牲个体性,就变得徒劳无功了,因为个体性被看作世界精神的实现;如果说人人都是自私的,这句话也不过意味着这些人并不懂得共同行动罢了。

但是,伦理却与之相反,它并不是个体的意识所产生的,而是作为一个由外界规定的法则为个体的意识所采纳。伦理节操就在于不屈不挠地坚持一切正当事物,而这种事物本来就已经确定无疑的。某件东西让我来保管,这是别人的财产,我承认这一点,因为事实如此;如果我想，也许情况不是这样，而是相反，也许这是我的财产吧，那么我就走上了非伦理的道路。由于我承认正当事物，我就处在普遍的伦理本体之中。个体的意识就发展到了尽头。世界精神登上了一个新的境界，即精神的阶段。

现在我们可以看见真实历史的风貌了。当然，黑格尔所选取的，不过是他认为人类历史中最本质的东西。按照他的看法，有两条法则支配着伦理范围，即社会生活，一条是人的、世间的法则，另一条是不由人们商定的、**神的**、**冥国的**法则。和这两条法则相适应的，是这两个社会领域——国家和家庭。

国家必须规定个人的权利和财产权，注意不使个人利益凌驾于公共福利之上。人们往往忘记他们只是整体的一小部分。他们梦寐以求的，首先是达到个人目的——发财和享受。为了国民的精神不致涣散，政府必须不时用战争来震撼他们的生活。对于那些脱离整体，一心为自己谋求生存并企求个人的不可侵犯性的人们，向他们指出他们的绝对主子就是死亡，这是大有裨益的。

按照统治者的意志，在战场上丧生的敌人是应当永世不得翻身的。但是，骨肉感情却使得亲人们要给他举行葬礼。于是在人的和神的法则之间，即国家和家庭之间发生了冲突，这就是索福克勒斯的悲剧"安提娥尼"表现的冲突。安提娥尼不顾国王的禁令，安葬了她的兄弟。黑格尔通过分析《安提娥尼》这部悲剧，指出了宗法制的伦理和国家因素的冲突。双方中每一方的行动从历史角度来看都是正当的，同时又都具有历史的局限性，每一方就其情况来看既有理又无理。这个矛盾，这个古代伦理世界内部诸原则之间的斗争，使得这个完整的世界趋于没落。

黑格尔并不把中世纪当作一个历史阶段。他马上就转到资本主义关系的发生，具体地说，转到同这一过程相适应的那些精神形态。

在考察这些精神形态之前，我们必须对黑格尔哲学的主要概念——**异化**——加以说明。黑格尔使用这一概念，并不限于一种意思。从广义上说,异化一词意味着精神的异在、疏隔、客体化。异化的扬弃就是疏隔的取消,也就是认识。前言中就是这样讨论"异化"问题的。但是,在我们已经分析过的《自我异化的精神》一节中,这个名词却从狭义方面被用来表示社会关系。但是,这个世界之所以存在,正如自我意识之所以成为现实一样,乃是基于这样一个过程,即自我意识抛弃了自己的个性,从而创造了它的世界,并把这个世界当作一个异己的世界来看待,以致它现在必须加以占有。

黑格尔所写的是一个特定社会的情况,即资产阶级关系的世界,在这个世界里,每个人对于另一个人都是异己的。

黑格尔认为,异化世界的起源就是资产阶级革命以前的专制主义法国。在这个社会中,有两种意识类型:一种是富人、贵族的意识类型,这类意识赞扬财富和统治,认为二者是自己的等同物,因而心悦诚服地为之效劳——这就是"高贵的"意识;另一种是被压迫者的意识类型,这类意识认为统治和财富不是自己的等同物,因而憎恨统治者,服从中满怀怨望,随时准备起来造反——这就是"卑贱的"意识。但是,这两个对立面不久就沉瀣一气了。"默默无言地为国家服务的英雄主义一变而为谄媚的英雄主义"。谄媚的语言使国王成为孤家寡人:他疏远了他的贵族,他们只是作为摆设围绕着他的宝座。唯我独尊的感觉使高贵的意识变了形,它和卑贱的意识已毫无二致,传统的纽带断裂了,于是产生了"分裂的"意识。

绝对圆滑的时代、普遍自欺欺人的时代到来了。黑格尔引证《拉摩的侄儿》一书来说明这种情况。狄德罗的这篇对话,作者在世时没有发表,后来落到歌德手中,由他译成德文并于一八〇五年出版。狄德罗的对话者,一个无赖、骗子、诱奸者,向狄德罗活灵活现地描绘了他本人诱奸一个少女的经过。狄德罗"为如此巧妙而又如此卑劣的行为,如此正确而又错误的思想,如此颠三倒四的感觉,如此充分的下流无耻而又如此罕见的坦白直率,感到大惊失色。"黑格尔认为,"这种有自知之明的紊乱意识所作的辩证谈吐",远胜过一种"关于善恶的肤浅意识"所作的只言片语,并且强调指出,这种紊乱意识在异化的条件下产生出来,乃是不可避免的。这种意识的"分裂性"表现越强烈,暴露得越彻底越好;它就向前发展得越快,消失得也越快。退遁到"天然心灵的质朴状态……",退遁到"也可称之为天真无邪的那种动物意识的蛮荒境界",都不是解决这个颠倒世界的办法;恰恰相反,有教养的精神必须作为**精神**返回自身,并获得一种更高级的意识。"一只打补丁的袜子要比一只破袜子强;但自我意识却不然"——这是黑格尔在撰写《现象学》时期的一句格言。

"分裂的"意识后来又为宗教信仰及其对立面——启蒙思想所代替。黑格尔对启蒙思想所持的态度完全是批判性的,认为它的特征就是平凡的功利主义和简陋的无神论。"绝对自由和惊骇"(即恐怖),势不可免的革命,原来就是启蒙运动的真相。革命使异化达到了顶点。恐怖比奴役更坏,因为它是非生产性的,它是全然消极的行动,是"毁灭一切的怨灵"。黑格尔没有看到,革命会带来直接的积极的成果。所以,普遍自由所造成的唯一业绩就是**死亡**……而且是最无味、最无聊的死亡,它并不比切一棵圆白菜或咽一口水更有意义。这真是嫌疑等于有罪,并且凿凿有据。在这个水平上兜圈子将一无所成,必须向一个新的阶段过渡。自我异化的精神被推上了其对立面的顶点,并且发现了自身。异化被扬弃了,专横为法治所代替,道德精神形成了。

黑格尔把当时的德国及其精神文化、艺术与哲学解释为道德的统治。此外,不难看出,我们的时代是一个新时期的诞生和过渡的时代。精神已经跟它迄今为止赖以生存和表现的世界决裂了,即将任旧日的这一切湮没无闻,并着手进行它的自我改造。《现象学》充满了历史乐观主义。众所周知,黑格尔把他的乌托邦式的希望寄托在拿破仑的统治上面。

拿破仑被黑格尔称为国法大家。黑格尔欢迎把 code civil[①] 介绍

[①] 法语:民事法典,即"拿破仑法典"。

到莱茵联盟各国来。他相信,拿破仑的政策将促成德国的民族复兴。法国民族通过革命的洗礼,摆脱了许多作为僵硬枷锁套在法国民族头上以及别的民族头上的典章制度。不仅如此,个体也消除了死亡的恐惧,改变了原来的生活习惯……;这样,法国民族就在别的民族面前显示出巨大的力量,这种力量压在那些闭塞愚昧的民族头上,迫使它们终于放弃违反现实的习性,跨进了现实,并且由于表中有里,内寓于外,这些民族也许还会超过它们的老师。

　　世界精神继续着它的征途。它在现实历史中竭尽它的潜能之后,便登上了最高阶段,我们把这个阶段叫作社会意识。其中产生了宗教、艺术和哲学的系统。黑格尔后来对这些精神形态的每一种都进行了详尽的研究。下列各章将叙述他的研究情况。这里只提一下他所达到的最终结果。精神在其漫游的终点达到了绝对的真理,它发现这个绝对真理就在以黑格尔体系为形式的科学性的哲学中。当初客体对于认识的主体来说是某种外在的东西,到最后主客体便合而为一了。

　　黑格尔到晚年把《现象学》称为探险旅行。这是他的第一部独出心裁的巨著。在这部著作中,体系和方法的矛盾还没有像晚期著作中那样尖锐,这是因为当时体系还没有完成,可以说只是以结构成分的形式出现的。这些结构成分有时比后来的结构还要有价值。《现象学》之所以重要,在于它表明了,辩证法是用什么材料创制出来的,是从哪里出发的。黑格尔的出发点是试图思考一下精神文化的矛盾发展。但是,他始终没有看到意识的感性的物质基础。马克思谈到黑格尔时说过:"黑格尔把世界**头足倒置**起来,因此,他也就能够**在头脑**中消灭一切界限:……对于**现实**的人来说,这当然丝毫不妨碍这些界限仍然继续存在。"黑格尔相信军事天才拿破仑和他自己的哲学是万能的,所以他认为一切界限都消失了。但是,不久他又不得不承认,这些界限依然存在。

办报苦差

初春三月的一天早晨,黑格尔告别了耶拿。一辆邮车把他载向了班堡;他有意到那儿一家日报去当编辑。

是什么促使两年前获得教授头衔的哲学家离开这个大学城、放弃他梦寐以求的教学生涯呢?最重要的原因可能是种种物质上的考虑。父亲的遗产花光了,个人的财产被法国人抢走了,而歌德为他弄到的一百塔拉的年俸又维持不了生计。《班堡报》的老板却答应以报纸赢利的一半作为报酬来聘请他。

新闻记者的工作,左右舆论的权力,惹得黑格尔跃跃欲试。他越是决计接受尼特哈默尔的建议,便越是认为从政是自己的天职。新的时代开始了,旧的制度被摧毁了,哲学家有责任投身于实践。何况战争结束以后,耶拿大学根本没有复课的可能呢。

但是,还有一个原因使黑格尔不得不匆匆离去,就是:他当父亲了。儿子(命名为路德维希)的母亲叫克里斯蒂安娜·布克哈特,是个房产主的妻子,黑格尔曾经在他家当过一段时期的房客。在一个小城市里,每逢出了一点新鲜事儿,总会闹得满城风雨,长久成为居民们的谈助。黑格尔并没有否认他的儿子,但是显而易见,由于发生了这档子事,他在耶拿当一名正式教授的希望也就化为泡影。黑格尔答应克里斯蒂安娜,一旦她成了寡妇,他就同她结婚;克里斯蒂安娜默从了这个诺言,让黑格尔清清白白地走了。路德维希是她的第三个私生子。

关于《班堡报》,黑格尔只知道,它约莫发行了十多年之久,是由一个法国侨民格莱神父兼教授所创办的。不久,格莱把该报转售给现在的老板施奈德班格,自己仍然留下来当编辑。法国人进驻班堡后,格莱便投笔从戎,加入了达福斯特的部队,到波兰一个什么地方去碰运气去了。施奈德班格过去是个宫廷御者,对报业一窍不通,结果把报纸办得一塌糊涂,每况愈下。

黑格尔知道怎样才能改变这个状况。他还在耶拿时,就给尼特哈默尔写信谈过这一点:

……至于报纸能够具备何种语调与特征,此须临时才见分晓。人们可能认为,法国报纸使我国大多数报纸相形见绌,但有趣的是,既想办一种法国式的报纸,又不肯抛弃德国人一味追求的那种卖弄学问、超然物外的新闻文风……

拿破仑十分重视报纸的作用,要求把它置于自己的管制之下。"报纸事关重大!"他曾向约瑟夫·富歇这样说过。拿破仑掌权之后,富歇当了警务总监,便把巴黎出版的七十三家报纸查封了六十家。不久,又关闭了九个编辑部。剩下来的四家报纸便只有唯唯诺诺,持清一色的亲政府观点了。

在巴伐利亚,报界的情况也并不两样。马克西米利安·约瑟夫选帝侯早在一七九九年就曾下诏宣称:"报纸理应对事实或情由作确切公正之报道;举凡影射、谤讪、人身攻击之类,无论以曲笔或直言出之,均在禁止之列。……记者一概不得传播危害国家之消息,违者严惩不贷。"

法国部队占领巴伐利亚之后,当地政府的新闻检查因占领当局的新闻检查而变本加厉。《埃尔兰根报》得罪了法国人,结果是报纸被查封,编辑被逮捕。黑格尔就是在这种预兆下开始他的记者生涯的。他按照自己对国家政治的理解,冷静而周详地估计了这种情况。因为国家是全国唯一实际的政治力量,故决不能加以动摇,而务必使之趋于巩固。黑格尔写道:"……每个人都必须与国家发生关系,都必须为国家服务。以为在私生活中可以找到的乐趣,都是靠不住的,而且也未必称心如意。——今后我大概过不成私生活,因为没有人比新闻记者更公开的了……"

尽管巴伐利亚邦远非十全十美,尽管高高在上者是些愚妄之徒,但理性迟早将在巴伐利亚为自己开辟道路。归根到底,个别人物抱有什么样的具体志愿,都是无关紧要的,发生的结果将永远同他们的意图相左,只能是客观地隐藏在行动中的东西。唯有新闻报道——经过审核的、准确而客观的报道,才能规定报纸的内容。

为了获得稿件并开辟必要的稿源,黑格尔分别函请他的故交旧友予以合作。他给耶拿的克内贝尔也写了信。黑格尔在信中谈到他是怎样干上了新闻记者这一行的。"想必您也知道,我一向癖好政治。"他还为他那不寻常的处境叫苦。"……此外,新闻记者本身是个稀罕的对象,而且几乎是个嫉妒的对象,因为人人都想知道他所秘而不宣的底细,都想知道大家认为最好的东西……"并邀请克内贝尔为《班堡报》撰写通讯稿。"我深知,较之醉心钻研卢克莱修的哲理深远的六步句,撰写一篇报纸文章实不啻味同嚼蜡。但是,既然伊壁鸠鲁哲学并未置胃的消化于不顾,而为了帮助胃的消化,又必须阅读报纸,因此敢烦日内拨冗片刻,惠然赐稿,以充篇幅,裨本报业务能从被动转为主动,亦未始非一奖掖之举也。"黑格尔也没有忘记提到金钱方面的事情。"我凭经验确信圣经中这句箴言的真理,并将它作为我的座右铭:'食饱衣暖,天国乃见。'……至于稿酬,当无须赘言。"

克内贝尔断然谢绝了这一邀请。然而,正当拿破仑与亚历山大在埃尔富特会晤,连日来举世瞩望图林根之际,克内贝尔却寄出了两封报道当前政治新闻的饶有兴味的信件。他根据自己耳闻目睹的印象,描述了拿破仑及"其余王侯"驻跸魏玛的盛况。为了礼遇上宾,举行了一次狩猎;法国和俄国的皇帝在豪华扈从的陪同下,乘坐着一辆四马拉的敞篷车。魏玛公爵一马当先。傍晚,达官贵人们又莅临剧场,观看巴黎皇家剧院演出的伏尔泰剧作《凯撒之死》。最后还在宫廷里开了一次舞会,才结束这喜庆的一天。翌日,君主们凭吊了耶拿的战场,并在一座魏玛政府所建造的小礼拜堂里共进早餐。那座礼拜堂就坐落在拿破仑当年设过指挥部的地方。

"附上数行,不足以称稿,唯或为阁下所乐闻,用特奉告。伟大的拿破仑之所以深得人心(尤其是明哲人士之心),决非因其权势炙手可热,反之因其天性平易可亲,不以皇帝身份而以普通人自居。他的面部隐约浮现某种忧郁表情;据亚里士多德云,此系一切伟大人格之基础。此外,还可从中发现高尚精神之特征,以及心灵之纯善,那是他毕生经历的重大事件与斗争所未能磨灭的。总之,人们对于这位伟人不胜景仰之至。他同我们的歌德作过几次长谈,或许还可为德国君主们提供榜样,即他们不应怯于结识与尊崇最优秀的人物。"

众人对于法国皇帝如此顶礼膜拜,黑格尔既不感到诧异,也不为之震惊。他本人就对拿破仑十分倾倒。他兴味盎然地读了克内贝尔的来信,便请求他继续提供详细的实况。

您参加了阿波达的兔猎吗?您也是在高原游憩亭吃的早餐吗?拿破仑同维兰和歌德在舞会上都谈了些什么?您不是还见到塔尔马了吗?——我向您打听这些,并非是为了报纸,而是为了增长自己的见识……

这时,黑格尔已经丧失了对报纸的兴趣,他唯愿尽快地脱身。一八〇八年夏天出现了一个尴尬的局面。七月份一期《班堡报》上发表了关于巴伐利亚部队进驻布拉特林、奥格斯堡和纽伦堡的消息。这件事本来谁都知道,其他报纸都报道过。尽管这样,慕尼黑官方仍然责令指出向编辑部透露那个军事秘密情报的军官的名字。任何辩解都无济于事,笔墨官司没完没了。黑格尔不得不出席公开的法庭,不得不草拟申诉书,最后还不得不宽慰施奈德班格。他简直忍无可忍,便给有权有势的尼特哈默尔写信说,他真想逃脱"办报苦差"。尼特哈默尔打算介绍他到纽伦堡去就一个文科中学校长的职位,黑格尔马上表示了同意。

话虽这么说,转业到教育部门来,也并不是一蹴而就的。当下又出了一件新事故,给报纸招来更大的麻烦。十一月初,黑格尔摸头不知脑地被传到了王室总监冯·斯坦格尔男爵那里。原来从慕尼黑来了一份火急公文,对《班堡报》十月二十六日发表的埃尔富特通讯极为不满。书报检查官受到了谴责。此后,书报检查便由冯·斯坦格尔直接掌管。

黑格尔在编辑部里为那篇倒霉的通讯稿伤透了脑筋:是哪一点使得官方大发雷霆呢?这稿件开头报道了歌德和维兰谒见拿破仑的情况,"……皇帝陛下在接见中同他们畅谈了各种科学问题,他们亦有幸得以景仰陛下对于各门科学的渊博知识。"这几句毫无不当之处。歌德和维兰并"荣获十字勋章"。这一句也没有什么。其所以触犯当局,也许是报道了埃尔富特行将成为一个自由城市,邮政改革可望贯彻实行云云:这篇稿件如有任何关碍,那就只能是这一点了,因为报纸理应辟除任何流言蜚语,不得妄加传布。

黑格尔立即写了一份面面俱到的申辩书。他指出,印出来的所有材料都是从其他报纸转载过来的。

为遵照本月七日发布之敕令,呈阅十月二十六日第三百期《班堡报》埃尔富特通讯一稿所依据之官方来源,以明真相而辨心迹由,《班堡报》编辑部签署人惶恐奉告:本稿一部分系自埃尔富特出版之《德意志国讯总汇》……,一部分系自哥达出版之《国民报》……逐字转载……。鉴于埃尔富特报刊行于法国皇帝陛下政府治下之一邦,哥达报刊行于莱因联邦之一邦,二报均经政府审检而后出版,本编辑部签署人是以坦然自该二报转载该稿……。惟编辑部旋即惊悉,该稿包含谣诼,滋生误解,本部当即大力予以消弭,用特……于十月二十七日第三百零一期《班堡报》副页中发表声明如下:时间即将证明,此二消息是否较之德国种种流言(如本地报纸昨日引自德国某一公报者)更为有据。此类流言均谓埃尔富特仍系一自由城市,目前邮政制度即将有所改革云云,自当列入纯属子虚,毫无根据之谣言。

黑格尔矢口声称,报纸无可非议,应以原宥。他进而保证,今后将严格遵守编辑部一切行将废弛的规章,以免发生违忤上意的任何事端。

这位哲学家并不知道陷报纸于横祸的真正原因。他在"外交事端"中寻找情由,然而真相却非常简单。原来一只大权在握的手从埃尔富特通讯一稿中用红铅笔划出了如下一段有伤大雅的文字:"巨商霍夫曼先生已蒙巴伐利亚国王陛下赏赐一只用珍珠嵌饰的金盒,乃眷及其千金复各承赐一枚极其精美的项圈。符腾堡国王陛下则赠与王室顾问赖因哈德夫人一枚珍贵的珠宝,外加一笔可观的款项……。"看来报纸不得报道国王的赠品,特别不得涉及对女士们的赠品。然而,这一点在书报检查条例中却压根儿也找不到。

施坦格尔把黑格尔的申辩书转报慕尼黑。同时,总监衙门并向政府提出了如下询问:哪些来自官方的消息可认为实属官方,因而可予转载,以及如何处理非官方消息,"……是否一切通讯稿件(即私人书信)均不得采用,甚至举凡涉及异常自然现象,艺术科学界之重大新现,著名军人、艺术家与学者等等之驻留、创作、叙勋与报酬,以及一般有助于报纸提高公民德行与教养之旨趣的事实的稿件,是否亦在禁刊之列?"

黑格尔参与编辑了这份引起班堡当局对该问题发生兴趣的报纸。纠纷将如何了结,使黑格尔忧心忡忡:《埃尔兰根报》的命运仍萦回在他的脑际。最近几天内,纽伦堡可能做出最后决定,而任何方式的惩处都将毁掉一切。

日复一日,慕尼黑方面杳无音信。施坦格尔按照黑格尔的建议发出了函询。多写一遍也没有害处,因为总还得登记、通读、审议一番,拖拖拉拉搞好久。然而,任何延宕只会有利于被告。况且,再没有必要让事情旷日持久下去:他已经卷起了铺盖。十二月初,当施奈德班格再往慕尼黑发出一次函询时(这次是直接由编辑部出面),哲学家已经向班堡告别了。

直到元月份才得到答复。外交部表示,《班堡报》有权从业经审查并在王国各大城市出版的报纸中转载稿件,当然以不得妨害"政局"为条件。几乎同时,警察部门却宣布查封《班堡报》。

在班堡度过了二十一个月,黑格尔连一篇理论著作也没写出来。虽然如此,但说这段时日不利于他的哲学发展,也未免言之过当。黑格尔的头脑里充满了他的体系的结构,这个体系已由《精神现象学》奠定了基础。报纸工作几乎夺走了他的整个工作日,然而他在残剩的时间里,更加孜孜不倦地勤于他所心爱的研究。他的书信经常谈到《逻辑学》的工作,其他保存下来的零星材料也证明了这一点。在耶拿形成的思想,这时已获得了相应的形式。

黑格尔在班堡还写了一则有趣的随笔,它从另一方面证明黑格尔是自己学说的辉煌的普及者。这则随笔的题目是《谁抽象地思维?》。黑格尔遗著的出版者认为,它是黑格尔最后在柏林那段时间写的,虽然按照文体和内容来看,可以推断是一篇早期的作品。不久以前考证出来,这则随笔作于一八〇七年的春天或初夏。

那么,谁抽象地思维呢?人们以敬而远之的态度对待抽象思维,如同对待某种高超事物一样;他们所以回避它,倒不是因为轻视它,认为它枯燥寡味,而是因为把它当作某种特殊事物,无从借以在日常社交中显身扬名。然而,在现实生活中,进行抽象思维的往往不是有教养的人,毋宁是些无教养的人。抽象地思维,就是幼稚地思维。

我只需为我的命题举几个例子。人人都会承认,这几个例子证实了这个命题。

且说一个凶手被押往刑场。在常人看来,他不过是个凶手。太太们也许会说,他还是个强壮的、俏皮的、逗趣的男子呢。那个人却认为这种说法骇人听闻:什么?凶手俏皮?怎么能想入非非,说凶手俏皮呢?你们大概比凶手也好不了多少吧!这是上流社会道德败坏的表现!深通世道人心的牧师也许会这样补充一句。

研究人的专家则不然,他要考察一下这个人是怎样变成罪犯的,他会从他的生活经历和教养过程中,发现他的父母反目已久,发现他曾经为了轻微的过失而受到某种严厉的惩罚,于是他对公民社会愤愤不平,接着还发现他刚一有所反抗,便被社会所摒弃,以至如今只靠犯罪才能谋生。——大概有不少人听了这番话会说:他想替凶手辩护呀!我不禁记起年轻时候听人说过,一位市长发牢骚,说作家们搞得未免过分,竟然想挖基督教和淳厚风俗的墙脚;有位作家甚至写小说为自杀行为作辩护;可怕呀,真可怕!——经过进一步了解,原来他指的是《少年维特之烦恼》。

在凶手身上,除了他是凶手这个抽象概念之外,再也看不到任何别的东西,并且拿这个简单的品质抹煞了他身上所有其他的人的本质……,这就叫作抽象思维。

喂,老太婆,你卖的是臭蛋呀!一个女顾客对女商贩说。这个女商贩可恼火了:什么,我的蛋是臭的?我看你才臭呢!你敢这样来说我的蛋?你?要是你爸爸没有在大路上给虱子吞掉,你妈妈没有跟法国人跑掉,你奶奶没有在医院里死掉——你就该为你花里胡哨的围脖儿买件称身的衬衫呀。谁不知道,这条围脖儿和你的帽子是打哪儿搞来的;要是没有军官,你们这些人现在才不会这样打扮呢;要是太太们多管管家务,你们这些人都该蹲班房了——还是补补你袜子上的窟窿去吧。——总而言之,她把那个女顾客骂得一钱不值。她这就是在抽象地思维,仅仅因为女顾客说了一句她的蛋是臭的,得罪了她,于是就把女顾客全身上下编派了一番——从围脖儿、帽子到衬衫等等,从头到脚,还有爸爸和所有其他亲属,一切都沾上了那些臭蛋的气味;可是,女商贩谈到的那些军官们(如果他们当真和这件事有什么关系,尽管这是大可怀疑的),说不定在她身上看到了一些完全不同的东西。

谈了女仆,再来谈谈男仆。在地位低、收入少的家庭,仆人的境遇比在任何地方都更坏;相反地,主人愈高贵,仆人的境遇就愈好。在这方面,常人又要搞抽象思维了,他对仆人摆架子,把他只当作仆人看待;他牢牢记住这个唯一的名称。给法国人当仆人,日子最好过。贵人对仆人很随便,法国人甚至和仆人交朋友;主仆二人在一起的时候,仆人就高谈阔论。狄德罗的《雅克和他的主人》就是这样,主人除了嗅嗅鼻烟,看看表,别的什么也不管,全让仆人自便。这位贵人知道,仆人不仅仅是仆人,他还了解城里各种新闻,认识许多姑娘,脑子里点子很多;他向仆人打听这一切,仆人就尽自己所知,回答主人所打听的一切。在法国主人那儿,仆人不仅这样,甚至敢于主动提出话题,发表议论,坚持自己的意见。主人要他干点什么事情,不能采用命令口吻,而得首先提出自己的意见,委婉地劝他接受,如果他照办了,主人还得给他道乏。

黑格尔丝毫并不反对科学的抽象。他不过指出,恰恰世俗的日常的意识才可能是抽象的,也就是片面的,而且大多数实例正是如此。当然,科学的理论的思维能不能够是具体的,如果能够,又是出于什么方式,这个问题仍然没有解决。试图解决这个问题,在黑格尔学说中占有重要的地位。下一章就要谈到这一点。

大逻辑

纽伦堡的迪林王宫广场旁边,紧挨着庇护神教堂,有一幢三层楼房,这里坐落着一五二六年由梅兰吞创建的文科中学。这是德国第一所具有人文主义色彩的中学。

随着年岁和世纪的消逝,这所中学已经朽坏了。十九世纪初,纽伦堡有四所中学,其中没有一所是为了接受大学教育而传授必要知识的。纽伦堡当时是个自由的直辖市,就是说,它不隶属于德国境内任何一个邦。一八〇六年八月,"德意志民族神圣罗马帝国"不复存在了;一个月以后,该城为巴伐利亚邦所占领。巴伐利亚这时是法兰西的盟友,在许多方面承袭了法兰西的制度。从一八〇三年起,巴伐利亚实行了六年制普及教育,需要大批小学教师。政府注意到纽伦堡的四所中学,于是将它们合并成一个统一的文科中学,并任命黑格尔为校长。

一八〇八年十二月五日,重建的文科中学举行了隆重的开学典礼;黑格尔宣誓就职。随后,在一个星期内举行了考试。三个构成这个文科中学主体的高年级班,共招收学生三十名(毕业班学生八名)。十二月十二日正式开课。

根据主管巴伐利亚国民教育的尼特哈默尔的计划,学校分为两类:一类是具有人文主义方针的古典学校,另一类是培养学生从事实践活动的理科学校。黑格尔很满意自己领导了一所古典文科中学,并且谢天谢地,"……总算摆脱了工艺学、经济学、抓蝴蝶等琐事了……"。黑格尔深信,学习古代语言和文学是人文主义教育的基础。古代希腊是欧洲各国文化赖以建立的基础,这些文化尽管各有其特点,但总是和这个产生它们的基础紧密相联的。正如传说中的安泰乌斯一旦与大地相接触,就重新获得力量一样,艺术和科学的每一新的繁荣也必然是出于对古代的思慕。黑格尔说,谁不通晓古代创作,谁就白活一辈子,不知美为何物。(克莱门斯·布伦坦诺甚至这样谈到黑格尔,他为了能够真正欣赏《尼伯龙根之歌》,竟把它译成了希腊文。)

黑格尔在一八〇九年九月二十九日学年结束时的一次讲话中,也谈到了他自己对于古代的爱好。本学年在秋季结束,每逢考试完毕,要举行一次结业典礼,参加者不但有文科中学学生,还有他们的直系亲属。这种典礼具有全城的性质。租下了一个大厅,并把它装饰得焕然一新。在一个环绕着柠檬树的大讲坛上,中间是"祖国祭台",竖立着国王的半身像。右侧坐着王室代表委员会的官员们,左侧是校长。典礼在高年级学生的朗诵声中开始。校长随后讲话。接着举行授奖,由王室代表颁发奖章。合唱队唱起了爱国歌曲。

黑格尔担任了八年文科中学校长的职务。这八年间,黑格尔对于学校教育的任务和方法,总结出一套牢不可破的见解。他的教育体系的出发点,就是诱导学生进入教师的精神世界。黑格尔这样论证说,毕达哥拉斯的学生们在最初四年不得不保持缄默。这就是说,他们没有发表言论或产生个人思想的权利。思想如同意志一样,应当从恭顺开始。

开始并不意味着终了。恭顺本身不是目的;教育的任务在于克服幼稚的执拗心理:学会恭顺是为了后来能够独立地为公益而思想,而行动。任何教育都力图不使个别的个体陷于主观性的范围,而是在国家中使之客体化。黑格尔认为,古代希腊永远堪称融个人与国家为一体的典范。因此,他把学习古代文化看作人文主义教育的最重要的手段。

传授知识和培养人才是同一的,更确切地说,两者是教师的统一活动的不同方面。正如传授知识不能简单地归结为使学生接受现成的真理一样(否则便成为一种用水代替墨水写信那样毫无效果的活动),培养人才也不应该满足于使学生仅仅掌握既定的行为准则。学生的思想和感情、头脑和心灵都必须经过指导,达到这个根本目的,即培养学生进行自我创造活动的才能。形式主义的精神使得教育事务变得十分可怕。当然,有些规章制度是学生们不能违犯的,违犯了就得受惩罚。但是,教师按其地位来说,既不同于判案的法官,也不同于对无礼者耿耿于怀的平民,因为教师日后总还得和不听话的和受惩罚的学生处于一种信任关系中。不应该使孩子们的注意力长久集中在一些小过失上,对此尽可能委婉地提醒一下就够了。最重要的是在学生身上激发出对于自身力量和自身荣誉感的信念。黑格尔对毕业班的学生从不随随便便地称名道姓,而是以"您"和"先生"相称。

所有听过黑格尔讲课的人,都对他留有最美好的回忆。文科中学的学生们念念不忘,他们的校长是大学教授、著名的学者和《精神现象学》的作者。黑格尔讲授哲学和宗教,有时还代替其他教师讲授文学、希腊文、拉丁文,以至高等数学。大家都惊叹他的渊博的学识和卓越的教学才能。

讲课往往是从前面已经讲过的课文开始。黑格尔随便叫到一个学生,让他扼要地复述一下上节课的内容。然后,他再口述新课文的章节,并加以解释,学生们必须用自己的语言记下各章节的大意。为了抽查起见,黑格尔还让学生高声诵读自己的笔记。学生们随时可以提出问题,他们没有听懂的地方,他总是耐心地加以解答。

三个高年级班开设哲学课。黑格尔最初讲授国家、道德和宗教。接着他让学生们研究心理学和逻辑学,最后继续让他们研究逻辑学,并且把自然哲学和精神哲学作了一个概略的介绍。这些预备性的讲稿在他逝世之后以《哲学初步》为题出版了。根据官方的指令,学生们只应"……在推理思维中予以实践性的训练"。黑格尔认为,这是行不通的：先臆造出任何一个具体对象或任何一种现实关系，然后再来纯哲理地领悟它，无异于根据和声法来判断一阕乐曲一样。理论思维需要有一个体系，黑格尔努力向他的学生阐述这个体系，尽管阐述得很粗浅。后来，黑格尔承认这样做是白费力气。作为柏林大学的教授，他坚持从中学课程表中删去所有的哲学课目，包括哲学史在内。文科中学只应为研究哲学做些入门式的准备，真正的哲学研究只有在大学里才能收到成效。因此，只要使学生了解形式上的思维原理——了解基本逻辑学、古代文学史和古代宗教史就行了。而宗教还必须讲授得不致与理性相矛盾，不致堕入诡辩。

纽伦堡文科中学称得上模范。可惜这一点并不反映在校长的物质境遇上，它大有改善的余地。黑格尔每年收入是一千古尔盾，就是说，还不及他在班堡所得的三分之一。此外，纽伦堡的生活费用昂贵得多。因此，难怪黑格尔一再请求尼特哈默尔为他在大学里谋一席位。当黑格尔的个人生活出现一个重大转折时，他的这个请求越发变得迫切了。

罗森克兰茨称黑格尔为"秋性子"的人。这位哲学家不但作为一个学者，就是作为人来讲，都成熟得很缓慢。直到四十岁，他才感到需要建立一个家庭。"我马上就是四十岁的人了，"黑格尔给尼特哈默尔写信，表示希望尊夫人（即尼特哈默尔夫人）能为他物色一个生活伴侣，"……因为这件事，我不能信托其他任何人，尤其不能信托我自己。"

然而，事情毕竟在没有外援的情况下发生了。玛丽·冯·图赫尔成了他的意中人。她出身于纽伦堡的一个世家，比黑格尔年轻二十岁左右。一八一一年四月十六日哲学家向她求婚，得到了她的首肯。

第二天，黑格尔便把他的喜讯告诉了尼特哈默尔，同时没有忘记提醒尼特哈默尔留意他最热切的愿望："我的幸福多少是和我在大学里谋得一职这个条件相联系的。"原来玛丽的双亲对于这项婚约颇不以为然。除长女玛丽外,他们还有七个孩子,因此谈不上什么可观的妆奁。黑格尔的收入也并不令人眼红,况且很不正规,甚至拖欠几个月也是常有的事。城里人都知道,文科中学校长是借债度日的。出于这个原因,图赫尔的双亲不仅反对他们结婚,甚至根本反对订婚,他们恰恰想把自己女儿嫁给一位大学教授。

机灵的尼特哈默尔就是在这个问题上也有办法。他给黑格尔写了一封信,这封信是准备让图赫尔全家看的;他在信中先把校长职务的意义和旨趣详详细细地描述了一番。至于聘请黑格尔就教埃尔兰根大学一事,他说,实际上早已成为定局,不过得等到新学年开始时才能任命。但是,应当赶快结婚,因为黑格尔作为政府官员,还必须从巴伐利亚国王陛下那里领取结婚证书,而领取证书的名义与其是一名埃尔兰根大学教授,还不如是中学校长。理由很简单:在决定这类问题时,人们往往只考虑孀妇的抚恤金,而埃尔兰根大学初建不久,那儿的孀妇抚恤金还没有最后定下来,因此这件婚事很难获得国王的批准。

这封信奏效了,至少在母亲方面是这样。关于他的未婚妻领取所谓孀妇抚恤金一说,黑格尔颇感不快,他根本没有加以采用,但是尼特哈默尔的其他一些话,他却觉得很中听。尽管图赫尔的父亲仍然横眉怒目,他还是把黑格尔向玛丽的祖父作了引见,这就意味着婚约已经公之于众了。哲学家开玩笑地说,在纽伦堡任何事情都不是一蹴而就的;如果你想买一匹骏马,开始往往只能搞到一包马鬃;既然旁边拴着十足的驽马,不久你也得忍着把它买下来。还在正式宣布订婚之前,人们就开始把黑格尔校长和玛丽·冯·图赫尔看作未婚夫妇了。

未婚夫妇开始筹划他们的未来。大学讲座不言而喻地占据着他们的梦想。黑格尔坦白地对尼特哈默尔说,"我们谈论了许多关于埃尔兰根的事,我们的婚姻和埃尔兰根在想象中合而为一,犹如夫妇一般。"对于已完成的一步,哲学家是怀着极大的责任心的;他并不隐瞒自己未来的夫人,他把婚姻首先看作是宗教上的结合。玛丽以敬畏的眼光注视着自己的未婚夫,他是一个如此才智横溢、知识渊博和阅历丰富的人。

仲夏时分,家庭内部有关婚事的一切障碍都一扫而光。黑格尔向国王陛下呈递了结婚申请书,两周后得到了答复:"兹奉本月八日上谕,谨以巴伐利亚国王陛下名义,赐准校长黑格尔教授上月一日提出与玛丽·海伦娜·苏姗娜·冯·图赫尔完婚之申请。纽伦堡城王室全权代表克拉克乐。"黑格尔对于结婚申请这么快得到批准,并不特别感到高兴:五个月来,他都没有领得薪金,举行婚礼就不免感到拮据。黑格尔请求上级把发薪的确切日期告诉他,以便能筹借一笔必要的款子维持到那一天。

婚礼于一八一一年九月十六日举行。哲学家现在才感到幸福。"我终于完全实现了……我的尘世宿愿。一有公职,二有爱妻,人生在世,夫复何求。"

第一个孩子——一个姑娘——生下不久就死了。随后生了个儿子,叫作卡尔;最后一个男孩为了沾尼特哈默尔的光,起名伊曼努尔。

黑格尔家里十分讲究体面和节制。他亲自主持家政。不得已为柴米油盐分心,从没有使他烦恼过。除非他的夫人不巧生了病,平时请个侍女帮帮忙就行了;家里再没有其他仆人,后来在柏林的富贵年月里也同样如此。按照斯瓦比亚的风俗,黑格尔立了一本家账,所有开销都登在账上。月底结账时,账面的结存和手头剩下的现金往往相符。罗森克兰茨写道:"可以说黑格尔是太精明了,哪怕变成市侩也不在乎。"

家庭和家务并没有妨碍黑格尔的工作。他一如既往地倾全力于哲学。不到半年时间,黑格尔自豪地谈到他自己:"婚后头半年,就写出了一本三十印张的、内容最深奥的书,实在非同小可。"接着,《逻辑学》第一卷于一八一二年出了两版。

康德已经提出了关于逻辑改革的问题。他在"批判哲学前期"的早年著作中,就指出了形式逻辑的不足。他念念不忘创造一种新的、富有内容的逻辑。于是产生了"纯粹理性批判"的先验逻辑,这种逻辑是同"认识的全部内容"分不开的。毋宁说,它必须"……研究我们对于事物的认识的根源,除非这一根源可以直接归诸事物本身。"所以,它是关于用以分析感性知觉的思维形式的研究;这些形式是富有内容的,但其内容不是从外在世界引伸出来的,而是人类知性所固有的。这里不来复制"纯粹知性概念"的图表,或者如康德根据亚里士多德的例证所称的范畴;我们只提一下,其中包括数量和质量、原因和结果、必然性和偶然性等范畴,它们在黑格尔的辩证法体系中同样占有重要的地位。

黑格尔认为,范畴体系乃是真理的形式。一个纯粹机械性的概念堆积,并不反映真实关系及其相互制约和过渡的全部复杂内容。哲学的任务却在于发现这个实际存在的体系,这个体系既是存在的基础,又是与之同一的意识的基础。

范畴体系使我们可以把世界作为整体来理解,也可以按照它的每一个普遍关系来理解,这些关系就是用这种或那种范畴来表示的。既然范畴表示具有最高普遍性的诸关系,那么它们就不能用种类和形成种类的差异来解释。我们只能从相互比较中理解它们,就是说,在一个其中每一环节与前后诸环节相联系的特定体系中来理解它们。这样一种体系使人可以用统一的眼光来把握全部现实,同时把握它的每一个别的和本质的关系。

当然,黑格尔决没有认为,一个哲学范畴体系能够反映出真正现实的全部丰富性。这种体系仅仅反映发展着的现实之基本的最普遍的诸关系。哲学不是整个地研究世界,还是把世界作为整体来研究。

安纳托尔·法朗士曾经说过,宇宙的哲学理论与宇宙本身是如此相似,恰如标有经纬度的地球仪之与地球相似一样。法朗士本想借此嘲笑哲学,但他却也抓住了哲学的本质:哲学为人类提供了定向点,这些定向点是同纬线和子午线一样真实的,后者尽管也没有在地球上标志出来,但却毕竟不是幻象,而是人类掌握世界的不二法门。

黑格尔不仅提出了关于范畴体系的一般设想，他还正确地指出了构成这一体系的原则，指出了思维从抽象到具体亦即从单面到多面、从空洞到内容充实的运动。他的阐述遵循着内在的必然性，遵循着质料的自我运动。逻辑学教科书大都是由一些个别章节七拼八凑而成的，黑格尔只能嗤之以鼻。它们从一章转到另一章，往往不过是言之无物的套语，例如所谓第 2 章；或者我们且来判断一下……反之，辩证逻辑所研究的，则是后果如何必然地出自前因，"……概念本身即由此向前发展……"。

　　黑格尔的错误在于，把思维从抽象到具体的运动理解为使真正现实的客观事物得以产生和发展的实际途径。在黑格尔看来，逻辑的东西和历史的东西是完全一致的。这里提出了逻辑学的首要原则：历史仅仅是理念之合乎逻辑的自我发展的客观体现。马克思对这个观点作了必要的修正。他指出，辩证逻辑是对事物的认识的历史之一般化的反映。从抽象到具体的运动并不是同客观事物的历史相一致，而是同对事物进行理论掌握的历史相一致，当然这一历史是以非常一般化的方式来观察的。科学知识的发展首先从完成最普遍的、"枯燥的"抽象过程开始，这种抽象过程进而将不断为具体内容所充实。同时，马克思深信从抽象上升到具体的方法，对于从理论上认识一个发展着的整体，是卓著成效的，甚至是唯一正确的。马克思撰述《资本论》时，就运用了这种方法——这部著作就是把资本主义社会的经济发展作为一个统一的整体来分析的。由此我们可以理解列宁的这句断语："不钻研和不理解黑格尔的**全部**逻辑学，就不能完全理解马克思的《资本论》，特别是它的第一章。"列宁自己就满怀热情地"研究"了黑格尔。列宁于一九一四年底完成的《黑格尔〈逻辑学〉一书摘要》，就是他的《哲学笔记》一书的主要内容，上面那句引文就出自这本笔记中。

　　黑格尔从"有"（das Sein）①的概念开始他的逻辑学。这个概念是

---

① das Sein，亦可译作"存在"。后文的 das Dasein，亦可译作"实存"。

毫无内容的、缺乏任何规定的抽象,故与其对立面即无(das Nichts)相同。这并不能理解为,似乎一事物的存在与其不存在相同,这样来说是愚蠢的;黑格尔这里不是指这个或那个事物的特定的"有",乃是指一般的"有",关于这种"有"的概念是如此空洞,以至同"非有"的概念相一致。纯有和纯无是截然不同的,同时又是不可分割的、同一的,两方都消失在其对方之中。于是出现了第三个概念——"生成"(das Werden)。生成是第一个具体的即充满内容的范畴:万物都处在不断变化的过程中,处在向另一种状态过渡即生成的过程中。世界处于并永远处于永恒的"绝对的生成躁动"的状态,"形成和消亡"的状态。

在黑格尔逻辑学的这头三个概念中,就可以看出其结构的特征——三段论法的原则:正题—反题—合题。先提出某一个正题,然后把它加以否定,最后又把否定加以否定。黑格尔的整个体系分三部分:逻辑学、自然哲学和精神哲学。逻辑学包括三大篇:"有"论、"本质"论和"概念"论。三大篇的每一篇又各有一个三段结构。这种结构有时带有矫揉造作的性质,我们不想在这方面使读者分神。

更为重要的是另一方面,即否定的性质。黑格尔所说的否定并不意味着事物的消灭,而毋宁是指它的发展。一粒谷种可以用种种方法来消灭掉:可以把它烧掉,可以让它烂掉,或者把它磨碎;而谷种的辩证否定则只有当它具备发芽、成茎的条件时才能实现。为了更明确地区分否定,黑格尔还采用了"扬弃"一词,它既有"保存""发扬"的意思,又有"废弃"的意思。在生成中,有和无都处于被扬弃的状态。

黑格尔把生成的结果——生成出来的东西——称为它的"实有"(das Dasein)。这就是一切真实事物所应有的"有"。一事物与它事物的差异决定在质的概念中。质是与事物的规定性相等同的规定性;如果"质"被否定了,一事物就变成了它事物。这种变化,具体化了的生成,到处都发生着。一事物要是超越了它的界限,我们就看到了它事物;但是这个它事物同样是有限的,而在它的界限的另一边又是一个新的它事物。这是一个无限的过程,一种周而复始的同一性。黑格尔把这样一种无限性称为"恶的无限性"。这种无限性并不能真正摆脱有限性,只不过是有限性的否定而已。反之,"真正的无限性"在某种意义上是浑然一体,圆满无缺的。要达到这一点,必须消除一事物对它事物的关系,仅仅保留该事物对其本身的关系。黑格尔于是提出了"有"的另一种变体——"自有"(das Fürsichsein),完成的同时又是无限的"有"。他所以需要这个范畴,是为了结束对"质"的分析,以便过渡到一个新的范畴——"量"。

首先,量对于"有"的规定性是无足轻重的;种种量变并不扬弃事物的"有"。一座房屋不管是大是小,依然是一座房屋;红色不管是深是浅,依然是红色。但是,这只能适用到一定的限度,越过这个限度便开始了质的变化。黑格尔援引古代的诡辩为例,如关于"秃头"的诡辩。从脑袋上拔掉一根头发,会使一个人变成秃头吗?显然不会。但是,如果不断地这样拔下去,那么秃头迟早就会出现。纯粹的量变转化为质变。

质和量的统一是度。这个范畴表明了量的界限,事物在这些界限之内依然如故地存在。度量关系被破坏,则会出现新的"质",这种质由于渐进性的中断而飞跃式地产生。每一次生和死都是从量变到质变的一次飞跃。黑格尔断然拒绝这样一种观念,即认为新产生的质在产生之前就已经存在,只由于其度量太小而未能被察觉罢了。

飞跃式质变的环节构成了"度量关系交错线"。例如,质料的聚合状态的变化就是这样——从固态可变为液态,当温度继而升高时,又可变为气态。同时,同一质料发生这种变化时,其化学成分并不改变。于是产生了变化的承受物问题,产生了使暂时的"有"有所依据的某种基础问题。"有"过渡到本质。

本质论是黑格尔逻辑学的主要部分。"有"是现实的外层、表面,是直接被感知的东西;在"有"的平面上,世界是支离破碎的,就是说,它是由既相互联系又彼此孤立的客观事物组成的。本质——则是内在的世界、深刻的关系,是"有"的基础,也是过去诸发展阶段的被扬弃物。黑格尔提到过 Wesen(本质)和德语动词 sein 的过去分词 gewesen 在字源上的联系。在"有"的范围内,概念是相互转化的,但是它们在这里又相互结合着,而且几乎并不"显现"出来①,因为它们是被反射出来的,就是说,它们反映在其他概念中。本质就是反射;生成与过渡的运动,则一直存在于自身中。作为"有"来说,一事物将变成它事物;作为本质来说,一事物就是这个它事物。

就其存在方式而论,本质乃是"现象"。这就是说,本来就不可能有"纯形态"的本质,本质永远存在于客观世界的现象中。就现象而言,也并不存在自在的现象,现象永远是一定本质的表现。本质可以表现出来,而现象则带有本质性。本质更为深刻,而现象更为丰富。举例来说,社会诸关系的总和构成人的本质。(这个观点当然不属于黑格尔,它首先是马克思提出来的。)但是,任何人都不单纯是这样一种"总和",因为人远此其本质更为复杂,更为丰富。

现象中本质的和同一的东西就是规律。规律并不存在于现象之外,而是直接存在于现象之中。规律的王国乃是显现着的世界的一幅静画。

本质和现象的统一构成现实性。现实性由于两个特征而同直接的存在相区别,这两个特征使现实性成为一个更具体、更富有内容的范畴。现实性首先包含着可能性,其次是必然性。现实性不但是被实现了的可能性,它还是眼前存在的一切所具有的发展之真正的可能性。必须把这种真正的可能性同形式上的可能性区别开来,一切自身不相矛盾的东西在形式上都是可能的。区别这两种可能性的严格界限并不存在。任何一种抽象的可能性在变化着的条件下都能变成一种真正的可能性,也就是说,都能进入现实性,从而得以实现。

按照黑格尔的说法,凡是真正可能的东西都是必然的。因此,必然性也是现实性的一个组成部分。只有由本质的和合乎规律的因素

---

① "scheinen",亦可译作"照耀",和后文的"反射"相对。

所引起的东西，也就是说，只有不可避免的、必然的东西，才是现实的。必然性同本质一样，也并不直接显现在我们眼前，反之它永远被暗含在其对立面——"偶然性"——的形式中。偶然的东西就是可能存在也可能不存在、可能是这样也可能是那样的东西，就是其"有"或"非有"的起因不在自身中而在它事物中的那种东西。科学的任务，特别是哲学的任务在于认识偶然性的假象背后所隐藏的必然性。

　　本质论最后分析到因果关系。"原因"产生一个与之等同的"结果"。在这个意义上，因果关系是同义语反复，是直接的。黑格尔认为，原因不是决定产生某一现象的诸因素的总和，原因只是先于现象而存在并在本源上与之相联系的东西。因果关系只是现象的普遍依存中的一个要素，这个要素被人为地分离出来，只是不完全地表现了普遍关系。

　　如果谈到"交互关系"这一概念，因果关系的范围就扩大了；起因不但改变它所作用的东西，而且在产生作用之后，它已不再是它自身了；此外，在作用中，不单可以见到消极的结果，而且还可见到反过来影响原因的那种积极的因素。由于原因和结果相互作用，它们仿佛是在不断地变换着位置，或者不如说：它们同时既是自身，又是自身的对立面。

　　以上论及的诸范畴——现实性、可能性、必然性、偶然性以及因果关系和交互关系——为精神提出了自由的问题。难道自由仅仅存在于偶然性的范围吗？精神于是进入了第三个主要范围：主观性或自由的王国，那就是概念论的内容。

　　黑格尔把他的著作的前两部分（有论和本质论）称为客观逻辑，把第三部分称为主观逻辑。但是，这种对立是有条件的：客体和主体在黑格尔看来是同一的。因此，客观逻辑同主观逻辑一样，既是事物本身的逻辑，也是认识事物的思维的逻辑。

　　黑格尔在他的客观逻辑中几乎是前无古人的，而主观逻辑则一开始就探讨构成形式逻辑教科书传统内容的诸问题：概念、判断、推论。黑格尔认为他这里的任务就在于，使若干世纪所累积的然而僵化了的

384

物质"流动起来,使这些死物质中的生动概念重新燃烧起来"。他力图确定各种不同判断的认识价值,建立一个与认识的真正发展相符合的分类,并在三段论法的格式中发现事物的日常关系。但是,总的说来,黑格尔对于形式逻辑的批判是很少说服力的;他自己的逻辑结构却又显得做作而混乱。正是《逻辑学》的这些方面,列宁称之为使人头痛的妙方。

黑格尔的逻辑学最后以分析理念(真理)作结束。谈到真理,黑格尔总是十分动情的,在《小逻辑》中尤为热烈(这本书通常被称为《哲学全书》的第一部分)。"真理诚然是一个崇高的字眼,然而更是一桩崇高的业绩。如果人的心灵与情感依然健康,则其心潮必将为之激荡不已。"哲学家无情地斥责一切放弃真理或藐视真理的倾向。自卑(我这个可怜虫怎么能认识真理啊?)往往伴随着怠惰,往往是为了替自己"在其有限目的的俗恶气氛中苟活下去"作辩解。这样一种谦逊是一文不值的。

扬扬得意地自以为掌握了真理,其危险性未必会少些。这种人想当然地认为,真理天生就在他们手中。他们拣取了各色各样的陈词滥调之后,就认为自己已经深入世界智慧的堂奥。这里使他们停滞不前的,便不是对于认识真理的自卑,而是他们的自负了。

还有人对于真理妄自尊大——他们对一切丧失信心,因而目空一切。真理是什么东西呢?古罗马总督庞蒂乌斯·彼拉多冷笑着向耶稣提出了这个问题,由此流露出他对知识和道德的轻蔑。彼拉多的这个问题和所罗门王所谓的"四大皆空"这句话是一个意思。

懦怯同样有碍于认识真理。懒惰的心灵希望人们不要过于认真地对待哲学研究。这种人认为,超越日常思想的范围,不会有什么好处:这样做无异于投身大海,思想的波涛把你漂来荡去,到头来你还得落脚在日常利害关系的沙滩上。当一名平庸的官吏,自然既不需要很大才智,也不需要很多知识。树立一个伟大的目标并付诸实现,那就又当别论了。可以相信,攀登高峰的雄心壮志既从青年时期开始,是不会以略知皮毛为满足的。

　　真理是概念和客观性的一致。没有抽象的真理,真理永远是具体的。个别科学部门仅仅从某一方面抽象地表示现实,因为它不顾现实的多样性,所以并不包含真理。真理是哲学的对象,知识在哲学中才能获得具体性和丰富性。但是,它已不再是被感知的个别对象的具体性,而是另外一种,即逻辑的具体性;其所以能获得这种具体性,是由于概念不是彼此隔绝的,而是在其互相矛盾的诸关系和过渡中,在一个体系中被思考着的。世界就是一个发展着的有机整体,有关世界的知识就是一个范畴体系,就是辩证法。

　　当然,这还不足以说明问题。真理不仅要求概念同对象相一致,而且要求对象同概念相一致。当我们观察某一对象时,首先必须确定它是否与其概念相符合,是否就是它所应有的那个样子。我们通常使用"真"这个词儿,有时也会对真理有同样深刻的理解:例如,我们说到一个真朋友,就是说他这个人的举止行为和友谊的概念相符合。在这个情况下,假就意味着与本身不相符合的坏,它表示事物的存在与其概念之间有矛盾。对于一个坏的事物,我们可能有一个正确的概念,但是这个概念的内容在其自身范围内却是假的。所以,哲学家必须把"正确的"和"真实的"区分开来。要弄清楚事物身上什么是真实的,单凭注意是不够的——为此需要我们有改造直接存在物的主观能动性。智力不过仅仅认识世界,原封不动地接受世界,而意志则一心想使世界成为它所应有的样子。

　　此外,真理只有适逢其会,而不是过早,才能为自己开辟道路。没有激情,任何伟大事物都不能完成,但是任何激情、任何热忱,都不能使尚未成熟的东西产生。于是出现了理论上的真理、理念和实践上的真理、理念。后者比前者更高,因为它不仅具有普遍的价值,而且还具有直接的现实性。理论和实践的统一就是"绝对理念"。这样,精神的合乎逻辑的自我发展便达到了顶点。《逻辑学》中专门论述绝对理念的那些章节,以严谨的形式包括着辩证方法的普遍特征。

从崇高到可笑

一八一二年,黑格尔在寂静的纽伦堡撰写和出版《逻辑学》的时候,战火正在欧洲东部燃烧。六月二十四日,法国人越过了俄罗斯的边境。拿破仑打着他的旗帜,从法国、德国、波兰和意大利征集了一支空前未有的六十万大军。黑格尔的弟弟格奥尔格·路德维希,也作为符腾堡的军官参加了这场远征。哲学家通过报纸注视着战争的进程。俄国人退却了,维特布斯克和斯摩棱斯克相继沦陷了。莫斯科前沿展开了血战。官方消息报道着法国人的胜利,说是敌方日内即将投降。拿破仑朝着莫斯科挺进,眼看就要赢得这场战争。但是,令人费解的是,欧洲列强在势均力敌的情况下早已求和了,而俄国人却还在继续战斗。突然传来一个难以置信的消息:法国军队遭到惨败,被迫退却了。接踵而来的是一场灾难:军队土崩瓦解,拿破仑丢弃了残部,逃回巴黎招募新兵。当他离开被击溃的队伍时,说了这样一句名言:"从崇高到可笑仅有一步之遥。"格奥尔格·路德维希失踪了,没有回家。

拿破仑的失败使德国骚动起来。普鲁士和奥地利脱离了法国。在为时三日的莱比锡大会战中,萨克森军队转到了盟国一方。法国军队迅速地撤出了它的占领区。德国人民掀起了爱国主义的运动。

黑格尔一如既往地忠于自己的信念,同情拿破仑。他痛苦地看到拿破仑的溃败。众口传诵的"解放"一词,只引起了他的嘲笑;他把拿破仑的敌手称作**解放狂人**。尼特哈默尔的儿子(当时是个中学生)自愿报名参军时,黑格尔极为不满,他声称德国志愿军比巴席凯尔人和楚娃森人①,还要坏。俄国人为营地所付租金,要比法国人和巴伐利亚人多付一倍到两倍。黑格尔为此还作了一个说明。"由于这样三种品质:1)爱偷盗,2)长虱子,3)是可怕的烧酒鬼,俄国人付的店钱要比一名巴伐利亚新兵付的贵三倍⋯⋯。"尽管黑格尔的确被一名奥地利人偷盗过,可俄国人从没有光顾过他的家,但是他仍然假借别人的名义断言,他们**掠夺了**整个村庄。至于德国志愿军"⋯⋯城里一位为人正派的太太最近对我说,她⋯⋯宁愿要三个俄国人,也不愿要不久前进驻本市的四十四名志愿军。"

一八一四年四月,拿破仑退位了。在黑格尔给尼特哈默尔的一封信中,我们可以看到他对于这件事情的反应:"我们周围发生了大事。看到一位巨大的天才自己毁灭自己,真叫人触目惊心。——这是天下最悲惨的事件。所有庸碌之辈以其绝对沉重的压力不停歇地、残酷无情地压了过来,一直把高尚者压到和自己同样的水平,甚或压到比自己还低。这些庸众之所以有力量、之所以能够作为合唱队高高在上地留下来,其关键在于,伟大人物不得不听凭他们这样做,从而毁灭了自己。"

黑格尔郁郁不乐,但并没有感到绝望。他甚至感到骄傲,因为事情的整个进程几乎证实了《精神现象学》的一段预言。那就是谈到法国革命所引起的绝对自由必将为道德精神的一种新形式所代替的一段话。此外,哲学家便借微小的生活乐趣来排遣自己。在上述信中,引证了《精神现象学》的那一段话之后,接着就说:"像骤雨紧跟闪电一样,幸福之流也伴随着每个伟大的事件。我们的咖啡壶已经流出美味可口、沁人心脾的褐色细流了,因为我们不再需要代用品,有了督导收入,可以买到真正的爪哇咖啡了,但愿上帝和良友保佑我们长期这样喝下去⋯⋯。"一八一三年底,黑格尔获得一笔高达三百古尔盾的额外收入,因为他兼任了纽伦堡市学校教育事务委员会的督导职务。由

---

① 巴席凯尔人是当时俄国乌拉尔山区一种信奉伊斯兰教的游牧民族;楚娃森人是当时俄国伏尔加河中游的一个鞑靼族。

于"督导收入",真咖啡便取代了假咖啡。此外,他还有希望在大学里当一名教授;黑格尔在信的结尾乐观地说:"……如果埃尔兰根一事有成,或可为我解除从当代大小人物所受到的一切懊恼。"事实上,从崇高到可笑仅有一步之遥。

埃尔兰根、海德堡、耶拿、柏林。这些大学城的名字经常出现在黑格尔的通信中。几年来,黑格尔徒劳地谋求一个教授席位。有个时期,他想接受他的荷兰学生梵·格尔特的建议,到阿姆斯特丹去就一个用拉丁语讲课的教席。接着一转念,又想去当一名古代语言学教授,因为埃尔兰根有这样一个缺。当然,黑格尔从巴伐利亚当局既得不到支持,也得不到谅解。虽然他早已以学者闻名,但在耶拿当讲师时讷讷不出于口的坏名声,妨碍了他在大学应聘。

一八一六年,耶拿大学试图物色一名哲学家,人们想聘请谢林。但是,谢林谢绝了。事情这样发展,黑格尔并不感到诧异:他在慕尼黑养尊处优;有一笔可观的收入,可以优游岁月。耶拿再没有人记得黑格尔了,他心里明白这是什么缘故。在给朋友的信中,黑格尔不厌其烦地强调,他在中学教书多年,已经积累了不少经验,因为他经常同学生们保持直接的联系,能够流畅地讲述自己的教材,早就不再拿着讲稿照本宣科了。

五月初,黑格尔获悉,他的对手弗里斯有希望接任耶拿的那个职位。这就是说,弗里斯将离开海德堡,那里也将有一个教席空出来。但这个席位还得费劲争取。他毫不迟疑地给海德堡的神学家保卢斯写了一封信,信中一字不拉地重复了他以前给耶拿的弗罗曼写过的那些话:"我在耶拿的初次讲演给人们留下一个偏见,认为我讲课既不流利,也不清楚。的确,我一直是严格按照讲稿逐字逐句念的,但是在中学教书八年,至少使我能够讲课讲得流利些了。要达到这一点,任何别的办法都不及在中学教书来得可靠;同时,这也是使讲课讲得清楚些的一种适当办法。我相信,我在这方面还是有把握的。"在信的结尾,黑格尔问候了海德堡的一些熟人,其中也问到弗里斯,黑格尔借此回报了弗里斯托共同的熟人向他的问好。这无疑是他们最后一次的相互致意了：过去的对手于今成了公开的敌人。一八一一年，弗里斯的《逻辑学体系》出版了。黑格尔在他的《逻辑学》中对这本书作了致命的抨击："刚出版的最新科学论著《弗里斯著逻辑学体系》回到了人类学的基础。其中的基本概念或见解就其本质而言是肤浅的，论述方式也是乏味的，我对这本毫无价值的东西不屑一顾。"弗里斯对于黑格尔的《逻辑学》也报以酷评，没有少用同样尖刻的词句。学术见解的分歧很快导致政治态度的对立。弗里斯可算是为争取实现德意志民族统一的大学生运动的精神之父；黑格尔对于这个运动则持保留的态度。

一月之后，收到了保卢斯的复信：弗里斯确实将离开海德堡，但要到秋天才动身；保卢斯建议黑格尔，只要哲学系还没有做出决定，他应当给该系去两封信：一封正式写给系里，就说他听到这里将有一个教席出缺，本人对此颇感兴趣；另一封写给私人，详谈一下自己的收入情况。

黑格尔果然照办。六月十三日，他给保卢斯发了两封信。一封是用正式文体写的，托他转交在海德堡有权决定教授席位的那些人，黑格尔在信中毛遂自荐；在另一封信中，黑格尔如实地讲了一下自己的全部收入情况：校长薪金——一千零五十古尔盾，市委员会督导津贴——三百古尔盾，免费住宅折租——一百五十古尔盾，教师鉴定委员会的工作报酬——六十古尔盾，共计一千五百六十古尔盾。

现在只有耐心等待。六月下半个月过去了，七月也过了几个星期，海德堡仍然杳无音信。七月底，黑格尔接待了一位稀客，柏林历史学家冯·劳麦男爵。冯·劳麦是从卡尔斯巴德前往柏林途中经过这儿的，他的提包里装着普鲁士内政大臣舒克曼一份有关柏林大学哲学教席的指令，这个教席自费希特去世后，已告缺两年之久。一八一六年初，大学评议会做出决定，聘请黑格尔任理论哲学教授。评议会在向掌管大学教育的内政大臣所作的报告中，对黑格尔作了一番肉麻的吹捧："在德国目前在世的哲学家中间,这一位在最普遍的哲学活动中本领最大,自信心最高。他是一位伟大的辩证学家,非常精通哲学这一方面……"但是黑格尔在柏林也有他的敌手。神学系主任德·魏特教授是弗里斯的朋友,他在大学评议会做出决定的同时,也给舒克曼写了一封信,揭发黑格尔是个谢林派。(因为这位部长是康德的崇拜者,因此讨厌最新的自然哲学。)德·魏特着重指出,黑格尔的教学方法不适应一个大学的发展要求。德·魏特这样写道,黑格尔讲起话来,晦涩难懂,混乱不堪,吞吞吐吐,扭扭捏捏。柏林大学校长施莱尔马赫也不忙于做出决定,因为他也是黑格尔哲学的一个敌手。直到七月,冯·劳麦才奉舒克曼之命来访黑格尔,并就地澄清问题。冯·劳麦对纽伦堡中学校长的印象很好:"……整个说来,我无权对他的哲学做出判断。我也不能对他的讲课发表意见,因为我没有听过。但是,他谈起话来却流畅易懂,我不相信他在讲坛上就没有这份才能。"

冯·劳麦男爵促请黑格尔书面陈述一下,他对于大学哲学教育的目的与方法有何意见。黑格尔懂得,要使就聘柏林的问题得以解决,这份意见将起决定性的作用。由于海德堡迄无消息,黑格尔毫不迟疑地动笔写文章了。

黑格尔写道,哲学今后的头等任务在于使自身系统化。理论思维诚然有了新的途径,但是还不能认为它是一个条理分明的、完全由其各个部分构成的整体。人们时常试图以艺术想象或以怀疑来代替科学性。但是,黑格尔既排斥前者,也排斥后者。思想是可以学到的,但只有在它本身被思维时才能把它学到手。黑格尔坚决反对一切形式的标新立异。他深信,新的不是真的,而真理也不是新的。重要的是,通过有条不紊、细大不涓、按部就班的过程取得知识。至于哲学的实际意义,并不在于感化人和安慰人,而在于辨明一切富有内容的事物。

这份意见投合了大臣的心意。他还没来得及思索,又收到了另一个人的来信,同样促请从速聘请黑格尔来柏林任教。这次是另一位历史学家尼布尔写来的。八月初,尼布尔逗留纽伦堡,他感到有义务拜望一下著名的哲学家。尼布尔并不是奉命来找黑格尔的,他们两人的谈话纯属私人性质,彼此都很坦率。黑格尔满腹牢骚,说他不会再在中学教下去了,他将转到随便什么大学去;不管是柏林还是别的什么地方聘请他,他都不会拒绝。尼布尔听了,忙向舒克曼进言,再不能游移不决了。

这位柏林客人走后次日,黑格尔终于收到了盼望已久的海德堡来信。大学副校长道布正式邀请他接受哲学正教授的虚座。"本校如蒙阁下俯就,则自建校以来将首次荣聘一位哲学家矣(如阁下所悉,本校曾经聘请斯宾诺莎,惜未有成)"。至于该项事务的物质方面,海德堡大学教授的薪俸合计一千三百古尔盾,外加实物——六马尔特谷物和九马尔特麦子。黑格尔立即作答了。八月六日,他发出回信,表示接受这一邀请(出于对大学教育的热爱),当然也没忘提到,他原来的全部收入为一千五百六十古尔盾,因此要求为他提供免费住宅。此外,还把可能往柏林应聘一事也带了一笔。

事实上,冯·劳麦的报告,黑格尔所表示的态度以及尼布尔的信件都发生了效果。八月中旬,普鲁士内政部终于由大臣签署,发出了一份紧急公函。舒克曼通知黑格尔,他已得悉哲学家有就任柏林教席的愿望。鉴于黑格尔的学术贡献,本部欣然承认他的应聘资格。但是,为了双方的利益,黑格尔还须解决一个难堪的问题。众所周知,哲学家近年来根本没在大学上过课,更早当过大学讲师也只是短时期;因此,哲学家究竟能不能够把他的学问生动而又感人地传授给他的听众,是大可怀疑的。舒克曼的信件写得很圆滑,既使那些主张聘请黑格尔来柏林的人们高兴,也满足了那些反对聘请黑格尔的人们。

要是在其他情况下,黑格尔早就会忙着回信,大讲自己在教学方面的成就了。但是此刻,去海德堡任教一事业已十拿九稳,他觉得犯不着那么火急地给柏林回信。何况他在接阅柏林这份紧急公函之前,已经收到了道布的第二封来信。海德堡所在巴登邦的公爵政府批准了黑格尔的申请。此外,巴登首邑卡尔斯卢埃的一位官员,还想出办法来解决黑格尔为之发愁的收入问题。那就是,黑格尔可以按低价收购实物,来补偿他的薪俸差额。根据道布的算法,可以这样买到十马尔特谷物和二十马尔特麦子。原来巴登有关方面一听说黑格尔在同柏林进行商谈,已经感到惶惶不安。显然是由于这个缘故,黑格尔的薪金才得以按照这个方式折算,达到一千五百古尔盾,而黑格尔也再没提什么要求,就把问题定夺了。后来,他提到约定的实物时,果然得到了他所希望的十马尔特谷物和二十马尔特麦子。

在给舒克曼的复信中,黑格尔先告知了他同海德堡所达成的协议。至于大臣来函所涉及的他的教学能力问题,黑格尔则以过分的礼貌和几乎觉察不到的讽刺口吻说,他深深感到,他自己应该有权利来决定这个问题。

朝思暮想的前景终于变成现实。黑格尔就要当上海德堡的哲学教授了,但这时又出现了一个新障碍。他还没来及递交他的辞职书,巴伐利亚政府却于八月三十日授予他以埃尔兰根大学"多才多艺、能言善辩、精通希腊罗马古典文学"的教授头衔。在慕尼黑,人们终于明白他们将要失去一位什么样的人物,应当立即采取措施来挽留这位哲学家。大家记得,他本人当时曾经准备来讲授古代语言学。于是,官方指令埃尔兰根马上聘请黑格尔。大学评议会却不甘屈从。埃尔兰根的教授们写信写得很客气,但也很冷淡。黑格尔同样冷淡地回答了他们,感谢他们给他荣誉,但不得不奉告,他已应允另一所大学。

十月下半月,黑格尔告别了纽伦堡。十月二十八日,他在海德堡上了第一堂课。他在第二学期举办了两个讲座:哲学全书讲座和哲学史讲座。一八一七年夏季,黑格尔讲授了逻辑学和形而上学(每周6节课,从11点到12点)、人类学和心理学(每周5节课,从4点到5点)。起先课堂里只有四个学生,后来才有二三十人来听他讲课。一八一七年夏季报名听逻辑学的学生已达七十名。(当时海德堡的学生共计382名,其中研究古代语言学和哲学的计35名。)

人们都很尊敬黑格尔,尽管他的心不在焉的神情和古怪行径始终是学生们的笑料。例如，据说黑格尔教授先生有一次思考问题，在同一个地方站了一天一夜。还有一次，他一面沉思一面散步，天下雨了，他的一只鞋陷进了烂泥。但他没有发觉，还是继续往前走，一只脚穿着鞋，另一只脚只剩下袜子。来听黑格尔讲课的学生，有些不仅已经学过他的教材，而且开始教授他的哲学了。其中有钦佩《精神现象学》的欣里希斯（他还为这本书办过一期研究班），还有为黑格尔当法哲学助教的卡罗韦。

弗里德里希·威廉·卡罗韦当时三十岁。他以法学硕士的身份到海德堡来念了两年书，专门攻读哲学。一八一八年八月，他获得哲学博士学位。黑格尔对卡罗韦的博士论文作了详细的鉴定，指出作者的种种优点和他对于学术的特殊爱好。卡罗韦的博士论文不是用拉丁文写的，因为他不是阐述传统的学术论题，而是谈的大学生组织（卡罗韦就是后文将要写到的大学生协会的首脑之一）。有些人认为，这篇论文没有什么可取之处。但是，黑格尔却把它通过了，还特地表扬了这篇论文所包括的一则可以独立成篇的文章《论荣誉与决斗》；这篇文章批评了弗里斯的观点，黑格尔也就不要求别的了。黑格尔写道："我必须承认，假如弗里斯教授先生为了取得博士证书，把他的这些观点写成论文送到本系来，那么我会投反对票。但是，**卡罗韦**先生关于同一论题的哲学论文，我却相反地认为，是完全值得我们称赞的；这些观念及其阐述不仅是一个有教养的人的作品，并且是经过哲学方式加以处理和表达的，甚至达到了思辨的基础……"

黑格尔的学生中间，最有趣的一个是鲍里斯·乌克斯库尔，一个富裕的俄罗斯地主和近卫军骑兵上尉。打败拿破仑之后，这位年轻军官由于追女人追腻了，决心深造以完成他的学业。一八一七年春天，他一到海德堡，立即去拜访黑格尔。这个自负的年轻人为黑格尔的亲切接待所鼓舞，忙不迭地跑到书店里去，把哲学家所有已经出版的书籍都买了回来。当天晚上，他舒舒服服地躺在长沙发椅上，便翻开这些书读起来。然而，他很快就发觉，他一句也读不懂。他越是努力，越是莫明其妙。失败并没有使这位近卫军官灰心丧气,他还去听黑格尔讲课,但最后他不得不承认,他连自己的笔记都看不懂。于是他又去找黑格尔诉苦,哲学家耐心地倾听着,然后劝告他自修代数、自然科学、地理和拉丁文。乌克斯库尔接受了这个建议,年过二十六才开始攻读这些教科书。半年过去了,他第三次来请教黑格尔,教授对他这个学生的勤奋和学识十分满意,于是具体引导他研究哲学。后来,乌克斯库尔从事俄罗斯的外交职务,但是他不论到哪儿——到斯德哥尔摩还是到开罗,黑格尔的《逻辑学》总是随身携带着。

黑格尔在海德堡的交游中,让·波尔·里希特还值得一提。这位著名的浪漫派作家于一八一七年七月来到海德堡,受到教授们和学生们的热烈欢迎。哲学系授予他名誉博士学位。在语言学家克罗伊策尔的陪同下,黑格尔拜访了这位作家,向他递交了羊皮纸博士证书。黑格尔的夫人早在纽伦堡时期就结识了让·波尔,他这时在哲学家家里像一位久违的客人一样受到款待。

黑格尔在海德堡,不仅在教学活动方面,而且在写作活动方面,都有广阔的用武之地。《海德堡文献年鉴》编辑部邀请他负责哲学部门。他在一八一七年的头两期,发表了一篇对《雅科比全集》第三卷的评论,年底又详细分析了符腾堡邦议会会议上的辩论情况。

黑格尔虽然很早离开斯瓦比亚,他仍很关注家乡发生的政治事件。符腾堡因为善于在波拿巴及其敌手之间见风使舵,在拿破仑战争之后,把它原有的疆土扩大了一倍多。符腾堡国王依照时代精神,于一八一五年三月召集各界代表开会,发给他们一份准备成立一院制议会的宪法草案。这是在本国资产阶级发展道路上向前迈进的一步。如果说波旁王朝从历史上什么也没有学到,符腾堡国王则与之相反,他从历史做出了必要的结论。但是,没有料到,邦议会驳回了这份宪法草案,要求恢复"古老的美好的法制",即一八〇六年以前盛行于古符腾堡的封建制度,并要求把这个制度扩展到新增加的领土上去。这样便引起了争吵不休的宪法辩论,这场辩论到一八一九年符腾堡国王弗里德里希一世去世以后才宣告结束。黑格尔密切注视着这场争论，并在邦议会会议公报发表以后，详细地分析了会议活动。他这次是为广大读者写作，所以他力求写得清楚明了一些，他的文风重新显得朴素起来，并带有感情的色彩，这个特点在他的作品中久已看不到了。黑格尔批判了那些企图恢复早已过时的封建关系的邦议员们。他把他们的态度比作这样一个地主，他的田地被淹没了，变成了一片肥沃的沙地，而他仍然照老法子耕种。"可以拿过去说过法国归国流亡贵族的那些话，来说符腾堡的这些邦议员们了，**他们什么也没有忘记，可什么也没有学到**；近二十五年是世界有史以来最富有内容的，我们的世界和我们的观念都同它息息相关，因此也是对我们最有教益的，然而他们却好像把这二十五年都**睡过**了。要粉碎这种错误的法权观念和对国家宪法的偏见，最厉害的榴弹炮莫过于这二十五年的报应……"黑格尔写道："这样的时代是非常罕见的；从事政治必须考虑到过去可怕的二十五年的宝贵经验。"黑格尔斥责符腾堡的邦议员们"在政治上死亡了"。这表现在他们缺乏议会制度的传统，表现在他们身上因袭了几百年的惰性和奴性。黑格尔阐述了议会制度的原则，特别是反对派在国家中的作用。

同时，黑格尔远没有把资产阶级民主理想化。因为在这种民主制度下，公民宛如孤立的原子，选举大会形同大杂烩；作为整体的人民消失在一大群个别人之中。黑格尔认为，在资产阶级制度下，个人的价值并不取决于年龄和才能，而是通过官职、等级、一种为社会所承认的手艺（或者作为名师，或者带有其他头衔）显示出来的。封建专制必将为合乎理性的、有组织的国家机构所代替。国家就是社会共同体的体现者。这些见解后来在法哲学中得到充分的发挥。

黑格尔考察了具体的历史事件及其政治意义，得出若干普遍的理论性的结论，而没有逐一分析历史过程。"不久以前盛行一时的**心理学**历史观，把个别人物的所谓秘密动机与意图、轶事和主观作用当作最重要的东西。然而，这种观点现在已经不值一提了，历史将恢复自己的本色,力图呈现实体的本质和过程。"

黑格尔就此确立了历史必然性的观念,这种必然性是通过一系列互相矛盾的偶然性为自己开辟道路的。在拿破仑失败之后,黑格尔确信,军事胜利并不能倒转历史的车轮。反动派耀武扬威于一时,却无力阻挡人类前进的步伐。这些意见为制订一种彻底的哲学-历史概念奠定了基础。这个观念当时还处于萌芽状态,后来才得以完成。

海德堡时期的主要著作——《哲学全书》出版于一八一七年夏季。这部作品第一次体现了黑格尔哲学的整个**体系**。哲学家在世期间,这部著作再版过两次;尽管后来的版本同初版出入颇大,但是基本概念和结构仍旧保留原样。章节略有增加,但都作了详细注释。

本书第一部分是写的逻辑学。这里扼要地阐述了将在《逻辑学》中详加考察的观念。第二部分写的自然哲学,第三部分写的精神哲学。

黑格尔的自然哲学给人留下了双重印象。它既包含以实验为依据的自然科学的成果,同样也包含他自己的思想,其中天才的猜测是和幻想搀合在一起的,往往很难把二者区别开来。黑格尔认为,自然是理念的异在,是外化了的精神。因此,不能把自然神化,不能把星辰、动物和植物(如果当真是神的创造物的话)置于人的业绩之上。自然界显然有一个由相互继承、连续不断的诸阶段组成的体系,生命则是其中最高的一个阶段。但是,黑格尔既不赞成进化论,同时也反对按照目的论的观点来观察自然,这种观点认为,评价天地万物,均应视其对于人的实用性而定。

自然哲学由三部分组成:数学、物理学和有机物理(即生理学)。时间和空间乃是数学的基本问题。这些范畴的基础是一个矛盾,即连续性和不连续性的同一。空间在时间中和时间在空间中的消失和再现就是运动,运动的实体是物质。所以,黑格尔不同意牛顿的这个观点,即空间和时间本来就是空的,必须从外部充实以物质。

《物理学》一章一开始就规定光的性质,称之为第一元素。而且,黑格尔正是在这里同牛顿发生了对垒。他把光的折射学说说成是"粗俗的概念和盲目的偏见"。哲学家在这里援用了歌德的见解,歌德认为白光是不可消融的,颜色产生于白光和阴暗的不同组合。① 此外,光还是抽象的,因而并不直接同热相联系。"这种热也不属于阳光本身,而是阳光照在大地上,使大地发热;光本身是冷的,正如高山和气球旅行所证明的那样。"

接着,黑格尔从光学转到天体力学。出自对于哲学家的敬意,我们不得不说明,他当初在申请授课资格的论文中,试图按照毕达哥拉斯的数列来发现行星和太阳之间的距离②,现在他已放弃那篇论文中的武断论证了。黑格尔在这里写道:"迄今为止,天体学还没有发现真正的规律,更没有什么合乎理性的东西。——我在一篇早期论文中对这方面所作的探讨,我不再认为令人满意了。"黑格尔承认自己犯了错误,这是仅见的一次。当然,这个修正也只有在《哲学全书》的初版中才能找到。

紧接着就谈"元素"问题。哲学家提出了四种"元素":气、火、水、土。因为"元素"物质具有一种个别的结构,黑格尔便把相应的章节称为《个别物理学》。区别物体的最简单的办法就是确定它们的比重。但是,只要黑格尔不承认真空的存在,他便不能用物质的不同密度来解释比重。所以,他在这个问题上追随了康德。康德就不是以充实一定空间的各个小部分的数目为根据,而是以它们的张力和动力、以它们充实空间的强度为根据的。黑格尔否定原子论。

无机物质个别化的最高阶段是化学反应。黑格尔在化学领域作了一个重要的猜测:他预言了元素的周期律。他在《逻辑学》中讲过:似乎存在这样一种任务,即按照一种**规则**,把**比重级数**的幂作为一个**体系**来认识,这种规则把一个纯粹的算术复数规定为一系列和谐的节。——这个要求正是为了认识上述化学亲和序列而提出的。

---

① 参阅前文《精神的漫游》。
② 参阅前文《科学之科学》。

黑格尔把自然看作一个体系,但他决不想把这个体系置于运动状态中。这位辩证法大师闭眼不看辩证法的这个最有力的证据;他甚至否定生命的自然起源。如果说他在《哲学全书》的初版中把这一点说得非常绝对,那么在以后各版中便作了微小的让步:他承认一个适逢其会而又转瞬即逝的生命现象的自我繁殖,但仍不把它看作发展,而称之为 generatio aequivoca(偶然发生)。

真正的生命活动开始于植物界。但是,只有在动物界,有机个体才达到主观性的阶段。动物有机体是以感受性、激应性和再生性(自我保存)为其特征的。这些特征表现在三个系统之中:神经系统、循环系统和消化系统。有机体得以生存,是由于同无机界密切相连。如果这种密切关系遭到破坏,有机体便产生了匮乏的感觉,产生了冲动、需要。有机体的活动就是为了满足需要而进行的永恒的斗争,动物在这种斗争中为感觉所支配。这是一个界限,超越了这个界限,便进入精神的范围。

理念终于在精神的阶段达到了自我认识。精神哲学包括主观精神、客观精神和绝对精神的学说。我们已经从《精神现象学》中熟识了这些术语,它们指的就是个体意识、社会活动和社会意识的诸形式。

主观精神的学说分为人类学、现象学和心理学。人类学研究"心灵",即研究人的精神活动与其肉体直接相关的那一部分。黑格尔这里谈到心灵的天然限定,并引用民族差别和种族差别为例。不言而喻,黑格尔并不赞成种族主义;人作为人是有理性的,人人都有平等权利的可能性就在于此。另方面,人们的精神面貌各有其特点,这也是一个不可辩驳的事实。

黑格尔还分析了,人的精神活动天然地取决于年龄和性别的差异,取决于情感和激情的机构,并取决于心灵的病变倾向。当然,心灵只不过是精神的梦幻。这种梦幻在意识中才苏醒过来,因此意识便成为现象学的研究对象。黑格尔在他一八〇七年的这部著作中非常详细地阐明了这门科目,他想以此开始他的哲学体系。现在他严格地限制着这门科目的范围,把它置于一个次要的地位。现象学研究意识本身、自我意识和理性。起初,人凝视自身,如同凝视一个与他相对立的客体。到下一阶段,人认识了自己,他是通过另一种意识达到这个认识的,是通过另一个人格认识到他自己的人格的。到理性阶段,人才发现他和世界的精神实体的同一性,他把客观世界"非物化"了。

在心理学中,人的知识和活动的诸形式,脱离了它们的内容,成为研究的对象。知觉、概念和思维("理论的精神"),情感、冲动和意志("实践的精神"),均属研究对象之列。它们在客观精神和绝对精神的领域中——在法和道德中,在艺术、宗教和哲学中才充满内容。

这个业已成形的体系,就是这样创造出来的。我们这里只能对它作一粗略的概述。黑格尔到晚年用更多的思想和事实丰富了这个体系,对其中的各个部分作了详细的补充,但整个结构并没有改变。

一八一七年底,柏林大学重议邀请黑格尔来柏林一事。普鲁士内政部已经缩小了权限。宗教、卫生和教育事业由一个新成立的部门——文教部掌管,该部大臣阿尔腾施泰因男爵是确信黑格尔哲学对于国家的重要作用的。阿尔腾施泰因刚一莅任,就给黑格尔写了一封私人信。他直截了当地表示,准备给他年俸两千塔拉,此数相当于三千五百古尔盾,是一笔高达哲学家海德堡收入两倍的薪金。一八一八年元月初,黑格尔收到此信,考虑了两个半星期。柏林是德意志文明的中心,那里有科学院、剧院、博物馆和图书馆;在德意志最大一个邦的首都,可望获得众多的广泛的读者;那里还流传着对费希特的记忆,而成为他的继承者,则是无上的光荣。元月二十四日,黑格尔回信表示接受邀请。同时,他还想了解一些细节问题。柏林的实物补贴(谷物和麦子)如何?可否提供免费住宅,本人亡故后,家属有无抚恤金,黑格尔还提到,他刚在海德堡置办了家具,到柏林却又得重新安家。因此,他请求发给二百弗里德里希朵尔作为迁居费,这比实际的搬家费用稍多一点。他的最后一个要求就是豁免他的财产在搬迁中所应付的关税。

　　文教部作了答复。正式通知黑格尔,普鲁士国王已于三月十二日签署任命他为柏林大学哲学教授的敕令。迁居费定为一千塔拉。这比哲学家所希望的要少一点,但他在莅任就教之前,就可以领取薪俸,这样便抵销了上述差额。关税当然不征收了,只是必须及时汇报一下包裹的件数。至于孀妇的抚恤金,自有常例可循。大学员工一般不能享用免费住宅。为此,教授的薪俸相当优厚,以便他能适当地安排自己。如果还有什么困难,该部将采取一切措施,来改善这位著名学者的生活条件。至于实物补贴,部函根本没有涉及,但这种缄默态度是有原因的。柏林大学刚成立八年,这里没有人知道这个还在小城镇流行的中世纪风尚;因此,黑格尔也就不再提起什么谷物或麦子了。何况阿尔腾施泰因还答应赞助把他选入普鲁士科学院。

　　校方问黑格尔打算什么时候开课,黑格尔回答说十月底。不久,他就得到通知说,薪俸将从七月一日算起。搬迁历时三周有余。行李事先分批运走:八月底运走两箱子床上用品和家用器皿;一星期后又运走三件包裹:两个书箱和一个换洗衣物箱。其余什物在动身前不久又另外打成两件包裹。他们悄悄地走了。在耶拿逗留了几天。黑格尔的老朋友、他的私生子路德维希的教父、书商弗罗曼非常殷勤地招待了他们。他在这里又同克内贝尔握手言欢了。

　　一天,黑格尔折道魏玛去访问歌德。他们昔日的友谊一度由于误会而显得黯淡。《现象学》前言中有一段被歌德作了不正确的解释。两人为此争论不休,直到一八一三年初才言归于好。在纽伦堡,黑格尔观看了物理学家泽贝克以歌德的颜色学说为依据的实验,建议采用"眼内颜色"(entoptische Farben)这个术语来称呼泽贝克所发现的现象。这个概念为歌德所接受,并经常加以应用。《哲学全书》出版后,波瓦塞雷教授注意到,作者在本书中表示赞同歌德的颜色学说,于是告诉了歌德,使他对此颇感兴味。诗人立即向黑格尔致意,不久又给他寄了一则短简,并附一本自己新出版的自然科学著作。哲学家写了

401

一封冗长而又夸张的回信,信中称颂了歌德在研究光和颜色方面所取得的成就。歌德和黑格尔都为重逢感到高兴;但见面如此短暂,不免使主客黯然神伤。

九月二十四日,大家在弗罗曼家里,庆祝了黑格尔的小儿子伊曼努尔四周岁的生日。接着继续旅行。从耶拿到柏林有四天的路程。他们分别过宿了魏玛、魏森费耳斯、莱比锡和维腾堡,终于在九月二十九日踏进普鲁士的首都。因为房屋一时租赁不到,黑格尔全家在一星期之后才搬进莱比锡大街和弗里德里希大街夹角处的一所房子。后来,黑格尔为了住得离大学更近一点,又搬过一次家。他在库普弗格拉本四号定居下来,一直住到他去世。

密涅瓦的猫头鹰[*]

哲学家很快就适应了普鲁士的风土人情。首都的日常生活同海德堡大不一样。社交范围不断扩大,他所相与的大都是些显贵,如大臣、枢密顾问以及科学、艺术界的知名人士。战胜拿破仑之后,霍亨索伦王朝不仅在德国,而且在整个欧洲都觊觎领导地位。柏林正汲汲于所谓"大政治"[①]。这个运动使黑格尔深有印象。

在黑格尔家里一切照旧。跟从前一样,每文钱的收支都登在账簿上。哲学家每季度有五百塔拉的收入,同时还有学生们听课的酬金及其他稿酬。黑格尔每周给他的夫人十塔拉购买东西。房租(每季度7塔拉12格罗申)、女仆工资以及其他开支,则由一家之主他本人来支付。在海德堡,保卢斯教授的夫人像煞有介事地对他说过,柏林人用小得可怜的酒杯喝酒。但是,黑格尔即便到了普鲁士,仍然忠实地保留着他在斯瓦比亚养成的习惯。此外,账簿上还有一栏,记载着为他夫人买衣服、自己买书籍、看戏和听音乐会以及偶尔进进餐馆等项开支。黑格尔欢喜探亲访友,款待宾客。

据亲近的熟人说,黑格尔从没错过一次娱乐机会,倒是人越老越是少不了娱乐。他随时可以同人聊起来,他爱听城里的流言蜚语,兴致勃勃地议论政治新闻。在同妇女的交游中,黑格尔感到很舒畅;青

---

[*] "密涅瓦"是希腊神话中智慧女神雅典娜的罗马名称。"密涅瓦的猫头鹰"或称"雅典娜的猫头鹰",一般比喻哲学家。

① diegrosse Politik,指一八六六年以前在德国盛行的德奥合并运动。

春和美成了他献殷勤的对象,甚至使他产生一种爱慕心情。有时,他也喜欢接近一些非常平凡的人,仿佛他的沉思冥想需要由浅薄和庸俗来补偿似的,他对这些人常常怀有某种温厚的同情。

"但是,在黑格尔的社交关系中,"罗森克兰茨这样写道,"不仅应当看到友善的一面,还必须看到严峻的一面,看到他的果断、倔强、执拗以及柏林人称之为**暴戾**的那种行为。柏林生活的机械性无疑使人有必要在公开场合握有决断能力,如果他们不愿成为派别的玩物,不愿看到自己的功能为派别所削弱,哪怕再有才干,也将为派别糟踏得一钱不值的话。因此,即使在黑格尔身上,那种纵情享受生活的豪爽外貌,同知心朋友的亲密交往,也有……一个严肃的、常常更是阴郁的反面,他的执拗的生硬的性格有时甚至使朋友们也下不了台。对于同他简直是水火不相容的那些人,黑格尔更是铁面无情的,只有当兴致勃勃时,他才能说服自己,同他们泰然相处。他发起怒来,总是气势汹汹、暴跳如雷;一旦他认为非恨不可,他就恨个彻底。"他的愤怒首先发泄在他的论敌身上。

阿尔腾施泰因为了一个十分明确的政治目的,邀请黑格尔到柏林去。大学生闹风潮的动乱时期开始了,这位大臣认为研究哲学是安定人心的最好办法。阿尔腾施泰因相信,革命是一种被压抑的进化发生爆裂的结果。所以,必须慎重监视各种事态和行动,逐步纳入正轨,以免发生触目惊心的暴力。教导人们合理地、有条不紊地进行思维的哲学,可以在这方面做出无可估量的贡献。在大臣看来,黑格尔的学说在现有的哲学学说中,是最令人满意的。

黑格尔知道人们对他期望什么。他的就职演说一开始就颂扬普鲁士是科学与文化的中心。他说,精神生活是这个国家的基本特征之一。在这个国家里……人民同君主一起争取独立、争取消灭异族的残酷压迫、争取精神自由的伟大斗争,取得了更好的开端。哲学已经逃亡到德意志人中间,而且只有在他们中间才能继续生存。

黑格尔对于拿破仑的同情,自海德堡时期以来,已逐渐消退;爱国运动的普遍高涨深深感染了他。一八一四年的战争留下了一个分裂的局面。它引起了对于自由的希望,它指明了积极行动的必要性,但它同时也转移了人们的立足点。在一代人的时期内,革命变成了拿破仑专政,它几乎失去了一切同情。狂热的头脑在民族主义的陶醉中冷静下来。人民对于政治活动还不够成熟。只有大学生们在活动。大学生协会这个激进组织,就是在这样的环境下成立的,它代替了旧有的大学生同乡会。在同乡会里面,学生们只是为他们君主的健康而干杯,而大学生协会却一开始就具有政治性格,尽管它们缺乏明确的政治纲领。关于德意志的民族统一,许多观念极为混乱,与其说它们有所主张,毋宁说它们反对一切。人们表示反对法国的风尚,反对英国的商品,反对俄罗斯的独裁政治,并且反对自己的政府。有人梦想复活德意志帝国,有人渴望看到他们的国家成为一个民主共和国,还有些人认为必须首先禁止犹太教。但是,所有人都没完没了地重复着四个神圣化的形容词:"新鲜的、虔诚的、欢乐的、自由的"(frisch, fromm, fröhlich, frei)。他们解下法国的领巾,认为这样做,就恢复了古日耳曼的德行。运动的中心在耶拿,弗里斯教授在这里的讲坛上模糊不清地宣告了德意志的自由。魏玛公爵卡尔·奥古斯特则要把自由事业置于他的庇护之下。

一八一七年十月十八日,大学生们隆重纪念宗教改革三百周年和莱比锡大会战四周年。来自全国各地的五百人聚集在瓦特堡。到场的还有耶拿的四名教授(其中就有弗里斯),大学生们在戏剧性的场面下商量成立德意志大学生协会总会。他们午餐时,为自由、为魏玛公爵、为莱比锡大会战的胜利者干杯。教授们晚上回家之后,大学生还聚集在一起举行火炬游行。为了向路德表示敬意,他们点燃了一堆篝火。突然有人提议焚毁声名狼藉的反动书籍。但由于这些书不在手边,他们只好宣读一份开列二十八本书名的书单(其中包括普鲁士警察法令汇编和《拿破仑法典》!),并把仓促扎成的靶子假人投入火中。此外,他们还烧了一绺兵士发辫和一根伍长指挥棒。

瓦特堡大会招致了一系列报复行动。弗里斯被撤去了教席。大学生中间产生了骚乱。翌年一整年,形势一直很紧张。一八一九年春天。柯采布埃被杀死了。奥古斯特·柯采布埃生于魏玛,论教育是法科学生,在信仰上是君主主义者,从职业来说又是个作家。他是个朝秦暮楚的人物。他在俄罗斯担任外交官时,从沙皇那里获得了贵族称号和一份爱沙尼亚的田产。一八一七年,亚历山大一世派遣他到德国来,为其搜集有关该国情况的详细情报。柯采布埃写了二百一十一个风靡一时的剧本和大量散文作品。他在作品里嘲笑了大学生协会会员;会员们恨透了他,称他为俄国间谍,威胁着要用武力跟他算账。一八一九年三月二十三日,五十八岁的柯采布埃被神学生桑德刺死了。于是开始了逮捕。夏季,德意志诸邦邦君们在卡尔斯巴德聚会。① 当下决定,加强官方对大学的监视,禁止一切秘密结社,对所有二十印张以下的印刷品进行检查,并在美因茨设立"中央调查委员会"查究"煽动者"。

在被警方扣押和传讯的人们中间,也有黑格尔的学生。哲学家不由自主地被卷入了事件的旋涡。他并不赞成激进主义,但同样谴责警方的报复行为。黑格尔试图缓和大学生协会会员们的狂热情绪;但眼见他们因遭迫害而将牺牲时,黑格尔总是尽力设法援救他们。

据说,有个被捕的大学生给关在一间单人牢房里,牢房的窗子紧挨着斯普里河,几乎同水平面一般高。这个大学生的伙伴们常常晚上去探望他,他们乘坐一条小船,把船一直划到窗户口。有一次,他们还说服了黑格尔教授一块儿去,尽管他要冒挨岗哨一枪的危险。用拉丁语同囚犯谈话,是要按谋叛论处的。因此,黑格尔只限于发问了一句:Num me vides?(你现在看得见我吗?)由于被囚者近在咫尺,几乎可以同他握手,这句问话在归途中便引起了哄然大笑,哲学家也跟着一笑了之。

---

① 参阅后文《……没有完》。

大概这样的事情并没有发生过。显而易见,这只不过是大学生们为了寻开心而为他们教授编造的故事之一。但是,这个故事用来证明大学生们对于黑格尔的尊敬和同情,倒是满有趣的。由此可见,他们相信老师的勇气,同时也微微嘲笑了他在当时那个情境下无由自处的窘态。

事实上,黑格尔完全被他周围的流言蜚语吓倒了。他在一封信里这样写道:"我已年过半百,在这充满恐惧和希望的动荡岁月中度过了三十年,唯愿这种恐惧和希望有朝一日了却掉。可[现在]我必须明白,这个局面还要拖下去,情况将越来越糟——的确,人们在这乱世不得不这样想。"在另一封信里,他又这样写道:"……我一面是个容易兴奋的人,另方面却又喜欢安静。成年累月面临暴风骤雨,毕竟不是件愉快的事情,尽管我相信,落在我身上的至多不过是几滴雨珠。"

黑格尔把那些思想过激的大学生和讲师们称作"自由暴民"。他要对被捕者的命运产生热烈的同情(即便不是采取传说中的那种浪漫形式),必须克服对"煽动者"的厌恶和对政府的恐惧才行。一八一九年七月,大学生古斯塔夫·阿斯弗尔乌斯被捕了,他是黑格尔在耶拿的一个朋友的儿子、大学生协会会员、民族主义者和极端分子。阿斯弗尔乌斯醉心于桑德的行动,认为柯采布埃出现在德国,证明了德国的软弱;他说,桑德的行动不能按照常规来衡量;为一个真正的巩固的祖国而战,这样的思想权利高于其他任何权利。尽管懦夫总只考虑后果,世界精神却通过伟大行动为自己开辟道路。在阿斯弗尔乌斯的脑子里,大学生协会的词汇同黑格尔的术语搀合在一起。他武断地解释黑格尔,同时把黑格尔当作他的精神父亲。他给他的双亲写道:"黑格尔已经教给我有关国家的见解,我现在知道应该做什么,不应该做什么,知道共和国、选举制帝国、诸神无差别等等毫无裨益。有许多人梦想这些玩意儿,我却把它们抛到了九霄云外,并非因为它们是过分**高超的事物**,而是因为它们纯属子虚,有如幻影……我所要求的乃是一切人的自由和我的祖国的统一……我认为,桑德之所以这样干,正是由于感到缺乏这种统一……这样,您们可以放心了,除了好好学习之外,我是什么也不会干的,桑德的行动在这方面又一次鼓舞了我。"

阿斯弗尔乌斯的父亲向黑格尔求援。在这险恶的时日,谁要是替国王的敌人辩护,就意味着自投罗网。尽管如此,黑格尔还是负责把老阿斯弗尔乌斯的请求转给了警察署,并附上自己的一封信,对被捕者作了一番政治评价,保证阿斯弗尔乌斯清白无辜。黑格尔的一个熟人、法律顾问官克劳泽受理了这桩案件。这个大学生被监禁在单身牢房里,不准接见外人。审讯持续两年之久:阿斯弗尔乌斯没有犯任何罪行,他不能由于信仰而被定案。因此,人们便捏造了许多莫须有的罪名。经过多次讨价还价,黑格尔终于讲妥以五百塔拉保释阿斯弗尔乌斯。一八二〇年六月,没有经过判决而被监禁十一个月的阿斯弗尔乌斯获释了。但是,这桩案件并没有就此结束,拖到一八二四年十二月,终于开庭审判,这个清白无辜的年轻人被判处六年徒刑。罪名就是"叛国"和蓄谋暗杀。据说阿斯弗尔乌斯曾经扬言要杀害一个名叫伊尔克森的人。大家都知道,有两名爱国者被拿破仑的士兵枪杀,就是这个伊尔克森出卖的。当伊尔克森一八一七年在耶拿大学露面时,大学生协会成员获悉他同法国人相勾结,便发誓要跟他算账。但是,结果他被当局逐出了这座城市。在一次抄家过程中,从阿斯弗尔乌斯的文件里面,发现了一个叫里曼的大学生给伊尔克森写的一封恐吓信的副本。这封信曾经被复制多份,在耶拿广为流传。阿斯弗尔乌斯对这封信作过一些文字上的修改,这一点对法庭来说,就构成了一个充足的证据,证明他蓄谋组织暗杀。虽然这些理由完全站不住脚,这个判决还是拖到两年之后,才由于阿斯弗尔乌斯两次向国王上书请赦而被撤销。

报复活动也株连到黑格尔的同僚们身上。柏林大学的大部分讲师在官方看来都是可疑的。德·魏特教授被解职了,因为他给桑德的母亲写过一封信,信里称凶手是一个"淳朴、虔诚的青年",并认为他的行动主观上是诚实的。大学评议会试图为德·魏特说项,但被国王断然驳回。大学生们把一个银制高脚杯呈献给他们敬爱的老师,杯上刻着福音书中的一句话:"用不着害怕那些只能杀害肉体、而不能杀害精神的人……"。德·魏特被解职时,国王曾下令预付他三个月薪俸,但这位教授高傲地谢绝了,尽管他穷得不名一文,无以赡养家口。德·魏特在柏林的同僚们认为,有义务私自为这位被政府解职的人筹措一点生活费,直到他找到新的工作为止。施莱尔马赫捐了五十塔拉,黑格尔捐了二十五塔拉(为了安全起见,他在收支簿上没有挂上这一笔),尽管对于当年聘请黑格尔来柏林任职一事,德·魏特曾是强烈的反对者之一。

关于德·魏特解职的问题,黑格尔和施莱尔马赫之间发生了一场激烈的争辩。哲学家宣称,国家有权力革除一名讲师的教学职务,如果保证他能继续领取薪俸的话。神学家斥责这种说法卑鄙,哲学家立即反唇相讥,字眼粗鲁也不相上下。施莱尔马赫回家后,冷静下来,写了一封道歉信。信中一开始把黑格尔久欲领略其风味的一家酒店的地址告诉他,然后感谢这位哲学家对他本人的粗暴态度作了半斤八两的回答,从而使事情就此了结。黑格尔于次日答复如下:"尊敬的同僚先生:昨日承示酒店地址,不胜感谢。阁下主动消除我们之间新近发生的不愉快,并对我由于激动所作之回答表示原宥,更增加了我对阁下的敬意。"黑格尔和施莱尔马赫之间的关系终于恶化了。在科学院举足轻重的施莱尔马赫,使黑格尔没有当上科学院的院士。当然,黑格尔和施莱尔马赫之间的敌意决不仅仅带有个人性质,正如他同弗里斯的争论一样,也是以原则性的意见分歧为基础的。施莱尔马赫属于黑格尔所厌恶的那个浪漫主义运动。他在神学和哲学研究中向来是从个性出发,他把艺术看作个性最充分的表现。按照施莱尔马赫的意见,宗教是建立在皈依的感情之上的。黑格尔对此尖刻地说过,如果施莱尔马赫是对的,那么最好的基督徒就是狗了,因为它完全生活在这种感情之中;众所周知,如果主人给它扔一根骨头,它甚至当作一桩恩典呢。施莱尔马赫则按照柏拉图的见解,把辩证法理解为对话,理解为一种在谈话中达到真理的主观艺术；他指责黑格尔是教条主义。

　　报复行动也蔓延到哲学家周围。弗尔斯特·弗里德里希，黑格尔的密友和学生，被免去了某军事学院的讲师席位。他曾经在皮歇尔斯伯格一次大学生主办的庆祝会上举杯致辞："我们并不祝愿桑德长命百岁，但愿恶势力不打自倒！"黑格尔参加了这个庆祝会。他的助教卡罗韦也被大学开除了。卡罗韦是大学生协会的稳健派领袖。一八一九年，他出版过一本评柯采布埃被刺事件的小册子，就中不仅谴责了犯罪者，而且还认为这种犯罪行为是违背黑格尔哲学的立场的。然而，这本小册子的内容却被曲解为替桑德辩护，尽管警察当局证明卡罗韦忠心耿耿，阿尔腾施泰因仍不准许他在柏林执教。接着，卡罗韦前往布累斯劳，那里的王室全权代表按照美因茨调查委员会的要求，又对他进行了一次审讯。结果，卡罗韦永远被屏于学府大门之外。对卡罗韦所施加的种种迫害，证明黑格尔的身价在官方已日见低落。继卡罗韦之后为黑格尔担任助教的亨宁也突然被捕了。他们对他提不出任何罪证，却把他扔在监狱里关了七个星期。一八二〇年八月，黑格尔动身到德累斯顿去，柏林警察当局对此表示十分关切。黑格尔是所谓"法外社"——一个柏林上流人物碰头的社交团体——的成员。它的名称可吓坏了这帮忠实的奴才们，中央调查委员会决定对该社活动进行查究。待到弄清楚连柏林警察局长冯·坎普茨也是该社的一员，猎狗们才算放了心。

　　这段期间，黑格尔正努力从事撰述《法哲学》。这本书在一八一九年就已脱稿，一直搁在检查官手里。它并没有被禁止，也没有得到出版许可证。拖了一年，克服了官僚机构的重重障碍，到一八二〇年十月，这部新著才得以出版。黑格尔如释重负地松了一口气，他不仅给阿尔腾施泰因大臣，而且还给哈登贝尔本人分别呈送了几本刚出版的样书。他在一封给普鲁士王国总理大臣的附函中信誓旦旦地说，他的全部科学著述的宗旨在于，"……证明哲学是同一般国家性质所要求的基本原则相和谐的，直截了当地说，是同普鲁士国家有幸在[国王陛下的]英明政府与阁下的贤能领导之下,已经取得的和将继续取得的一切成就相和谐的,而我本人作为这个国家的一员,为此感到无上光荣。"这封信写于一八二〇年秋天。同年夏季,黑格尔的朋友们却证实了他的一次完全异乎寻常的举动。黑格尔让人拿来一瓶香槟酒,说是要为庆祝今天而把它干掉。在座者不明底蕴,纷纷猜测,因为今天似乎是个平常的日子:没有人诞生,没有人逝世,也没有人晋升;柏林大学也好,普鲁士王国也好,这一天都没有发生什么惊人事件。最后黑格尔才一本正经地宣布,"今天是七月十四日。为纪念攻破巴士底狱干掉这一杯"。这位为普鲁士君主国服务的哲学家,竟然每年要庆祝一番法国大革命。

在《法哲学》的序言(注明 1820 年 6 月 25 日)中,黑格尔提到,出版本书的直接动因,乃是需要为他根据自己职务所作讲演的听众,提供一部能够加深理解的入门浅说。同时,他的任务并不限于拟订一个提纲,仅仅汇集和整理一下那些早已熟悉和众所公认的内容。黑格尔说,一种质料转化为另一种质料,其过渡方式毋宁必须是哲学的,是思辨的;只有这样,才能把哲学从它所处的衰微境地拯救出来。所以,有必要掌握一种科学的方法,使作品不论在整体上还是在局部的构成上都有逻辑精神作基础。任务就在于克服这样一种错误见解,即认为在伦理问题中和国家事务中,凡属人们发自肺腑、诚心诚意地加以首肯的一切,都是真实的。

大摆哲学家架子的浅薄大王弗里斯关于这个问题的见解,特别使黑格尔感到恼怒。黑格尔引述了他在瓦特堡大会上的讲话,声称反对把国家即理性几千年的劳动结晶"变为心灵、友谊和热情的大杂烩",反对把伦理世界委之于各有所见、各行其是的主观偶然性。政府终归有理由对此加以关怀,因为哲学不是私事,而是一个"公共的……存在,主要是或者仅仅是为国家服务的"。所以,那种所谓哲学稍微同现实碰一下,就一败涂地,出乖露丑,这一点不得不看作科学界的一大快

411

事。黑格尔这样说,是暗讽弗里斯和他的朋友们的命运,他们都被解除教职了。

这段文字读起来令人感到愤慨。但更令人愤慨的却是在序言中占主要地位的著名警句:"**凡是合理的就是现实的;凡是现实的就是合理的。**"这句话可以被理解为同时也是被误解为替当时的普鲁士国家作辩护,替现存的社会关系作辩护;诚然,这句话包含着这种辩护,但同时却远不止此,甚至适得其反。黑格尔本人也意识到这句格言有些含混不清,于是他在一八二七年写的《哲学全书》导言中进一步阐明了这个思想。他指出,唯独上帝才是"真正现实的",现存的事物不过是现实的一部分。在日常生活中,人们惯于把一时的兴致、错误、邪恶等等称作现实,但事实上这种偶然存在并不配具有现实这个强有力的名称。

从《法哲学》序言的上下文来看,黑格尔的这个思想当然令人觉得保守。黑格尔要求人们在暂时性和无常性的假象背后,看到不朽的实体,看到眼前存在的永恒性。把眼前一切都只看作虚幻,而一味独断专横,自己说了算数,这本身就是虚幻。把现存的东西当作理性来理解,把每个人理解为他的时代的产儿,把哲学理解为它的时代在思想中的表现,这就是哲学的任务所在。认为哲学能够超越当今世界的界限是愚蠢的,正如想按照世界应有的样子建立一个世界是幼稚的一样,因为这样一个世界只能存在于创造者的想象之中。想按照世界应有的样子来说明世界,哲学也往往失之过迟,因为关于世界的想法总是在世界业已形成之后才出现的。哲学便开始把世界描绘得灰溜溜的,这时生活的形象已经变得衰老了;哲学不能使它返老还童,而只能对它进行理解。密涅瓦的猫头鹰只是在黄昏来临时才开始飞翔的。

所以,法学力求把国家作为特定的、合乎理性的实体来理解。它无意按照国家应有的样子来说明国家,它的任务在于研究国家这个伦理宇宙应当如何来认识。

《法哲学》共分三部:抽象法、道德和伦理。黑格尔认为,道德和伦理这两个观念各有不同的内容。道德特指个体的个人态度和意愿的主观性,而在伦理中却显示出人类共同体的有机形式——家庭、市民社会和国家。在这些社会机构中,精神被看作某种客观的东西,被看作真正的自由。"不管个体怎样,客观的伦理都同样起作用,只有这种伦理性才是永存的东西,才是支配个体生命的力量。"伦理是永恒的正义,如果个人妄想违抗它,那只是一场危险的游戏。

实际上,黑格尔把具有现存形式即为哲学家所眼见的形式的伦理充作普遍有效的、永恒的伦理。令人诧异的是,他轻而易举地抹杀了所有不符合他的模式的方面。例如,家庭唯有作为一种把各别的人化为一体的制度,才使他感到兴趣。婚姻是个人的伦理义务,可以以两人的特殊癖性作为主观的出发点;但是,这是次要的;当然,婚姻不应当由于双方互相产生的情欲而遭到破坏。这一点是同浪漫派的观点尖锐对立的,他们认为婚姻不过是一种甚至可以抛弃的仪式,因为本质的东西是爱情。弗里德里希·施莱格尔的《柳辛德》中的这个见解,黑格尔称之为"一个为诱奸者所惯用的立论。关于夫妇关系,值得注意的是:女子委身事人,牺牲了自己的贞操,而男子则不然,除家庭之外,他的伦理活动还有另外一个领域。女子的使命基本上仅在于婚姻关系中……"妇女诚然可以受教育,但她们天生不能从事较高级的科学和艺术创作,因为这些要求普遍性。如果妇女当政,国家就会陷入危险,因为她听从偶然的癖好和意图,而不按照普遍性的要求行事。

《法哲学》最富有内容的部分是"公民社会"一段。黑格尔用这个名词称呼一个以个人经济利益为基础的社会制度。在这个制度中,每个人都以自身为目的,其他一切人对于他不过是若有若无;但是,这个特殊目的又只有在使别人的福利得到满足的同时,才能够使自身得到满足。黑格尔认为,这个社会是新时代的产物,也就是说,是资产阶级社会。不过,他所采用的"公民社会"(bürgerliche Gesells Chaft)这个名词有双关的意思,因为在德语中,"Bürger"一词既可解作"公民",也可解作"资产阶级"。公民社会以一系列需要为基础。动物有它的本能，并且满足本能的手段有限；有的昆虫只靠一株植物生存，其他动物则有较广阔的活动范围，而人在他的活动范围内却是万能的。人在他的环境中很少找到直接对他有用的原料。他唯有通过劳动才能获得满足自己需要的手段。这样便形成了一种多少类似星球体系的经济体系，因为对于这两种体系，眼睛开始都只看到一些不合规律的运动，而在这些运动的背后，却隐藏着一定的规律。政治经济学，或者如黑格尔所谓的国家经济学，就是研究这些规律的。

黑格尔把劳动作为社会关系来研究。他指出，劳动的一般内容不是由个别的生产出来的产品，而是由劳动的工具所决定的；他还指出，劳动的分工导致工序的简单化，从而使运用机器成为可能。工业生产和机器生产就是促成现代社会精神萎缩的诸因素之一。

黑格尔认为，参与普遍的劳动过程的可能性，取决于每个个人的特殊前提；或者是直接的特有的基础（资本），或者是技能。虽然他讲的是社会划分为等级，黑格尔已非常接近于阶级的认识了。人们的天然不平等通过公民社会（资产阶级社会）扩大成为技能、才具、智育与德育等方面的不平等；"……**平等**的要求……实属空谈……"而法庭正是保护私有财产的。法反映于不同时期的社会状况。社会本身如果巩固，它就会宽大处理犯法者。社会形势如果动荡不稳，那就必须对犯法者科以重刑，惩一儆百。由于这个原因，同样一本法典并不适用于一切时期。

在公民社会的生活中，黑格尔为警察指派了广泛的用场，他显然夸大了警察的作用。"警察进行监督和预防，目的在于使个人获得达到个人目的的一般可能性。他们有责任管理照明、桥梁建设、日用必需品的评价以及卫生事业等。"

哲学家认为，工业和人口的增长并不能解决而只能加剧社会矛盾。社会即使再富，也还不足以制止贫困。这个辩证法迫使公民社会超越了自己的界限。对外实行殖民化，对内则实行公司化。于是伦理达到了最后的阶段——国家。

国家被颂扬为"伦理观念的现实,具体自由的现实,本身具有理性的东西",它是必然的,永恒的。诚然,黑格尔也承认可能会有一个腐败的国家:"国家……既存在于世界上,所以在虐政、灾害、差错等方面,恶行便可以从多方面来破坏它。但是,最可憎的人、罪犯、病患者和残疾者毕竟还是一个活人;肯定方面即生命虽有不足之处,仍然存在着,而这里值得关心的就是这个肯定方面。"对于各种不同的国家形式,黑格尔表示拥护把统治者的个人属性对国家命运的影响缩减到最低程度的那一种。尽管如此,他对君主立宪制却比对民主共和制更为赞赏。

《法哲学》的出版引起了矛盾的反应。阿尔腾施泰因大臣祝贺作者说:"……我们认为,您使哲学具备了对待现实的唯一正确的态度,因此您一定能够使您的听众不致染上那种有害的狂妄心理。那些狂妄之徒对于现存事物毫无认识,竟一概弃置不顾;特别是在有关国家方面,他们满足于随心所欲地鼓吹空洞的理想。"对立面对于这部著作则直言不讳地表示愤慨。弗里斯为《法哲学》前言中的人身攻击所触怒,他以非书面形式做出如下回答:"……黑格尔的哲学毒菌不是长在科学的花园里,而是长在阿谀奉承的粪堆上。到一八一三年为止,他的哲学先是吹捧法国人,后来为符腾堡王室服务,而今则拜倒在坎普茨爵士的皮鞭之下。……对于这个托庇于狱吏的预言家,不值得以科学的严肃性为武器。"但是,在哈勒出版的《文学汇报》上,有一篇关于黑格尔《法哲学》的匿名评论,却是这样结尾的:"就我们所知,弗里斯先生运气不佳,作者对他的态度无异于嘲弄和存心折磨一个本来已经屈服的人。即令这样一种行为并**不高尚**,评论者仍愿隐姓埋名,而让有心的读者来判断。"

黑格尔暴跳如雷,他抄下了评论文章中他认为带侮辱性的那一段,转送文教部,要求保护他不再受到这类讥弹;他说,一位普鲁士官员竟然在报刊上,而且是在一家在普鲁士国家出版的报刊上,遭受如此严重的攻讦,实在骇人听闻;由此可见,过分的出版自由将导致什么样的结果!

尽管黑格尔要求对报界采取压制措施,文教部并未就此做出决定。阿尔腾施泰因指示哈勒的文学报编辑部,今后应当更严格地审阅所发表的评论文章,同时答应支持黑格尔,如果他愿意经由法庭要求赔偿,或者在报端向读者进行辩解的话。这两着均遭黑格尔拒绝。

黑格尔的声望增高了,他的对手的行列也相应扩大了,尽管人数非常之少。一八二〇年初,哲学博士阿瑟·叔本华走访哲学系,声称他有意从事教学活动。这位申请者几乎没有一个人认识,虽然他的主要著作《作为意志和表象的世界》一年前就已经问世。叔本华以令人难以置信的狂怒扑向他的哲学对手们。他骂费希特和谢林是吹牛大王,骂黑格尔是江湖骗子。"整个说来,黑格尔的哲学有四分之三是**胡说八道**,有四分之一是**陈词滥调**。为了蒙蔽人,最有效的办法就是给他们讲一些他们明知自己不懂的东西;因为他们,特别是那些生性坦白的德国人,马上就会以为这些东西只有他们才能懂,虽然他们暗中也并不大信任自己的知性;同时,为了面子起见,他们还会掩饰他们的不懂,为此最妥当的办法就是跟着起哄,一齐赞颂自己不懂的智慧,而那种智慧则正因此越来越具有权威性,越来越使人敬服,越来越使那个认真相信自己的知性、独出心裁下判断的人有更大的勇气和信心,把事物解释成荒唐的胡说。黑格尔哲学中间,最明确的东西莫过于它的这个**意图**,即通过奴颜婢膝和正统观念以博取王侯们的好感。这个意图的明确性和讲义的不明确性形成极其尖锐的对照,而且仿佛从鸡蛋里面跳出一个小丑,一大卷夸夸其谈、胡说八道,末了出现了中学四年级早已熟悉的老太婆哲学,就是所谓圣父、圣子和圣灵,新教的正确性和天主教的谬误性等等。"

一八二〇年三月二十三日叔本华开始任教,黑格尔当天同他会面了。叔本华有一篇记录是由他的学生贝尔执笔的,从他的这篇记录中可以了解他和黑格尔之间的一场舌战。谈话是关于动物行为的有意识和无意识方面。"黑格尔提出……这个问题:如果一匹马躺在街上,那么动机是什么呢?叔本华回答:马身下的土地,加上马的疲劳,马的一种心情。假如马站在悬崖旁边,它就不会躺下去。黑格尔反驳道:您是把动物性官能也算作动机喽?那么,心脏的跳动,血液的循环等等,也是由于动机而产生的吗?叔本华对此不得不教导黑格尔:人们并不把动物器官的无意识动作,而是把动物身体的有意识运动称作动物性官能,他里采用了哈勒尔的生理学的用语。黑格尔仍然大大咧咧,不愿意争个水落石出。这时,利希滕施泰因用这样几句话插断了他们的谈话:'对不起,同僚先生,如果要我在这里进行仲裁的话,我只好同意博士先生的说法;我们的科学无疑是把目前争论的官能称作动物性官能的'。这场论争就此告一结束。"

叔本华的这个记录显然并不确切。黑格尔在论争当时所作的记录,至今仍然留存着。"动物性官能"这个名词并没有出现在记录中,普遍采用的倒是叔本华没有提到的"刺激"一词。不管事实是否如此,黑格尔还是在大学任教议定书上签了字。这个结局使得叔本华飘飘然忘乎所以。在这场论争之前,这个自满的申请者就已向院长提出一个条件:他要在黑格尔开课的同一时间开课。

院长毫不反对,结果却很不体面:叔本华没有赢得一个听众。他在柏林大学担任讲师二十四个学期,开课时间只有半年之久,而且没有一次满座的:简直就找不到一个学生愿意听叔本华的课。他往往只有一个,两个,至多三个学生来听课,人数未免太少了,这个讲座便只好撤销。但这决不是说,就没有人能同黑格尔一争高下;有人倒是做到了这一点:海因里希·里特尔(施莱尔马赫的学生)经常和黑格尔同时开课,他的听众甚至多得多。叔本华失败的关键在于,时代还没有成熟到能够接受他的悲观主义;德国公民仍然相信国家的进步和未来。

叔本华的主要著作《作为意志和表象的世界》的出版,根本没有引起轰动。在发表出来的少数评论中,有一篇是作者在柏林大学的同

417

僚、编外讲师爱德华·贝内克写的。这篇评论发表在《耶拿文学汇报》上，笔调含蓄，内容却是批判性的。贝内克承认作者有才能，但颇不满意他对康德以后的哲学破口大骂。叔本华立即失去自制力，给该报编辑部写了一封恶狠狠的信，这封信给退了回来。于是他便自己出钱，在一家报纸的广告栏里发表了对那篇评论的激烈反驳，说它是一派谎言，令人恶心。他把贝内克看成了自己的死敌。想不到叔本华对于贝内克的反感竟然同黑格尔不谋而合。这位可尊敬的教授不以为然地监督着这个青年讲师的讲课，因为贝内克不久前胆敢在讲坛上批评他的哲学。贝内克热衷于经验心理学，认为这是一切知识的基础。一八二〇年夏季，不满二十二岁的年轻人（违反黑格尔的意愿）被颁发了授课证，但两年之后就由政府下令吊销了。贝内克的《道德物理学基础》这本书引起了严重的恐惧：人人认为，它宣传了伊壁鸠鲁主义，由此就会滑向公开的无神论。黑格尔从不读任何煽动性的书籍，他对贝内克的另一些文章只这样说，"如果对它们随便鉴定一下，那么它们是平庸的，非常平庸"。黑格尔没有听过贝内克的讲课，但"……他讲授哲学，我认为还不成熟，还不称职"。这位年轻学者被吊销了授课证，长期失业，到处流浪。一八二七年，贝内克才重返柏林大学，并于黑格尔逝世之后，获得一个教授席位。

理性与历史

《讲演录》是黑格尔遗著的一个重要部分。它是在黑格尔去世后才出版的,原稿由学生们的记录汇编而成。《讲演录》紧接着《法哲学》,包括黑格尔体系的最终部分。

黑格尔一八二二年开始作《世界历史哲学讲演》,并且成功地重复讲演了四次。历史哲学是黑格尔学说的重要一环。首先,辩证逻辑,特别是对立统一的观念在这里得到了申述和运用;迄今为止,这个观念一直使形式思维的追随者们狼狈不堪(且不说使他们十分恼怒)。这里出现了发展的观念;这里凝聚着思想家的政治准则。同时,在这个领域中,"黑格尔……则已经老朽不堪,成了古董"。历史过程作为统一的、全世界的过程,作为世界历史,在黑格尔时代才开始形成,前面还有惊天动地的事变。关于过去的认识仍然是支离破碎、七拼八凑的:历史过程之本质的发现,材料的系统化、事实的解释,都还没有通过研究得以完成。因此,毫不足怪,黑格尔的哲学-历史概念贯穿着十分尖锐的矛盾:其中并存着天才的预测和惊人的浅见,并存着科学的推论和明显的神话创作。

历史哲学从事探讨和研究社会发展中合乎理性的和实质性的因素。因为真理是一种体系,而哲学则是关于真理的科学,因此历史哲学必然发展成为一个范畴体系,这些范畴表示着人类发展所固有的合乎规律的关系。

但是,怎样才能从个体性过渡到实质性呢?早在十八世纪初叶,维科就发表过这样的见解,即作为人类全部活动的结果,会产生某种和这个人或那个人所抱目的不相同的东西。人们的目的和其活动的结果是并不一致的。继维科和赫尔德之后,黑格尔用"理性的狡狯"这个名称阐述了这个事实。黑格尔说:神圣的理性不仅是强有力的,而且是狡狯的;它的狡狯在于……中介活动,这种活动使诸客体按照各自的本性互相影响,互相抵销,它自己并不直接干预这个过程,然而却实现了**它**的目的。

活的个人和民族在寻求和满足自身目的的同时,却是一个更高、更广泛事物的手段和工具,他们对这一事物毫无所知,不自觉地在完成着它。人类的历史活动是由人们的行动所组成的,而这些行动又是由每个个别人的利益所引起的。每个人都追逐自己的个人目的,但结果却从他的行动中产生出某种别的东西,这种东西诚然包含在他的行动之中,但却在他的意图之外。一个人为了报仇雪恨——不管他多么有理——放火烧邻居的房子,却引起了一场可能焚毁全城的火灾。这个后果即这桩罪行原来并不存在于作案者的意图之中,甚至与之相反,因为它通过惩罚回击了他自己。类似情况在世界历史中也屡见不鲜。通过探索历史中的理性,可以发现历史的规律性。

因此,同德国启蒙学者们(莱辛、赫尔德及其他一些人)相比较,黑格尔远比他们更能理解社会发展的辩证法。但是,他在达到这方面的成就的同时,却相应地丧失了他的先驱们所取得的若干成果。例如,赫尔德认为,人类历史是自然历史的直接继续。黑格尔却把自然和人类社会尖锐地对立起来,因为他认为只有在社会中才有发展过程。在黑格尔看来,历史是当人类的理性化从可能变为现实时才开始的,它的决定性的标志就是国家。由于这个缘故,黑格尔认为人类的原始状态不是历史研究的对象。他认为,语言的传布和种族的形成不属于历史的范围。出现了国家的雏形,才开始有历史。

黑格尔把国家奉若神明(在这点上,黑格尔就不如赫尔德,赫尔德认为国家是由暴力产生的,并且注定要消亡)。黑格尔把国家理解为理念的现实,它不是手段,而是目的,是人类自由的实现。国家是……世界历史的更确切的对象……。

历史凭借必然性向前发展。但是,关于历史必然性的学说并没有使黑格尔得出任何宿命论的结论。相反,"能动的"方面在他的历史哲学中得到了发展,马克思在《关于费尔巴哈的提纲》中写到过这一点。黑格尔这部著作的动人之处就在于坚持了人的能动性原则……"这样,我们一般不得不说,要是没有热情,世界上任何伟大事业都不会成功。"这个突出的警句表明,黑格尔决没有把历史解释为一个自动的过程。人不是历史的傀儡。甚至国家,虽然黑格尔认为是作为某种普遍的东西而存在的,它也只有在个人的意志中和活动中才得以出现。

同时,这个伟大的唯心论者也决没有把历史人物理想化。乍一看来,似乎伟人、英雄"仅仅从自身出发",随意地创造了历史。其实,他们是受时代限制的,他们的长处仅在于认识他们那个时代和他们那个世界的真理。从这个意义上说,历史人物是最有见识的人。在黑格尔看来,一个伟人是这样一种人,即他的个人目的和历史必然性相一致。

黑格尔无情地嘲笑了所有拿一种主观尺度衡量历史人物的人,他们把历史人物在为实现其目的的斗争中所显示出来的热情和韧性斥责为功名利禄之心。人们要理解一个伟人的意义,本身必须具备宽广的视野;仆从眼中无英雄——倒不是因为英雄不是英雄,而是因为仆从不过是仆从。

有时出现这样的情况,一个历史人物不得已而蹂躏一些无辜的花朵,在他的路途上破坏很多东西,但是决不能按照受害者个人的观点,而必须按照一般的观点、历史的整体的观点来衡量他的活动。道德规范是不适用于历史进程的。人类的发展决不是善良和幸运相得益彰的坦途。

黑格尔认为,经验历史的基础乃是绝对理念、世界精神的发展。黑格尔把这个概念加以具体化,他谈到一个民族的精神,说它就是法制、宪法、宗教、艺术、科学、技巧和从业方向等方面所共有的特征。世界历史中的进步往往是通过一个个别民族来实现的,这个民族的精神就是世界精神在其发展的一定阶段上的体现者,"一个民族不能经历更多的阶段,不能在世界历史上两次划时代……,因为在精神的过程中它只能承担一种任务。"还有一些民族,它们从来没有成为最高观念的体现者,他们在世界历史中只起着从属的作用。

世界历史的目的就是作为世界精神之自我认识的认识。任何个别的民族精神都追逐着这个目的:它本能地要求知道它是什么。一个民族青春焕发之日,正是精神依然活跃之时;这时个体渴望保卫祖国,维护他们民族的目标……如果民族精神已经完成它的活动,活泼和兴趣也就没有了;这时民族便生活在从壮年向老年的过渡之中,生活在坐享其成之中……。个体就是这样寿终正寝的,各民族也是这样;后者即使还继续活着,那也只是一种索然寡味、死气沉沉的生活……,一个政治上无效而又无聊的废物。但是,如果一个民族退出了它的位置,它所创造的果实却不会因此而丧失。果实产生种籽,但这是为另一个业已成熟的民族所准备的种籽。

黑格尔从这个观念出发,为社会进步提出了一个十分明确的准则,并以这个准则为基础把历史加以阶段化。这就是对自由有所意识的进步。发展着的人类逐渐对自由有了越来越深刻的理解。在东方世界,各民族还不知道精神或者人作为人本来是自由的;正因为他们不知道,所以他们不自由。他们只知道一个人是自由的,唯其如此,这样一种自由只能是情欲的放纵、粗暴和麻木不仁,只能是自然变故或者心血来潮。因此,这个人只能是专制暴君,其本身决不是一个自由的人。只有希腊人才意识到自由,所以他们是自由的。但是,他们(还有罗马人)只知道少数人是自由的,而不知道人人都是自由的。连柏拉图和亚里士多德也不知道这一点。由于这个缘故,希腊人不仅占有奴隶,全靠奴隶来维持他们的生活,保存他们美好的自由,而且这种自由本身也多少只是一种偶然的、粗拙的、短促的和偏狭的精华。只有日耳曼民族从基督教中才意识到,人作为人是自由的,而精神的自由乃是他最独特的本性。

以上所述并非意味着,黑格尔的历史哲学观念是以具有不可重复的个性的人格为中心。因为这里所说的人仅仅是人类的抽象的代表,即一般的人。个人根本不是目的,而是手段,是普遍理念的手段,具体地讲,是国家发展的手段。世界精神的权力高于一切个别权力。历史恰恰是从国家的形成开始的,并随着理想的、"真正的"国家体制的建立而"完成自身"。

黑格尔的体系从两方面同他的历史辩证法陷入矛盾。一方面,它任意使人类社会的发展过程和认识的发展过程停留在一点上,哲学家把这一点看作理想的状态。恩格斯写道:"……完美的社会,完美的'国家'是只有在幻想中才能存在的东西……"。更为有趣的是另一方面:历史的方法作为思维方法首先要求在连续不断的发展中研究社会结构,在这一发展过程中旧的规律消失了,又出现了新的规律。如果这样的话,那就不可能用一个统一的概念体系来概括发展着的整体。任何一个范畴体系(甚至包括种种向对立面转化的、"最有弹性的"范畴),终归是一个把现实简单化并使发展过程中断的模式。但是,如果我们可以使用一系列在发展过程中互相转化的体系,那么就不可能用一个统一的尺度来对待现实。

像黑格尔那样,先在思维中完成一个空洞的体系,再根据其对未来的提示来解释过去和现在,显然是误人不浅的。这样一种天命观是与马克思主义格格不入的。马克思主义者提出一种社会预测时,总是顾及到社会具有多种多样的发展可能性,常常很难预言其中哪一种可能性将会实现。

偶然性在历史过程的形成中具有巨大的意义。辩证法使人可以区别两种偶然性:一种是作为必然性的大致相仿的化身而出现的,因为它们"消失"在一个庞大的过程中,或者因为它们使一个特定规律得以出现和生效;另一种偶然性对特定过程来说则是某种异物,是作为某种外来的东西进入过程的,因此它能对必然性产生严重的有时甚至致命的影响。黑格尔在历史中只看到第一种偶然性,而马克思主义既看到第一种,也看到第二种。

黑格尔认为,历史总是作为世界历史,作为自成一统的、最终确定的、具有理性的体系而存在的。马克思主义则把世界历史看作这样一种体系,这种体系本来不是随着社会的出现而产生,而是在它发展的很高阶段上才形成的,看作一种空洞的体系,这种体系包含着各种可能性,其中也包含着为它提供偶然事件的可能性。

我们今天不再同意黑格尔的"凡是现实的都是合理的"这个观点了,即使仅仅因为偶然性也参与了历史现实的形成。但问题不止于此。唯物主义者认为,规律性和理性不能混为一谈。相当多的——按照规律必然出现的——社会现象是不能用人类理性的观点加以辩护的。二十世纪在这方面提供了最显著的例子。使历史具有理性是一项有待人类解决的任务。它和共产主义建设是一个意思。

我们且回到黑格尔的《历史哲学讲演录》上来。赫尔德曾经把人类比作一个从东方开始一趟长途旅行的漫游者。他的路程通向西方。他在底格里斯河和幼发拉底河两岸栖息过,又从那里向尼罗河进发,再穿过地中海整个海岸,最后深入到欧洲大陆。我们在黑格尔那里也看到类似的比拟。他的世界精神在地球上漫游着,越来越接近自我认识的高度。古老的东方是它的童年,希腊是它的青年,罗马是它的成年,日耳曼世界可谓它的老年了,但不是衰颓的、退化的老年,而是一个充满活力和理性的老年——完满的成年。

世界历史是这样从东方通向西方的。太阳在东方升起,而人一瞥见晨曦便耽迷于喜悦与惊异中;然后,在光天化日之下,周围的物体现出了分明的轮廓,他便从观照转向行动,并在行动过程中创造出内在的世界、内在的太阳。而当日暮黄昏之际,他便凝视着这个太阳,他把它看得比前一个外在的太阳更高。

在东方,个人没有什么价值。黑格尔在他的一篇早期著作中写道,东方人的性格包含着两种乍见之下互相矛盾、其实紧密相连的天性:一种是一心向往凌驾于万物之上,另一种是俯首帖耳地屈服于各种形式的奴役。他在《历史哲学讲演录》中,企图首先以中国为例来阐释这个见解。在中国,人们不是屈服于家庭的父权之下,就是屈服于具有宗法性质的君权之下。因此,在中国盛行绝对的平等,但却没有自由。所有私人利益都是不合法的,文武百官的等级被规定得十分严格,并且完全听凭皇帝独裁,正如国家和民族的福利一样。道德的东西不是作为臣民的情操、而是作为皇帝的虐政而存在,所以根本没有荣誉感和良心可言。这里不存在奴役和自由的区别;在君主面前人人平等,也就是说,他们实际上都没有权利。

黑格尔认为,印度同样是一个静止的、僵化的国家体系。把它同中国相比,他只看到这样一点进步,就是在印度,从专制君主的统一中产生了差别,即种姓这些特殊身份,这些种姓虽然对专制制度有所约束,但由于彼此隔绝而变得如此僵化,以至对人们的内在世界也产生了影响。印度人也像中国人一样,注定要过一种毫无尊严的奴隶生活。这里既没有伦理,也没有正义和信仰。没有一个印度人肯踩死一只蚂蚁,但他们对于最低种姓的人们却视若草芥。君主正是在这种僵化上面横行霸道。黑格尔认为,印度文化的重要性被夸大了:它的美即使在最可爱的形象中,也只是一种神经衰弱的美;在印度的敏感的心灵中,自由而又自立的精神显然已经死去;这种心灵没有理性的力量,不过是一场梦幻。

与中国和印度的停滞状态相反,在波斯王国开始了发展的原则,波斯人因此是第一个历史的民族。当然,黑格尔并没有花费过多的精力来认真划分时期,按部就班地进行解释,因为他在涉及波斯的那一部分,也考察了埃及、巴比伦、米太王国和亚述的命运;这是一些比中国和印度更接近于现在的东方专制国家。在波斯第一次出现了精神的光明。黑格尔在对立面(善与恶)的统一原则中看到了这种光明,而波斯教、查拉图斯特拉的教义就是以这个原则为特征的。

黑格尔在研究古代的那部分开头写道，我们一到希腊人中间，便感到宾至如归。黑格尔觉得希腊世界快快活活，使人向往，它是人类的青春时代；精神的朝气充溢着这个世界，它是具体化的精神，是精神化的感性。这个时代由诗篇中的青年——阿基利①所开创，然后由真实的青年——马其顿的亚历山大所结束。希腊人得之于自然的水陆两栖生活，同时加上他们在陆地上的强固基础，大力促进了文化交流、商品交换和殖民化等等。在希腊文化的第一阶段（特洛伊战争时期）中，克服了国家和种族的分裂和草昧状态，在这一克服过程中发展了美的个性——希腊精神的中心。希腊人的整个生活渗透了艺术的精神，他们的气质是"美"气质，但美还不是真。国家不再是宗法性的，因为这里实行着真正的民主，这种民主以合乎伦理的思维方法、为祖国而生的普遍风尚为基础。如果一个制度是民主的，那么坚强人物便有了最远大的前途。黑格尔甚至把奴隶制度说成是美丽的雅典民主的必要条件。

罗马历史是人类的成年期。自由的个性，淳朴的伦理，作为文化的有机要素，已经消失，但是人类自由的形式基础却开始形成，按照黑格尔的观点来说，这个基础是建立在私有财产之上的。国家带有贵族性质，并作为自我目的而出现。古罗马的艺术和宗教都以有限的知性和节制而著称。罗马人发展了人格的抽象的一面——法学意义上的权利，从而为后世提供了一份盛大的礼物，使他们不致成为贫瘠的知性的牺牲品。罗马人就这样为了后世所享有的自由而成为牺牲品了。

黑格尔追溯了罗马共和国的兴起、鼎盛和衰亡的历史。它的没落不是偶然的，不是凯撒而是必然性把它毁灭掉。罗马原则完全建立在暴力和武功上面，而共和国是自己毁掉自己。凯撒理解这一点，他不过消灭了它的幻影而已。布鲁图和卡西阿根据一个"显著错误"杀害了凯撒，因为他们认为，他的统治是某种偶然的东西，只要把这个人除

---

① 荷马史诗《伊利亚特》中的英雄人物。

掉，共和国就会自动继续存在。但是，结果立即证明，罗马只能由一个人来统治，这时罗马人才不得不相信君主政体的原则。黑格尔强调说，每个历史变革如果重复发生的话，就会在人们的见解中得到认可。起初看来只是偶然的东西，经过重复便变为一种现实的、被承认的东西。同共和国一样，罗马帝国也必然地崩溃和没落了。个人对于一个人——皇帝来说，不过是平民，不过是无权的一群。所有追逐私利的势力、贪欲和一切恶行都纷纷出现。整体是一个无实质的现象、一具蛆虫蠕动的尸体。罗马世界惶惶然陷入被上帝抛弃的痛苦中，为一个更高的精神世界准备了土壤。黑格尔这里想到了基督教的出现。由于君士坦丁大帝，基督教变成了罗马的国教，但这也并不能挽救帝国。帝国终于在日耳曼族的打击下崩溃了。

日耳曼人开始涌入罗马帝国，他们征服了这个衰老不堪的文明国家；正当这时，他们由于接触到外国文化、宗教、国家制度，才开始有所发展。他们承认基督教，并成为基督教原则的体现者。几百年过去了，逐渐出现了个别的民族和君主国家。日耳曼这株坚实多节的橡树心材由于基督教而分裂成两部分：一方面是虔敬心情，最美丽、最热忱的信仰，另一方面则是智力和意志方面的蛮风。最不合理、最粗糙、最鄙陋的东西由于皈依宗教而得到肯定和认可；但是，精神也只有从这种异化中才最终达到真正的和解。

黑格尔专门从宗教的动机来解释十字军远征，就是说，由于基督徒们一心要把主的陵墓据为教会所有。那些基督徒身上还滴着耶路撒冷惨遭屠杀的居民们的鲜血，便拜倒在救世主的墓前，向他发出热情的祈祷。写到天主教会的这一暴行及其对照时，新教徒黑格尔笔下是隐约带有讽刺意味的。他说，人们一定找不到基督的遗体了，因为他已经复活。基督徒们只找到一座空墓，而不是尘世性和永恒性的结合，因此也就失去了圣地。通过十字军远征（其意图在于外在的东西，而不在于精神的东西），教会残害了基督教的精神，但却巩固了它的权威。

国权的发展摧毁了封建关系。为了破坏封建朝廷的狭隘观念,出现了一种强有力的工具——火药。人类需要它,它就应运而生了。巩固的堡垒、昂贵的手头武器(如盔甲)变得毫无价值,社会等级被铲平了。骑士制度的尚武精神消失了,但是出现一种更高尚、更具有理性、更稳健的勇气,这种勇气和个人仇怨毫无关系,因为现在的矛头所向是某种普遍的东西——抽象的敌人。

　　人类慢慢感到精神的天空明朗起来。印刷术的发明、希腊学者从土耳其压迫下的拜占庭的逃亡、美洲的发现,标志着继中世纪黑夜而破晓的新时代的一线曙光。当然,真正的日出最初是随着宗教改革而开始的。

　　黑格尔赋予宗教改革一种特殊的意义;路德恢复了为天主教所歪曲的基督教精神。在三十年战争期间,新教捍卫了它的政治生存的权利。普鲁士成了它的避难所。如果说黑格尔在耶拿时期对普鲁士及其过去曾经持否定态度的话,那么现在他采取了一个完全相反的立场。《世界历史哲学讲演录》中专论普鲁士国王腓特烈二世的一段,可以说是公开为这个统治者进行辩护。而天主教的法国在这一时期却是一个不公平的、人民极端贫困的、道德败坏的王国。推翻一个垂死的制度,只有用暴力才能完成。大革命开了个头。"所有能思维的人都一齐欢庆这个时代。一种崇高的情感激动着当时的人心,一种热诚震撼着整个世界,仿佛神性和世界如今首次达到了真正的和谐。"黑格尔对于法国大革命的不同阶段和此后事件的态度,我们已经知道了。他的结论是:没有宗教改革,便不可能有真正的革命,但是,在进行过宗教改革的地方,却又不必要有革命了。

　　《世界历史哲学讲演录》的结束部分重又谈到了普鲁士。马克思指出:"黑格尔在这点上几乎达到奴颜婢膝的地步。显然,黑格尔周身都染上了**普鲁士**官场的那种可怜的妄自尊大的恶习……"。黑格尔把普鲁士君主国说成是世界精神发展的完成、国家制度的理想。值得注意的是,他认为普鲁士是个资产阶级君主国,而这样的国家当时还不存在；他颂扬了在普鲁士还没有成为现实的东西。"各种封建义务被废除了，财产和人身自由的原则被当作基本的原则。每个公民都可以参与国家公职，当然要以才能和效用为必要条件。政府被掌握在官僚手中，而君主的个人决定则至高无上……。"在这种情况下，黑格尔把所希望的东西看作现实的东西；想在他的国家里看到资产阶级原则和专制主义的结合，这个愿望本身对他来说是非常突出的。

世界精神在亚洲的茫茫幅员上开始了漫游，在奥林匹斯山巅同希腊诸神举行过宴饮，又引导历代罗马皇帝、十字军骑士和无套裤党人进行过战斗，从此便在柏林栖止下来；它像一个老迈的、静待养老金过日子的官僚那样得到了安息。哲学家原来计划把世界历史过程作为统一的整体来思考，这个雄心壮志却变成了为他周围的衰飒现实作辩解的可笑企图。

在美的领域

绝对理念穿过世界历史幽暗的迷宫,结束了它的漫游,它才上升成为光和理性,离开客观精神的领域而进入绝对精神的领域。黑格尔体系中的绝对精神学说,包括我们称之为社会意识的一切,确切地说,包括社会意识的三种形式——艺术、宗教和哲学。

黑格尔的美学是一种艺术理论。按照他的模式,自然是一个已经涉猎过的阶段;为了顾全模式起见,哲学家拒绝研究自然美。理念并不回顾;它举目向前并向上,瞻仰精神的灿烂的高峰。黑格尔于是认为,既然精神超过自然,艺术美就比自然美更高了。

亚历山大·冯·洪堡有一次讲过一件轶事,使听的人为之愕然。据说黑格尔曾经断言,最平庸的柏林人的才智,作为精神产品都胜过太阳。自然科学家可万万没有想到这一点。我们在《美学》中找到哲学家的如下议论:按照**内容**来说,一个错误念头倒可以**偶然**而匆促地消失掉,太阳则实在是作为**绝对必然**的要素而出现的。但是就其本身而言,像太阳这样的自然存在是无足轻重的,其自身不是自由的,也不是自觉的……如果我们一般地说,精神及其艺术美**更高**于自然美,那么这句话说了等于不说,因为更高是一个完全不确定的措辞……但是,精神及其艺术美比自然**更高**,并不是一个仅仅具有相对意义的说法,而是说精神才是真实的、包摄一切于自身的东西,所以一切美只有具备这种高度,并通过这种高度而产生,才是真正美的。自然的美只是精神的美的一种反映。个别的生动的自然产品是转瞬即逝的,它们的外观是变化无常的,而艺术品则永世长存。

唯物主义者尼·加·车尔尼雪夫斯基后来试图反驳黑格尔,他断言自然美更高于艺术美。据说,艺术品也是转瞬即逝的,它们由于无生命而又静止不动,所以比自然和生活的作品要低。这场争论今天在我们看来未免有点矫情。辩证唯物主义者认为,他的任务并不在于"保卫"自然免受唯心主义者的攻击。重要的是在人和社会的生活中找到物质的基点。在意识的形成过程中,起决定作用的不是自然本身,而是人对自然的变革。所以,整个精神生活(其中包括艺术和美)必须理解为人的物质活动的成果。

且不论前提如何错误,黑格尔的美学渗透了行动的热情,其价值就在于此,而且它正是在这一点上接近辩证唯物主义哲学。自然物只是**直接的**、**一度的**,而人作为精神则**倍增**其自身,因为他首先作为自然物而**存在**,接着同样又**独自**存在,观照自身,表现自身……人从两个方面获得这种自我意识:**首先从理论上**……其次,人通过**实践**活动而独立起来……他通过变革外在物实现了这个目的,他给这些外在物打下了他的心灵的印记,并在其中重新发现他自己的预定目的。人做到这一点,才能作为自由的主体使外在世界解除呆板的隔膜性,并把事物的形态仅仅作为自身的一种外在现实来享受。事实上,这一段话已经说明了艺术创作理论的基本观念。

黑格尔(继赫尔德之后)把美说成是真理的感性形式,是理念的感性显现。艺术离不开感性素材。艺术品乃是直接的感性和可称之为理想的思想之间的中介。感性在艺术中得以精神化,而精神性则具有一种感性的形式。

黑格尔关于美是真理的感性显现这个定义,至少引起了一种根本性的异议。真理是对象和认识的符合;艺术按照黑格尔的说法,是绝对理念的自我认识的一个阶段。当然,美文学也能使人获得知识,但是散文和诗不同于科学文献,其中起决定作用的是另外的东西,即审美经验。认识职能在艺术中固然起很大作用,但它并不是唯一的。艺术还具备另一些职能——交流职能、教育职能、娱乐职能,但这些职能没有一种表达了艺术创造的特点。这个特点仅在于审美经验中,审美经验是难以下定义的,但一般可以把它说成是一种特殊的快感,这种快感是同人的自由进行创造并在创造中感到快乐的那种能力相联系的。

黑格尔美学令人赞叹处在于全面地观察问题。黑格尔认为,美是最一般的美学范畴。它在美学中的作用相当于"有"这一范畴在逻辑学中的作用。艺术品只有当它具有美这个特点时,才算是一部艺术的作品。离开了美,就没有艺术可言。当然,这并不是说,艺术家只专注于生活美和自然美。一个美少年可能被一个画家临摹得很拙劣,于是产生了与艺术毫无关系的丑。但是,如果艺术家为了表现坏与恶的特征,心灵手巧地把人的身体和面貌上的变态和畸形画了出来,那么即便如此,这件艺术品也是一个美的现象。

我们记得,黑格尔的逻辑学展示了一个概念体系,这个体系是按照从抽象上升到具体的原则建立起来的。反之,在美学中,历史的原则主宰了逻辑-历史的体系化。艺术理论的所有概念都是美这一最初范畴的具体化,它们按照顺序被排列起来;根据黑格尔的见解,各种不同的艺术阶段、艺术品种、艺术类别的更迭变换就是按照那个顺序发生的。黑格尔为自己提出如下任务,即"通过它在其实现过程中所经历的所有阶段来探索美和艺术的基本概念,并借助思维使这一概念变得可以理解,证明它可以理解。"

基本三分法在这里表现为象征主义、古典主义和浪漫主义三种艺术形式。黑格尔提出艺术内容及其形态之间的相互关系作为评价标准。在象征主义艺术中,内容还没有发现其适当的形式;在古典主义艺术中,二者则处于和谐的统一;而在浪漫主义艺术中,这个统一重又遭到破坏:内容胀破了形式。象征主义艺术盛行于东方,古典主义艺术盛行于古代,浪漫主义艺术盛行于基督教欧洲。但是,只有古典时代才能表现出按其本质来说是真正艺术的作品。在这之前的作品,依据黑格尔的说法,只算是前期艺术,而浪漫主义艺术则标志了艺术的崩溃、没落:思维和反思超过了艺术创造,艺术创造合乎规律地让位于另一种精神活动。黑格尔说,我们的时代不利于艺术;这个时代不再保证往昔的时代和民族在艺术中所寻找并只有在艺术中才找得到的满足。

艺术的象征主义形式的第一阶段是不自觉的象征手法。总的说来(虽然有时也涉及其他),黑格尔在这里分析了神话意识。这一阶段的情况是这样的,"……确切地说,内在和外在之间,意义和形象之间并无差别可言,因为内在还没有独自作为意义而与其存在着的直接现实相分离。"黑格尔的这个结论是思辨性的,因为在他的那个时代,对于神话的科学研究才刚开始,神话的最古老的形式尚未为人所知;但是,思想家却抓住了要点:人原本就不能同他周围的环境脱离开来。科学后来证实了这个结论。最古老的艺术纪念碑就是那些岩窟壁画,惊人精确的富于表情的动物画。古石器时代的人要求对象和摹拟完全一致。后来,画风发生了罕见的变化。在新石器时代,绘画变成了神秘的符号,其意义至今也无从猜测。意义和形象已经彼此脱节。黑格尔先并不知道原始社会残留下来的那些艺术作品,他后来在古埃及才发现那种艺术的例证。其中突出的就是斯芬克斯的形象。它仿佛是象征主义本身的象征。

在古希腊的神话中,斯芬克斯向埃底巴斯提出了一个问题:什么东西早上走路用四只脚,中午用两只脚,晚上用三只脚?埃底巴斯很快找到了答案。他回答说,这就是人,于是把斯芬克斯推下了悬崖。黑格尔这样总结道,这个谜的谜底在于精神,在于号召人:认识你自己吧!意识的光使具体的内容透过其相应的形式显现出来。黑格尔从象征手法进而分析崇高的范畴。

先谈谈康德关于这个问题的分析。哥尼斯堡的哲学家正确地认为,崇高的意义并不产生于自然的事物中,而是产生于人的情感、精神之中。我们观看其体积超出习见的感性尺度的对象时,往往感到一股精神力量的压力。无量和无限既然具有无限性，就终归是讲不明白的，终归是任何有限词句都表达不出来的。黑格尔显然想探索出崇高的一种精神内容，但他却不同意把这个内容完全变成情感之类的纯粹主观物。崇高表现了精神的某种客观内容，这种内容体现在特定的、历史上形成的艺术形式中——印度人、波斯人和古犹太人的诗歌中。在象征中，主要的是形象。形象总具有一种意义，虽然它并不能充分表现出这一意义。于是，被清楚理解的意义和这个内容模糊的象征对立起来；艺术品便变成无从加以具体化的纯本质的流露。所以，黑格尔说，神作为世界万物的创造者，是崇高的最成熟的表现。造型艺术在这里是无能为力的，只有借助语言，只有通过想象的诗才能绘出一幅神性的图画。

象征主义后来为古代希腊的古典艺术所代替。古典艺术的基础是内容与形式的绝对和谐。只有艺术以如此完善的方式把理念作为精神个体同其肉身现实直接相联系，以致外在实存首先不再对其所应表现的意义保持独立性，而内在反过来在其为直观而创作的形象中只表现其自身，并且在艺术中肯定地同自身发生关系——只有这样，艺术才达到了它所特有的概念。

黑格尔认为，希腊艺术是古典理想的真正实存。希腊人并未停留在东方专制主义的阶段上（具有伦理与国家的一般实质的人在这一阶段上会遭到毁灭），他们也没有达到基督教欧洲的主观主义（在基督教欧洲，个性是同整体与一般相分离的）。希腊的自由被认为是个别与一般的巧妙的和谐，而希腊的诗和雕塑则是这种和谐最完美的体现。雕刻是以美的人体为形式表现古典理想的最适当的形式。

但是，古典主义的诸神像本身包含着衰颓的萌芽。它们只是在石头和古铜中才进入实存。希腊诸神像的拟人化缺乏精神上的个性，它们的规定性是偶然的，这种有限性因素同它们的实存的高尚、尊贵和美相矛盾。在它们所不得不屈从的命运面前，它们显得窘迫不堪。只有基督教才具备真正的整体性，因为人的精神在基督教中才开始回复到内在生活的无限性。黑格尔认为，不可能有也不会有比古典艺术更美的东西了。但是，却存在着比具有直接感性形象的美的精神现象更高的东西，尽管这个形象是由精神本身作为一种与之相适应的形象创造出来的。美既然被提高了，它便变成精神美。古典主义艺术于是为浪漫主义艺术所接替。

在浪漫主义艺术中，整个内容集中在精神的内在生活上，外在的形式起着从属的作用。美所关涉的不再是客观形象的理想化，而是心灵在其自身中的内在形象。艺术很少为外观操心了：外观原来是个什么样子，艺术就让它是个什么样子。因此，外观不再被理想化，却比在古代的古典艺术中表现得更有个性，于是肖像画之类应运而生。当原始的宗教热情在骑士制度下变得世俗化之后，出现了荣誉、爱和忠诚的情感；人从自身的胸怀、从纯人性的世界汲取了这些素材。

骑士制度及其从内部产生的高尚观念和目的，最后也随着宗教素材一起消失了。人们开始一味追求这个现在和现实本身，满足于**目前存在**的一切，满足于自身，满足于人的有限性和个别事物。人变成了新的圣者。于是产生了对个人性格的描写，黑格尔首先以莎士比亚的人物为例阐述了这种描写。他说，古往今来只有很少几位大师，才具备足够的诗情和洞察力来把握真实；因为个人性格是一个丰富的领域，同时又容易使人陷入浅薄和平庸。

浪漫主义艺术发展到最后阶段，越来越对艺术的题材漠不关心。技巧越是圆熟，实质因素越是会消失得一干二净。只要对象还包含着一点神秘，一点隐晦的东西，精神便要在对象身上惨淡经营，流连不舍。艺术到这个阶段不再有任何奥妙了，而艺术家对于艺术内容来说，则仿佛变成摆弄和展示另一些生人的剧作家一样。宗教于是取代了艺术。

黑格尔在美学的第三部分，用一种逻辑的发展模式——即通过分析一系列个别样式和体裁，补充了历史的发展模式。艺术开端于建筑，建筑适应艺术创作发展的象征主义阶段，正如雕刻之于古典主义艺术，绘画、音乐与诗之于以表现主体的内在经验为职能的浪漫主义艺术。确切地说，建筑还只是前期艺术，它的使命是一个实用性的、带有非艺术性要求的使命，它的形式完完全全是象征性的，它仅使外在自然近似精神而已。具有完满的古典形式的纯粹艺术，是以雕刻为始终的。在雕刻中，精神的内在居于感性形象中，所以精神性或物质性这两种因素都没有占上风，这里盛行着古典的平衡。赫尔德曾经说过，雕塑兴于希腊时期，或者可以追溯更早；黑格尔同意这个见解。雕塑作品诚然在较早时期也可找到，但还谈不上是真正的雕刻，毋宁说是雕刻的前期阶段。埃及的雕像缺乏优美和逼真，面部表情只有意义，没有精神个性。但是，这并非由于无能，而是由于教规、传统所致。希腊雕刻则摆脱了艺术家对于传统兢兢业业的敬畏心情。这里才开始有真正的创作自由，得以一方面把意义的普遍性完全纳入形象的个别性之中，另方面把感性形式提升到真正表现其精神意义的高度。依据黑格尔的见解，普遍性和个别性的统一乃是艺术的最高原则，并在希腊雕刻中得到了最圆满的体现。雕刻再发展下去就走下坡路了。在浪漫主义艺术中，雕刻将其统治地位让给了宜于复现内在经验的绘画、音乐和诗。绘画是最抽象的造型艺术。虽然画家拿具体事物如人、人的环境、风景、建筑物等等作为表现对象，但在他们所有的作品中，内容的核心并不在于对象本身，而在于对对象进行感知的性格，在于艺术家的情感；图画决不是客体的肤浅的摹本，而是其作者的内心世界的展现。

绘画开始于不完善的尝试，力图以肖像画为目标，而不断向前发展。这是一个极有助于理解黑格尔美学概念的观点。他不仅在整个的艺术发展中看到进步，而且在每种艺术变体内部也看到进步。绘画最初仅限于宗教主题，这种主题是按照雕像的形式以初步的建筑规则和粗拙的笔触实现的。后来，这些宗教场面日益具有个性，具有生动的形体美，具有热情的深度和色彩的魅力。艺术对于世俗生活如果不像对于宗教主题那样奉献同等的爱，它就不可能表现自然的细节、日常生活以及重大的历史事件。拜占庭、意大利和荷兰就是绘画的进步发展,即其世俗化的典范。像所有典范一样,这个典范也未免失之夸张。事实上,黑格尔只熟识荷兰画和德国画(他把二者等量齐观)。哲学家大抵只是从文献中才知道拜占庭和意大利的大师们。为了照顾典范起见,他认为拉斐尔的彩色画不及荷兰画。在黑格尔看来,精通渲染和直线配景,并能复现一个情节的场面,乃是绘画在形式方面有所前进的最重要的标志。

绘画由于排除空间而胜过雕刻,空间不再实际存在于重质料中,而只是通过配景画法和淡化的色调暗示出来。客观性因此开始仿佛模糊起来;不过,总还得使空间性的形式和形象看得清楚才行。

艺术的下一阶段是音乐,它以声音代替外在形象及其直观可见性这一因素,转而诉诸听觉;按照黑格尔的分类,听觉是一种从事思索的、一种比视觉更富于想象的感官。节奏、和声和曲调是音乐的表现手段,它们在声乐和器乐中对其内容发生不同的关系。音乐重又导向诗歌,二者通过共同的感性基础——声音而互相联系起来。

赫尔德在同莱辛论战时曾经说过,《拉奥孔》的作者并不懂得绘画与诗歌的原则区别。造型艺术所采用的符号取决于被塑造的对象的特性。诗歌的表现手段则是有限制的,就是发出来的声音和老一套的同其标志对象毫无共同之处的象征。换句话说,绘画的效果来自直接的感知,而文学的效果则通过思维和语言的实体被传达出来。

黑格尔是知道这场争论的,他忠告诗歌要在思维的普遍性和感性上具体的有形性之间采取中庸态度。但是,黑格尔又认为,真正的艺术创造毕竟是感性地具体的。诗歌诚然又一次以最精神性的方式呈现了美的全部属性,但精神性同时也构成这最后一个艺术领域的弱点。所以,在黑格尔看来,诗歌乃是同时使一般艺术趋于衰微的那种特殊艺术。

当然,黑格尔也注意到,已经兴起一种新的艺术品种即艺术性散文,其地位日见重要。他把长篇小说称为近代市民阶级的史诗,但并没有像对其他艺术品种那样对它作详尽的分析。这不是偶然的,因为在十九、二十世纪达到高峰的美文学的发展,强有力地驳斥了黑格尔关于艺术没落的命题。

黑格尔的艺术兴味几乎专注于遥远的古代。当考察史诗问题时,他兴趣盎然、如数家珍地谈到《伊利亚特》和《奥德赛》。《尼伯龙根之歌》却得不到黑格尔多少好感。他认为,在这部纯日耳曼风的作品中,诚然有一种民族的实质的内容,但其中人物未免太直线式了,令人想起粗拙的木雕像,同荷马英雄人物的精雕细镂的个性不能相提并论。

从叙事诗发展到了抒情诗,从客观的无所不包的生活画发展到了主观的内心世界。如果说正规史诗的繁荣必需一个整个说来尚未发展、尚未成熟到成为现实散文的民族心理状态,那么业已形成一种多少完备起来的生活秩序的时代则有利于抒情诗;只有在这样一个时代,人才可以背着外界,把自己关闭在自己的感情世界里,开始在自身进行反思。

诗的最高形式是戏剧,它把叙事诗的客观性和抒情诗的主观性结合起来。戏剧必须表现人的行动;在戏剧中既可看到主观的方面,即意愿和动机,也可以看到使主观性格及其处境遭受挫折的最终结局。常人看来似乎充满晦暗、偶然和混乱的地方,戏剧家却一眼看出理性事物的真正实现。

黑格尔认为,对于戏剧而言,颠扑不破的法则就是情节的统一。这种统一在于,行动的目的和利害关系是同行动着的个人相一致的,是同个人直接相联系的。同古代作品相比较,在现代作品中,情节未免有嫌松懈散漫,但也必须能够从中看出借以构成某一独立整体的各个插曲的联系。

戏剧诗可分为悲剧、喜剧和正剧三种。悲剧情节就是实体力量的相互冲突。悲剧的基础是这样一种冲突,其中双方从自身看来同样是有理的,虽然它们只有由一方否定另一方,由一方损害另一方,并因此同样陷入罪过,才能达到它们的目的。安提娥尼安葬了她那已经变成全城公敌的兄弟,借以遵从亲属之爱的律令,但她同时却因此触犯了国法,从而变得有罪。① 悲剧的冲突是绝对必要的,因为伦理是概括各种不同关系和力量的一个整体,单是其中的差别在特定环境的基础上为个别性格所把握,就必定会转化为对立和冲突。同悲剧冲突一样必然的,是这一冲突的悲剧性解决,即正义通过扰乱安宁的个性的毁灭而得以伸张。悲剧结局引起了恐惧和怜悯;但不是对于外部强力的恐惧,而是对于道德力量的恐惧,不是由于参与某一悲惨事故而产生的怜悯,而是由于同情受难者同样具有的伦理权利而产生的怜悯。一件真正悲剧性的灾祸落在行动着的个人身上,只不过是他们自身行为的结果(那种行为既是合理的,又由于他们的冲突而是有罪的),他们必须以其全部自身对这种行为负责。位于恐惧和怜悯之上的,则是和解的感情,这种感情是由于看到永恒的正义贯彻于悲剧结局之中而产生的。

黑格尔试图划出悲剧冲突的历史界限。对于一个真正的悲剧情节来说,必须要求个体先有自由与独立的节操,为自己行为及其后果负责的自决精神。东方世界几乎不懂得悲剧;悲剧的故乡是希腊;充满悲剧性的最后一个时代是中世纪末。在现代世界中,每个人都属于现存的社会秩序,他不再具有普遍性的激情,反之个体的目的都带有私人的特殊的性格,个别人物不再是社会诸力量的直接代表。个体随其心灵与情感的主观性而行动,他们处于广泛的偶然关系和偶然条件中,因此行动起来无可无不可;他们的决断没有实体性的理由,而是按照他们特殊性格做出来的。

根据黑格尔的见解,现代是以悲剧性的对立面——喜剧性为特征而发展起来的。这也是冲突的一种解决方式,但却是一种极其主观的解决方式,就事论事,只能带来一种假解决,或者更正确地说,不过是单纯的安慰。"它是……由于自信而能经受其目的与实现之破灭的主

---

① 参阅前文《精神的漫游》。

观性的愉悦心情。"但是,喜剧性的本质不仅隐藏在个人的能力之中,还必须有某种客观基础,而一个才子往往要比常人更快地发现这个基础。如果对象本身并不包含一个内在的矛盾,便会产生肤浅的喜剧性,即可笑性。内在和外在之间、本质和现象之间、目的和手段之间……任何一种对比,任何一种不协调,都会显得可笑。笑表示既意识到对象的优越性,同时也意识到他的弱点;所以,喜剧是艺术的一个特定的高峰,这个高峰同时也标志了艺术的没落。

黑格尔的美学是一座宏伟的建筑,它虽然已经化为废墟,今天仍因其意图与成就的庞大而令人惊叹不止。弗里德里希·恩格斯劝告康拉德·施米特阅读黑格尔著作时,特别提到过他的美学:"只要您稍微读进去,就会赞叹不已!"黑格尔关于美的积极性格、关于这个范畴对于艺术的普遍意义的意见,他对艺术的历史见解,他对各种不同艺术形式的成长、繁荣和凋谢的考察,至今仍然十分新鲜,能够激起读者的灵感。这部著作不仅以其系统性和逻辑－历史性结构,而且还有对于细节(个别艺术作品、个别艺术家的全部作品、全部艺术种类)的丰富而贴切的分析,证实了作者渊博的知识,同时证实了他对艺术一往情深的热爱。但是,尽管黑格尔对于法国古典文学尤其是对于莎士比亚和歌德有深邃的理解,他的美的理想基本上还在于古代。正如他的整个辩证法一样,黑格尔的美学也专门面向过去,这是非常符合他的模式的。就是这个思想家,一方面顽强地鼓吹艺术进步的思想,同时却把这种进步局限于过去的时代。不能说黑格尔不懂得他那个时代的新兴艺术(我们将在后文中看到,黑格尔对于绘画、音乐和戏剧的兴趣决非书呆子式的兴趣),但是怎么也不能使他摆脱根深蒂固的偏见,那个偏见是由一整套观点所支持的:艺术的世纪已经过去,宗教与科学的时代已经来临。黑格尔给艺术宣布了死刑,但这个死刑并没有执行。

上帝死了

黑格尔的宗教哲学引起了我们的兴味，首先因为它是他的学说的最弱一环。说它弱，是指它的体系的铁链就在这一环上裂断了。黑格尔的学生们主要把注意力放在宗教问题上。这个问题在哲学家逝世以后引起了激烈的争论，这场争论的逻辑成果就是黑格尔主义的对立面——费尔巴哈的无神论。这是必然会发生的，正如黑格尔的宗教理论必然会代替启蒙时期的朴素无神论一样。几百年来，反对宗教信仰的自由思想家认为，宗教乃是聪明的骗子用以诱惑和驾驭愚人的一种手段。启蒙主义者所走的道路并不能导致宗教的消亡。为了解决这一任务，必须放弃宗教是个人私事的看法，而把宗教意识作为一种社会风尚来研究。黑格尔的宗教哲学的意义就在这里。说来叫人不相信，他的神学观念竟成了无神论历史中一个重大而必要的要素。

黑格尔早在《精神现象学》中就写过，把对上帝的信仰视为江湖术士的戏法是愚蠢的，因为宗教必然会产生，并在"精神"即社会意识的发展过程中经受变化。对宗教采取历史的态度，这是黑格尔概念的第二个重要的特色。

黑格尔所达到的成果，在这里如在哲学的其他领域一样，同他的先驱者相比较，同时也多少有些浪费力气。康德已经批判地分析了一切关于上帝的逻辑论证，并且驳斥了它们。黑格尔又努力把它们恢复过来。

黑格尔同康德进行论战，是从所谓宇宙论的证据开始的。这个证据的基本要点可归纳如下：正如世界万物一样，世界本身也应当有其根源，它就是上帝。用康德的说法，就是：如果某物存在，那么一个绝对必要的、最真实的本体也一定存在。康德写道，在这个宇宙论的证据中，集合了许多虚妄的原则，以致看来思辨的理性需要拿出"它的一切辩证技巧"，才可能尽量有说服力地把事物说清楚。"辩证"一词对于康德还具有一个最恶劣的意义；那就是说，它是使人的理性狼狈不堪的——逻辑上的——矛盾的领域。他在宇宙论证据中发现了许多从逻辑观点来看大可争议的地方。康德说，关于普遍的因果依存性的判断，可以应用于感性经验方面，但没有理由把它们应用于超感性的世界（这个本体一定是在这个世界里）。更加没有理由否认，可能存在着无限系列的偶然因果。认为这个原因链条会有一个结束，那是理性的盲目自满。而且，我们终归不能把对于这个论题的判断同实际存在的事实混淆起来。我们可以假定任何一个最高的必要的本体，但决不可以认为这样一个本体必然存在。《纯粹理性批判》的相应章节就是这样论述的。康德这个见解的理论基础，同样也有一个弱点，就是把现象的感性世界同"自在之物"的超感性世界对立起来。黑格尔毫不踌躇地利用了这个弱点。神决不是不可认识的"自在之物"，因为一切都是可以认识的；康德拒绝超越经验世界的理性推断，他便贬低了理性；理性的真正领域恰恰不是感性世界，而是可以为精神掌握的世界。黑格尔的第一个反驳就是这样。

第二个反驳辉煌地表现了康德没有理由不害怕的那种"辩证技巧"。黑格尔问道，怎么可以那样把偶然性和必然性彼此对立起来呢？凡有偶然性的地方，也有必然性和实体性，它们本身就是偶然性的前提。关于必然性和偶然性的关系的思想是矛盾的；但黑格尔认为，一个现象的矛盾性决不是否认其存在的证据。"正是对待事物的这种温情，不让事物发生任何矛盾，虽然即使最肤浅的**经验**也同最深刻的**经验**一样，处处都表明这个事物是充满矛盾的。"

黑格尔进而谈到目的论的上帝论据（这是物理神学的论据）。整

442

个世界都证实了创造者的智慧,因为世界上的一切都是井然有序、合乎目的的。其中没有任何缺陷,因为维持生命所必需的营养物、水和空气都是现成的。世上所有相互作用的链条是太复杂了,不可能设想它不是按照一个有理性的计划创造出来的。康德说,目的论的论据因此值得小心地对待:它是最清楚、最适应普通知性的论据。康德的反论据是:自然的合目的性和和谐性涉及事物的形式,并不涉及其质料、其实体,因此借助物理神学的论据,充其量只能证明存在着一个世界造型者、一个制造现成质料的大师,而不能证明存在着一个创世者。

黑格尔又运用辩证法来反驳康德。难道形式可以脱离内容来观察吗?谈论一个没有形式的物质是废话。目的同样也不可以同手段隔绝开来。目的不能独自存在。在自然中有许多合乎目的的东西,但也有不少不合乎目的的东西,毫无意义的东西。数百万粒种子消灭了,并没有转化为有生命的本质;一个东西的生命以另一个东西的死亡为根据;即使追求高尚目标的人,也有过无数次不合乎目的的行动;他创造,同时他也毁坏。理性是辩证的,设想世界上的一切直到虫蚁瓦砾都被思考过,是天真可笑的:难道上帝是为了提供瓶塞才创造软木树的吗?普遍的合目的性不能应用于狭隘的有限的目的;按其性质来说,它在于绝对物之中,所以康德的论据是文不对题的。

最后,第三个上帝证据是本体论的证据。从年龄来说,它是最新的证据(是中世纪经院哲学家、坎特布里的安泽尔姆提出来的),可简述如下:我们设想上帝是最完善的本体。如果这个本体不具备"有"的属性,这就意味着,它不是完善的,我们便陷入了自相矛盾;我们既然设想上帝是最完善的本体,这一点就已经意味着这个本体的存在。要在这个证据中找出形式上的错误是不难的:"有"不是什么属性。从许多特征来看,真实的事物和被想象的事物并无不同之处;康德说,一百个真实的塔拉,按概念而言,一点也不比一百个可能的塔拉更多,区别仅在于它是否装在我的口袋里。把这两者混为一谈,也正是前两个"证据"的基础,它们也会回到这个问题上来。

黑格尔第三次援引了《逻辑学》的章节。首先,关于一百塔拉的想法根本不是什么概念,它是一个抽象的想法,是知性活动的一个结果;真实的概念是具体的,它是理性的产物。至于概念和"有"的关系,只要看看辩证范畴的体系,就足以说明问题:"有"是出发点,而概念则使逻辑得以完成,它包含前面所说的一切规定,"有"也在其中。人们惯于把概念看作某种同客体与现实相对立的主观物。对于唯心主义者黑格尔,概念却是客观的,它有独立的存在。

康德无疑是对的:上帝的存在不可能证明。但他所依据的逻辑是形式逻辑。黑格尔把上帝证据恢复过来,从而使得问题发生辩证的深化,这种深化反过来又有利于青年黑格尔派对他的宗教哲学发动攻击,有利于马克思主义克服任何神学。黑格尔的上帝,如果按照本质转化为概念,就是自身在发展的世界,人的能动性在其中占有重要的地位。关于神性的传统观念,黑格尔不论在青年还是在老年时期,都是加以拒绝的。在关于上帝证据的讲义中,他曾经嘲笑过那些信神的庸人:神父**布里斯**昨天向我谈了敬爱的上帝的伟大,我忽发奇想,敬爱的上帝可能管每只麻雀、每只金翅雀、每只红雀、每只虱螨、每只蠓虫,都叫得出它们的名字,正如你们叫得出那些乡下人的名字一样:施米特家的格里格尔、布利森家的彼得、海弗里德家的汉斯等等——想想吧!每个蠓虫彼此是如此相似,以致人们可以发誓说,它们都是兄弟姊妹,而敬爱的上帝居然叫得出它们每一个的名字,想想吧!

黑格尔关于神的概念远不是那种原始的想法。但是:他同斯宾诺莎的泛神论也不是一回事。泛神论认为,上帝和实体(物质)是同一的,无限的,是其自身的原因;在斯宾诺莎的哲学中,一切有限都沉没在实体的一致性中,对于实体本身来说,没有任何进一步的、具体的、丰富的规定。黑格尔则坚持强调精神的优先性;而自然不过是理念的异在。泛神论者把自然精神化,黑格尔则把它当作无精神的元素来虐待,连它的美都不肯承认。

海因里希·海涅回忆说:"一个星光灿烂的良夜,我们两个并肩站在窗前,我一个二十二岁的青年人……心醉神迷地谈到星星,把它们称为圣者的居处。老师喃喃自语道:'星星,唔!哼!星星不过是天上一个发亮的疮疤',我叫喊起来:'看在上帝面上,天上就没有任何福地,可以在死后报答德行吗?'但是,他瞪大无神的眼睛盯着我,尖刻地说道:'那么,您还想为了照料过生病的母亲,没有毒死自己的兄弟,希望得到一笔赏金啰?'"

黑格尔在海涅笔下关于星空的说法,几乎就是一句引文。《哲学全书》的相应章节是这样说的:"这种发光的斑疹像人身的一种斑疹一样,或者一群苍蝇一样,并不值得惊叹。"

至于死后的报偿问题,海涅显然也复述了他的老师的思想。黑格尔在什么地方也没有讲过个人的不朽。灵魂是"精神的一场幻梦",精神在人的自觉活动中才觉醒过来,而当这种活动停止时,它又睡着了。

那么,黑格尔怎样对待创世说的教条呢?逻辑理念向其异在、向自然的过渡,是否也可以按照创世说的意义来理解呢?一方面,这个问题可以回答"是"。"为什么上帝决心要来创造自然呢?"哲学家在《全书》中这样问过自己。但是,另方面,黑格尔又把"自然的创造"解释得没有一个正统神职人员会表示同意。理念的逻辑发展并不是在时间上先行于自然。时间范畴诚然只在自然哲学中出现,但是"在时间中的发展"只是在精神的阶段即在人和社会的生活中才得以完成。

关于人的出现问题,在黑格尔那里也同样是模糊的。他把圣经当作一个诗意的传说,但他也不接受进化论。他确信,在自然中较高的东西不是从较低的东西产生的,没有有机物,没有生命,也就没有无机物。如此说来,岂不是没有人,也就没有自然吗?黑格尔并没有把他的思想贯彻到底。中世纪反抗圣经权威性的异教徒们,就有过关于人类永恒的观念。黑格尔对于神秘说和异教的兴趣,我们已经讲过了。

新教神学永远采取历史的态度,其任务在于辩明和证实新信仰之所以会出现。黑格尔继承了这个传统,他把交替出现的宗教教义看作对于神的不断深化的认识之必要阶段。一个跟着一个出现的宗教,并非通过外在的标志、而是通过精神——它感到必然达到自我认识——的性质结合起来的。在宗教的发展过程中，神的形象越来越人化了。这个过程是同自由意识的深化过程同时发生的，这种深化在黑格尔看来就是世界历史的内容。

宗教的第一个形式是自然宗教。这种宗教首先作为巫术而出现，这时人试图通过自己的意志来驾驭自然；足见当时已经产生这样的信念，即精神是比自然更高的东西。后来，连符咒之类也被纳入巫术行为，巫术便变得迂阔起来，它变成了祭祀动物、祭祀祖宗的"偶像崇拜"。巫师、祭司就是一种普遍的精神力量的感性存在。在这种宗教的原始变种即在中国宗教中，中心要素是世界整体的感性观念：无所不包的本体是天。其中央是地，地的中央又是中国；在中国的中央，中国皇帝作为天子，作为大巫师统治着活人和死人的王国。中国人的天并不是一个在地之上由天帝领导的独立王国，而是指一切权威——甚至自然威力——都隶属于皇帝。在这个王国里，一切受制于度，一切仿佛用一个圆圈来测量，人的每一步都为法律所规定。因此，黑格尔称中国人的信仰为"度的宗教"。这种宗教的祭祀活动带有包罗万象的性质，人的内在世界为外在的礼仪所代替。

在印度宗教即婆罗门教中，一元论的形式代替了泛神论的君主制形式。最高的神梵天与其说是单一的神，不如说是诸神的集合体，它是一个中性。一切从它而来，一切又复归于它。人生的目标就是重新同梵天、同唯一无二者合而为一。这是通过禁欲主义的生活方式、通过自戕、通过弃绝一切兴趣与嗜好，首先通过十年来不自然的无为生活而达到的。因为印度宗教是神人同形同性，是完全诗化的，黑格尔称之为"想象的宗教"。

下一个宗教形式即佛教，是一种"自在"（Insichseins）的宗教，它拥有最大多数的信徒。这里的神是未被规定者，是一切特殊事物的乌有，是"无"：一切产生于"无"，一切转化为"无"。但是，神又被认为是十分确定的人，是佛，是达赖喇嘛，等等。在这种宗教里，人的最高目标是深入永恒的寂静境界,这种境界没有意志,没有智慧。佛教徒并不同外界作斗争,他只与自己相处,只抵抗自己。最高目标在于达到涅槃,在于一切意识和一切情欲的中断。

古波斯的"善或光的宗教"是从自然宗教向宗教观念的更高发展阶段即自由宗教的过渡形式。这里已经有了区别、对立:善与恶相对立,光与暗相对立。这是两种元素——光神(善)与暗神(魔)的斗争,这就是查拉图斯特拉所建立的古波斯教的内容。

腓尼基的"痛苦的宗教"避免了波斯教义的二元论。这个宗教的神性所有的对立不在其身之外,而在其身之中:阿东尼斯神死了,他又复活过来,从而克服了他的死。在阿东尼斯崇拜中,无限的生命过程以象征的形式表现出来。当然,这里还没有灵魂不朽的观念。这个观念是到埃及人那里才有的。

埃及的"谜的宗教"从事探讨生命在死后的伟大秘密,它把这种秘密作为崇拜对象。什么地方也不像埃及那样重视殡葬,宏伟的金字塔就是那种重视的体现。国王和祭司的宫殿已化为废墟,他们的坟墓却经住了时间。

埃及宗教提出的生与死之谜,在具有"精神个性"的宗教中得到了解答;在黑格尔看来,犹太教、古希腊教、古罗马教都属于具有"精神个性"的宗教,神在这里是作为一种从自然产生的"自由主观性"而出现的。这类宗教首次宣布了上帝从"无"创造世界这个观念,这个观念就是犹太的"崇高的宗教"的一个特征。据黑格尔说,这个观念比任何设想世界和诸神起源于混沌的观念都更高尚。神在这里并不限于仅仅为异物赋形;他甚至首先是从"无"创造这个异物,然后使它成形,最后根据它的形象创造了人。人由于原罪而能认识善恶,他有知识,因此是自由的,和神一样。

下一阶段——"美的宗教"——起源于"最有人性的民族"即古希腊人。在这里,具体的人连同他的全部本色,连同他的一切需要、嗜好、情欲、习惯、伦理上和政治上的使命,一起出现在他的诸神身上。

自由、精神性和美深入到希腊人的日常生活中,他们崇拜的不是对命运的忍从,而是理想化了的一般性和艺术性的享受,生命的一种绵延不绝的诗。

和希腊宗教不同,罗马宗教十分散文化。他们的诸神是实际的、严肃的,几乎可以说是灰色的,他们没有理想的美,宗教观念从属于一个目标——国家。它是"实用的宗教"。在罗马的宗教中,个人献身于国家的事业。罗马帝国建立以后,罗马皇帝变成世界的主宰,他甚至比罗马精神花费如许精力才使之形成的形式法更高,他变成了罗马的神。罗马的精神摧毁了前面各种宗教的幸福与宁静,作为抽象的力量把一切压抑到千篇一律的地步。这就是造成普遍的痛苦的原因,所谓普遍的痛苦就是真理的宗教——基督教出世时的阵痛。

黑格尔把基督教称为比什么宗教都好的"绝对而完善的宗教"。在基督教中,黑格尔说,最终发生了神和人的和解。宗教是神的自我意识,神同自身区别开来,在有限意识中以自身为对象,但在这种区别中又绝对地与自身相同一。即使在基督教中也还有一个发展。黑格尔企图阐明,为什么天主教、基督教的一种错误形式能够主宰几百年。这里又出现了天启性这个概念①。黑格尔在青年时期用"僵化"一词形容过任何一种传统的宗教。现在他又认为,天启性是已获得的真理的偶然形式,是理性之肤浅的非理性的显现。"自由的法则在其显现中永远有天启性的一面,有现实性、表面性、偶然性的一面。"

圣经就是天启性的,其中所记述的奇迹不是为理性而存在的。单纯的知性试图把奇迹解释得自然而然;理性的立场则是:宗教、精神性不可能通过非精神性、外表事物来加以证实。

发展的高点和终点是真理与"自由的宗教"。黑格尔这里抛弃了历史的叙述方式,开始按照逻辑-概念的方式说下去。他把神圣的三位一体(圣父、圣子、圣灵)解释为作为他的哲学体系之基础的三段论

---

① 参阅前文《行动在先》。

法。"父国"是神在创造世界之前的存在,是纯理想性,是逻辑范畴的领域。"子国"是被创造的世界(不仅指自然,而且还指有限的精神);基督死在这个世界里,又在"灵国"中复活,"灵国"是前两个"国"的合成,是信徒们的精神教区,这个教区是通过伦理生活和政治生活的统一原则而在尘世中被实现的。但是,这些原则——依据黑格尔的见解——又是哲学知识的对象。那么,哲学克服了信仰吗?黑格尔的回答是:哲学受到了这样的责难,说它**驾凌于宗教之上**;但从事实来看,这个责难是错误的……它只是**驾凌于信仰的形式之上**,内容还是一样的。

黑格尔的《宗教哲学讲演录》,包括一个在当时来说相当辉煌的宗教历史概要。他大概为了模式的缘故,"忘记"了伊斯兰教,伊斯兰教进入世界舞台比绝对宗教——基督教要迟些,因此并不适合哲学家的结构。他也没有把神的"人化"过程贯彻到逻辑的终点,即一般地否定宗教。但是,任务毕竟提出来了,方法也具备了:不要把宗教看作个别人的骗局,而要把宗教作为社会现象从历史上进行研究。黑格尔的后继者首先就来解决这个任务。

通向真理的道路

黑格尔体系的最后一个阶段是哲学。在这一阶段中,精神的自我发展达到了"绝对的终点";黑格尔的学说在这里形成了高峰,同时宣告完结。

当然,黑格尔决没有把发现绝对真理的功绩归于自己或自己的天才。他既不骄傲,也不浮夸。他把他的哲学不过看作精神自我认识的漫长过程的最后阶段。

早在黑格尔以前,哲学史就有过种种写法。但是,那些写法有两个缺点:其一,把陆续出现的哲学体系写成一系列互相矛盾的见解——见解是某种纯粹主观的东西,"而在真理面前,见解是相形见绌的"——;其二,把那些陆续出现的哲学体系写成单纯一堆知识,而不是知识的统一、联系、发展。黑格尔把这类哲学史的作者比作野人,他们听完了一阕乐曲的全部音响,却领会不到其中最重要的东西,即这些音响的和声。

按照黑格尔的理解,哲学史乃是思维从内部必然产生的前进运动。这一运动向我们介绍的,不是一系列互相矛盾的见解,而是一系列从事理性思维的英雄,他们(一个比一个更深入地)探究事物、自然和精神的本质,为后代掘发出最贵重的珍宝,即理性认识的珍宝。哲学的历史——就是通向真理的道路。

这种历史所记载的事件和行动,在内容上并没有打上个别人物的品格印记,特殊个人越少参与其间,反而写得越好;无特性可言的思维本身才是这种历史的创造性主体。所以,黑格尔说,在这一点上,哲学史是和政治史相反的,因为在政治史中,具有独特气质、天赋、品格的个人是行动和事件的主体。在哲学史中,传统好像一根神圣的链条,把我们同过去联系起来,但它并不是一尊不动的石像,而是像一股越汇越大的洪流那样生气勃勃。

黑格尔说,一个新的哲学学说要求驳倒过去的一切,要求占有真理,乃是理所当然的。使徒保罗对安纳尼亚说:"瞧着吧!将要抬你出去的人的脚,已经站在门口了。"迄今为止的经验表明,这句话用在那样一些哲学体系上也是贴切的。"瞧着吧,将要把你的哲学驳倒并排挤掉的那种哲学不久就会来到,正如它对于其他哲学并没有姗姗来迟一样。"当然,黑格尔仅仅把自己当作例外。

但是,没有一个体系会消失得干干净净,它继续以"被扬弃"的状态存在着;这就是说,在哲学发展中,后面的每一阶段不仅必然地从前一阶段产生,而且,还吸取了前一阶段所包含的一切有价值的东西。所以,就是在这方面,逻辑的东西也是和历史的东西相一致的:认识的理论是和认识的历史相一致的,哲学体系中概念的合乎逻辑的相互继承是符合它们在历史上的形成过程的。黑格尔总结说,研究哲学史,也就是研究哲学本身。

哲学知识的历史运动同范畴体系的结构一样,都是以同一个原则——从抽象上升到具体——为基础的。一个哲学学说越老越抽象,越新越丰富、越具体。我们不能希望用古老的哲学学说来解答现今提出的问题,不能期待这些学说具有一个较深刻的意识所应有的规定。黑格尔正当地坚决反对把过去解释得言过其实;但他却醉心于把每种学说分别描绘成他的逻辑体系的一个范畴结构,并使一种哲学的所有其他规定都从属于这个范畴的发展。这就往往导致公式化。

黑格尔不仅注意到这些学说所形成的统一链条,而且还注意到链条中每个环节对其周围条件的依赖性。在这一点上,他是前无古人的。黑格尔说,哲学就是它的时代在思想中的表现。任何一个哲学体系都是它那个时代的哲学。所以,在我们现代既不会出现柏拉图学派,也不会出现亚里士多德学派,既不会出现斯多葛主义者,也不会出现伊壁鸠鲁主义者,充其量只会出现他们的后裔。要复兴这些体系,无异于要一个成年人重新变成小孩。也并不是每个时代都有利于哲学研究;只有文化达到高级阶段和成熟期,才为哲学思维开辟道路。

黑格尔认为,社会生活方式的各个方面,如生产、国家、社会关系、政治、法律、宗教、艺术、哲学等,没有一项是第一性的,它们都是世界精神的外化,而世界精神却在一定的时期内,在一定的民族中,体现为时代的精神、民族的精神。根据这一点就可以看出,黑格尔对于社会生活和社会意识的各种形式之间的关系和相互作用,是深有见识的。他的这些见识诚然没有对这些关系作历史唯物主义的解释,但却绝对没有用庸俗的眼光来对待它们。所以,一般来说,我们觉得黑格尔提出了问题,却没有解决问题,他提出了问题,仅仅指出了解决问题的途径,却没有提供现成的答案。但是,精辟地提出问题,往往比正确然而肤浅地处理问题重要得多。

今天,在黑格尔的遗著中,《哲学史讲演录》引起了人们极大的兴趣。其中的研究资料虽然还不够完备——哪怕谈到最重要的哲学家——而且有一部分解释得很片面,但是它的分析原则却是辩证法(以唯心主义的形式)的宏伟范例。人们可以借助黑格尔的哲学史讲义,很好地研究他的辩证法。意识的发展作为主客体之间连续不断的相互作用,在《精神现象学》里是以一般的形式加以申述的,而在这里却得到了具体的体现。思维从抽象到具体的运动,逻辑的东西和历史的东西之间的相互联系,在《逻辑学》里是作为一个思辨结构显示出来的,而在这里却尽可能地从哲学史上得到了证实。

此外,《哲学史讲演录》不仅对于研究黑格尔是重要的,它不仅是体系的极致和方法的精华,而且就是研究哲学史本身,它也是一份有价值的参考资料。尽管黑格尔并没有为读者提供一个关于哲学思想发展的完整概念,虽然他的方法是唯心的,他还是抓住了过去那些学说的实质,特别是在涉及辩证法的形成方面。每当哲学史上出现一个新概念,出现一个对待事物的新原则,黑格尔总是告诫读者,不要满足于一知半解,而要从其深远意义、从其进步和缺点、从其前提和结果来权衡、来评价、来理解问题。

黑格尔认为,哲学只是在希腊世界才开始发挥作用。精神虽然产生于东方(中国、印度),但它在那里并没有上升到比宗教还高的地步。

哲学的奠基人是米利都的泰利士。黑格尔介绍泰利士,先讲了一个轶事:有一次,泰利士抬头观望星辰,掉进了一个坑里,人们就嘲笑说,他能认识天上发生的事情,却看不见自己脚下的东西。黑格尔说,只有那些永远躺在坑里、从不仰望高处的人,才不会掉到坑里去。据传说,泰利士首先确定了北极星对于航海的意义,测量了埃及金字塔的高度(根据金字塔的投影),预言过一次日蚀,还规定三百六十五天为一年。

第一个试图解释世界的统一性,并把事物和现象的多样性归之于一个统一元素的人,就是作为哲学家的泰利士。泰利士把大自然中最常见的物质——水——当作这样一个元素。水结合恒动和恒静于一身,并溶解一切物体,它是一切存在物(其中也包括生命)的物质根源。泰利士否认死的、无感觉的物质的存在,认为万物皆有灵魂。如果采用现代的术语,我们可以称泰利士为一个朴素的物活论的唯物主义者。关于泰利士在感性事物中间发现普遍性这一点,黑格尔当然有另一种解释。他断言:泰利士指的,本来就"不是感性的水,而是作为思想的水"。这句话颇有代表性,因为在黑格尔看来,哲学史首先是一部唯心主义的历史,对于唯物主义学说,他或者保持缄默,或者加以歪曲。

在米利都学派的同一时代,还出现了毕达哥拉斯学派。"philosophie"("哲学")这个名称,意即对智慧的爱,就起源于毕达哥拉斯。

按照毕达哥拉斯学说,数及其间的关系是存在的基础。万物之源是一。(黑格尔称之为:**这个一**①,他联想到了"统一";每件事物都是

---

① "一"(die Eins)在德语中本来是阴性,黑格尔却把它写作中性(das Eins)。以与一般作为数字的"一"相区别。

453

一样的，事物都由于同这个一有关而是一样的。)其他一切数都是一即单元的组合。有了二，便出现了多数、差别、对立。后期毕达哥拉斯学派把一称作神，把二称作物质。三赋有很大的意义，一通过二重新在三里面到达它的圆满阶段。对三的崇拜从毕达哥拉斯学派传到了基督教。毕达哥拉斯学派把四看得比三更高，它使人想起四个元素（水、气、土、火）和世界上的四片大陆。继续数下去，一直数到十，十这个数是一、二、三、四的总和，是这些数的最高统一。黑格尔注意到，在数的神秘性背后，隐约形成了统一、对立、量等等第一批哲学概念；后来由亚里士多德提出来的范畴图表的思想，在这里已经开始萌芽。

在爱利亚学派的学说中，本质和表象之间的矛盾，占有最重要的位置。黑格尔说，辩证法就是从这里开始的。感性的、可变的存在并不具有真实性，如果我们想按照理性来解释它，那我们就会碰到矛盾。这个思想清楚不过地表现在芝诺的命题中，他的目的就是否定运动。感官告诉我们，事物在运动，但是要理解运动，却是不可能的。关于运动的思想永远包含着一个矛盾，因此芝诺总结说，运动实际上是不存在的。

我们来看看"飞矢"的命题。矢在飞的过程中，总处于某一具体时间和某一具体地点。在下一个瞬间，它又处于另一个地点，如此类推。然而，如果矢处于一定的地点，那么就是说，它静止在那一点上，但是从静止状态的总和中是不会产生运动的。运动着的物体根本不在任何地点运动，既不在它所在的地点，也不在它所不在的地点。

另一个命题是"快腿阿基利"。如果我们按照逻辑来处理问题，那就无法证明，快腿阿基利将能赶上前面慢慢爬行的乌龟。因为，他一旦跑完两者之间的距离，乌龟至少也向前爬行了一点点。当阿基利跑完那段新距离时，乌龟又将爬过一段即使微不足道的路程。他们就这样一前一后地向前运动，没有个尽头。

据传说，哲学家第欧根尼反驳了芝诺关于运动之不可能性的观点；他站起身来，走来走去——用行为进行了反驳。他的学生对于这样的"反驳"感到满意,第欧根尼却认为他以非哲学的态度对待问题,把他痛打了一顿。第欧根尼知道,芝诺并不想否认运动的感性存在,但是人们不应满足于感性的确实性,而必须力图理解它。

辩证逻辑承认在现实本身中存在着矛盾,只有它才能对芝诺的命题予以反驳。运动本身就是矛盾的。黑格尔解释说,如果我们想一般地理解运动,那么一开始会认为,一个物体处在某一个地点,后来移到了另一个地点。可是,在运动的过程中,这个物体已不再在第一个地点,同时它也不在第二个地点;如果它在其中一个地点,那就处于静止状态了。但是,它究竟在哪里呢? 如果我们说,它在这两个地点之间,那么它又重新处在一个地点了,于是,我们将面临同样的困难。实际上,运动正意味着,既在这个地点,同时又不在这个地点;既在这个地点,同时又在另一个地点——这里可以看到时间和空间的连续性,只有这种连续性才使运动成为可能。

爱利亚学派从否定的方面发现了辩证法,也就是说,他们提出了一个他们不能解决的问题。在这一点上,黑格尔把芝诺比作康德。赫拉克利特的哲学则对于辩证法的思想作了肯定的描述。黑格尔写道:"……赫拉克利特的命题,没有一条我不曾纳入我的逻辑学中。"赫拉克利特认为:"宇宙不是上帝创造的,也不是人创造的,它过去是、现在是而且将来也永远是一团熊熊的烈火,它依据自己的规律燃烧和熄灭。"由此看来,赫拉克利特把火当作本源。火的变化就是事物和现象的多样性的基础。火的熄灭是"下向的方式",火变成了潮气,变成了水和土。相反的方式是土的液化(海)、蒸发和燃烧。大自然是个圆圈,其中起点和终点是相通的。其他对立也是相通的;有和无是一回事。黑格尔认为,赫拉克利特以前的学说达到了有和无的抽象——达到了第一个辩证范畴。赫拉克利特接着转到第二个范畴——生成。

我们记得,黑格尔范畴体系的下一阶段是"自有"(Fürsichsein)的概念。他用这个范畴包摄了恩培多克勒的学说,以及原子论者留基伯和德谟克利特的学说。由此可以清楚地看出,黑格尔是怎样为他的模式和唯心主义偏见所蒙蔽，以致不能对唯物主义哲学做出适当的评价。原子论的概念认为，世上只有原子和真空。黑格尔承认这个概念是"重要的，虽然未免贫乏"。留基伯和德谟克利特说，灵魂是由球形的原子组成的。从每个事物上都可以揭下一层薄薄的表皮，这些表皮进入感官，从而产生了感觉。德谟克利特把实际存在的、为事物本身所固有的东西——形态、次序、位置——和只存在于人们的思想之中的质——颜色、气味、味道区别开来。但是，怎样才能够从纯数量的规定中产生出感觉来呢？这一点却毫未触及。黑格尔说："这样一种观点"……为坏的唯心论打开了大门。这种唯心论认为，只要它把对象和意识联系起来，并且只消说一声，那是我的感觉，是我的感觉，就算把对象处理完了。"黑格尔这里指的是主观唯心主义。

阿那克萨哥拉把绝对的东西即心智（Nous）规定为普遍的东西，他在这一点上接近黑格尔，所以得到了黑格尔的详细论述。古代哲学发展的新阶段是从诡辩学派开始的。"诡辩"一词一向名声不好：它意味着，任意用错误的论据反驳正确的东西，或者任意把虚假的东西说成似乎可信、或许可能。但是，这个意义是后来才有的，诡辩家的原义是——智慧之师。诡辩学派把哲学运用于人，把人与人的关系纳入哲学中。他们在他们那个时代是当教师的，他们教数学、音乐和雄辩术。的确，他们也曾断言过，人们可以用种种论据来证明他们所要证明的一切，对于每一个举动都可找到赞成和反对的论据。但这并不是诡辩学派的过错，他们只不过认识到并利用了这种情况，过错还在于事情本身。

这一章还谈到了苏格拉底。用黑格尔的话说，他是古代哲学中最有趣味的人物。苏格拉底紧接着诡辩学派，致力于把哲学"人情化"，但他和诡辩学派是对立的，因为他肯定了高于私人利益的绝对元素的存在。这就是真的、善的、合乎伦理的、正直的东西。每个人都应当独立地、"出自本身"地达到他的认识，并且在符合这种认识的情况下生活。苏格拉底发现了道德。在他以前，雅典就有了朴素的伦理，但却没有对于善和德行的反思。苏格拉底寻求真理的方法深深吸引了黑格尔。他认为，在苏格拉底身上，方法和哲学推理是一致的。

苏格拉底乐于同他乡镇上的公民——普通人或政治家，智者或工匠——进行交谈。在谈话中，他往往从直接的生活琐事出发，引导对方从已知的特定事件达到对于普遍性的思维。首要的任务在于启发人们对根深蒂固的观念加以怀疑。他以一个胸无城府的老实人的态度向对方提出问题，好像他本人要向对方学习一样。对方的回答继续被苏格拉底思考着。直到揭露出内在的矛盾为止。这就是著名的苏格拉底式的讽喻(Ironie)，它教导人们认识自己是一无所知的，它先使人们产生惊讶，然后引导他们进行反思。苏格拉底继续运用他自己所谓的助产术。他认为，必须帮助已经存在于对方意识中的思想出世。苏格拉底这里所采用的方法，就是提出正确的问题——一个应当予以适当注意和重视的问题。于是，所要求的答案也就出现了。

苏格拉底不愿意提出任何体系，他只是在个别人身上诉诸对于普遍性的思维。苏格拉底认为，一切取决于良心：如果良心坏了，那么行动也就相应地坏了。阿里斯多芬试图在他的喜剧《云》中嘲弄苏格拉底。黑格尔肯定阿里斯多芬是对的，并且在一定程度上肯定雅典法庭也是对的，这个法庭认为这个哲学家不信神和诱惑青年而把他判了罪。

按照黑格尔的说法，苏格拉底的命运是够悲惨的了，它开创了希腊的悲剧。两个相反的公理对抗起来，互相推翻：一方面是现存法律的合理性，以法庭和雅典人为代表；另一方面是知识的权利，对善和恶、对知识之树的果实进行反思的权利（这也是近世哲学的普遍原则），以苏格拉底为代表。

黑格尔大书特书的下一个伟大人物就是苏格拉底的得意门生——柏拉图。柏拉图认为，我们周围可以由感官感知的、变化不定的事物界，是真实的、超越经验的理念界的一幅暗淡的图画。每件事物都有其理念，这个理念独立存在于事物之外，它是事物的真实存在，是事物的本质。每所具体房屋不过是一般房屋的相应的永恒不变的理念的一个现象。柏拉图心目中的理念无非是普遍的概念,他把它抽象地同可感知的个别事物相对立,并把它提高为独立的存在。

一般人是揣度不出理念界的存在的。柏拉图把他们比作囚徒,这些囚徒被缚在一个洞穴里,面对着岩壁,从没尝到过一点自由。人们扛着器皿、雕像和图像从洞穴的入口处走过;囚徒们在岩壁上只看到这些东西的影子,但他们却把这些影子当作物体本身,因为他们从没看到过真实的物体。我们周围的事物既然是不真实的,我们觉察事物的感觉也就提供不出真正的知识。理念界只能被智者所认识,智者克服了感官所提供的印象之后,便回忆起他的不朽的灵魂进入本世界之前在彼岸世界所见到的一切。

所有这些见解都是富有诗意的,神秘难懂的。但柏拉图是哲学家,他的细心的读者会在神学外壳后面看出关于知识性质的深刻的思想。(此外,"辩证法"一词也是首先在柏拉图的著述中出现的。)黑格尔的分析正是在这方面使人感到兴味。这就是指的对立的统一。赫拉克利特观察周围世界时,就已经以形象的方式讲过这个问题。在柏拉图的学说中,这个思想则以概念的方式表达出来,并且涉及到认识,认识同世界本身一样,也包含着矛盾规定的统一性。没有一件东西仅仅是大的或者仅仅是小的,是一倍或者是一半,是正确的或者是不正确的,是美的或者是丑的,而永远是两者同时兼备;当柏拉图谈到个别参与普遍、参与理念时,他就是想说明这个事实。黑格尔把柏拉图的见解概括成一句话,即:真理在于对立的统一。

柏拉图是苏格拉底的学生,但他同他的老师不一样,他在人类事务中不是从个别人出发,而是从人们组织起来的集体、从国家出发。柏拉图并不提倡道德,而是陈述了一个伦理的体系。因此,他同黑格尔特别接近。这位雅典智者和后来的柏林哲学家一样,完全相信国家是伦理生活的基础。从这一点来看,同时从他们的差别来看,他们两人都是他们时代的产儿:柏拉图在他的"理想国"里不仅废除了私有财产,而且还废除了婚姻制;他的乌托邦式的观点就是斯巴达现实的神化。相反,黑格尔认为柏拉图的一大缺点就是,在他的国家里,个别性的原则受到了压抑;他这里指的是主观良心(道德)、婚姻和私有财产;因为,"只有财产归个人所有,自由才可能存在"。

正如柏拉图不赞同他的老师苏格拉底,他的学生亚里士多德就更加跟他谈不拢了。马其顿的亚历山大的这位老师在希腊哲学中所起的作用,可以和他的这位亲密学生的政治作用相媲美:马其顿王占有了整个文明世界;亚里士多德的体系则包括了当时存在的所有知识领域。

亚里士多德对于柏拉图的根本责难就是,不能把本质和具有这一本质的事物割裂开来。本质就在于事物本身之中,而不在于一个彼岸世界。亚里士多德对柏拉图的批评包含着一定的唯物主义特征,黑格尔却处心积虑地抹煞了这些特征。亚里士多德认为,物质不过是事物纯粹的抽象的可能性,即浑沌的和惰性的质料。它只有通过形式,通过积极的理想原则才能达到真实性、现实性。形式使物质从纯粹的可能性变成现实性,变成感性的、可感知的实体。实体的一个更高的类是知性,即人的心灵。亚里士多德认为,最后还存在着一个最高的、绝对的实体,一个不可动而致动的形式之形式,在这个形式中,形和质、可能性和现实性是不可分割的:这就是上帝。

黑格尔还格外谈到亚里士多德关于国家的学说。亚里士多德说,人是"政治动物";国家是个别人的本质,国家高于个人和家庭。亚里士多德和柏拉图不同,他并不热心描绘国家制度的完美形式,他只指出,"优秀人物"应当治理国家,而不受法律的约束。"亚里士多德这样说,他的心目中无疑地浮现着他的亚历山大……希腊的民主制度当时已完全衰微,所以他对它再也一字不提了。"

斯多葛主义、伊壁鸠鲁主义和怀疑主义虽然都产生于希腊,黑格尔却把它们都作为罗马世界的——特别是在罗马人统治下的——哲学来谈;罗马世界并不适合具有理性的实践的自我意识,于是自我意

459

识退回到它的思维的孤立状态,并满足于这个状态,只关心自己而不关心普遍事物。

古代哲学发展的最后阶段新柏拉图主义,以异想天开的方式调和并容纳了先前几乎所有的基本学说,如柏拉图学说和亚里士多德学说、斯多葛主义、伊壁鸠鲁主义和怀疑主义。新柏拉图学派最大的权威柏罗丁认为,世界的出现是由于神性的放射(流溢)。绝对的存在,即太一,亦即上帝,像太阳放射光辉一样,从自身放射出知性。放射物又回到太一,静观着上帝,被思维的东西思维着思维。黑格尔特别赞赏柏罗丁学说的这一方面:"等而下之,一部分转化为自然,一部分转化为显现着的意识……就包含了很多武断成分,而没有概念的必然性……"——柏罗丁哲学的另一方面,即对物质世界的解释和归纳,并不投合他的口味。

黑格尔在他的讲演录中把主要的注意力放在古代哲学上(占用了讲演录三分之二的篇幅)。他就这样结束了一千多年的古代哲学史。此后一千年——从六世纪到十六世纪——黑格尔匆匆忙忙地一笔带过,好像穿上了七里靴一样。

黑格尔讲中世纪哲学,是从阿拉伯人讲起的。的确,他只是列举了一些人名:阿尔·法拉比,伊本·森纳,阿尔·埃查利,伊本·鲁斯德等。① 黑格尔认为,这些哲学家的功绩在于保存了亚里士多德,因为在中世纪欧洲,人们在一段漫长的时期内,只是从阿拉伯人的翻译和注释中才了解到亚里士多德。黑格尔专横地断言,阿拉伯思维总之是乏味的,在哲学史上没有形成一个独立的阶段。

另外,黑格尔对于欧洲的经院哲学也是这样说的;哲学同神学搞成一码事了。"经院哲学乃是北日耳曼人天性中的知性的完全混乱。"科学退化了,变成了形式上的三段论法的推理。"在学者中间出现了对于理性事物的无知,彻底的、惊人的迟钝——同样,在其他人即僧侣

---

① "伊本·森纳"的拉丁文译法为"阿维森纳";"伊本·鲁斯德"的拉丁文译法为"阿维罗伊"。

中间,也出现了最可怕的、完全的无知。"思维错乱了。黑格尔用"错乱了"(verrückt)这个词,有两层意思,一是"走岔了道",一是"癫狂了"。

黑格尔给托马斯·阿奎那写了一页,给罗吉尔·培根写了三行,对于著名的阿维罗伊派①、自由思想家和异教徒西格尔·冯·布拉班特却只字未提。此外,黑格尔也没有提到他青年时代曾经为之神往的德国神秘主义者埃克哈特大师。显然,这并不是黑格尔对中世纪哲学了解不够,而是中世纪哲学不适合他的逻辑思维借以向前发展的模式。中世纪像东方智慧一样,束缚了浪漫主义者们的思想——黑格尔倒不同情这些人。但这里也同样可以看出,他对于封建时期肆无忌惮的天主教的精神世界,怀着新教徒所特有的敌意。

中世纪哲学分割了彼岸和此岸,分割了宗教感情和自然——外在的自然和人的自然②;外在世界只有在被克服之后才有价值。近代哲学就是要解决被思维的宇宙和存在的宇宙之间、思维和存在之间的对立。按照它们下判断的方式,近代哲学分成两个流派——实在论和观念论。实在论从感知、从物质自然中推断出思想的内容,观念论则从思维的独立性出发。黑格尔讲到这里,几乎提出了哲学的基本问题;他不确切地称之为"实在论"的东西,就是唯物主义。近代哲学的两位祖先培根和伯麦,就是最初试图从相反立场解决精神和自然问题的两个对手。

黑格尔叙述德国鞋匠雅可夫·伯麦,比叙述"一切经验哲学的先驱"、英国大法官培根更详细,更带有偏爱。对于伯麦这个人,一些人不公正地把他贬为执迷的盲信者,另一些人却由于他的思想的形象化,由于他的直观哲学和感觉哲学,同样不公正地把他捧上了天,黑格尔则认为他是个失学者,笔下虽不雅驯,但嗜好哲学冥想,并充满辩证思想。

十七世纪是知性进行思维的时期。经验论和唯理论争论不休,但

---

① Averroisten,指阿拉伯哲学家伊本·鲁斯德(1126—1198)的追随者。
② 即人的本性。

它们的分歧无关紧要,双方都是从经验(外在的或内在的)而不是从思维本身的内在必然性获得内容。唯理论认为合理的思维是真知的唯一源泉,这一哲学流派的创始人是勒奈·笛卡尔。笛卡尔想排除一切权威知识,绝对地无条件地从头做起:在他看来"我"的思维乃是唯一无可怀疑的事实。由此得出了他的著名的命题:"我思,故我在。"

笛卡尔从"我"的存在这一事实出发,达到了神的证验,而后达到了物质世界。上帝这个本来就有的实体是宇宙的创造者,而宇宙是由两个独立的实体——精神实体和物质实体——组成的。后者的属性是广延,前者的属性是思维。上帝规定了肉体和灵魂的诸变种之间密切的和谐,它是这两个实体之间的媒介,这两者之间是没有直接的相互作用的。

巴鲁赫·斯宾诺莎用他的统一实体的学说克服了这种二元论。实体并不依赖于任何一个它身外的神圣的造物主,它就是"它自身的原因",它就是上帝,但它也是自然。

斯宾诺莎的神学术语有可能使人对他的泛神论作唯心主义的解释,黑格尔就驳斥了所有由于斯宾诺莎的无神论而对他发出的责难。同时,牧师们对于斯宾诺莎的疯狂攻击,所有自由思想者对他的仰慕和追随,更使人毫不怀疑他的学说带有无神论的甚至唯物论的倾向。斯宾诺莎不仅把上帝化为自然,而且还对圣经进行了科学的批判(他就是这种批判的首创者),这样就挖了宗教的墙脚。

在英吉利海峡的彼岸,经验论者培根的思想找到了肥沃的土壤,那里出现了另一类型的唯物主义学说。黑格尔把约翰·洛克的哲学说成为形而上的经验主义。斯宾诺莎从原理和定义出发;洛克则热衷于从有限物、感性物、经验伸引出普通概念。他否定天赋观念的存在,认为知性中任何事物无不先在于感官之中。感觉是一切知识的来源;心灵在和世界发生感性交往之前,是一块没有内容的"白板",只有经验才在上面写出文字来。

经验科学的方法正符合洛克的见解。黑格尔指出,这些见解当然不能令哲学家们满意。首先就没有弄清楚,个别感知以什么方式采取具有概念特征的普遍性的形式。洛克说知性只是组合,这个解释是不够的。他的另一个弱点是把质分成第一性和第二性。第一性的质(广延、硬度、形状、运动等)是真实的、客观的,第二性的质(颜色、气味、声音、味道等)是由我们的感官产生的。由此直接导致了贝克莱的主观唯心论,这种唯心论认为,甚至事物的第一性的质也是人的观念。贝克莱认为,存在就是被感知。黑格尔把这种学说称为最坏的唯心论。洛克哲学最后形成了休谟的论点,黑格尔对于休谟也持否定态度。按照休谟的说法,人只能同感觉打交道,利用它们所提供的资料,而对这些资料的来源却一无所知;知识的普遍性是没有必然性的,它不过是人们习惯于把各别现象联系起来的一种结果。

休谟的怀疑论首先并不针对科学知识,而是针对宗教和独断论。因此,他在法国启蒙学者中间享有广泛的声誉。黑格尔把法国启蒙学者的哲学正确地说成是唯物论和无神论。狄德罗对于斯宾诺莎的泛神论说过,自然是没有神的。黑格尔认为法国唯物论是哲学思想的一个必然阶段,但他只是从它的"否定"方面来认识它的意义,他把它看作摧毁衰颓的宗教、垂死的政治制度、过时的法律和道德标准的一种力量。他的唯心主义偏见在这里表现得非常明显。他把关于具体的普遍的统一性的思想作为积极的内容加以推崇,但又认为这个思想"表现得很肤浅"。黑格尔提到了霍尔巴赫的"自然体系",提到了罗比耐。正如在青年时代一样,黑格尔现在对于卢梭也还是满怀好感的。

德国的启蒙运动有它的特点。其中活跃着莱布尼茨的传统,他的哲学恰恰是与斯宾诺莎的哲学和洛克的哲学相对立的。莱布尼茨提出一个关于个别实体即"单子"的多样性的思想,他认为单子代表每一个独立自主的、不可重复的世界。单子之梯从无机物通向活的有机物,通向意识。单子之间没有任何联系,因此,莱布尼茨不承认从经验中可以产生认识。真理的知识只可能是在思维实体和物质实体的运动中被上帝预先规定的和谐,正如两座快慢相同的时钟互不相干地指示着同一个时刻。

把莱布尼茨学说加以系统化的是克里斯蒂安·沃尔夫。所谓的通俗哲学就是由他开创的,这种哲学以普及哲学知识为宗旨,但这些知识跳不出知性形而上学的界限。

只有在"最新的德国哲学"中才发生向辩证法的转变。黑格尔以希腊以后哲学所占篇幅中最大的章节来写康德——大约跟苏格拉底的页数一样多,但比柏拉图的页数少两倍。黑格尔认为,康德哲学是"按照一定法则造成的启蒙哲学,它要人相信,真实的东西都不可知,只有现象才是可知的"。作为康德的对手和克服者,黑格尔对于红极一时的康德哲学是抱有偏见的;尽管他想实事求是地描述这种哲学,结果他还是把它指责得一无是处。他写道,"没有人会像那种哲学一样蠢"。他说,先验哲学的原则,即研究认识的可能性和界限,是荒谬的;在认识某种东西之前,试图认识认识能力,无异于在下水之前试图游泳。同时,黑格尔还反对康德在列举认识论范畴或道德范畴时所采用的经验主义方法:"在心灵的口袋里乱摸一气,想摸到一点值钱的东西;偶尔也会摸到理性——什么都没摸到也无所谓……",财产以至神的假设都是这样。不过,黑格尔仍然肯定,仅仅从康德开始,才区分了知性(作为有限关系中的思维)和理性(作为以无条件物和无限物为对象的思维),正是这种区分对于黑格尔显得十分重要。黑格尔着重指出,康德哲学的重要方面在于论证了,知性概念如果用来规定无限物,就会导致错误结论和矛盾——众所周知,这是黑格尔辩证法的一个重要的起点;此外,黑格尔还强调了被康德只看作思维所必需的、而被谢林和黑格尔作为出发点的直观知性,这种知性认为,一般和特殊、目的和手段是同一的。

同康德的经验主义方法相反,费希特试图从一个非常明确的最高原则——唯一无可怀疑的东西即"我"——引申出他的全部哲学。他像笛卡尔一样从"我"出发,但不像他那样前后矛盾,并没有由此引申出上帝和世界的存在,而只引申出"我"本身所包含的一切:思维的限定,即"非我"。"非我"是由"我"产生的,并限制着"我",正如"非我"反过来也受到"我"的限制一样。由此发生的否定和肯定、同一和否定、限度和限度的扬弃等等的不断变换,是辩证的,"是世界上第一次按照理性推演范畴的尝试"。

不过,黑格尔在费希特身上也看到了精神的如下需要:"这种主观性……需要摆脱它的片面性,才能同客观性、实体性相结合……。这不是斯宾诺莎的形式上的结合,也不是像费希特那样的主观总体性,而是具有无限形式的总体性;我们看到这种总体性出现在谢林的哲学中。"

现在可以看见,世界精神已十分接近目标,接近黑格尔哲学了:客体和主体的统一已经完成。但是,谢林并没有达到理念的逻辑发展,而只达到了理智的直观。谢林认为,至高无上的不是哲学而是艺术,不是理性而是想象力。黑格尔反对谢林的贵族态度。在谢林看来,"哲学在个别人身上表现为艺术才能,表现为天才,仿佛只有幸运儿才配有它。但哲学按其本性而言是能够普遍化的;因为它的土壤是思维,而人正因此成为人。"

黑格尔的这些阐述都汇入了他自己的体系:"哲学的**当前基点**就是,理念要在它的必然性中……来认识……"

目标已经达到了。为了获得真理,竟然花费两千五百年的时间,黑格尔说,世界精神劳动得多么懒散、多么迟缓啊! 黑格尔最后又一次综述了哲学思维所走过的道路,并为此立下了里程碑。他曾试图向他的听众阐述哲学的各种精神形态。历代天才们的这一漫长行程是一个必然的进展,它表明了精神的性质,并继续存留在我们所有人的身上。

465

布鲁塞尔、维也纳、巴黎

第二学期通常在八月份结束,第一学期从十月份开始,九月份便安排放假了。一八一九年,黑格尔偕同夫人到过吕根岛;接着两年,他每逢九月还到德累斯顿去待一阵;一八二二年,他想作一次较长的旅行。经过反复思量,他挑选了荷兰作为目的地,那里有他的老朋友和学生梵·格尔特。但是,这样一次旅行需要一笔很大的费用,那是哲学家的预算中所没有的。

阿尔腾施泰因当初把黑格尔请到柏林来,曾经向他允诺过可喜的前景,即有可能被选进科学院,并增加收入。自此以后,三年半过去了,诺言一直没有兑现。相反,收入不但没有增加,支出反倒越来越大。孩子都长大了,他们的教育费用也随着增加。黑格尔的健康状况已大不如前,需要更多的照顾。他的妻子还得经常看病吃药。

早在初夏,黑格尔就决定向政府申请补助。在给大臣写的一封信中,黑格尔概述了他的处境,提到了迄未实现的种种愿望。黑格尔着重指出,他个人的钱财已完全用于提高自己的学识,这些学识正是他目前在最复杂的知识领域从事著述所不可缺少的。黑格尔还欣然强调:哲学要比其他科学更有价值。关于这一点,他亲笔这样写道:我还要坦率地再补充一点:我借以为王室服务而全力以赴的科学专业,乃是这样一种专业,如要对它进行深刻而谨严的研究,则将比其他许多教授所从事的科学专业,需要更多的时间和完全不同的努力。因此,我也就剩不了多少闲暇时间来从事写作,以改善我的收入状况了……

至于阿尔腾施泰因,他给总理大臣哈登贝格写了一封信。他并不否认,他曾经答应为黑格尔安排一个有报酬的科学院院士席位,但此事迄今没有眉目;他很赏识黑格尔,把他称作教育家、学者和真正的人,并主张批准给他一次补助。此外,哈登贝格也无需别人向他说项,因为他记得起《法哲学》的作者。"……为了补偿黑格尔因改善恶化的健康状况……而所作之旅行的费用……",付给了黑格尔六百塔拉。

把大学里的事务安顿就绪后,黑格尔就动身了。马格德堡是第一站。因为雇不到马车,他在这儿整整待了两天。在寻访名胜途中,黑格尔偶然发现,著名的卡诺将军就住在这儿。这位法国科学家和革命家、被拿破仑晋升为伯爵的执政内阁的陆军部长,终于在警察的监视下,在德国的一个乡镇上结束了他的一生。黑格尔当时去拜访过他,并受到亲切的接待。

九月十五日中午,黑格尔离开马格德堡,兼程前进,于次日拂晓到达不伦瑞克。黑格尔一到不伦瑞克,便漫步市区,参观了一座博物馆,晚上还观看了一场"拙劣的喜剧"。夜间继续赶路,他又在途中迎来了黎明;勃兰登堡行政区单调的平原换了一幅绚丽多彩的风景,使他不禁想起故乡斯瓦比亚。三点钟左右,黑格尔到达诺尔特海姆。去卡塞尔的马车要到天黑才开路。这就是说,黑格尔在第三个夜晚还将睡不成觉,于是,他决定去搭开往慕尼黑的邮车。他在诺尔特海姆的一家旅店里歇了一宿,翌日清晨便精神饱满地抵达了卡塞尔。哲学家在这儿逗留了两天,观光了市容和城郊,包括图书馆和美术馆。美术馆里最优秀的展品已被拿破仑劫走送给了他的第一个夫人约瑟芬,而她又把它们卖给了俄国沙皇亚历山大一世。战争早已结束,这些名画却没有完璧归赵,回到卡塞尔来。哲学家对陈列室所剩下的藏画也很满意——"真可谓出神入化,……特别是荷兰画家们的作品"。

黑格尔接着从卡塞尔抵达马尔堡,沿着莱茵河向波恩和科隆进发。在波恩,黑格尔结识了寡妇希恩氏,科隆一家生意兴隆的商号的老板娘。寡妇的儿子邀请黑格尔观赏了他的珍藏——玻璃画,并留他吃了中饭。黑格尔在市内漫游了一圈,参观了教堂、美术馆和罗马要塞,饱览了莱茵河的景色。

九月二十八日,星期日,黑格尔离开好客的科隆,来到了埃森。黑格尔游览埃森城,首先走进了摆着查理大帝的大理石御座的大教堂。在这个御座上有三十二个皇帝登过基,哲学家为了开心,忍不住也走上去坐了一下。导游的堂守给黑格尔讲了一个传说,说是查理大帝在死后三百年曾经被发现头戴皇冠,坐在宝座上,一手拿着皇笏,一手拿着标志皇权的宝球。

哲学家花了六个小时参观一个私人的藏画。他以鉴赏家的眼光看出,有一幅荷兰画同他从前在波瓦塞雷教授那儿看到的另一幅画在笔法上十分近似。原来这两幅画是勒文画坛大师迪克·布茨的同一幅祭坛画的两个侧面。后来这两幅画同中间部分连接起来,陈列在勒文的彼得大教堂里。

旅行的终点是布鲁塞尔,黑格尔在那里同梵·格尔特会面了。荷兰人民生活康乐,道路和城市整洁美观,给黑格尔留下了深刻的印象。谈到普通人和穷人……,"[我]迄今还不明白,怎么哪儿也没看到一所破烂房屋,一个塌陷的屋顶,或者朽坏的门窗。"黑格尔一次在郊外远足,还到了滑铁卢。"……我在这里看到了这些永远值得纪念的旷野、山丘和地点,特别引我注目的是那一片莽莽的高地。站到上面环顾一番,可以眺望到几哩路远,这儿就是拿破仑这位沙场宿将登基的地方,他也是在这儿丧失他的王位的。在炎热的中午,我们在这一带跑了三四个小时,这儿每一个土堆下面都埋葬着不屈不挠的勇士。"

到了布鲁塞尔,黑格尔接着又去根特、安特卫普、布雷达、海牙和阿姆斯特丹。层出不穷的新观感,使黑格尔写不胜写。"我的游记开始写得零七碎八了",黑格尔在信中向他的夫人表示歉意说,"如要把没有写到的东西补足起来,我真不知道怎样一一追忆它们。最后还是谈一谈教堂吧。大家都说,谁想看看庄严肃穆、富丽堂皇的天主教教堂,根特、安特卫普的教堂可以大开眼界。这些教堂又高又大,一律是哥特式建筑,非常壮观,——还有涂饰彩漆的窗户(其中最华丽的,我看是在布鲁塞尔);圆柱上面是与人体等高的大理石雕像。摆得相当高,有的躺着,有的坐着,——约莫几十个:——鲁本斯、凡·爱克和他们一派的油画,都是大幅的,其中的珍品在一个教堂里就有二三十幅;大理石的圆柱、浮雕、带围栏的忏悔座,在安特卫普教堂里就有六七个或十来个之多——每个忏悔座都装饰着四幅与人体等高的、精雕细刻的木刻画。……"在布雷达,黑格尔对纳骚伯爵的宏伟陵墓激赏不已:一共有六尊用雪花石膏塑成的人像,伯爵和他的夫人平卧在黑色的石面上,其余四个俯身立在角落的人像——凯撒、汉尼拔、勒古拉斯和一个勇士——则仿佛在守护着他们。陵墓的建筑师不知道是谁,但黑格尔认为这是米开朗基罗的杰作。黑格尔在他的《美学讲演录》中对这些塑像群作了详细的描绘。在阿姆斯特丹,他还看到一大批伦勃朗的原画。黑格尔最后到了乌德列支,接着告别了令人心旷神怡的荷兰。他经由奥斯纳布吕克和不来梅,到汉堡去,将在那儿同杜博会晤。迄今为止,他们还只是神交。一八二二年初,黑格尔接到汉堡制帽商杜博的一封信,他请求哲学家为他解释一下,什么叫作真理。当时,哲学家没有给他回信,但事隔一个半月,第二封信又来了,这封信比第一封信写得更详细,重新提出了前一个请求。杜博在信中写道,他是在业余从事哲学研究,但要亲自探求真理,却苦于缺少必要的修养。杜博出身于法国,多年来热衷于当地风行的怀疑主义;懂得一点德国哲学之后,他的思想于是有所转变,但康德和费希特还是不能使他满意。后来,他开始攻读黑格尔哲学。为此,他向教授先生本人请求给予指导和帮助。保持缄默吧,会显得很尴尬,于是黑格尔给杜博回了一封信,信中把《逻辑学》和《百科全书》的有关章节作了通俗的陈述。杜博读了很满意,但他们会面时,他又开始不厌其烦地向黑格尔提出许多新问题。到分手时,他们终于志同道合了。

　　黑格尔百感交集地回到了柏林,一点也不觉得轻松愉快,反倒累得精疲力尽。当时还是个大学生的海因里希·霍托,来找黑格尔报名听他第二学期的讲课,这样谈到他第一次同已经五十二岁的哲学家见面时的印象:"他坐在一张宽大的写字桌旁,正在一堆横七竖八、杂乱无章的书籍和稿纸里焦躁地搜寻什么。早衰的身躯已经弯了下来,但仍不减当年的恒心和毅力;灰黄色的睡衣随便从肩头披下来,顺着蜷缩的身体一直拖到地上;从外表看去,既没有什么可敬的高贵气派,也没有什么动人的文雅风度,而在整个举止谈吐中引人注目的,不外乎见重于古代平民的那种坦荡胸怀。他的面貌给我的第一个印象是我永远难忘的。整个脸庞苍白而憔悴,仿佛死去似的耷拉着,一点也看不出摧枯拉朽的激情,却反映出一个日夜沉默劳动的思维的全部过去;怀疑的苦楚、汹涌思潮的激荡,似乎并没有破坏和废弃这四十年的思考、探求和发现;只因不断地渴望把有幸发现的真理的幼芽培育得更丰富、更深刻、更精确、更不可抗拒,他的额头、脸颊和嘴角才布满了皱纹。每当这种神志朦胧时,他的容颜便显得憔悴不堪,一旦神志清醒过来,则又表现出一种对事业一丝不苟的严肃态度;这一事业本身是伟大的,只有通过艰苦的劳动,才能取得圆满的进展,而他长期以来正是以这种严肃态度默默地埋头于这一事业。整个头颅长得多么端庄,鼻子、高高的虽然有点凹陷的额部、沉静的下颚长得多么尊贵啊!不论在大事小事中都表现出来的诚实和正直,只有在真理中才得到最终满足的清明意识和充沛力量,构成了一种高尚的性格,显著地铭刻在极其独特的外形上。我原来期待他给我作一次包罗万象的或者鼓舞人心的学术谈话,万没料到,事与愿违。这个怪人刚从荷兰旅行回来,只知道滔滔不绝地大谈城市的整洁、乡村的优美富饶,大谈辽阔无际的绿色草原、畜群、运河、高耸的磨坊和便利的公路,大谈艺术珍品和舒适讲究的生活方式等等,以至我听了半小时,就仿佛感到自己已经跟黑格尔本人一起住进了荷兰。"

霍托是第一批听黑格尔讲演世界历史哲学的人们中间的一个。我们已经了解那些演讲的内容。霍托这样描写了演讲当时的情况:"但是,那个人(指黑格尔——本书作者)当初不得不从事物的最低层提炼出最宏伟的思想,这些思想如果要充分发挥感化作用,一定得以永远生动的现实性在他自己身上再一次生发出来,尽管它们过去多年来和今后永远还将重新加以思考和融会贯通。最鲜明地表现这种艰难困苦的,莫过于这种演讲了。远古时代的预言家们愈是费劲地斟酌字句,他们自己心中经过努力搏斗而即将被征服的一切便表现得愈是简练。黑格尔正像那些预言家一样,也是以笨拙的简练方式进行斗争和取得胜利的。由于完全沉湎于讲题之中,他似乎只是为了讲题本身的缘故,而从讲题本身来发挥这个讲题,不像是为了听众的缘故,而从自己的心智来发挥它的。然而这个讲题又完全是他一个人讲出来的,他几乎像父亲似地关心它的明了性,以求缓和那种僵硬的严肃性,使它不致害怕接受如此吃力的思想。他开始结结巴巴地讲起来了,努力想讲下去,忽然停顿下来,接着又从新开始,讲讲停停,停停讲讲,边讲边想,似乎怎么也找不到一个恰当的字眼,而一旦选中了一个最可靠的字眼,它看来似乎很平常,但却贴切得不可仿造,不同凡响而又唯一正确;最本质的东西看来总是到下一步才会讲到,但不知不觉却尽可能完美地讲出来了。这时听众才理解到一个句子的明确意义,并渴望他继续讲下去。白盼了一场。思想并没有向前推进,而是以同样的字句围着同一个观点不断地兜圈子。松弛的注意力一旦开了小差,离开了讲题,那么几分钟之后重新听讲,就会大吃一惊,发现由于脱离了讲题的前后环节而受到惩罚。因为,任何一个完整思想都是轻悄而又精密地通过一些看来毫无意义的中项引申出来的,因此都带有片面性,互不相干,而且陷入矛盾;只有使那些最格格不入的东西最终协调起来,才能成功地解决这些矛盾……。他用这种方法圆满地描述了时代、民族、事件和个人;因为,他深邃的眼光使他到处能够认识彻底的东西,他当年的洞察力即使到了暮年也没有丧失其青春的活力和朝气。"

黑格尔的讲演著称于世,不在辞藻华丽,而在内容深刻。那种晦涩难懂的讲课方式在他青年时代,曾使这个初出茅庐的讲师因之受到责难。而今他已接近荣誉的顶峰,这种讲课方式在听众的眼里便成了思想伟大的标志,这种思想是不适应普通语言的规范的。黑格尔的名望已远远超越了德国的边界。

这里把伊凡·基里耶夫斯基对于黑格尔的讲演以及同黑格尔会面的印象预先讲一点。这个未来的亲斯拉夫派于一八三〇年二月来到柏林。他在居留柏林初期,对于黑格尔的哲学史讲演并不感兴趣:"他的讲话简直叫人受不了,说一句就咳嗽一阵,声音给吞掉了一半,他那颤抖的哭泣似的语调几乎不能把最后一句话说完。这里只有一位教授,能使在柏林的学习有所裨益,而且无可代替——他就是地理学教授里特尔。"基里耶夫斯基对于黑格尔的观感逐渐改变了:"我已经受得了黑格尔的讨厌的讲课方式:一段时间以来,我已不听里特尔的课,改听黑格尔的课了。"最后,这位辩证法大师终于迷住了这个青年人。基里耶夫斯基给黑格尔写了一封很有礼貌的信,要求同他进行一次谈话。到了约定日期,他来到库普弗尔格拉本的寓所里,使哲学家非常高兴。第二天,一个信差把他从睡梦中唤醒,告诉他黑格尔再次邀请他,他晚上随时可以去,只是如果他要去,得先告诉黑格尔一声,因为还将邀请另一些人。为了结识这个有才能的俄国大学生,黑格尔的学生甘斯、米希勒、霍托,作家劳帕赫,一位将军的夫人和一个美国人都到哲学家家里聚会了。"整个晚上谈得非常热闹,一直没有间断,尽管大部分时间主要是我和黑格尔在谈。谁也比不上他那样好客,那样讲礼貌,那样和蔼了。"基里耶夫斯基在他这封禀告柏林生活的家信中,最后还向他的继父这样说:"亲爱的爸爸!如在莫斯科买不到黑格尔的《哲学全书》,您就订购吧!这里面可以找到许多有趣的东西,那是所有最新的德国文学加在一起也不能提供给您的。这部书虽说难懂,但却值得一读。"

一八二四年九月初,黑格尔又作了一次假期旅行,这次是到维也纳去。路程经过德累斯顿,哲学家在这里停留了一下,为了再次鉴赏一番世界著名的美术馆的名画。他还到浪漫派作家蒂克家里去参加过一次文学晚会。那次晚会上演出了霍尔贝格的一个新喜剧。黑格尔虽然看得兴致勃勃，但没看完就起身走了，因为次晨四点半钟还得赶路。

黑格尔还没有抵达奥地利边境，给他的夫人又写了一封信，提醒她说，奥地利的官员们对私人通讯非常有兴趣，希望她在来信中不要谈政治，只谈一些轻松愉快的私事就行了。哲学家在布拉格逗留了一星期。一到布拉格，他就去逛赫拉德钦，①但那里正在举行军事演习，炮声隆隆，子弹嗖嗖，遍地布满了部队。黑格尔只得转身回来。第二天，他才登上了那个著名的高地，饱览了金色布拉格的圣景。黑格尔从清早一直到傍晚在城区闲逛，观赏了古老的教堂、宫殿和美术馆。

维也纳的意大利歌剧给黑格尔留下了深刻的印象。"只要钱够我看意大利歌剧和回国之用——我就要继续留在维也纳！"这个声明见于黑格尔描写他的观剧经历的一封信中。他看过麦尔卡丹特、罗西尼、斯波蒂尼、莫扎特的歌剧，有的甚至看过多次，意大利的独唱家使他心荡神移——他从维也纳发出的书信，没有一封不会津津乐道这一点。他诧异自己为什么如此倾心罗西尼的音乐，"它作为音乐来说有时使我感到无聊。但是，就像绸缎只是为了女士们……，它也只是为了意大利的嗓子而创作的……，这不是真正的音乐，只是单纯的歌唱，一切都是为了唱；……我现在已经败了胃口，罗西尼的这个《费加罗》比莫扎特的《婚礼》更使我感到趣味无穷……"黑格尔很少到维也纳郊区去，只为了能够准时地、精神饱满地上戏院。白天如有几分钟的空闲，他就到市内公园去散散步（特别是街心公园和公共游乐场），晚上便去看戏去了。如果歌剧院里没有演出，他就到著名的利尔波尔达市立傀儡剧团去。

黑格尔参观了动物标本陈列馆，他在这里作为柏林大学教授受到欢迎和尊敬。他见识了皇家图书馆，这是当时最大的书库。（一个阅

---

① 赫拉德钦，捷克文原义为"城堡""穹窿"。此地指布拉格的高地。

览室就藏书 30 万册！）在珍宝馆里，他看到了一颗价值百万的钻石。博物馆馆长亲自领着哲学家参观了一些展览，展品之丰富使他目不暇接，可惜他只认识其中一小部分——虽然是最出众的一部分。如果黑格尔来得不凑巧，展览不开放，那么往往甚至引他去看私人的珍藏；这是对于黑格尔的一种莫大的敬意。有件小事使黑格尔对维也纳大惑不解，就是人们竟可以免费参观艺术珍宝馆。埃斯特哈齐（这个富豪的领地从维也纳一直伸延到土耳其边境）的美术馆，黑格尔接连逛了三次。黑格尔每天给家里发一封信，顺手记录了当天的见闻。接应不暇的种种印象像焰火似的使他眼花缭乱，记忆模糊，他已想不起头天晚上所经历的事情了。他给他的夫人写信说，"……我今后不得不请你来告诉我，我是怎样在这里度过的"。

然而，凡事都有个了结，特别是时间和金钱。黑格尔在奥地利的首都盘桓了两个星期，便开始踏上了归程。在德累斯顿，他愉快地重见到了维克多·库然。

库然是柏拉图和笛卡尔著作的出版人，他在德国教授中间是唯一一个称得上达到现代理论哲学水平的法国人。黑格尔于一八一七年在海德堡同他开始了交谊。年轻的法国哲学家当时到德国来，是为了进一步了解德国科学。他的哲学知识就到康德为止。在美因法兰克福，他结识了弗里德里希·施莱格尔和历史学家施洛塞尔。施莱格尔知心地告诉他，德国当代有三个伟大的哲学家——雅科比、谢林和弗里斯。施洛塞尔由于想到海德堡去就一个职位，便怂恿库然到大学城去一趟。库然原来打算在那儿停留不过两小时，然而，当他和黑格尔结识之后，却在那儿整整待了两天，并在回家途中又在海德堡待了三个星期。他没有急着去找住在慕尼黑的雅科比和谢林，直到一八一八年他才到慕尼黑来，而弗里斯没有给他留下任何印象。库然在魏玛会见了歌德，在柏林会见了施莱尔马赫，但启发他的思想、使他感到敬佩的却是黑格尔。库然对于德语并不精通，他却试图在卡罗韦的帮助下研究当时刚出版的《哲学全书》。他们俩手里拿着书，沿着御花园的林荫大道并肩漫步,黑格尔的这位高足瞧着书把全书翻译给库然听。晚上他们来到教授家里。黑格尔手里端着一杯茶,给他们讲解那些不懂的地方;但他再怎样讲,也决没有把所有疑难都讲清楚。首先是政治信念的一致性,把库然和黑格尔联系在一起。库然后来这样说,他在世界上没有发现任何一个人,同他的观点是如此地吻合。库然跟黑格尔一样,高度评价法国革命,他对这件大事深感兴趣。可是,他是君主主义者和自由派,用拿破仑的一个惯用语来说,他是"蓝色的"——拿破仑就用这个颜色来表示他的政治立场,他说的是法国国旗的颜色(介于白色和红色之间)。

库然这时陪着年轻的蒙特伯罗公爵,到德累斯顿来旅行。几年前由于法国当局认为他可疑,黑格尔的这位法国朋友被禁止在巴黎大学教课。库然于是利用一切闲暇从事著述活动。黑格尔为朋友所取得的成绩感到高兴,并热情地会见了他。

经过充分休息,黑格尔愉快地回到了家。然而,不久传来一个不愉快的消息,破坏了他的兴致:库然被捕了。起初,谁也搞不清楚这是怎么回事,搞不清楚是谁、是为什么逮捕了他。后来事情逐渐明朗化:他是被萨克森的警察逮捕的,移交给了普鲁士当局,并给关在克本尼克监狱里,罪名是与德国大学生协会会员有勾结。据公诉书宣称,他曾于一八二〇年在巴黎同德国两名教授和一名商人密谋从事颠覆活动,建立罪恶关系。为此,他在事发之前曾两度来过德国。政府一名密探及时作了检举,检举材料就放在普鲁士的内政部。

在普鲁士,人们习惯于把每个被捕者都看成危险的罪犯。老百姓都懂得,警察精通他们的业务,还是不同外国人往来为妙。黑格尔完全信任政府,但是另一方面,他也一向相信自己,况且库然已是他多年的老朋友了。尽管材料上那样讲,黑格尔并不怀疑他的清白无辜,认为这完全是一场误会。他觉得,有责任为被捕者申辩,因此亲自给内政大臣写信请求帮忙。"……只要他(指库然——本书作者)现今还处于被告地位,还没有被判罪",黑格尔在给舒克曼的信中说,"那就可以相信,我早先对他……所产生的印象和敬意将持续下去……"

审讯历时四个多月。"库然案卷"叠成四大厚册,但是没有一份提得出确凿证据,证明库然触犯了普鲁士的现行刑律。一八二五年二月初,库然被释放了。同月月底,诉讼终于撤销。库然在行囊中带着黑格尔给歌德的一封信,动身到魏玛去。

一年以前,歌德给哲学家写了一封非同寻常的、恭维备至的信:"唯愿我还能做到的一切同您已经开创和建立的一切密切相投。"黑格尔当时没有作答,现在却找到必要的语句了:"……如果综观一下我的精神发展的全过程,就可以看出它同您有千丝万缕的联系,因此请您把我称作您的一个儿子吧;我的心灵为了抵抗抽象化,曾经从您获得增长气力的滋养,并在它的航程中以您的形象作为灯塔。"歌德于是努力给库然提供帮助,以消除他在德国土地上的不愉快的印象。

黑格尔同库然的第二次见面,是在"文明世界的首都"。① 哲学家于一八二七年秋天来到那里,实现了他梦寐以求的宿愿。黑格尔乘车经过法国的街道时,他记起了自己的青年时代,记起了他当年满怀热情地参加革命的情景。瓦尔米出现在他的眼前。无套裤党人当初就是在这里击溃联军的。歌德曾经在这里目睹这场战役的过程,并在战场上对普鲁士的军官们说:"世界历史今天从这里开始了一个新纪元。你们可以说,你们是身临其境的。"

库然已经在巴黎等待黑格尔了。在他的照顾下,哲学家下榻于卢森堡花园附近一个廉价的、备有家具的房间。他们共同寻访大革命期间曾经发生过最重大事件的场所,共同参观卢浮宫、大学和植物园,并且共同驱车游览巴黎的四郊。黑格尔还瞻仰了蒙摩隆西著名的大教堂,内有历代帝王的陵寝。哲学家对卢梭曾经住过的庄园特别感兴趣,那里还长着卢梭亲自栽种的玫瑰丛。

像在维也纳一样,黑格尔晚上总是到歌剧院去消磨时光,这一次

---

① 指巴黎。

特别对戏剧发生了兴趣:他观看了伏尔泰、莫里哀和其他一些人的剧作,此外还看了一个英国剧团演出的一些莎士比亚剧,不过他对这些演出并不满意。歌剧方面"平平淡淡,但也并不坏"。在巴黎,黑格尔给他的夫人写信说,他们表演"……比我们的男女演员含蓄得多,夸张的呼叫少得多……。法国人表达感情,往往比我们,特别是比你来得稳重,来得确切;我经常对你讲,你一言一行都不应当带感情……"

柏林收到的巴黎来信,缺乏当年维也纳来信有过的那种热情笔调。黑格尔抱怨"巴黎的井井有条,或者说杂乱无章",他却习惯了每天中午一时左右丰盛而有节制地吃一顿。在巴黎,五点钟开始就餐,一直吃到傍晚。由于肠胃失调,卧床数日,他谢绝了库然和他共进午餐的邀请,并恢复了他惯常的就餐时间。

巴黎一月转瞬即逝。十月上旬的一天,黑格尔离开了法国的首都。库然一直把他陪送到科隆。在布鲁塞尔,梵·格尔特接待了他们。接着,他往魏玛进发,去拜访歌德。

"我要向歌德详谈法国的政治和文学见解及有关趣闻,他对这一切十分感兴趣。他十分强壮、健康,一般来说,是个年老而又永远年轻、比较沉静的人——这样一个体面的、优秀的、快活的首脑,以致人们忘记他还是一个赋有天才和旺盛精力的伟人。此外,我们作为老朋友会面了,彼此非常诚挚,他的举止谈吐一点不拘泥礼节,我也不是为了慕名、为了提高身价才来的。——歌德的儿子饭后还郑重其事地告诉我,歌德多么盼着我从巴黎归国途中能够来看望一下他。"

歌德的秘书彼·爱克曼关于一八二七年十月十八日这次会晤,也作了如下描述:"黑格尔来了,受到歌德本人的隆重接待,尽管他的哲学的若干成果并不特别投合歌德的口味。为了对黑格尔表示敬意,歌德这天晚上举行了一次茶会,策尔特也出席了,他是打算当天夜里就走的。

"茶会上,大家纵谈哈曼,黑格尔更是滔滔不绝,对于那个卓越的奇才发表了十分深刻的见解,这些见解只有对对象作过最认真、最严谨的研究才能产生出来。

"接着,话题转向了辩证法的实质。黑格尔说:'从根本上说,它不外乎是人人身上都有的那种经过整理的、有条不紊地形成的矛盾精神,那种才能在辨别真伪中才见得伟大。

"歌德插话说:'但愿这种精神艺术和才能不致经常遭到滥用,不致被用来颠倒黑白,混淆是非才好!'

"黑格尔答道:'不过,这样的情况只可能发生在那些精神不健康的人们身上。'

"歌德说:'我喜欢研究自然;这种研究是不允许发生这种毛病的!因为,我们在这种研究中不得不同无限的永恒的真实事物打交道,这种事物立刻就会证明每个不是诚心诚意、实事求是的观察和处理对象的人不称职,而将他们加以抛弃。同时,我还确信,许多辩证法方面的病患者,将会在研究自然的过程中,得到有效的治疗。'"

黑格尔和歌德按照事物的本质,解决了同一个理论任务——如何认识有机的整体。黑格尔在他的关于概念具体化的学说中,是运用辩证逻辑学的方法来寻找解决途径的:按照他的见解,一个运动的向其对立面转化的范畴的体系,可以使人理解自身发展着的有机体。歌德则诉诸另一种可能性。按照他的"原始现象"说,人们能够在个别中发现一般,在现象中发现本质。这种发现虽然带有感性的性质,却比简单的感知要更加深刻。

一次,歌德赠给黑格尔一个用波希米亚玻璃做的黄色酒杯,里面嵌有黑色的丝织品。阳光一照,玻璃就呈现蓝色。歌德认为,这个现象生动地证明了他的颜色学说的正确性。随杯附送的名片上写着:"原始现象向绝对精神致意。"

……没有完

黑格尔五十六岁的诞辰过得很风光。往年生日只是在家属中间庆祝一下,庆祝仪式往往在前一天午夜就开始了。今年的情况却不一样。他的夫人七月间带着孩子们回纽伦堡娘家去了,就剩黑格尔一个人在家。因此朋友们决定,要陪他好好乐一番。八月二十六日晚上,他们到勃洛赫赌场玩惠斯特,玩了半夜。守夜人通知新的一天来临了,于是响起了叮当的碰杯声,这是在为这一天降生的人举杯祝酒。

早上,黑格尔开始迎接前来道贺的宾客。熟人、朋友和官方人士络绎不绝。警察总监、枢密顾问冯·坎普茨也突然驾临,构成这一天的高潮。午饭后,黑格尔歇了一会儿,以便打起精神对付晚间的应酬。寿筵设在新落成的"菩提树下"饭店。就座的有他的学生弗尔斯特、甘斯和霍托,作曲家卡尔·弗里特里希·策尔特以及艺术家勒泽尔等共二十人。座上有一位生客,黑格尔不认识,旁人立即向他介绍:这是雕刻家维希曼教授,正受托来为寿星雕刻一个半身像。(两个月后,半身像雕成了,给送到歌德那儿,歌德把它放在自己的书桌上。)大学生代表团奏着乐也来了,献上了一个银杯,上面刻着"伟大的导师惠存。感恩不尽的学生敬赠。1826 年 8 月 27 日"等字样。代表团团长讲了话,黑格尔致了答词。接着朗诵贺诗。午夜的钟声一响,再一次洋溢起一阵喜悦,因为八月二十八日又是歌德的诞辰。祝酒声、吟诗声此起彼落,不绝于耳。大家举杯共祝歌德和黑格尔健康长寿:

"一尘不染,与世无争

情同手足，浑然一身……"

《福西报》①详细报道了为德国这两位伟大天才祝寿的盛况。一些忌贤妒能之徒便抓住了把柄，把这篇稿件送给国王看，说什么诗人、学者如此备受赞颂，致使君主尊严相形见绌云云。于是，报刊检查当局奉令加强监督，今后举凡与王室及政府无涉之喜庆事宜，一律禁止在报刊上加以渲染。这对黑格尔来说是无所谓的，因为像这样隆重的庆寿盛举也不会再有第二次了。

由于甘斯办事干练，一份科学评论杂志出版了，使黑格尔的宿愿得偿。这可算是对他五十六岁寿辰最珍贵的礼物。

一八二五年年底，甘斯在巴黎结识了斯图加特的出版商科塔，劝他出钱办一个新杂志。为了提高杂志的威望，决定将它办成一个科学团体的机关刊物。一八二六年七月二十三日，在黑格尔家里成立了"科学批判社"，下设哲学组、自然科学组和历史语言学组。甘斯是哲学组的干事，并主持该社和杂志的秘书工作。

大家一致同意，书刊评论要有科学性，要避免临时凑数的稿件和作者。本刊宗旨在于按照最新科学成果研究最现实的问题。每篇评论须由作者署名，并经"科学批判社"审定发表，这样才具有示范的性质。黑格尔一直渴望在首府、在大学里编印这样一个评论刊物，这个刊物虽说是私人创办的，但似乎又是一个以为民造福为己任的政府机构。黑格尔希望把评论看作是向当局进言的一种方式，这是普鲁士作家不能等闲视之的。

"科学批判社"力图把各种信念的代表人物联合起来。参加该社的除黑格尔和瓦尔恩哈根·冯·恩泽以外，还有歌德、里特尔、W·冯·洪堡、A·W·冯·施莱格尔、波瓦塞雷、劳麦等人。只是一提到邀请施莱尔马赫，黑格尔便勃然大怒，声明如让此人参加进来，他就要退社。于是，邀施莱尔马赫共事一说终于作罢。一时间，谣诼四起，说

---

① Vossische Zeitung，一七二五年创刊于柏林的一种民主性报纸。

是一份《黑格尔报》即将出版。连一期都还没出,闲言闲语便铺天盖地而来。据报界称,新期刊是反对科学自由的,因为它只维护一种迎合国家要求的学说的原则。又说,黑格尔主张科学隶属于国家,反对科学和政权机关平起平坐。又说,国家显然在给这个刊物撑腰。还说什么,不准作者匿名无非是窒息言论自由的手法,等等。路德维希·别尔内甚至散发了一个小册子,针对这个刊物列举了各种各样的反对理由。他把攻击的矛头主要指向评论的示范性质,他认为其中有以检查法取代科学批判的危险。他反对把批判置于国家理性之下。新刊物面临夭折之虞。

想不到,一切顺利。一八二七年一月,《科学评论年鉴》问世了。每月重版十次①。黑格尔主持这个刊物,直到去世为止。在第七、八期中,黑格尔对威廉·冯·洪堡的《论〈摩诃婆罗多〉的著名诗篇〈薄伽梵歌〉》一书作了全面的评述。书评的结尾部分刊登在十月份的一期上。

著名的语言学家和古代文化专家、柏林大学的创始人、洪堡兄弟中的大洪堡曾于一八二六年发表了一部探讨印度哲学的著作,其中阐述并分析了那篇著名史诗中一个劝世性的片段。据说,阿周那的元帅(坚战王)由于临阵胆怯,放下了武器,向克利什那神问起了生的意义。接着,十八首赞美歌阐述了瑜伽派的宇宙观。克利什那说,人的活动束缚了人,因此人必须努力摆脱这种束缚。但是如果人不得不活动的话,那么这并不是为了获得什么成就。义务必须为了义务本身的缘故而来履行。洪堡从信仰上说是康德派,他是熟悉并且珍视这些思想的。黑格尔赏识作者这部辛勤写出的著作,并按自己的意思将印度哲学解释了一番。他断言,印度哲学和现代思想迥然不同,充其量不过具有历史的趣味罢了。

威廉·冯·洪堡对黑格尔的文章十分不满。他在一八二八年三月写道:"它(指黑格尔的评论——本书作者)把哲学与寓言、真与假、

---

① 原文如此,疑误。

古与今混为一谈——这算哪一家的哲学史,通篇评论虽然闪烁其辞,但却是针对我的,而且明明认为我是个什么都算得上的人,唯独不是个哲学家。"然而,他给黑格尔写的信,却又是另一番内容:他感谢黑格尔为这本书作了详尽的分析,并对《科学年鉴》的出版表示祝贺。W·冯·洪堡不想挑起争论,特别因为他的兄弟此刻正在以哲学家治人之道还治其人之身。

一八二七年春季,亚历山大·冯·洪堡到了柏林。经过多年的海外漫游,这位德国自然科学界耆宿终于重返家园。国王降诏,每年赏赐他五千塔拉,让他到巴黎度假四个月。他是科学院的革新者、卓越的自然科学家格奥尔格·福尔斯特的学生和朋友,曾走遍南美各国,其学问之渊博、兴趣之广泛,连歌德也为之惊叹。小洪堡在社会各阶层中深孚众望。秋季,他开始作自然地理学的免费讲演。大厅里座无虚席,不仅有大学生和教授,而且还有手艺人和部长,甚至国王也曾驾到。听众的大部分是妇女,其中也有黑格尔的夫人,黑格尔本人却没有去听过。

小洪堡在讲演中描绘的世界图景,蔚为大观,富有诗意,令人赞叹不止。这位学者畅谈了宇宙和地球,畅谈了稀有矿物和异国植物,谈得兴致勃勃,娓娓动听,使听众懂得了科学史和现代科学的实际和理论。第六讲显然是针对思辨哲学的。洪堡并不赞成对这种哲学作实证主义的攻击,像他旅居巴黎期间盛行一时的那样,但是德意志唯心主义的好为人师的态度也使洪堡不胜反感。黑格尔学说把自然界贬低为一种消极因素,更是他所不能同意的。洪堡在讲演中并没有对黑格尔指名道姓,然而却谈到了一种"既无学识又无经验的形而上学",说它可能导致一种比中世纪的形式主义更为狭隘的形式主义。黑格尔听说这件事,很是恼怒。他通过洪堡的朋友瓦尔恩哈根·冯·恩泽,要求洪堡打开天窗说亮话。洪堡和他哥哥一样,也不想把事情搞得满城风雨,于是灵机一动,想出了一个办法。他把准备好的讲义寄给了瓦尔恩哈根,同时在附信中暗示出——没有提名——这些讲义是送给黑格尔看的。瓦尔恩哈根把讲稿转给了黑格尔,黑格尔仔仔细细地通读了一遍,找不出丝毫的奚落之意。原来洪堡偷梁换柱,把第五次的而不是第六次的讲稿给了黑格尔。哲学家决没料到这一着。

大学里总少不了明争暗斗的。一八二七年元月,黑格尔的一个得意门生霍托申请取得授课资格。霍托在考试论文《论艺术史的诸原则》中,复述了自己老师的思想。黑格尔十分满意,马上写了一份推荐书。然而,论文没有通过。美学家希尔特声称:他花三小时读了这篇论文,连一句都读不懂。此外,霍托还对柏林大学教授佐尔格大肆攻击,更使许多人愤愤不平。佐尔格曾经为黑格尔来普鲁士首府供职一事帮过忙,在黑格尔来柏林后一年就去世了。校长冯·劳麦总结了系委员会同人的种种冷嘲热讽,说霍托活像在衣兜里揣着一把开启宇宙的万能钥匙。系里是不会容忍二十来岁的温室花草来教十八岁的温室花草的。霍托根本不等他们做出全盘否定的结论,不久便把论文撤回来了。三个月后,他另递了一篇论赫拉克里特的新论文。这一次,他才获准教课了,而且后来教得十分成功。

黑格尔在推荐霍托一事告吹之后,便亲自来研究佐尔格的遗著。《年鉴》上刊载了他的第二篇评论,论这位早逝的科学家的遗著和书信。黑格尔怀着恭敬的心情介绍了佐尔格,力图指出佐尔格的观点和浪漫主义者特别是佐尔格的朋友弗里特里希·冯·施莱格尔的观点之间的不同之处。

弗里德里希·冯·施莱格尔曾经援用苏格拉底的见解,试图把嘲讽奉为哲学的中心概念,从而使"科学之科学"丧失积极的、通俗易懂的内容。施莱格尔写道,嘲讽"……含有并唤起这样一种感觉,即无限物和有限物之间、充分会意的不可能性和必然性之间存在着不可调和的矛盾……。这一点绝妙地表示出,主张和谐的蠢人们根本不知道自己不得不永远承受这种自我嘲弄,不得不一再将信将疑,信疑参半,直到给弄得晕头转向,而把正经当作玩笑,把玩笑当作正经"。[①] 这种观

---

① 参阅前文《科学之科学》。

点只能引起黑格尔的极大愤慨。"他素来只会对它(指哲学——本书作者)评头论足,却说不出……个哲学上的所以然来……"弗里特里希·冯·施莱格尔听了,当然也不会高兴。他的哥哥奥古斯特为此作了一首打油诗,号召德国人拿这两个巨人见面就挥舞的唇枪舌剑来开心解闷:

"……

快来呀,德国人,快打起铺盖卷儿,

从塞尔赶到普累盖尔,①

来瞧施莱格尔厮打黑格尔,

来瞧黑格尔厮打施莱格尔!"

在那篇论佐尔格的文章中,黑格尔着重指出,施莱格尔的嘲讽和苏格拉底的嘲讽毫无共同之处。如果说施莱格尔的嘲讽是消极的、虚无主义的,那么苏格拉底的嘲讽就是积极的、寻求真理的。佐尔格的嘲讽也正是这样:它是同辩证的理性相符的。佐尔格固然没有使得他的思想摆脱矛盾性从而有条不紊地发展,但是他阐述哲学的风格及其对艺术的态度,却有助于他同浪漫派划清界线。

一八二八年,《年鉴》发表了黑格尔关于约翰·格奥尔格·哈曼全集的书评。事实上,这是对德国启蒙时期最引人注目的人物之一的一篇短小的专论。哈曼这个穷究哲理的作家和宗教思想家,对精密科学和系统知识一窍不通,他既吸引黑格尔,同样又使他产生反感。在哈曼的著作中,黑格尔赞赏辩证法,它批判了知性唯理主义,处处体现出"对立的统一"。但是,哈曼是个非理性主义者,这便使黑格尔敬而远之了。"他的哲学推理,或者不如称作他的感觉和意识之神出鬼没的幽灵",并没有具备细心推敲的精神形态,他的思维毫不需要科学性。他的语言有意弄得晦涩难懂,对世界的主观见解掩盖了世界的客观结构。这是一种滑向诡辩的辩证法。黑格尔对哈曼的定评就是如此。

---

① 塞尔、普累盖尔是两条河名。

哈曼的女儿读了黑格尔的这篇文章,怒气冲冲地给他写了一封信:"您对我父亲吹毛求疵,夸大他的缺点,歪曲他的崇高形象,使他在大庭广众之中出乖露丑——看到这个情况,我真有说不出的惊愕和痛苦。您简直像个居心叵测的强盗,冷不防闯进我青春梦想的天堂,存心想毁坏它。尽管您只能得逞于一时,而我却痛苦万分。我恨不得像父亲一样,变得能说会道,痛斥这种暴行,以解我心头之恨!"黑格尔没有回复这封信。不过,今天很难判断,这封信到底是黑格尔没有收到呢,还是根本就没有发出。黑格尔逝世后发表的通信集也没有把这封信收进去,它是直到本世纪初才为人所知的。

实际上,黑格尔的信书往来属于另外一种性质。除了朋友,给他写信的大都是些向他请教、求助或把自己的书籍和论文送给他看的年轻科学家。一八二八年十一月底,他的收件中有一封从安斯巴哈寄来的信,附有一篇用拉丁文写的论文《论唯一的、普遍的、无限的理性》。这是一篇经过答辩的博士论文。作者路德维希·费尔巴哈曾经在柏林热切而恭敬地听过黑格尔的讲演。"他就是……我当时称之为再生之父的那个人。他是唯一使我体会到并理解到'老师'的定义的人,因此是我感到……唯一应当致以诚挚谢意的人。"

费尔巴哈希望自己的老师严格地指正他的论文,同时毕恭毕敬地提出了构成黑格尔宗教哲学基础的诸原则的继续发展问题。费尔巴哈写道,当务之急是克服千百年来的陈旧观念——不可能存在第二种真理,如宗教真理。基督教决不是完美的绝对的宗教,基督教的有限性和虚无性已为世人所认识,万物都将变成理念和理性。《基督教的本质》一书作者的这些初期批判性观点,当然不可能为《宗教哲学讲演录》的作者所理解,因此费尔巴哈的那封信也没有得到答复。

黑格尔对他收到的另一篇论文,却表示了更大的兴趣。这部匿名出版的作品,题目叫作《与基督教信仰认识相关的绝对知与无知片论》。作者是汉堡法院法官卡尔·弗里德里希·格舍尔,与黑格尔素昧平生,但他却把黑格尔的哲学思想非常确切地运用到宗教方面。黑格尔在《年鉴》上发表了一篇评论，对这部著作深为嘉许。"即使有自我偏爱之嫌，评论者也不能不怀着喜悦的心情来肯定这篇论文的内容及其对真理已作和将作的贡献，最后更不能不因该文特别有助于思辨哲学，而与素不相识的作者先生握手致谢。"后来有人问起黑格尔哪一部著作表达了他的宗教观，他便提到格舍尔的《片论》。

几乎与格舍尔的这部著作同时，还出版了一部匿名作品，《论黑格尔学说，或绝对知识与现代泛神论》，谴责黑格尔既自大又自卑，据说黑格尔批判天主教会，就是目中无神，而谁要是瞧不起神，就是瞧不起自己。原来黑格尔在《法哲学》中附带表示过这样一种思想，即人有自戕或自残的能力，乃是人之异于禽兽的标志之一。该文作者便把这个思想说成是与基督教教义不相容的"自戕和自残的理论（！）"。

这是站在天主教的立场上对黑格尔进行攻击，而且不是第一次。三年前就有人到文教部鸣冤叫屈，说黑格尔公开诽谤天主教。原来黑格尔在一次演讲中曾经冒失地讲过一个笑话。他说，如果一个耗子啃了圣饼，那么它就有了主的肉身，因而就该受人朝拜了。黑格尔的密友枢密顾问舒尔茨奉命调查此事。黑格尔作了一个书面声明，说他既是在新教大学里讲课的路德派，就自觉有责任揭露天主教的偶像崇拜和迷信。舒尔茨对这个说法表示满意。黑格尔还在大学生面前，同样作了一个口头声明。那个密告者、天主教圣·黑德维格教会的牧师就坐在大学讲堂里，咄咄逼人地盯着黑格尔。黑格尔说："您就是这样瞧着我，我也不怕。"密告者不得不在众目睽睽之下离开了讲堂。

现在黑格尔该作公开答复了。于是，他在他主编的《年鉴》上，发表了一篇评那份匿名小册子的文章，说其中的指责纯属恶意中伤，而且是靠牺牲他黑格尔的著作以博取一种寄生活。然而迄今为止，谁也没有看到过一个寄生虫会对施主表示感恩的。黑格尔傲慢而尖刻地指出，这个匿名作者修改了他的（黑格尔的）思想，并没有真正辩证地理解它，而是把它丑化了，曲解了，改头换面了。"……我竟不得不同这样的无赖打交道。"黑格尔用这句话结束了对那本书的评论。

黑格尔的这篇评论还驳斥了另一部公开的谤书，即《泛论哲学并专论黑格尔哲学全书》。这两个作者中有一个叫舒巴特的，黑格尔曾应歌德的请求积极地帮助过他，然而这个人竟以公开的诽谤和诬蔑来报答自己的恩人。舒巴特着重指出，黑格尔否定灵魂不灭的观点。据说，《全书》谈人的寿命的心理学部分，一个字也没有涉及死和不朽。难道黑格尔相信他会肉身升天吗？或者相信自己会像那个永远流浪的犹太人万劫不复吗？黑格尔粗暴地回答道："舒巴特像煞有介事地以虔信基督教自夸，同时含沙射影，恶毒陷害，以致弄得荒诞可笑，他这一套即使称不上卑鄙，但也够恶劣了，叫人只有掩鼻而过。"

这场笔墨官司一直打了一八二九年整整一年。但是，对黑格尔来说，前景还算不错的。秋天，他决定再作一次假期旅行。像往年一样，他及时递交了一份要求补助的申请书，同时顺便提醒一下阿尔腾施泰因，提薪一事虽蒙允诺，但迄未兑现。字里行间还提到了科学院，这里一直顽固地把黑格尔屏于大门之外。虽说科学院依靠国家资助，但它仍然保持相对的独立性。不像大学那样，它没有政府的全权代表，也没有向政府负责的院长。它的行政管理事宜由各部门的秘书轮流负责。而施莱尔马赫和亚历山大·冯·洪堡在这方面起着决定性的作用。十一年来，阿尔腾施泰因为使黑格尔入选科学院，一直在不懈地努力。科学院同人固然尊重阿尔腾施泰因，但仍然按照自己的意见决定问题。一八三○年夏天，就这个问题进行了最后一次讨论。这时黑格尔已与施莱尔马赫言归于好，这位神学家同意接纳黑格尔为科学院院士。但是，在这次全体大会上，物理学家和数学家们又站出来表示反对。而他们的意见是举足轻重的。黑格尔终于未能在普鲁士科学院享有一个席位。

当黑格尔向阿尔腾施泰因提出诺言尚未兑现时，这位大臣为了安抚他，不得不再一次批准了他一笔旅费。一八二九年年底，黑格尔启程去布拉格，在那里住了几天，接着又去卡尔斯巴德。这个捷克休养胜地当时已驰名世界。黑格尔当然不是为了患病，非要在卡尔斯巴德进行专门治疗不可。他出于好奇,喝了矿泉水,但没有洗澡。想不到谢林也在这里,他感到不胜惊喜。黑格尔听到这个消息,马上就去找他。谢林正在进行一次矿泉治疗,黑格尔的出现使他也感到意外。他们共进午餐,同游附近的山岭,畅谈政治,谈这谈那,无所不谈,唯独不谈哲学。黑格尔于归国途中在魏玛小作勾留。这是与歌德的最后一次会见。

十月间,黑格尔被遴选为大学校长(校长每年从教授中间选举一次)。与此同时,政府还根据卡尔斯巴德决议①,委派他当大学里的政府全权代表。黑格尔是第一个一身而二任的人。可见,不仅阿尔腾施泰因,连普鲁士国家保安机关也非常信任黑格尔。

十月十八日,黑格尔按照惯例,用拉丁文作了校长就职演说。演说的主题是大学的自由。黑格尔向师生们说,大学是宇宙的一面活镜子,是一个社会,是一种融自由与纪律为一体的国家。我们的纪律是我们自己制定的,是我们为之献身的那种事业的纪律。大学里的教学自由,人生全部意义的发扬光大,乃是其他一切自由的楷模和源泉。大学的自由决不是盲目听命于权威,也不是在言行上采取毫无根据的相对主义。大学立足于真理的坚实基础之上,同时又以真理为其最终目的。大学将理论与实践、宗教与世俗、人类的普遍因素与个别因素统一于自身之中。

一八三〇年六月二十五日,黑格尔以校长身份作了一次拉丁文演讲。那一天是宗教改革高潮(即路德教派向奥格斯堡的卡尔五世皇帝呈递新信条)三百周年纪念日。黑格尔这次讲了新教如何消除天主教在人与上帝之间所设置的鸿沟,从而取得宗教自由。黑格尔将近六十岁了,他再一次称颂路德教是宗教意识的最高发展阶段。

为了庆祝黑格尔六十大寿,他的学生们定制了一种纪念章。纪念

---

① 一八一九年九月,反动的奥地利首相梅特涅当主席的德意志同盟议会,为了镇压民主革命运动,通过所谓"卡尔斯巴德决议"。该决议于一八四八年废止。参阅前文《密纳瓦的猫头鹰》。

章的正面铸有哲学家的侧面像,背面则是一幅象征画:画的正中是守护神,右边是一个女性,手执体现宗教信仰的十字架;左边是一个埋头读书的老学究,他头顶上还有一只象征智慧的猫头鹰。据解释,信仰与智慧的结合便是这幅画的真谛。

纪念章在寿星的朋友们中间深受欢迎。只有歌德对此表示不满。他写信给策尔特说:"我简直说不出黑格尔纪念章的背面是如何使我反感。谁知道它是个什么玩意!我作为一个人,一个诗人,是懂得尊重十字架、歌颂十字架的。这一点有我的诗句为证。但是,一个哲学家带着他的学生,在本质与非本质之有理与无理这些问题上,拐弯抹角地走了一段迂路,终于把他们引到了这样一个枯燥无味的图案;我是颇不以为然的。"想把哲学思维同神学调和起来的一切企图,永远会遭到这位诗人的排斥。歌德不满意黑格尔关于神的证验所作的演讲,因为他一般地认为哲学和宗教是风马牛不相及的。

一八三一年一月,黑格尔荣获国家奖——三级红鹰勋章。这时他已卸任校长一职,但这一荣誉却显扬了他在任期间所取得的成就。大家之所以特别器重他,是因为他当校长以来,柏林大学没有发生过一宗反政府的案件,尽管当时在法国正在酝酿并爆发了七月革命。只有一个大学生被警方监禁过,因为他佩带了一枚法国帽徽。其实,是他弄错了,他还以为自己挂着一个爱国的德国徽章呢!此外,有十二名大学生在不准吸烟的场合吸烟,三名决斗,十五名斗殴,三十名扰乱秩序。所有这些违反纪律的行为,都不是出于政治上的动机,虽然也遭到警方的干涉,却没有引起任何可怕的后果。只有十四个学生被关了禁闭,但没有一个受到开除的处分。黑格尔没有辜负当局对他的信任。

现实的政治问题又引起了他的关注。黑格尔在一封晚年的书信中承认,他对政治的兴趣几乎超过了其他一切。他去世前不久出版的最后一部重要著作是《论英国的改革法案》。黑格尔当年在评论符腾堡邦议会议员的文章中,对那种维护陈旧法律和特权的人进行了攻击，而今他已站到选举改革的反对者一方去了。黑格尔忧心忡忡，公开表示由于英国国内的贫富悬殊，选举改革将会导致政治斗争的激化，这对英国是十分不利的，因为君主势力还太软弱，不能在明争暗斗的各党派中间起斡旋作用。"人民则将成为另一种力量，而一个建立在迄今不知议会为何物的基础上的反对派，如果在敌对党派的议会里感到无能为力的话，它就可能误入歧途，到人民中间去寻找力量，于是就会引起一场革命，而不是一场改革。"黑格尔的这部可称之为政治遗嘱的著作，就是这样结尾的。

一八三一年夏天，霍乱在柏林猖獗一时。黑格尔带着全家从城里迁往克罗依茨贝格。他们避而不去柏林，连黑格尔六十一岁的寿辰也是在柏林城外的"提沃利"①剧场庆祝的。前来道贺的友人寥寥无几（好多人被霍乱吓坏了，都远远地离开了首都）。大家还没来得及坐在咖啡桌旁喝上一杯香槟，骤然一场暴风雨袭来，一下子都抱头四散。这可不是个吉兆。

夏季和秋季，黑格尔着手再版《逻辑学》。他对该书做了许多增补和修订，但并没有根本性的改动。他写完新序，想起了柏拉图撰写《论国家》一书时曾七易其稿。一个现代作家如果有更深刻的原则、更艰难的主题和更丰富的材料，那他一定会把稿子改上七十七遍。要这样做，时间当然不够。那么试问，当今世界如此熙熙攘攘，忙忙碌碌，又哪能有充裕的空间让人从事无动于衷的纯思维的认识活动呢？他只能在这样的条件下来完成这部著作，于是他心安理得地把它出版了。那篇前言写于一八三一年十一月七日。

这时黑格尔已回到了柏林。霍乱渐见平息，大学开始复课。黑格尔宣布在第二学期开设两个讲座——法哲学和哲学史。黑格尔来到系里，发现甘斯教授出的一份关于开讲普通法律史的布告，其中建议学生们去听黑格尔的这个演讲。原来事情是这样的：黑格尔已有几年

---

① 原为罗马近郊城名。泛指"露天剧场"。

不讲法哲学了,他把这门课程全部交给了甘斯。上峰对甘斯教授颇不满意,认为"他……把所有学生都教成了共和主义者。"于是文教部提出,这一门责任重大的课程应由黑格尔亲自担任。一八三○年,黑格尔曾经宣称和甘斯同时讲课,但结果只有二十五名学生来报名,他便"鉴于健康缘故"辞退了这门课(改由米希勒来教)。而今,一八三一年第二学期,黑格尔宣布重开法哲学讲座。甘斯担心去年的故事重演,所以劝告学生们去听他老师的课。黑格尔认为这个做法很恶劣,便给甘斯写了一封信,措辞如下:最尊敬的教授先生,您想出了这样一个办法,就是出一份通告,把我们的竞争情况公布在学生面前,并擅自向他们推荐我的讲演。这样,显然就会使我的同事们和学生们产生误解,以为您的通告和推荐一事(虽然没有引用我的原话,但一眼便可看出),是我所希望的,是由我引起的,以为我赞成您这样做。您的这个办法——我只能称之为歪主意——造成了这样的假象,弄得我非常难堪,我觉得我也应该出一份通告,来澄清一下事实真相。但是,为了尽量使认识我的人不至于把这种做法算在我的账上,同时又不想使您处于新的尴尬境地,我就不出自己的那份通告了,而只写上这几行,以说明我对您的通告的看法。这封信的日期和地点是一八三一年十一月十二日于柏林。一天后,黑格尔便去世了。

十一月十三日,星期日,黑格尔早上就感到很不舒服,又胃痛又呕吐。应邀共进午餐的客人们只得回家。请来的医生没有诊断出什么危险;这样猝发的病况,过去也是有过的。黑格尔夜里睡不着觉。黑格尔的夫人给他的妹妹克里斯蒂安娜写信这样说:

"他在床上难受得翻来覆去,还一再恳求我去睡觉,让他一个人折腾。我没有走开,还是坐在他的床边,帮他把被子盖好。他的胃痛已不是一般所谓够呛了,'而是到了和牙疼一样不可救药的地步,痛起来简直就坐卧不安。'——星期一早晨他想起床,我们就把他扶到隔壁的起居室去,但他实在太虚弱了,还没走到沙发跟前,就几乎瘫倒了。我叫人把他的床拖到旁边来,大家把他抬上了床,给盖上暖烘烘的被子。

他一个劲儿埋怨自己弱不禁风。这时,疼痛和呕吐已完全消失,他甚至说:'但愿今晚能好好消停一个钟头。'他说他需要安静,叫我别再接待来客。我想摸摸他的脉搏,他便深情地握住我的手,仿佛想说,放心吧。——医生大清早就来了,还是同前几天一样,叫在下腹给敷芥末膏(我头天晚上还给他搁上了水蛭)。上午,他因排尿困难,憋得哭起来了。虽然如此,他还是安静了下来,体温不太高,汗也不多,神志十分清醒,我原以为不必担心什么危险的。第二次请来的医生**霍恩**博士,给他全身敷了芥末膏,随后盖上在甘菊煎剂里浸过的法兰绒巾。这一切并没有使他感到心烦意乱。三点钟左右,气喘了一阵,接着就安详地入睡了。但是,脸庞左半拉已经冰凉,两手也变得又青又冷。我们大家在他床前跪了下来,听着他奄奄一息。"

五点十五分,黑格尔与世长辞了。这是一百一十五年前莱布尼茨逝世的日子。

医生鉴定说,这是一种症状不明显的急性霍乱。这个诊断就连死者的夫人也表示怀疑。现在为他写传记的人同意她的看法:十之八九,胃病的恶化——这是早就可以看出的——才是他的死因。只因当时柏林流行霍乱,才显得他的死因在此。死者的友好闻讯立即赶到了他家。黑格尔跟那些瘟疫牺牲者不一样,并没有给葬在一个特种墓地里。(当然,由于这个缘故,主持公葬的柏林警察局长是颇不痛快的。)

葬礼于十一月十六日举行。马尔海内克校长在大学礼堂里致了悼词。大学生列队护送遗体到墓地,马尔海内克和弗尔斯特在那里又讲了一次话。黑格尔的坟墓位于现代柏林的市中心,他的近旁安息着费希特和布莱希特。

黑格尔的夫人比她的丈夫多活了二十四年。最小的儿子伊曼努尔供职教会,最后成了勃兰登堡宗教法庭庭长;次子卡尔直活到本世纪初,是当时著名的中古史学家。

长子路德维希的一生却相当凄惨。他的遭遇是一个伟人传记中的一个污点。他是个私生子,打四岁起便靠着索菲·博恩(书商弗罗曼之妹)的养老金给拉扯大。弗罗曼和黑格尔的兄弟格奥尔格(后来死在俄国)都是路德维希的教父。这个孩子所受的教育,使他懂得"待人接物"那一套。在耶拿,大家管他叫"小黑格尔",歌德还给他写过一首诗:

"识尔尚孩提,

童心迎世界;

愿尔历世途,

相逢尽青睐。"

路德维希十岁,父亲把他带到了海德堡。同黑格尔后来生的孩子一样,他在柏林上一所法国文科中学,成绩优异,尤其具有语言才能。父亲为儿子的成绩和勤奋感到高兴。后来,不知为什么,他十五岁那年便辍学了,被送到斯图加特一个商人那里当学徒。这个多愁善感的孩子,本来就够孤苦伶仃了,在那儿则更是郁郁寡欢。父子关系日益恶化,其原因有两种说法,一说商人遗失了八枚银币,说是路德维希偷的。黑格尔就此宣布路德维希不配姓黑格尔,今后应当改姓他已故母亲的娘家姓——菲舍尔;另一种说法在路德维希的一封信中讲得很清楚:"我本希望得到慈爱的教养,但从耶拿来到海德堡之后,这个希望完全变成了泡影。且不说我的父亲——现在我已不再叫他父亲了,就说我的继母吧,她自己有两个孩子,我当然就不在她的话下。这样,我对父母谈不上什么爱,反之成天生活在恐惧之中。这种处境势必引起不断的摩擦,长此下去总不是事。在柏林,只因孤立无援,我才没能离家出走。但凡有一个伙伴,我早就远走高飞了。我的思想和性格在那里已经定型,我对语言有强烈爱好,例如我的拉丁文和希腊文在整整半个学年中可数全班之冠。我多想学医啊!但是,事实告诉我,这是痴心妄想,我只配当个商人!我有话在先,我在那儿可待不下去,因为我生来不是干这一行的;人家说,如果那样的话,就不再照顾我了。——果不其然,有一次我眼看就要离开斯图加特了,只是每当事到临头，我又泄了气。这一次，我再也受不了店伙计们的任意虐待，再说，老板在各方面都是个鼠目寸光、气量狭小的人，逼得我跟他大吵了一场，辞职不干了。经过一番周折，才终于离开了那个地方。黑格尔**先生通过老板正式宣布同我脱离关系**，从此再也没有直接给我写过信。我还是从美因茨给他写了一封诚恳的告别信，这是他从我这里收到的最后一封信。我们的关系就此决裂了……"

这个十八岁的青年人应征入伍，被派往印度尼西亚服役六年。黑格尔始终没有意思打听一下儿子的音讯。一八二八年，黑格尔的学生、荷兰的高级官员梵·格尔特给他写信说："听说令郎正在为荷兰服役，现驻巴达维亚①。我乐于并有便助其一臂之力，无奈不知他的具体情况。机不可失，时不再来。如蒙赐告令郎所属部队名称及所需帮助事项，定当尽力而为，不负所望。"黑格尔没有答复这封信。下级军官路德维希·菲舍尔六年服役期满，不幸得了恶性疟疾，死于一八三一年他父亲去世后两个半月。

黑格尔的这个直系亲属竟落得个如此下场。但是，哲学家却留下了另一个通过精神纽带和他本人联系的后裔。黑格尔死后不久，他的著作十八卷集出版了，其中包括讲演录。宗教哲学讲演录是由马尔海内克编订的，美学讲演录是霍托，哲学史讲演录是米希勒，历史哲学讲演录是甘斯。他们同格舍尔和欣里希斯一起，组成了一个所谓"老黑格尔派"小组，他们都是由黑格尔一手培养起来的学生和密友。上述后两人以其保守观点及力求完全用新教正统观念解释黑格尔学说而著称，他们是这个派别的"右翼"。他们把哲学和宗教等同起来，把绝对理念看作是上帝，用神圣的三位一体代替三段论法。

但是，在德国的精神生活中占统治地位的黑格尔哲学，却孕育着种种新的倾向。哲学家死后四年，出版了戴维德·弗里德里希·施特劳斯的《耶稣传》，这本书对于同时代人产生了强烈的影响，再版了好

---

① 今称"雅加达"。

几次。通过从历史上探本求源的批判,施特劳斯得出了一个结论:福音书不足信;福音书关于耶稣事迹的一切说法,都未必可靠;据说由耶稣创造的所谓奇迹,则更是不可能发生。但是,福音书的故事却决不是有意识的编造,它乃是神话创作,而神话毕竟比不着边际的幻想略胜一筹。神话是民族的或是某个大教区的无意识的集体创作。黑格尔关于民族之精神实体的学说在斯特劳斯的著作中得到了再现。

《耶稣传》同官方的黑格尔传统决裂了。这本书标志着"左"翼黑格尔派或称"青年黑格尔派"运动的开始。他们是公开的无神论者和共和主义者。其中最杰出的人物是布鲁诺·鲍威尔,他对基督教的批判远远超过了斯特劳斯。他指出,福音书的一些故事是作者故意杜撰的。施特劳斯的错误在于把"实体"绝对化了,也就是说,他并没有让精神上升成"自我意识"。民族本身是不能直接从其实体性中创造什么东西的,只有个别的意识才赋予一件思想作品以形式,以内容的规定性。

大家在宗教问题上(只是在这方面才有交换意见的余地)争论不休,但是神学问题的实质是哲学问题。福音书的故事是如何产生的?是通过教区里无意识的、口头流传的神话而形成的呢,还是福音书作者们凭空想象出来的?这个问题已经扩展成为这样一个问题,即世界历史的基本有效力量是"实体"呢,还是"自我意识"?是民族文化呢,还是批判地思维的人?

鲍威尔是无神论者,写过一些才智横溢的反宗教的小册子,嘲笑教会向反基督者黑格尔所进行的斗争,但是他始终没脱离唯心主义哲学的基础。黑格尔哲学在他的笔下往往带有费希特的色彩。争论从没有越出唯心主义的界限。

一八四一年出版了一本书,使唯物主义作为哲学学说恢复了本来面目,于是形势发生了根本的变化。多年之后,恩格斯写道:"自然界是不依赖任何哲学而存在的;它是我们人类即自然界的产物本身赖以生长的基础;在自然界和人以外不存在任何东西,我们的宗教幻想所创造出来的最高存在物只是我们所固有的本质的虚幻的反映。魔法被解除了;'体系'被炸开了,而且被抛在一旁,矛盾既然仅仅是存在于想象之中,也就解决了。——这部书的解放作用,只有亲身体验过的人才能想象得到。"这本书叫作《基督教的本质》,作者就是路德维希·费尔巴哈。

又过了三年,《德法年鉴》上发表了卡尔·马克思的《黑格尔法哲学批判。导言》一文。作者断言,对德意志来说,宗教的批判实际上已告结束。哲学最迫切的任务是变天上的批判为尘世的批判,变宗教和哲学的批判为法和政治的批判。马克思认识到政治革命的必要性,指出唯一能够实现这一革命的物质力量就是无产阶级。从此以后,黑格尔遗产的命运便进一步同辩证唯物主义的历史联系在一起了。

对这位伟大哲学家的生平及其学说的介绍即将结束。现在可以总结一下。

历史感、历史方法是黑格尔的最大成就。世界是一个进程,真理也同样是一个进程。辩证法认为,无论在现实中还是在对现实的认识中,不可能有永恒不变的现象。

运动的源泉是矛盾。统一体在分裂,各组成部分、各方面和各要素之间的矛盾促成了日益复杂的结构。在发展过程中,旧事物并没有完全消失,其中的积极因素被保存下来,得到发展,并上升到一个较高级的阶段。

各个时期所达到的水平是同这以前出现的一切情况相联系的。世界根本不是一个机械的集合体,而是一个有机的整体。事物和进程,自然现象和历史事件,都是宇宙统一体系的要素。体系化是黑格尔哲学一个非常重要的特点。个别的辩证思想已经为人所知,有些很久就产生了。黑格尔本人一再指出过这一点。他不但把它们深化了,并赋以普遍的意义,而且(这才是最重要的)还试图建立一个辩证范畴的,即多方面的、能动的概念的统一体系,这些概念不断地向其对立面转化,并通过它们的这种运动及其相互依赖性,使发展着的现实的财富得以重现。这种体系有严格的层次，但不是在形式逻辑的意义上，反之，它的结构原则是思维从抽象到具体，从单调、贫乏的内容到形形色色的规定性的统一的运动。

但是，局限性的根源也就在这里。层次井然的体系是有界限的，企图思辨地消除界限将导致对事实的歪曲。体系变成了模式。黑格尔的体系显然是同他的方法相矛盾的。因此，也就出现了黑格尔学说的双重性以及人们对它的两种评价。A. 赫尔岑称黑格尔学说为"革命的代数学"，R. 海姆则把它叫作"复辟的哲学"。事实上，二者兼而有之。

黑格尔身上充满了矛盾：他的学说中进步的、革命的一面，令人惊讶地但却合乎规律地同保守的甚至反动的一面掺杂在一起。

"但是这一切，"弗里德里希·恩格斯写道，"并没有妨碍黑格尔的体系包括了以前的任何体系所不可比拟的巨大领域，而且没有妨碍它在这一领域中发展了现在还令人惊奇的丰富思想。精神现象学（也可以叫作同精神胚胎学和精神古生物学类似的学问，是对个人意识各个发展阶段的阐述，这些阶段可以看作人的意识在历史上所经过的各个阶段的缩影）、逻辑学、自然哲学、精神哲学，而精神哲学又分成各个历史部门来研究，如历史哲学、法哲学、宗教哲学、哲学史、美学等等，——在所有这些不同的历史领域中，黑格尔都力求找出并指出贯穿这些领域的发展线索；同时，因为他不仅是一个富于创造性的天才，而且是一个学识渊博的人物，所以他在每一个领域中都起了划时代的作用。当然，由于'体系'的需要，他在这里常常不得不求救于强制性的结构，这些结构直到现在还引起他的渺小的敌人如此可怕的喊叫，这些结构仅仅是他的建筑物的骨架和脚手架；人们只要不是无谓地停留在它们面前，而是深入到大厦里面去，那就会发现无数的珍宝，这些珍宝就是在今天也还具有充分的价值。在一切哲学家看来，正是'体系'是暂时性的东西，因为体系产生于人的精神的永恒的需要，即克服一切矛盾的需要。但是，假定一切矛盾都一下子永远消除了，那么我们就会达到所谓绝对真理,世界历史就会终结,而历史是一定要继续发展下去的,虽然它已经没有什么事情可做了。这样就产生了一个新的、不可解决的矛盾。……这样给哲学提出任务,无非就是要求一个哲学家完成那只有全人类在其前进的发展中才能完成的事情,……"

没有什么可补充的了。承蒙读者耐心阅读,谨致谢意。再见。